2004年

关注儿童健康

北京市0～6岁儿童残疾抽样调查报告

北京市残疾人联合会
北京市卫生局
编写

中国三峡出版社

图书在版编目（CIP）数据

2004年北京市0～6岁儿童残疾抽样调查报告

北京市残疾人联合会，北京市卫生局编写.－北京：中国三峡出版社，2006.6

ISBN 7-80223-166-3

Ⅰ.2… Ⅱ.①北…②北…Ⅲ.残疾人－儿童－抽样调查－调查报告－中国－2004

Ⅳ.D669.69

中国版本图书馆CIP数据核字（2006）第052874号

中国三峡出版社出版发行

（北京市西城区西廊下胡同51号 100034）

电话：(010) 52606693 52606679 52606692

http://www.e-zgsx.com

E-mail:sanxiaz@sina.com

博海升彩色印刷有限公司 印制 新华书店经销

2006年6月第1版 2006年6月第1次印刷

开本：787×1092毫米 1/16 印张：26.25

字数：500千

ISBN7-80223-166-3 定价：368元(精装) 218元(平装)

2004年北京市
0～6岁儿童残疾抽样调查报告

编　委　会

2004年北京市0～6岁儿童残疾抽样调查报告

撰写人员

曲成毅　山西医科大学流行病学教授、博士生导师

张致祥　北京大学第一医院儿科主任医师、教授

杨晓玲　北京大学精神卫生研究所主任医师、教授

孙喜斌　中国聋儿康复研究中心听觉言语康复主任医师、教授

郑远远　北京同仁医院眼科主任医师

孙　琳　首都医科大学附属北京儿童医院骨科副主任医师

刘　靖　北京大学第六医院儿童青少年精神卫生主任医师

王晓华　北京妇幼保健院儿少卫生与妇幼保健硕士

梁爱民　北京妇幼保健院儿童保健副主任医师

贺　鹭　山西医科大学流行病学与卫生统计博士

邵翠霞　北京市残疾人康复服务指导中心社区部副主任

陈建华　北京同仁医院博士

工作会议

北京市副市长孙安民出席工作总结大会

北京市0－6岁残疾儿童调查培训大会

专业培训

智力诊断专业培训班

东城区0-6岁
调查培训会

市残联赵春鸾理事长与侯淑芬副理事长在调查现场

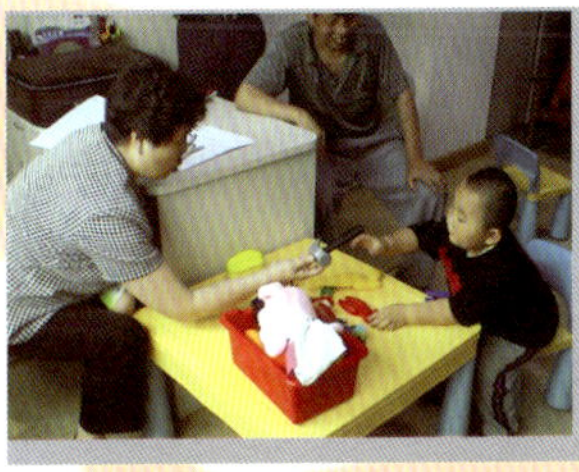

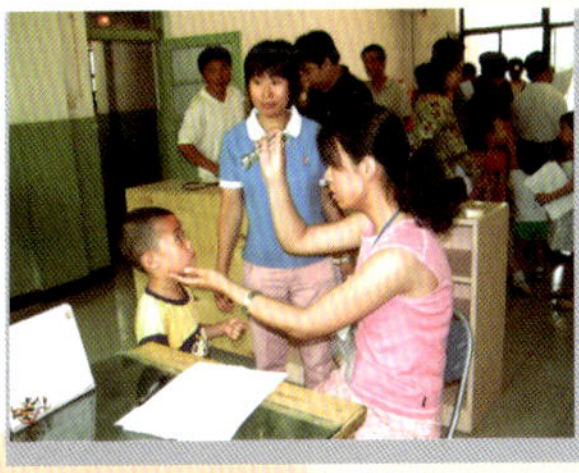

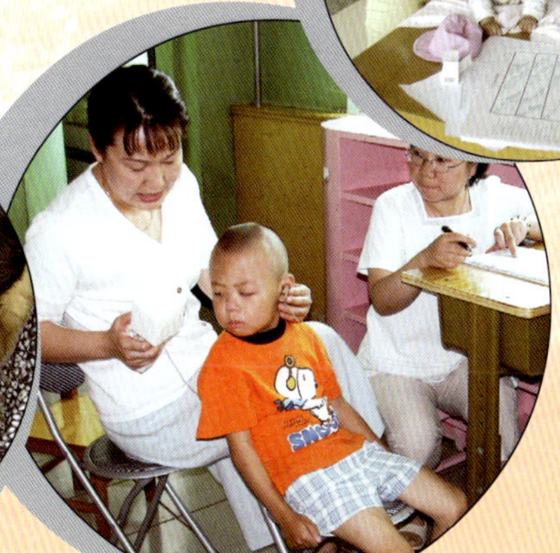

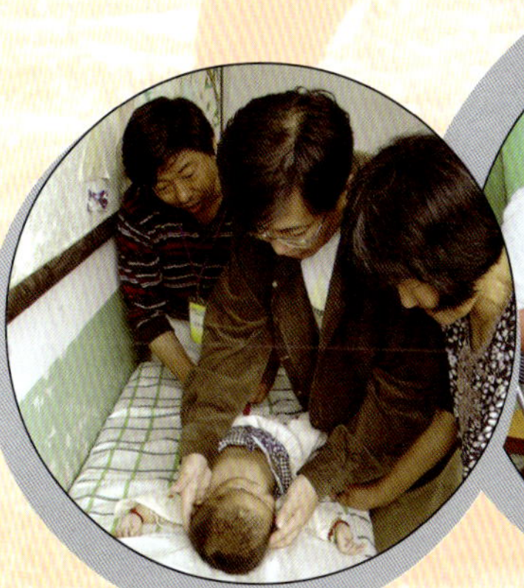

现场调查

入

户

调

查

代办人

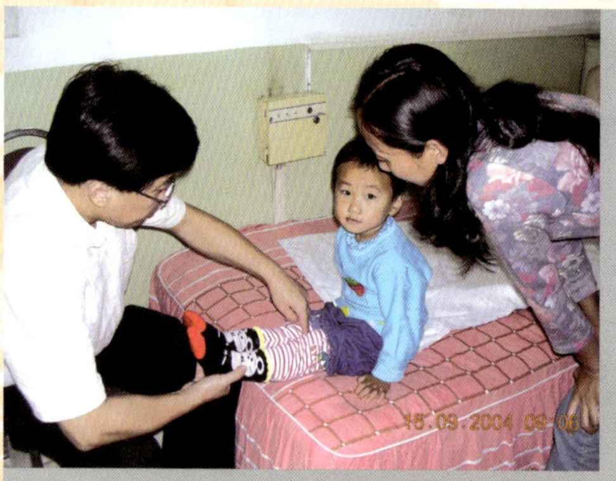

序

残疾儿童和健全儿童一样是祖国的未来和希望。残疾儿童康复工作是一项抢救性的康复工程，是一项能够改变孩子生活轨迹的惠民工程，德政工程。保障残疾儿童享有康复的权利，给予残疾儿童必要的保护和照顾，为他们提供良好的生活环境，是贯彻落实以人为本的科学发展观，构建社会主义和谐社会的必然要求，也是各级政府义不容辞的责任。

2004年北京市开展的0～6岁儿童残疾抽样调查工作，是在北京市委、市政府的高度重视下组织实施的一项年度政府实事工程，是在专家的策划指导和具体操作下完成的一次大型流行病学调查，是国内首次在一个城市对近3万名儿童采用面对面逐一筛查方式进行的儿童残疾专项调查。此次抽样调查工作的顺利完成，对研究制定0～6岁残疾儿童康复相关政策，进一步健全和完善北京市残疾儿童的早期干预体系将起到积极的推动作用。

《2004年北京市0～6岁儿童残疾抽样调查报告》是一部反映北京市残疾儿童康复状况的地方性调查工作报告，是专家们从大量的调查资料中进行系统研究和分析的结果，是众多专家集体智慧的结晶。《调查报告》客观反映了北京市儿童残疾的现况和致残因素，全面分析了北京市残疾儿童的康复现状和康复需求，体现了北京市在发展残疾儿童康复事业中取得的成绩，同时也凸显了目前残疾儿童在生活、医疗、康复和学习等方面的问题。《调查报告》为政府开展残疾预防，提高人口素质提供了重要的参考数据；为政府科学发展残疾人康复事业，合理配置资源，制定残疾儿童相关政策，开展残疾儿童康复服务提供了科学的依据。希望北京市政府各级残疾人工作委员会高度重视调查成果的转化，认真研究此次调查结果，科学规划涉及残疾儿童的各项工作，在2010年全面实现全市残疾儿童“人人享有康复服务”的目标。

在此，我代表国务院残疾人工作委员会秘书处，代表中国残联党组理事会感谢北京市委市政府对残疾人工作的一贯重视和支持，向为此次调查付出辛勤劳动和作出贡献的同志们表示衷心的感谢和诚挚的敬意。

国务院残疾人工作委员会秘书长

中国残疾人联合会理事长

2006年6月

前言

多年来，残疾儿童康复工作一直得到了市委市政府的高度重视。在“八五”期间，我市将残疾儿童的康复工作列入各级政府工作计划，有组织地实施了抢救性的康复工程，大批残疾儿童得到了切合自身发展需要的康复训练与服务，残疾儿童的生活状况得到了进一步的改善。1987年开展的残疾人抽样调查工作，我市0～6岁儿童的样本量很低，很难说明北京市残疾儿童的现患率、致残原因和康复需求，并且随着社会经济的发展，儿童的生活现状、生存环境发生了很大的变化。为了摸清残疾儿童底数，掌握儿童残疾的现状及致残原因，了解残疾儿童的康复需求，为各级政府制定残疾儿童康复工作政策，开展残疾儿童康复服务提供科学依据，2004年，北京市政府将“在全市进行残疾儿童抽样调查，建立残疾儿童康复需求档案”列入为群众办的重要实事之一，并由市残联、市卫生局共同组织实施。

市残联、市卫生局将此项工作列入2004年重点工作，组建了0～6岁儿童残疾抽样调查领导小组，由市残联侯淑芬副理事长、市卫生局邓小虹副局长任组长，市残联康复部李玫主任、市卫生局妇幼处肖珣处长和山西医科大学曲成毅教授为副组长，抽调市残联康复部、市卫生局妇幼处和市残疾人康复服务指导中心、北京妇幼保健院的有关人员组成了抽样调查办公室；各区县也成立了相应的工作机构。市残联与区县残联，区县残联与各调查街道办事处、乡镇政府签订了责任书，层层落实了责任制，要求每个抽查单位必需做到调查底册、调查程序、现场安排和紧急预案“四个清楚”；每个现场务必做到组织指挥、场地设施、技术人员和后勤保障“四个到位”。市级财政资金投入120多万元，各区县投入了大量的人力物力，为抽样调查工作的顺利开展提供了有力的保障。

为确保此次调查的科学性，调查领导小组邀请全国知名专家组建首席专家组，由山西医科大学曲成毅教授担任首席专家组组长；北京大学第一医院张致祥教授任智力专业组首席专家；北京大学精神卫生研究所杨晓玲教授任精神专业组首席专家；中国聋儿康复研究中心孙喜斌教授任听力专业组首席专家；北京同仁医院郑远远主任医师任视力专业组首席专家；北京儿童医院孙琳副主任医师任肢体专业组首席专家。从2003年7月开始，市残联、市卫生局邀请专家召开了6次会议，专项论证开展儿童残疾抽样调查的必要性、可行性，结合1987年全国残疾人抽样调查和其它省市的相关经验，提出了此次调查的工作方案。在参照《中国残疾人实用评定标准》的基础上，专家组根据儿童残疾的具体情况，制定了此次抽样调查的《0～6岁儿童残疾评定标准》，对幼儿残疾的筛查、诊断提出了具体方法和明确要求。2005年8月，市残联、市卫生局邀请了首都医科大学附属北京安定医院陈学诗教授、北京同仁医院孙葆忱教授、中国协和医科大学乌正赉教授、中国聋儿康复研究中心高成华教授、首都医科大学附属北京儿童医院潘少川教授和北京大学第一医院秦炯教授作为外围专家对调查结果进行了鉴定。

为确保调查方法的准确性，市卫生局从北京妇幼保健院、18个区县妇幼保健院（所）和相关医疗机构，抽调了460多名有相应资质的医务人员，组建了21支调查队伍，由首席专家直接培训，通过一致性检验后准许上岗参加检查。市抽样办根据各区县上报的工作准备进展情况，实施了分步启动现场调查的工作方式，要求各调查队在启动现场调查的第一天，必须由首席专家亲临指导，以减少调查人员因环境造成的操作误差。听力专业组根据儿童的特点，专家组成员在现场指导两天，使现场操作人员熟练运用儿童听力的筛查方法；为了对每一名0～6个月婴儿进行准确的听力检测，各抽样单位在同一天集中所有0～6个月的婴儿，由市专家组成员使用耳声发射仪为儿童进行听力检测。

市抽样办指定了中国聋儿康复研究中心、北京同仁医院、北京儿童医院和北京大学第六医院分别作为听力、视力、肢体和精神专业的诊断机构，由专家严把残疾鉴定关。市抽样办根据各调查现场的日报情况，随时组织区县残联转诊筛查阳性儿童到指定医疗机构进行诊断，确保阳性儿童得到全面可靠的技术鉴定。针对不愿配合的家长，由专家入户与儿童见面或通过询问方法，了解儿童的基本情况进行诊断。在189名阳性转诊儿童中，到机构诊断有92名，专家入户诊断72名，电话询问方式诊断22名，失访儿童3名。对于现场诊断的306例残疾儿童，首席专家对诊断资料逐一进行了复核，对其中有疑义的病例，召回儿童进行了复查。

为防止发生选择性偏倚，市抽样办组织开展了后续追访工作。在本次调查中，底册有效儿童数为30158人（不含预调查单位），实际到现场参加检查的儿童数为28738人，失访儿童数为1420人。在现场调查工作全部结束后，市抽样办向各区县抽样办下发了WHO推荐的儿童发育障碍10题问卷表，由社区工作人员入户家访，按10题问卷逐一对儿童进行了测试。经过对1368名失访儿童的调查（占全部失访儿童数的96.27%），有2名儿童（3项）呈阳性，一人诊断为智力和肢体残疾，另一人诊断为智力残疾，现患率为1.46‰（95%可信区间0～3.48‰）。追访结果显示，本次调查不存在调查对象的选择性偏倚。

在此次抽样调查工作中，各区县残联、卫生局、街道办事处、乡（镇）政府和社区（村）居委会的工作人员，承担了大量的组织协调工作，坚持以“三个代表”重要思想为指导，把抽样调查工作作为一项政治任务来抓。各区县残联主管领导担任调查现场的总负责人，处理和协调各种突发事件；各单位重视安全工作，在检查现场安排了救护设施、饮用水和休息室等，确保儿童的安全；各社区的工作人员挨家挨户通知家长，宣传儿童健康检查的意义，动员家长带孩子参加检查；为方便儿童和家长接受检查，有的区县开通了体检班车，专门到各社区接送儿童和家长，有的区县针对山区交通不便的现状，采取了增设检查现场和上门服务的措施，就近为儿童和家长服务。在基层工作人员的努力工作下，此次抽样调查儿童的到站检查率达到了95.3%，见面率达到了99.8%，达到了方案预计的目标。

本次调查是国内首次在一个城市采用30个抽样点以上的抽样调查设计，抽样样本近3万人（1987年北京市残疾人抽样调查中0～6岁年龄段样本为6337人）；二是国内首次对0～6岁儿童五类残疾筛查程序和诊断标准进行深入探讨并提出适合我国国情的参考标准；三是国内首次在3万人的样本中采用面对面逐一筛查方式确定疑似病例；四是国内首次尝试采用回归方程拟合手段以横断调查数据推测儿童残疾年增长速度；五是国内首次提出发育残疾(developmental disability) 概念。

本报告提供了北京市0～6岁儿童残疾现患率，以及不同地区、不同性别和不同年龄分布情况，预测了0～6岁儿童残疾增长情况的准确数据，提供了主要致残因素的线索，发现了残疾儿童康复工作中存在的问题，如家长对儿童残疾，特别是轻度儿童残疾的认识不足，以及康复现状与康复需求间仍然存在很大差距，这些结果一方面为相关部门开展工作、制定政策提供了必要的基础数据和科学依据；另一方面为今后有关儿童残疾预防、早期发现、早期康复等工作指明了前进的方向，提出了有建设性的意见和建议，将进一步提高北京市儿童残疾预防、治疗、康复工作的整体水平。

本次调查得到了18个区县残联、卫生局和39个抽样地区的街道办事处和乡（镇）政府的高度重视和大力支持，也得到了北京妇幼保健院、18个区县妇幼保健院（所）、中国聋儿康复研究中心、山西医科大学、北京同仁医院、北京儿童医院、北京大学第一医院和第六医院的热心支持与帮助，在此一并感谢。

本报告专业性强，涉及面广，难免出现不足之处，请专家学者批评指正。

编　者

2006年5月

专家评审意见

本研究对北京市18个区县29357名儿童视力、听力、智力、肢体、精神五类残疾的患病、分布、可能原因及康复需求等进行横断面调查，研究设计合理，技术路线清晰，抽样有代表性，现场组织工作量大，调查中注意质量控制，数据分析方法恰当，结论推理符合逻辑，政策建议对北京市制定儿童残疾的防治措施、合理安排康复和社会支持有重要参考价值。调查中采用的小球滚动法进行视力筛查，婴儿行为测听兼做耳声发射进行听力筛查，儿童肢体残疾筛查及评定方法等在国内均属首次。该研究总体达到国内领先水平，主要数据和评价指标与国外同类研究接轨。

评审专家	工作单位	签名
陈学诗	首都医科大学附属北京安定医院	陈学诗
孙葆忱	北京同仁医院	孙葆忱
乌正赉	中国协和医科大学	乌正赉
高成华	中国聋儿康复研究中心	高成华
潘少川	首都医科大学附属北京儿童医院	潘少川
秦　炯	北京大学第一医院	秦炯

目　录

Mulu

第一章 总报告

现况研究

一、前言

残疾是指由于疾病、意外伤害等各种原因所致的人体解剖结构、生理功能的异常和/或丧失，从而导致部分或全部丧失正常人的生活、工作和学习的能力，无法担负其日常生活和社会职能[1]。残疾发生较为广泛，且年龄越低，残疾对家庭和社会的疾病负担越严重。如何控制残疾成为政府和社会最为关注的问题之一。当前国内外专家普遍认为，控制残疾的主要策略：一是控制致残原因、减少致残疾病的发生；二是早期发现致残疾病或边缘型、轻度残疾以便早期治疗、早期康复。7岁之前是最佳康复年龄段，抓住这个关键期，可以提高康复效果，降低康复难度[2]。为此，了解0～6岁儿童残疾现状，探查引起残疾的危险因素，成为全方位控制残疾的当务之急。北京市现有的残疾儿童数据仍是1987年全国残疾人调查时的数据，在经济和科技发展如此迅速的时期，北京市儿童的残疾状况在这15年间应会有所变化；此外，由于1987年的调查对象是全人群，涉及到0～6岁儿童样本较少（当时北京市该年龄段的抽样人数仅为6337人[3]），不能反映北京市0～6岁儿童整体特征，原有的数据已经无法满足北京市政府及相关部门在此领域进一步开展工作的需求。为此北京市政府将在全市开展“0～6岁儿童残疾抽样调查”列为2004年市政府为群众办的56件实事之一，北京市残疾人联合会与北京市卫生局共同承担了该项调查任务。通过本次调查，获取有关北京市0～6岁儿童五类残疾（听力、视力、肢体、智力、精神残疾）的分布特征、流行强度、致残原因、康复现状和康复需求方面的资料，为政府决策提供依据，为社会支援提供信息。

调查工作从策划、设计、预试验、现场调查、数据录入、统计分析到全部工作结束，历时1年半（2003年7月～2004年12月），有30多名国家及市级专家、460多名区县级卫生人员和2600多名街道和居村委会工作人员参与。现将有关技术资料汇总如下。

二、调查方法及样本代表性

（一）技术路线

本次调查的整体技术路线如图1-1-1。

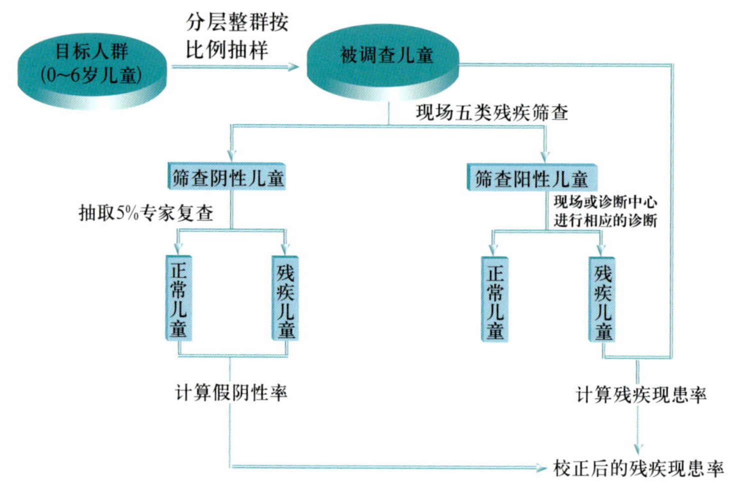

图 1-1-1　2004 年北京市 0～6 岁儿童抽样调查技术路线图

（二）调查对象

本次调查的目标人群为居住在抽样街道（乡镇）半年以上、具有北京市户口的 0～6 岁儿童。

具体解释：

1.年龄：本次调查标准时间是 2004 年 6 月 1 日零时。0～6 岁儿童指 1997 年 6 月 1 日零时以后到 2004 年 6 月 1 日零时之前出生的儿童。

2.户口：本次的调查对象是北京籍的儿童。对于那些尚未上报户口或即将修改户口的儿童，只要其父母一方是北京市户口就认为该儿童拥有北京户籍。

3.居住地：本次调查以居住地为基础，只要北京籍的儿童在抽样点居住半年以上，就列为调查对象。对于年龄不到 6 个月的儿童，只要父母在抽样点居住半年以上即可。

只有同时满足以上 3 个条件的儿童才是本次调查的对象，应列入调查底册。

（三）抽样方法

本次调查采用分层整群按比例抽样。具体内容如下：

1.分层方法：按照一般分层的原则，城乡、年龄应是分层的首选条件，考虑到北京市近年来各区（县）的社会、经济等发展情况不太一致，较为复杂，为保证每个区（县）均能进入样本，本次调查根据全市行政区划，分为 18 个层（即 18 个区县）。这样的抽样也具有较好的可行性，在工作实施中比较容易操作。

2.抽样单位：以街道（乡镇）为最小抽样单位，每一最小抽样单位儿童平均为 720 人左右。每层抽样单位个数的确定根据各层预计样本量和平均每个单位的儿童数相除得来。全市共计39个街道（乡镇）参与本次调查（其中包括预试验的东城区的2个街道）。被抽到的街道（乡镇）内所有符合“调查对象”条件的儿童均为应查对象。这种抽样设计符合整群抽样群数>30、基本抽样单位人数>500，变异系数最小的抽样原则。

3.样本量的确定

（1）总样本量的确定(依据以下参数)：

①调查对象目标人群总数：考虑到抽样调查工作的可行性，本次调查依据2002年北京市儿童保健年报数据，该数据显示全市0～6岁儿童的总人数为416545人；

②估计总残疾现患率为1%；

③抽样绝对误差0.2%；

④设计效能为3；

⑤显著性水平为α =0 .05，由EPI INFO软件计算，样本量为27885人。

（2）各层样本量的确定：根据按比例抽样原则，各层的样本量按照2002年各区县实际儿童数占总体构成比计算而得。

4.具体实施步骤

（1）随机抽取整群

①确定全市各区县的街道（乡镇）抽样框架（资料来源于北京市民政局编写的2004年版《北京市行政区划》），全市共计319个街道（乡镇）；

②为每个抽样单位赋值随机数；

③按照由小到大排序的原则选取随机数较小的若干个街道(乡镇)，该数目是根据每层抽样单位个数而定的。本次调查将北京市18个区县划分为城市地区和农村地区，考虑到北京市目前各区县街道（乡镇）的分布状况和代表性，在此抽取过程中我们还结合参考了以下原则：城市地区只抽取街道，农村地区不考虑街道，以镇为主，乡的个数在1～2个为宜。

在实际操作中，考虑到各区县的可操作性，对于个别区县有实际操作困难的街道（乡镇）进行了替换，替换原则是根据随机数由小到大顺延。

主要的替换原因包括如下：

①所选取单位的儿童数过少，无法满足调查需要；

②所选取单位的拆迁面积过多，或新建小区过多；

③所选取单位由于其它特殊原因无法承担该项调查的组织工作。

具体地区划分及各区县最终的抽样单位数和被调查儿童数详见表1-1-1。

表 1-1-1　城市和农村地区的划分及各区县最终的抽样单位数和被调查儿童数

城市地区			农村地区			
地区别	街道数	儿童数	地区别	镇个数	乡个数	儿童数
东城区*	2	619	门头沟区	3	0	1048
西城区	1	1333	房山区	3	0	2883
崇文区	2	695	大兴区	2	0	2104
宣武区	1	745	通州区	1	0	1445
朝阳区	5	3490	顺义区	2	0	1418
海淀区	3	3736	昌平区	2	0	1460
丰台区	2	2048	平谷区	2	0	1472
石景山区	2	995	怀柔区	2	0	1081
			密云县	2	0	2115
			延庆县	0	2	670
小计	18	13661	小计	19	2	15696

*东城为预调查单位，具体数字不计入本报告。

（2）制作调查底册：在被抽到的街道（乡镇）中，由街道办事处、乡（镇）政府工作人员通过计生、公安、妇幼保健等部门，登记辖区内符合调查对象条件的儿童基本情况，并通过各社区居（村）委会入户随访，掌握在册儿童的人户分离情况，同时增补人在户不在的北京籍儿童。调查底册的内容主要包括儿童编号、姓名、性别、出生日期、监护人姓名、家庭地址、联系电话等内容。儿童编号为识别每个儿童的唯一编号，编号规则全市统一。

（3）现场调查：主要包括五类残疾筛查及部分残疾诊断两项内容。

①现场环境要求：每个被调查街道（乡镇）提供至少7间的调查使用房间，每个房间有足够的桌椅，各检查项目分开，环境相对安静，并在门口注明检查项目；

②现场流程：所有调查对象到现场后先领取《筛查表》，填写一般情况；然后依次参加五类残疾的筛查，筛查医生填写相应的筛查记录；初筛阳性儿童在现场继续进行诊断性检查，由诊断医生填写诊断表；在现场无法诊断的初筛阳性儿童将由当地政府统一组织到指定医疗机构进行诊断；儿童离开现场前由质检人员核查并收回相应表格。每天测查结束后，由调查组组长召集总结每日工作：整理资料，掌握进度，填写《筛查阳性表》和《调查组每日总结表》，对当天不能到站者及时了解情况，安排补测时间；

③扫尾调查：对于各种原因未能按时到现场的儿童，安排时间统一补测；对

于部分有特殊原因无法到现场检查的儿童，调查队组织工作人员对其进行家访；

(4) 诊断性检查：在现场无法诊断的初筛阳性儿童按照要求到指定的医疗机构进行诊断，日期由市抽样办统一安排，各区县负责儿童及家长的接送工作。诊断医生对儿童进行相应的医学检查，填写诊断表。指定的医疗机构名单如下：

① 视力专业：北京同仁医院低视力门诊；

② 听力专业：中国聋儿康复研究中心听力门诊；

③ 智力专业：北京妇幼保健院儿童保健门诊；

④ 肢体专业：北京儿童医院骨科门诊；

⑤ 精神专业：北京大学第六医院儿科门诊。

（四）样本代表性

1.抽样点分布：本次实际调查的29357名儿童来自全市18个区县39个街道（乡镇）的777个居（村）委会（其中包括预试验东城区的2个街道619名儿童）。抽样点在北京市地理分布状况如图1-1-2。

重要说明：北京市共有18个行政区县，本次调查在实际操作中将东城区作为预调查单位，抽取了2个街道共619名儿童，由于预调查是摸索经验的过程，因此，本报告的以下内容均基于正式调查开始后的数据，即除东城区外的其他17个区县的数据。预调查的情况单独撰写为“预调查结果”见（本书第76页）。

2.调查对象地区分布：本次调查采用的是分层整群比例抽样，各区县实际调查人数与2002年北京市儿童保健年报数据中各区县的儿童数比例大体一致，具体见表1-1-2。

3.调查对象年龄构成：本次调查儿童的年龄构成情况与北京市2002年儿童保健年报数据相近，具体见表1-1-3。

4. 调查对象性别构成：本次调查的男女儿童性别比为108:100，与北京市第五次人口普查资料的男女性别比相近(由于2002年儿童保健年报中没有分性别的数据，因此使用2000年第五次普查数据)。具体数据见表1-1-4。

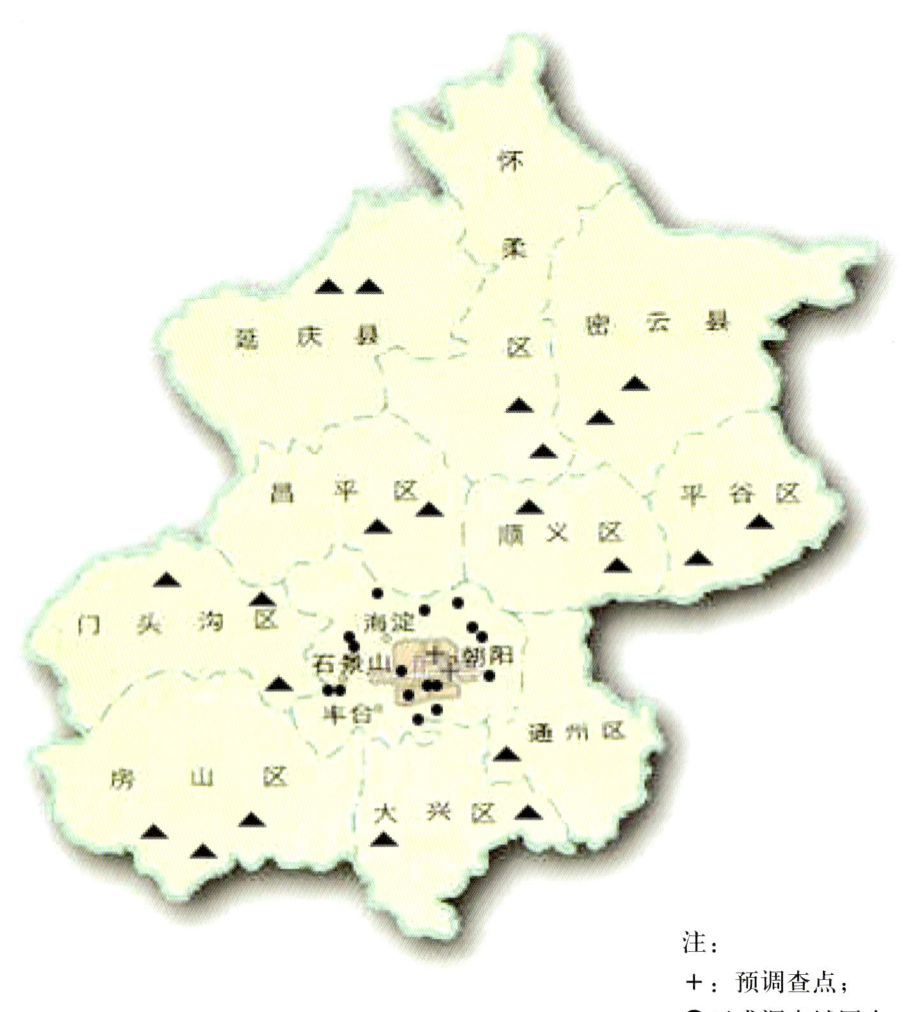

注：
+：预调查点；
●正式调查城区点；
▲正式调查农村点

图 1-1-2　2004 年北京市 0～6 岁儿童残疾抽样调查抽样点分布图

表 1-1-2 本次调查各区县调查儿童所占比例与2002年北京市儿童保健年报数据比较

地区别	本次调查数据		2002年儿童保健数据	
	儿童数	构成比%	儿童数	构成比%
西城区	1333	4.64	16687	4.15
崇文区	695	2.42	10561	2.63
宣武区	745	2.59	9945	2.47
朝阳区	3490	12.14	57834	14.38
海淀区	3736	13.00	59500	14.80
丰台区	2048	7.13	32920	8.19
石景山区	995	3.46	11582	2.88
门头沟区	1048	3.65	10175	2.53
房山区	2883	10.03	36948	9.19
大兴区	2104	7.32	24625	6.12
通州区	1445	5.03	23804	5.92
顺义区	1418	4.93	20603	5.12
昌平区	1460	5.08	20073	4.99
平谷区	1472	5.12	19121	4.76
怀柔区	1081	3.76	12230	3.04
密云县	2115	7.36	22166	5.51
延庆县	670	2.33	13332	3.32
合计	28738	100.00	402106*	100.00

* 该表不包括东城区的数字，因此合计为402106，而不是416545人。

表 1-1-3 本次调查对象年龄构成与2002年北京市儿童保健年报数据及第五次人口普查资料比较

年龄组	本次调查数据		2002年儿童保健数据		第五次人口普查数据[4]	
	儿童数	构成比%	儿童数	构成比%	儿童数	构成比%
0～	2551	8.88	38771	9.31	81381	12.61
1～	4280	14.89	48659	11.68	84145	13.04
2～	4186	14.57	55044	13.21	84823	13.14
3～	4648	16.17	64956	15.59	96253	14.91
4～	4949	17.22	75973	18.24	95976	14.87
5～	4389	15.27	77905	18.70	102626	15.90
6～	3735	13.00	55237	13.26	100149	15.52
合计	28738	100.00	416545	100.00	645353	100.00

表 1-1-4　本次调查对象性别构成与北京市第五次人口普查资料比较

性别	本次调查数据		第五次人口普查数据[4]	
	儿童数	构成比%	儿童数	构成比%
男	14898	51.84	338548	52.46
女	13840	48.16	306805	47.54
男女性别比	108:100	–	110:100	–

三、残疾评定标准和筛查、诊断方法

（一）残疾评定标准

诊断标准的界定是现况调查的关键环节，由于标准不同往往导致调查结果之间缺乏可比性，本次调查对诊断标准的把握十分谨慎，调查所采用的《0~6 岁儿童残疾评定标准》（详见附录三）由本次调查专家组制定。该标准以 1996 年中国残疾人联合会颁布的《中国残疾人实用评定标准》为基础，在细节处结合 0~6 岁儿童的年龄特点做了修改并增加了说明。

（二）筛查和诊断方法

本次调查采取二阶段多项筛查方法，即先由各专业采用统一设计的筛查程序进行五类残疾筛查，后依据《0～6 岁儿童残疾评定标准》进行诊断。筛查工作全部由 18 个区县级调查组完成，诊断工作少部分由区县级调查组完成，大部分由专家组完成。区县级调查组由区县级卫生机构的专业医疗人员组成，专家组由市、区县两级具有高级职称和丰富临床经验的专业医疗人员组成。各专业具体的筛查、诊断方法和执行人员情况如下：

1.视力专业

（1）筛查方法:

0～6 个月：视—运动条带或手电筒检测法

>6 个月～2 岁：小球法

>2～3 岁：小球法和图形视力卡法相结合

>3～6 岁：图形视力卡法

（2）诊断方法：临床标准诊断方法；

（3）诊断人员：由市级专业组专家完成大部分筛查阳性儿童的确诊工作，只有极少量症状、体征十分明显的儿童由区级专业医师直接确诊。

2.听力专业

（1）筛查方法：

0～6个月：客观测听法（耳声发射仪）；

>6个月～6岁：儿童行为测听法（听觉评估仪）；

（2）诊断方法："听觉脑干诱发电位仪"及"诊断性听力计（配有视觉强化及游戏测听功能）"。

（3）诊断人员：由市级专业组专家完成全部筛查阳性儿童的确诊工作。

3.智力专业

（1）筛查方法：丹佛发育筛选测验－中文修订版（DDST）；

（2）诊断方法：盖塞尔发展测验－中文修订版（GESELL）和婴儿－初中生社会生活能力量表；

（3）诊断人员：由区县级调查组智力诊断人员完成全部筛查阳性儿童的初步诊断工作，然后由市级专业组专家对全部筛查阳性儿童的初步诊断工作进行复查，如遇疑问，由专家直接到区县对该儿童进行测查和诊断。

4.肢体专业

（1）筛查方法：行为筛查法（包括询问、望、触、动、量等五个方面检查）；

（2）诊断方法：临床标准诊断方法；

（3）诊断人员：由市级专业组专家完成大部分筛查阳性儿童的确诊工作，只有极少量症状、体征十分明显的儿童由区级专业医师直接确诊。

5.精神专业

（1）筛查方法：克氏儿童行为量表；

（2）诊断方法：儿童孤独症评定量表（CARD'S），及临床标准诊断方法；

（3）诊断人员：由市级专业组专家完成全部筛查阳性儿童的确诊工作。

四、质量控制

（一）质控环节

1.准备阶段

（1）规范操作：本次调查将抽样和实施方案的详细内容、现场职责分工以及全部调查表格的说明等均纳入了《北京市0～6岁儿童残疾抽样调查工作手册》中，每个工作人员人手一册，这样在最大程度上将现场操作进行了标准化，使得每项工作均有据可依。

（2）统一培训：培训工作包括2大类即总体培训及专业培训。专业培训中又包括理论介绍和现场实习两个步骤，培训期为2～7天不等。所有培训均为一级培训，由市级专家组直接培训区县级全部人员。

（3）考核上岗：全部调查人员均在调查前经过统一培训，实测5～10名儿童并通过一致性测验或通过考核，合格者方可参与本次调查。

2.现场阶段

专家指导贯穿整个现场。

（1）启动：专家指导现场操作。五个专业专家组在每个区县开展工作的第一天，直接指导现场操作，专家组对调查人员的测查完全满意后方撤离。

（2）初期：专家监督现场操作。五个专业专家组在现场抽取5%的筛查阴性儿童进行复查。

（3）中期：专家参与诊断工作。大部分筛查阳性儿童由市级专家直接诊断。

（4）后期：专家核查诊断结果。对于由区县诊断的病例，专家组对其资料进行核查，必要时重新诊断。

3.分析阶段

采用Epidata软件建立数据库，全部数据均使用双录入方式录入，保证录入数据的准确性，数据分析采用SPSS12.0软件。

（二）质控评价

1.失访

为确保调查结果的准确性，本调查设计要求抽样点儿童的实查人数占应查人数的90%以上，因此，在现场调查过程中，一方面要求组织者动员调查对象接受检查，尽量减少失访；另一方面对失访的偏倚情况进行了解，具体如下：

（1）控制筛查环节中失访：通过工作人员的广泛宣传和动员，本次应到儿童30158人，实到28738人，失访1420人，总失访率为：4.71%，达到了项目设计时“失访率控制在10%以下”的要求。

（2）减少诊断环节中失访：本次调查的筛查阳性儿童共有839名，其中57名儿童家长拒绝接受专家对64个检查项目进行进一步诊断。针对这部分儿童的家长，调查组反复宣传和动员，最终通过入户访视、电话咨询、知情人调查等不同方式获取了儿童的健康档案资料，由专家组确定诊断。除1名精神、2名视力筛查阳性儿童无法追访诊断外，其他54名儿童（共计61个项目）均有了明确的诊断结论。

（3）入户访视失访儿童：考虑到部分残疾儿童家长可能不愿带患病的儿童到

现场进行检查，造成调查对象的选择偏倚，使调查结果低于真实值，因此在现场调查结束后，市抽样办继续组织了后期入户访视工作。由工作人员使用世界卫生组织（WHO）推荐的儿童发育障碍10题问卷，对失访儿童进行入户调查，大致掌握了失访儿童中的残疾状况。我们一共对1368名（占全部失访儿童的96.33%）失访儿童的家长进行了问卷调查。问卷结果显示2名儿童（3项）有问题，经诊断性检查，最终确诊1名为智力合并肢体残疾；另1名为智力残疾，现患率为1.46‰（95%可信区间0～3.48‰）。本调查的总现患率在95%可信区间的下限为10.22‰，高于失访儿童中残疾现患率的上限3.48%，说明并没有因为失访而造成调查结果低估了实际情况；同时由于10题问卷是一种比较粗略的筛查方法，对轻度残疾的识别能力有限，假阴性较高，因此也并不能因为失访儿童中的现患率低而认为调查的现患率高估了实际情况。

2.可靠性评价

（1）测查方法和工具：本次调查的五个专业均尽量采用客观的评价指标，使用的仪器及方法具有较高的稳定性。听力专业的筛查工具包括耳声发射和听觉评估仪，前者是客观测听方法，后者尽管是行为测听，但较之其他调查的听力筛查方法要更加准确。视力专业的小球法以及儿童图形视力卡法也是国际通用的筛查方法。智力专业的DDST量表在中国已经修订、使用多年。精神专业使用的克氏量表也是在国内使用多年，有较好的信度。

（2）测查人员：在培训和实习过程中，各个专业均对测查人员进行了一致性评价，以不同测试人员对同一测试对象对测试结果的一致性作为评价指标，一致性达不到95%以上者不得参加现场调查。本次调查各专业一致性情况具体如下：视力100.00%、听力99.5%、智力100.00%（其中项目一致性92.9%）、肢体100.00%、精神100.00%。

3.真实性评价

（1）避免诊断错误：本次调查大部分筛查阳性儿童由市级专家诊断；对于个别专业由区县级医师诊断的病例，在现场调查结束后，市级专家对这些诊断进行了资料回顾和/或家访等形式的复查，即所有病例的诊断均经过市级专家的确认，保证了诊断的准确性。具体操作如下：

①智力专业：初步诊断工作由各区县调查组人员完成。现场调查结束后市级专家组对所有筛查阳性儿童的诊断表进行了复查和核实，部分筛查阳性儿童由市级专家直接进行复诊。

②视力专业和肢体专业：只有少部分症状、体征较明显的儿童直接由区县调

查人员诊断，其余大部分儿童均由市级专家直接诊断，视力和肢体专家诊断率分别为：83.0%（39/49）和55.5%（142/256）。在现场调查结束后，市级专家组成员对由区县诊断的全部病例进行资料上的复查工作，部分筛查阳性儿童由市级专家进行复诊。

③听力专业和精神专业：全部筛查阳性儿童的诊断均由市级专家组的1～2名固定专家诊断。

（2）避免筛查中出现假阴性：各专业专家在现场随机抽取5%的筛查阴性儿童，重新诊断，除精神残疾外假阴性均为0，具体情况见表1-1-5：

表1-1-5　五个专业假阴性的复查结果

专业	筛查阴性儿童复查数	假阴性儿童数	假阴性率‰
视力	1517	0	0.00
听力	1507	0	0.14*
智力	1518	0	0.00
肢体	1483	0	0.00
精神	1254	1	0.80
总计	－	－	0.75**

*听力假阴性率不是在阴性复查中得出的。该数值是工作组在核对听力治疗康复机构与本次调查底册儿童名单时发现有1名儿童，现场筛查为阴性，但其曾在某听力诊断机构诊断为听力残疾，因此视之为假阴性。根据Poisson分布理论：95%可信区间最小值为1时，样本均数应为4[5]，由此类推听力筛查假阴性率为4/28601，即0.14‰。

**总假阴性率计算过程：根据听力、精神假阴性情况分别推算，合计有21个假阴性儿童，因此总的假阴性率为21/27899（全部阴性儿童数），即0.75‰。

五、抽样样本基本情况

（一）调查儿童性别构成

在本次调查的28738名儿童中，男童14898人，占51.84%；女童13840人，占48.16%；男女性别比为108:100，各区县调查儿童性别详细构成情况见附表S-1。图1-1-3显示了调查儿童的性别构成情况。

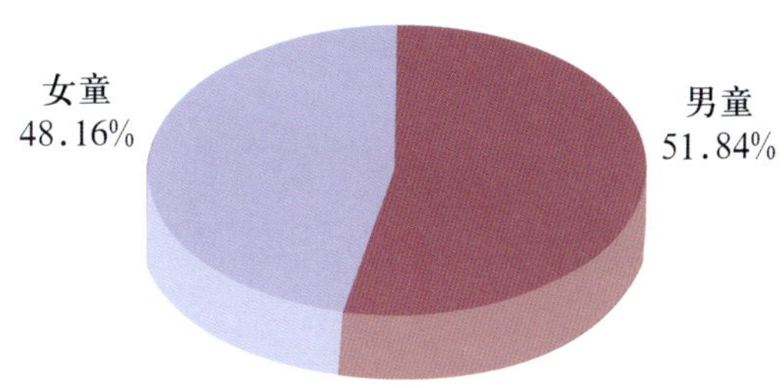

图 1-1-3　调查儿童的性别构成

（二）调查儿童年龄构成

在本次调查的28738名儿童中，0岁组2551人，占8.88%；1岁组4280人，占14.89%；2岁组4186人，占14.57%；3岁组4648人，占16.17%；4岁组4949人，占17.22%；5岁组4389人，占15.27%；6岁组3735人，占13.00%。各区县调查儿童年龄详细构成情况见附表S-2。图1-1-4显示了调查儿童的年龄构成情况。

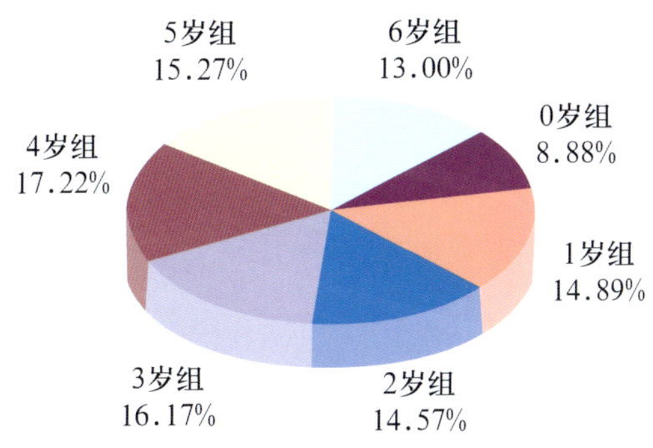

图 1-1-4　调查儿童的年龄构成

（三）调查儿童民族构成

在本次调查的28738名儿童中，汉族26894，占93.58%；少数民族1844人，占6.42%。在26个少数民族中，以满族、回族和蒙古族为主，分别占少数民族的57.38%、28.36%和6.72%。各区县调查儿童具体民族构成情况见附表S-3。

图1-1-5显示调查儿童的民族构成情况。

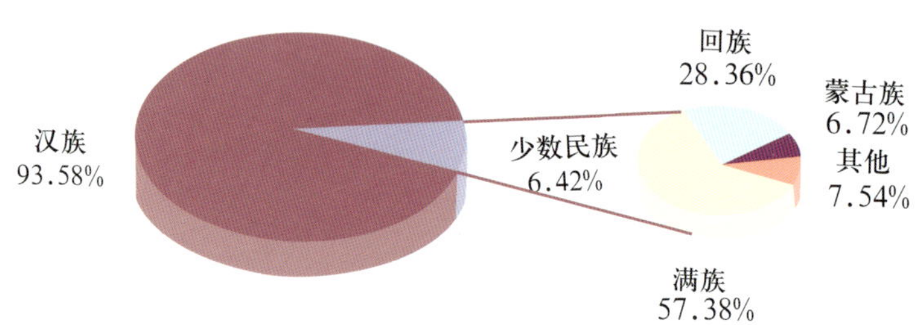

图 1-1-5 调查儿童的民族构成

（四）调查儿童父母文化程度状况

在本次调查的28738名儿童中，回答父亲文化程度的有效问卷共28626份，父亲文化程度为大专及以上、高中中专、初中、小学和文盲半文盲的儿童数分别为：8245、7804、11570、934和73，其构成比分别为28.80%、27.26%、40.42%、3.26%和0.26%。

在本次调查的28738名儿童中，回答母亲文化程度的有效问卷共28626份，母亲文化程度为大专及以上、高中中专、初中、小学和文盲半文盲的儿童数分别为：7848、7789、11728、1105和156，其构成比分别为27.42%、27.21%、40.97%、3.86%和0.54%。

各区县调查儿童父亲、母亲文化程度构成情况分别见附表S-4和S-5。图1-1-6和图1-1-7显示了上述构成情况，由图可见，父亲和母亲文化程度均以初中居多。

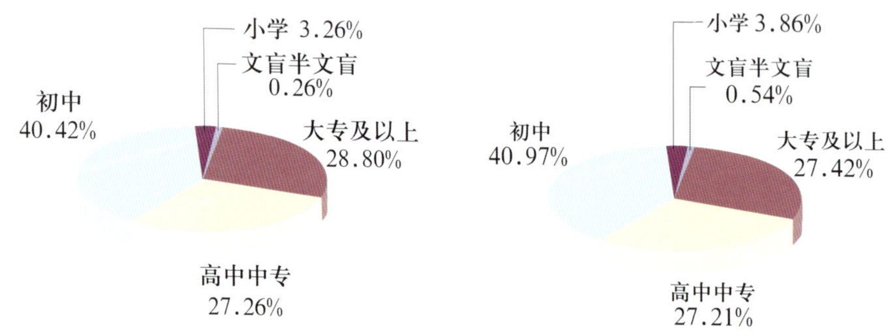

图 1-1-6 被调查儿童父亲文化程度构成

图 1-1-7 被调查儿童母亲文化程度构成

（五）调查儿童父母职业状况

在本次调查的28738名儿童中，回答父亲职业的有效问卷共28638份，父亲职业为“国家机关党群组织、企事业单位负责人”、“各类专业技术人员”、“办事人员和有关人员”、“商业、服务业人员”、“农、林、牧、渔、水利业生产人员”、

“生产、运输、设备操作人员及有关人员”、“军人”、“不便分类的其它劳动者”和“不在业”的儿童数分别为：1293、4822、2825、3499、5704、9342、503、381和269人，其构成比分别为4.51%、16.84%、9.86%、12.22%、19.92%、32.62%、1.76%、1.33%和0.94%。

在本次调查的28738名儿童中，回答母亲职业的有效问卷共28646份，母亲职业为“国家机关党群组织、企事业单位负责人”、“各类专业技术人员”、“办事人员和有关人员”、“商业、服务业人员”、“农、林、牧、渔、水利业生产人员”、“生产、运输、设备操作人员及有关人员”、“军人”、“不便分类的其它劳动者”和“不在业”的儿童数分别为：630、4937、2808、5359、10312、3194、106、388和912人，其构成比分别为2.20%、17.23%、9.80%、18.71%、36.00%、11.15%、0.37%、1.35%和3.18%。

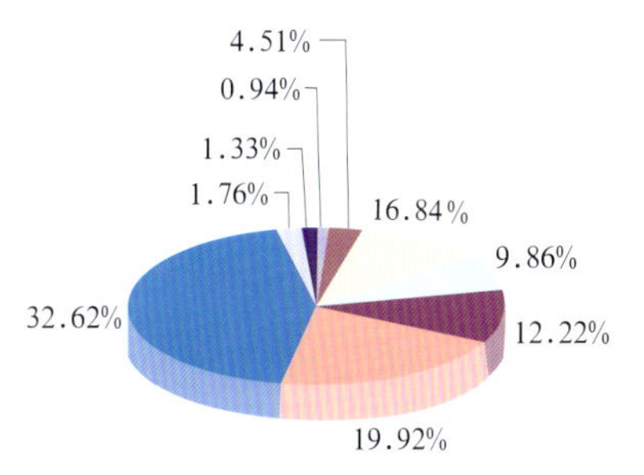

图 1-1-8　被调查儿童父亲职业构成

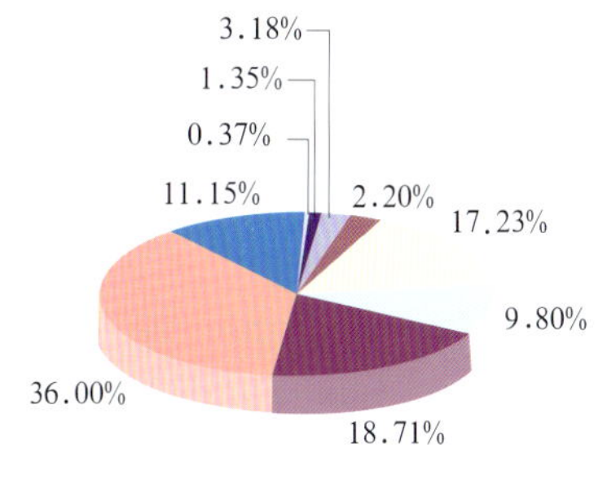

图 1-1-9　被调查儿童母亲职业构成

各区县调查儿童的父亲、母亲职业构成情况分别见附表S-6和S-7。图1-1-8和1-1-9显示了上述构成情况，由图可见，父亲的职业以“生产、运输、设备操作人员及有关人员”居多，母亲的职业以“农、林、牧、渔、水利业生产人员”居多。

（六）调查儿童母亲的婚姻状况

在本次调查的28738名儿童中，回答母亲婚姻状况的有效问卷28606份，初婚母亲27651人，占96.66%；再婚母亲710人，占2.48%；离婚母亲165人，占0.58%；丧偶母亲35人，占0.12%；未婚母亲24人，占0.08%；其他情况21人，占0.07%。

各区县被调查儿童母亲的婚姻状况构成见附表S-8。图1-1-10显示了上述构成情况。

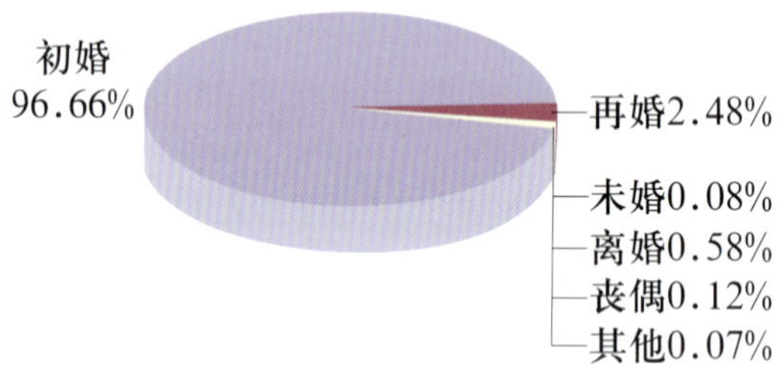

图1-1-10　被调查儿童母亲婚姻状况构成

（七）调查儿童家庭情况

1.家庭人口数及子女数：在本次调查的28738名儿童中，回答“家庭人口数”的有效问卷共28715份，结果显示家庭人口数在2～12个之间，以3口之家居多。家庭人口数为2人、3人、4～5人、6～10人和10人以上的家庭分别占0.47%、53.45%、17.27%、21.25%和7.55%。回答“家庭子女数”的有效问卷共28684份，独生子女家庭占绝大多数。家庭子女数分别为1、2和3及以上的调查儿童数依次为24532、4009和143人，占总数的85.53%、13.98%和0.50%。

各区县被调查儿童的家庭人口数构成情况见附表S-9，子女数构成情况见附表S-10。图1-1-11和图1-1-12分别显示了上述构成情况。

2.家庭人均月收入：在本次调查的28738名儿童中，回答“家庭人均月收入”的有效问卷共28551份。本次调查的儿童家庭人均月收入平均为934元，其中在

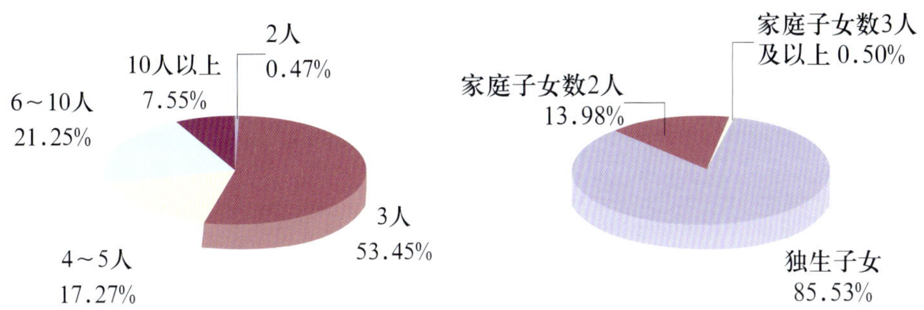

图 1-1-11　被调查儿童的家庭人口数构成　　图 1-1-12　被调查儿童的家庭子女数构成

400 元以下的家庭 10619 个，占 37.19%；400～999 元家庭 7299 个，占 25.56%；1000～1999 元家庭 6011 个，占 21.05%；2000 元以上（含 2000 元）家庭 4622 个，占 16.19%。

各区县被调查儿童的家庭人均月收入的构成情况见附表 S-11，图 1-1-13 显示了上述构成情况。

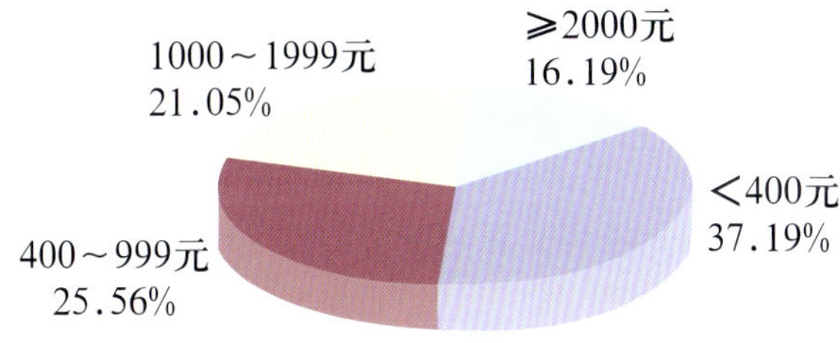

图 1-1-13　被调查儿童的家庭人均月收入构成

（八）调查儿童父母近亲婚配情况

在本次调查的 28738 名儿童中，回答该问题的有效问卷为 28567，仅有 2 名儿童的父母为近亲婚配。

各区县被调查儿童父母近亲婚配情况的构成情况见附表 S-12。

（九）调查儿童家庭类型情况

本次调查按照儿童与亲生父母的关系情况，将家庭类型分为：亲生父母型、单方亲生父母型、再婚家庭型、（外）祖父母型和其他型（抱养）。在本次调查的28738

名儿童中，回答家庭类型的有效问卷共28565份。亲生父母型、单亲家庭型、再婚家庭型、（外）祖父母型、其他型（抱养）家庭类型所占比例分别为：97.86%（27953人）、1.02%（292人）、0.33%（95人）、0.47%（133人）和0.32%（92人）。

各区县被调查儿童的家庭类型构成情况见附表S-13，图1-1-14显示了上述构成情况。

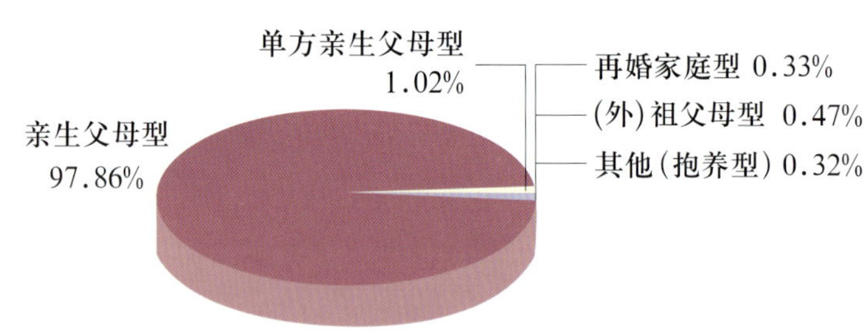

图 1-1-14　被调查儿童家庭类型构成

（十）调查儿童父母的本次生育年龄

在本次调查中，回答父亲生育年龄的有效问卷有28548份，回答母亲生育年龄的有效问卷28575份。其中父亲生育年龄在15～61岁之间，平均生育年龄29岁（29.45 ± 4.739），母亲生育年龄在14～53岁之间，平均生育年龄为27岁（27.39 ± 4.068）。就父亲年龄而言：14.58%（4163例）的父亲在24岁及以前生育该儿童，71.37%（20374例）父亲在25～34岁之间生育该儿童，还有14.05%（4011例）的父亲在35岁及以后生育该儿童。就母亲年龄而言：25.41%（7262例）的母亲在24岁及以前生育该儿童，47.71%（13632例）母亲在25岁～29岁之间生育该儿童，21.26%（6074例）的母亲在30～34岁生育该儿童，还有5.62%（1607例）的母亲在35岁及以后生育该儿童。

各区县被调查儿童的父母本次生育年龄构成情况见附表S-14和附表S-15，图1-1-15和图1-1-16显示了上述构成情况。

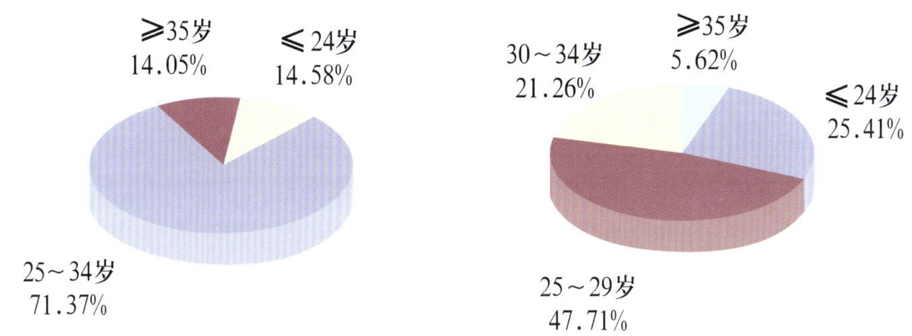

图 1-1-15　被调查儿童父亲本次生育年龄构成　　图 1-1-16　被调查儿童母亲本次生育年龄构成

（十一）陪同儿童到现场的家长的情况

本次调查采用的是现场集中筛查的形式，每个孩子均由家长陪同而来。在28401份有效问卷中显示，有60.24%（17108人）的儿童由母亲带来，14.45%（4104人）由父亲带来，22.22%（6310人）由（外）祖父母带来，2.54%（722人）由其他亲戚带来，主要是姑姑和姨姨，还有0.55%（157人）的儿童由其他人员带来，主要是保姆和邻居。具体见附表S-16，图1-1-17显示了这种构成的情况。

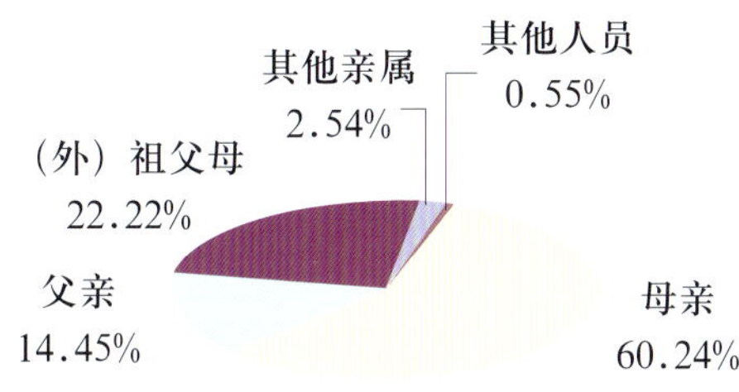

图 1-1-17　陪同调查儿童到筛查现场的家长构成

六、0-6岁儿童残疾（五类残疾）分布现况

（一）筛查和现患情况

1.残疾筛查总阳性率和现患率

本次共调查北京市0～6岁儿童28738人，筛查出五类残疾中某一类或某几类专业可疑人数为839人。筛查总阳性率为2.92%。最后确诊为五类残疾中某一类或某几类残疾的儿童329人，残疾现患率为11.45‰（95%可信区间：10.22‰～12.68‰）。按照0.75‰的假阴性率计算，校正后的总现患率为：12.19‰。

按五类残疾筛查（0岁组和1岁组不进行精神筛查）估算，应查总项目数为136859，实际测查总项目数为136667，占应查项目数的99.86%。五个专业共有967人次筛查阳性，391人次诊断残疾。

各区县被调查儿童的筛查阳性率和残疾现患率情况见附表D-1。

2.各类残疾筛查阳性率和现患率

本次调查0～6岁五类残疾儿童中智力残疾的现患率最高为9.31‰，其次是肢体残疾，现患率为2.12‰，往下依次为精神、听力和视力专业，现患率分别为1.53‰（校正前：0.73‰）、1.04‰（校正前：0.91‰）和0.73‰。各类残疾的筛查阳性率和现患率见表1-1-6。各区县被调查儿童五类残疾的筛查阳性率和残疾现患率情况详见附表D-2, D-3, D-4, D-5, D-6。

表1-1-6　2004年北京市0～6岁儿童残疾抽样调查五类残疾筛查阳性率及现患率

残疾类别	实际筛查人数▲	筛查阳性人数	筛查阳性率%	确诊人数	现患率‰	95%可信区间（‰）
视力	28703	49	0.17	21	0.73	0.42～1.04
听力	28709	108	0.38	26	0.91（1.04）*	0.56～1.25
智力	28682	499	1.74	267	9.31	8.20～10.42
肢体	28707	256	0.89	61	2.12	1.59～2.65
精神	21866	55	0.25	16	0.73（1.53）*	0.37～1.09
合计人次	–	–	–	391		–

▲部分儿童未能完成所有专业的筛查，因此各专业的实际筛查人数不一致，且精神残疾筛查范围仅在2～6岁年龄组。

*括号内数字为经假阴性率校正后的数字。

3.综合残疾现患率

本次调查的0～6岁儿童共确诊综合残疾（即2项及以上类别残疾）51人（城市22人，农村29人），综合残疾的现患率为1.77‰。城市地区和农村地区分别为1.69‰和1.85‰。

各区县被调查儿童综合残疾现患率情况详见附表D-7。

1987年全国残疾人抽样调查中0～6岁年龄组未涉及精神残疾的调查[3]，为了便于比较，我们重新计算了本次调查除精神残疾外的总现患率，计算结果为11.55‰。1987年北京市0～6岁儿童视力残疾、听力语言残疾、智力残疾、肢体残疾的现患率和总现患率依次为：0.96‰、2.41‰、11.08‰、2.73‰和13.81‰，由此可见与1987年相比，本市的总现患率和各类残疾现患率均有所下降，其中总现患率下降2.26‰，下降幅度为16.36%，其它各专业的现患率下降幅度由高到低依次为听力、视力、肢体和智力专业，详见表1-1-7。

表 1-1-7　2004 年与 1987 年北京市 0～6 岁儿童残疾现患率比较

现患率	视力	听力	智力	肢体	总体
1987 年(‰)	0.96	2.41*	11.08	2.73	13.81
2004 年(‰)	0.73	1.04	9.31	2.12	11.55
下降的率(‰)	0.23	1.37	1.77	0.61	2.26
下降百分比	23.96	56.85	15.97	22.34	16.36

*1987年调查时听力和言语障碍是在一起调查和计算的，由于本次调查不涉及儿童的言语障碍，因此将原听力现患率数据进行了调整，删除“单纯言语障碍”，以方便前后比较，该表中 1987 年数据是使用文献 3 中的数据计算而得的。

除了本次调查和 1987 年调查以外，近年在我国开展的与“0~6 岁儿童残疾”相关的主要现况调查还有1997年上海抽样调查[6]、1999年深圳普查[7]和2001年全国抽样调查[8]。他们总的残疾现患率分别为：9.68‰（不包括精神残疾）、8.49‰（增加了言语残疾）和 13.62‰（其中天津市：10.70‰）。由于不同调查的测查方法和评定标准略有不同，因此无法直接进行比较，但是这些数据大致可以显示中国相对发达地区的城市 0～6 岁儿童五类残疾现患率大约在 10‰左右。

国际上不是根据残疾发生的部位进行残疾分类的，而是根据疾病等对个体影响的程度分为病损（残损）、失能（残疾）和残障[1]，因此我们很难就总现患率与国际资料进行比较。国外虽有些调查显示各类残疾的现患情况，如视力残疾现患率约在 0.1‰～1.1‰之间[9]，听力残疾现患率约在 1～1.5/1000 活产之间[10]，智力低下现患率为 9.7‰（3～9 岁）[11]，精神残疾（孤独症及相关发育障碍）为 3.4‰[12]，但这些调查的年龄段仅部分与本次调查一致，因此只能大致参考，无法全面比较。

（二）残疾儿童不同分类的构成和残疾严重程度

1.五类残疾构成

本次调查共确诊残疾儿童 329 人（含综合残疾），391 人次。其中视力残疾 21 人，占残疾儿童总数的 5.37%；听力残疾 26 人，占残疾儿童总数的 6.65%；智力残疾 267 人，占残疾儿童总数疾的 68.29%；肢体残疾 61 人，占残疾儿童总数的 15.60%；精神残疾 16 人，占残疾儿童总数的 4.09%。各区县残疾儿童五类残疾构成情况详见附表 D-8。

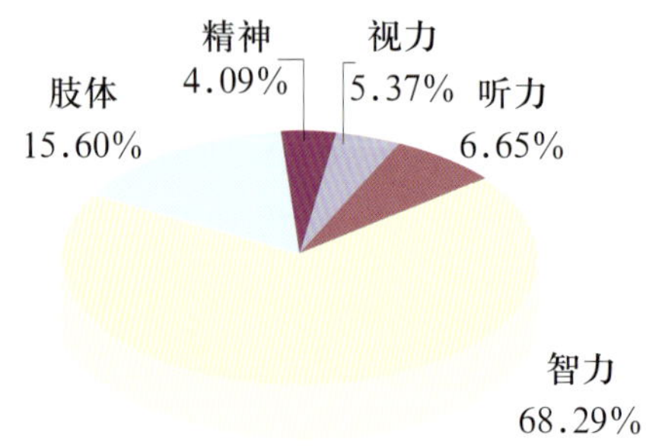

图 1-1-18　残疾儿童中五类残疾的构成

图1-1-18显示不同种类残疾比例由多到少依次为智力、肢体、听力、视力和精神。由于本次调查精神专业出现假阴性，校正后的顺位应为智力、肢体、精神、听力和视力。智力残疾在任何一次调查[3,6,7,8]中都居首位，其余的顺序也基本与2001年全国调查[8]的结果类似，但后者的精神残疾（现患率为1.01‰）排在最后一位。

2.单一残疾和综合残疾的构成

本次调查共确诊残疾儿童329人，其中单一残疾儿童278人，占84.50%；综合残疾51人，占15.50%（图1-1-19）。各区县被调查儿童单一残疾和综合残疾构成情况详见附表D-7。

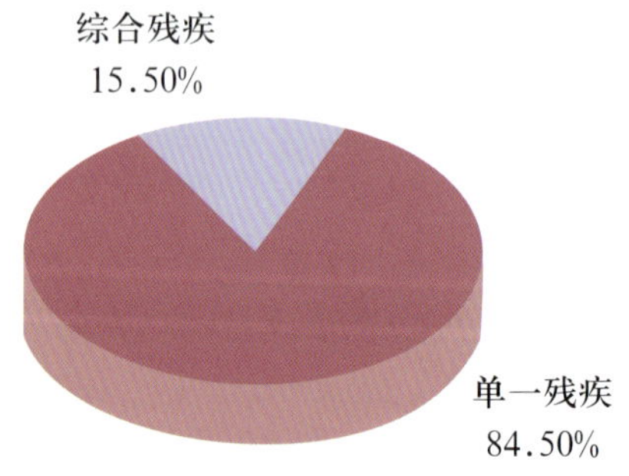

图 1-1-19　残疾儿童单一残疾和综合残疾构成

3.综合残疾的构成

本次调查的51名综合残疾儿童中，有42名为双重残疾，占综合残疾儿童人数的82.35%；有7名儿童为三重残疾，占13.73%；2名为四重残疾，占3.92%。双重残疾中以智力肢体残疾并存为最主要的形式，共22名，其次是智力和精神并存，共11名，智力和视力共6名，最后为智力和听力共3名儿童。三重残疾由智力、肢体和视力并存4名，智力、肢体和精神并存2名，还有1名是智力、肢体和听力并存。2名四重残疾儿童均为智力、肢体、视力和精神并存（图1-1-20）。由上可见，智力残疾出现在所有综合残疾的儿童中，其次是肢体残疾，出现在52.38%的双重残疾的儿童中，出现在100%的三重和四重残疾中。听力残疾在综合残疾中出现最少，仅在双重（7.14%）和三重残疾中（14.29%）有少量（图1-1-21）。各区县被调查儿童综合残疾的内部构成情况详见附表D-9和附表D-10。

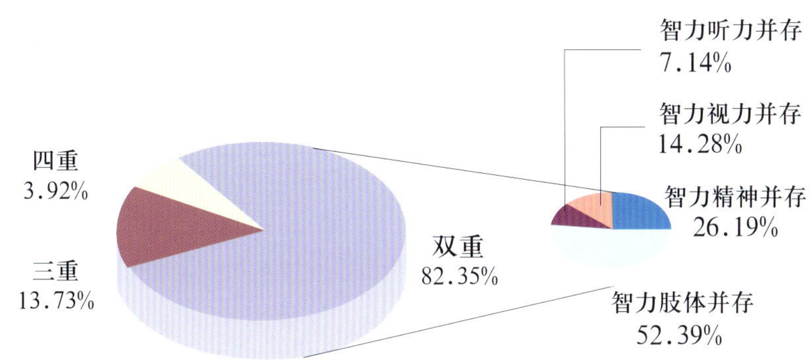

图1-1-20　综合残疾儿童的具体构成

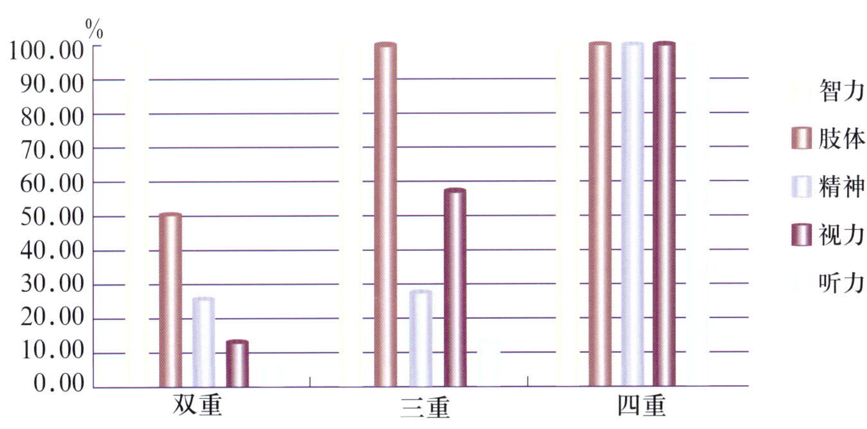

图1-1-21　综合残疾中包含的各类残疾的构成情况

综合残疾占全部残疾的15.50%，其中最主要的是双重残疾，双重残疾中又以脑瘫居多（22/42），这与国内其他调查[8]结果一致。

4.残疾严重程度构成

本次调查各类残疾的严重程度分类不一致：听力、智力、肢体专业残疾程度的划分为四级评定，精神专业为三级评定（无极重度），视力专业针对0～6岁年龄特点，仅分为低视力和盲两类。为了统计方便，将五类残疾的严重程度按照由轻到重的次序，统一分为轻度、中度、重度和极重度（表1-1-8）。各区县残疾儿童的各类残疾严重程度的构成情况详见附表D-11。

表1-1-8 残疾严重程度在五种类别中的对应情况

残疾分类	轻度残疾	中度残疾	重度残疾	极重度残疾
视力	低视力	－	盲	－
听力	二级重听	一级重听	二级聋	一级聋
智力	轻度	中度	重度	极重度
肢体	四级	三级	二级	一级
精神	轻度	中度	重度	

五类残疾总体从轻度到极重度依次占总人次数的58.31%、19.69%、13.81%和8.18%。智力、肢体和视力专业与总体情况一致，表现为轻、中度为主，精神和听力专业与总体不一致，重度和极重度比例较大（表1-1-9和图1-1-22）。

表1-1-9 五类残疾程度构成情况

残疾分类	轻度		中度		重度		极重度		合计
	人数	%	人数	%	人数	%	人数	%	
视力	14	66.67	－	－	7	33.33	－	－	21
听力	8	30.77	2	7.69	8	30.77	8	30.77	26
智力	175	65.54	56	20.97	16	5.99	20	7.49	267
肢体	30	49.18	19	31.15	8	13.11	4	6.56	61
精神	1	6.25	0	0.00	15	93.75	－	－	16
合计人次	228	58.31	77	19.69	54	13.81	32	8.18	391

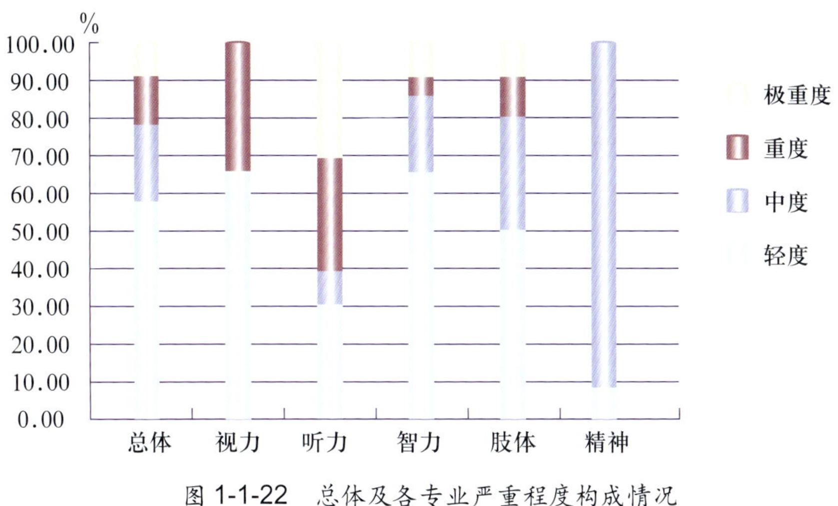

图 1-1-22　总体及各专业严重程度构成情况

重度精神残疾偏高一方面可能与实际残疾样本数过少有关，另一方面也可能与本次调查存在一定的假阴性有关（详见精神专业分报告）。而听力残疾重度和极重度偏高的情况与深圳普查（2/3）[7]和2001年全国抽样调查（3/5）[8]的结果是一致的，而且也与美国监测的数据相近（3/5）[10]。听力残疾的发生规律究竟是真的与其它残疾有所不同（以重度和极重度为主）？还是检测手段的限制造成轻度听力残疾容易漏诊？尚需进一步检索相关文献或开展此方面的进一步研究。

（三）残疾儿童的分布特征

1.城乡

本次调查确诊0～6岁残疾儿童共329名，农村儿童残疾现患率（12.87‰）高于城市儿童残疾现患率（9.74‰），经卡方检验，$\chi^2 = 6.173$，P值 = 0.013，按 $\alpha = 0.05$ 水平，差异有显著性统计学意义（表1-1-10）。

表 1-1-10　残疾儿童在城市和农村地区的现患率及构成

地区	调查儿童数	确诊人数	现患率‰	残疾构成 %
城市	13042	127	9.74	38.60
农村	15696	202	12.87	61.40
合计	28738	329	11.45	100.00

2.性别

本次调查的残疾儿童中有197名为男童，132名为女童，现患率分别为13.22‰和9.54‰（表1-1-11）。经卡方检验，$\chi^2 = 8.612$，$P = 0.003$，按$\alpha = 0.05$水平，差异有统计学意义。各区县的残疾儿童性别分布情况见附表D-12。

表1-1-11 残疾儿童分性别的现患率及构成

性别	调查儿童数	确诊人数	现患率‰	残疾构成%
男童	14898	197	13.22	59.88
女童	13840	132	9.54	40.12
合计	28738	329	11.45	100.00

3.年龄

本次调查的残疾儿童329名，从0岁到6岁组，各年龄组的现患率依次为9.02‰、7.71‰、8.36‰、9.25‰、16.16‰、15.49‰和12.58‰（表1-1-12）。经趋势卡方检验：$\chi^2_{趋势} = 16.182$，$P = 0.00006$，按$\alpha = 0.05$水平，差异有统计学意义。各区县的残疾儿童年龄分布情况见附表D-13，各年龄组残疾儿童的性别分布以及各年龄组残疾儿童的五类残疾的现患率情况见附表D-14和D-15。

表1-1-12 残疾儿童年龄分布情况

年龄	调查儿童数	确诊人数	现患率‰	残疾构成%
0～	2551	23	9.02	6.99
1～	4280	33	7.71	10.03
2～	4186	35	8.36	10.64
3～	4648	43	9.25	13.07
4～	4949	80	16.16	24.32
5～	4389	68	15.49	20.67
6～	3735	47	12.58	14.28
合计	28738	329	11.45	100.00

本次调查在不同类别的残疾中都呈现随年龄的增高儿童残疾现患率升高的趋势，总的趋势缓慢坡升，但在3岁和4岁年龄组间有一明显突增，主要考虑是因为智力专业现患率在3～4岁间有一明显改变（图1-1-23）。

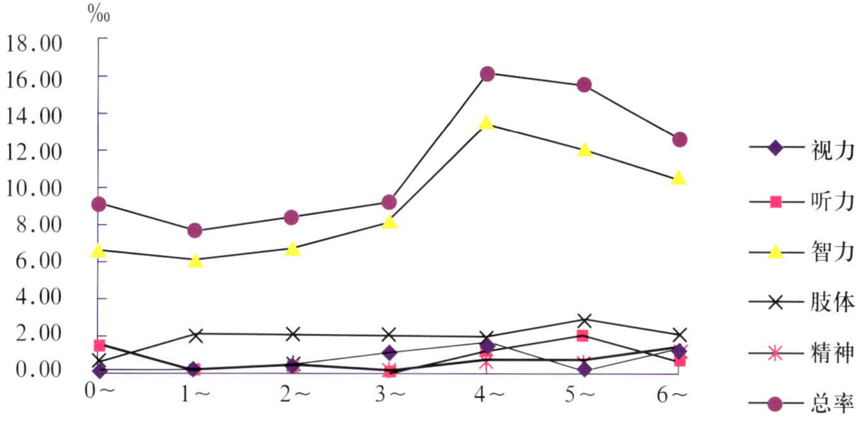

图 1-1-23　不同类别残疾儿童不同年龄的现患率情况

4.民族

本次调查的329名残疾儿童中，305名为汉族，24名为少数民族，后者由满族18名和回族6名组成。汉族的现患率为11.34‰，少数民族现患率为13.02‰（表1-1-13）。经卡方检验：$\chi^2 = 0.427$，$P = 0.513$，按$\alpha = 0.05$水平，差异无统计学意义。各区县残疾儿童的民族分布情况见附表D-16。

表 1-1-13　残疾儿童民族分布情况

民族	调查儿童数	确诊人数	现患率‰	构成比％
汉族	26894	305	11.34	92.71
少数民族	1844	24	13.02	7.29
合计	28738	329	11.45	100.00

5.父母文化程度

本次确诊的329名残疾儿童中回答“父亲、母亲文化程度”问题的均为326人。不同父母文化程度的现患率及构成情况见表1-1-14和图1-1-24。不同父亲、母亲文化程度的现患率经趋势卡方检验，结果依次为：父$\chi^2_{趋势} = 49.235$，$P = 0.000$；母$\chi^2_{趋势} = 70.079$，$P = 0.000$，按$\alpha = 0.05$水平，差异均有统计学意义。各区县父母文化程度的详细情况见附表D-17和D-18。

6.父母职业

本次调查的28738名儿童中，回答父亲职业的有效问卷28638份，回答母亲职业的有效问卷28646份。本次确诊的329名残疾儿童中回答“父亲职业”和“母亲职业”的分别有326人和327人。不同父母职业的现患率及构成情况见表1-1-15和1-1-16。不同父亲、母亲职业的现患率经卡方检验，结果依次为：父 $\chi^2 = 52.456$，$\upsilon = 8$，$P = 0.000$、母 $\chi^2 = 52.623$，$\upsilon = 8$，$P = 0.000$，按 $\alpha = 0.05$ 水平，差异均有统计学意义。各区县残疾儿童的父母职业分布情况见附表D-19和D-20。

表1-1-14 不同父母文化程度残疾儿童的现患率及构成

文化程度	父亲				母亲			
	调查儿童数	残疾儿童数	现患率‰	残疾构成%	调查儿童数	残疾儿童数	现患率‰	残疾构成%
大专及以上	8245	60	7.28	18.40	7848	50	6.37	15.34
高中中专	7804	69	8.84	21.17	7789	70	8.99	21.47
初　中	11570	164	14.17	50.31	11728	164	13.98	50.31
小　学	934	28	29.98	8.59	1105	28	25.34	8.59
文盲半文盲	73	5	68.49	1.53	156	14	89.74	4.29
合计	28626	326	--	100.00	28626	326	--	100.00

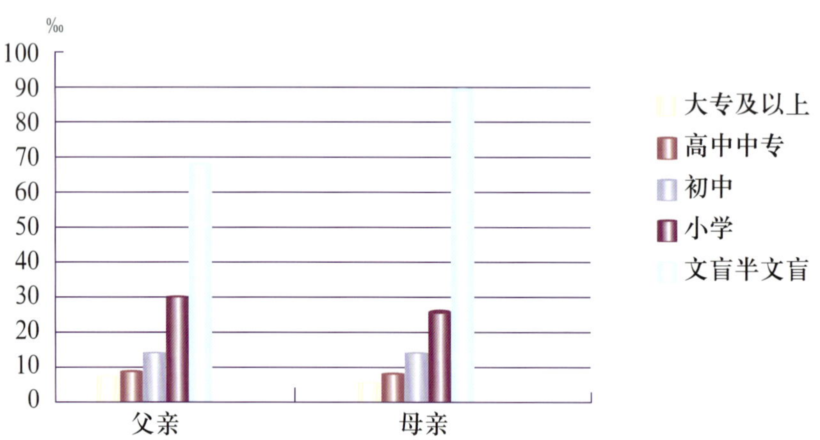

图1-1-24 不同父母文化程度的儿童残疾现患率情况

表 1-1-15　不同父亲职业残疾儿童的现患率及构成

职业种类	调查儿童数	确诊人数	现患率‰	构成%
国家机关党群组织企事业单位负责人	1293	8	6.19	2.45
各类专业技术人员	4822	29	6.01	8.90
办事人员和有关人员	2825	23	8.14	7.06
商业、服务业人员	3499	29	8.29	8.90
农、林、牧、渔、水利业生产人员	5704	107	18.76	32.82
生产、运输、设备操作人员及有关人员	9342	112	11.99	34.36
军人	503	6	11.93	1.84
不便分类的其它劳动者	381	6	15.75	1.84
不在业	269	6	22.30	1.84
合计	28638	326	－－	100.00

表 1-1-16　不同母亲职业残疾儿童的现患率及构成

职业种类	调查儿童数	确诊人数	现患率‰	构成%
国家机关党群组织、企事业单位负责人	630	7	11.11	2.14
各类专业技术人员	4937	23	4.66	7.03
办事人员和有关人员	2808	19	6.77	5.81
商业、服务业人员	5359	51	9.52	15.60
农、林、牧、渔、水利业生产人员	10312	152	14.74	46.48
生产、运输、设备操作人员及有关人员	3194	46	14.40	14.07
军人	106	0	0.00	0.00
不便分类的其它劳动者	388	9	23.20	2.75
不在业	912	20	21.93	6.12
合计	28646	327	－－	100.00

7.家庭类型

本次调查的329名残疾儿童中回答“家庭类型”的有效问卷为325份。不同家庭类型的残疾儿童的构成和现患率情况见表1-1-17，经卡方检验，$x^2=12.321$，$df=4$，$P=0.015$，按$\alpha=0.05$水平，差异有统计学意义。考虑到除“亲生父母型”外的其它类型残疾儿童例数过少，遂将后4种类型合并后，再进行卡方检验，$x^2=11.68$，$P=0.0006$，按$\alpha=0.05$水平，差异仍有统计学意义，说明在非亲生父母共同抚养的儿童中残疾发生的比率高于亲生父母共同抚养的儿童。各区县残疾儿童的家庭类型的详细情况见附表D-21。

表1-1-17　不同家庭类型残疾儿童的现患率及构成

家庭类型*	调查儿童数	残疾儿童数	现患率‰	残疾构成%
亲生父母型	27953	309	11.05	95.08
单方亲生父母型	292	10	34.25	3.08
再婚家庭型	95	3	31.58	0.92
外祖父母型	133	1	7.52	0.31
其他（抱养型）	92	2	21.74	0.62
合计	28565	325	--	100.00

*①亲生父母型：指目前儿童的亲生父母是儿童的监护人，并且生活在一起。②单方亲生父母型：指目前儿童的亲生父和/或母是儿童监护人，但儿童只和其中一方生活在一起（包括亲生父母离异、另一方亡故、或者孩子的母/父属于未婚状况）。③再婚家庭型：指目前儿童只和亲生父母的一方生活，且这一方已经再婚。④(外)祖父母型：指目前的监护人是(外)祖父母，儿童的亲生父母亡故或虽健在但已遗弃该儿童。⑤其他：无法归入前4种类型，如抱养儿童。

8.母亲婚姻状况

本次调查残疾儿童回答“母亲婚姻状况”的有效问卷为324份，残疾儿童的母亲不同婚姻状况的构成和现患率情况见表1-1-18。经卡方检验，$x^2=4.532$，$df=5$，$P=0.476$，经Fisher精确检验，$P=0.439$，按$\alpha=0.05$水平，差异无统计学意义。去除未婚、丧偶和其他（无病例），只考虑初婚、再婚和离婚的情况，经卡方检验，$x^2=3.603$，$df=2$，$P=0.165$，经Fisher精确检验，$P=0.119$，按$\alpha=0.05$水平，差异无统计学意义。各区县残疾儿童的母亲的婚姻状况详细情况见附表D-22。

表 1-1-18　母亲不同婚姻状况残疾儿童的现患率及构成

母亲婚姻状况	调查儿童数	确诊人数	现患率‰	残疾构成 %
未婚	24	0	0.00	0.00
初婚	27651	309	11.18	95.37
再婚	710	11	15.49	3.40
离婚	165	4	24.24	1.23
丧偶	35	0	0.00	0.00
其他	21	0	0.00	0.00
合计	28606	324	--	100.00

9.家庭人口数

本次调查残疾儿童回答“家庭人口数”的有效问卷为327份，儿童残疾与家庭人口数的关系见表1-1-19。经卡方检验，$\chi^2=2.219$，$df=4$，$P=0.695$，经Fisher精确检验，$P=0.586$，按$\alpha=0.05$水平，差异无统计学意义。各区县残疾儿童家庭人口数的详细情况见附表D-23。

表 1-1-19 不同家庭人口数残疾儿童的现患率及构成比

家庭人口数	调查儿童数	残疾儿童数	现患率‰*	残疾构成 %
2人	136	2	14.71	0.61
3人	15349	168	10.95	51.38
4~5人	4959	63	12.70	19.27
6~10人	6103	65	10.65	19.88
10人以上	2168	29	13.38	8.87
合计	28715	327	--	100.00

10.儿童家庭子女数

本次调查残疾儿童回答“家庭子女数”的有效问卷为326份，残疾儿童的不同家庭子女数的构成和现患率情况见表1-1-20。经趋势卡方检验，$\chi^2_{趋势}=17.955$，$P=0.000$，按$\alpha=0.05$水平，差异有统计学意义。各区县残疾儿童的家庭子女数详细情况见附表D-24。

表 1-1-20 不同家庭子女数残疾儿童的现患率及构成

家庭子女数	调查儿童数	残疾儿童数	现患率‰	构成%
1个	24532	256	10.44	78.53
2个	4009	63	15.71	19.33
3个及以上	143	7	48.95	2.15
合计	28684	326	——	100.00

11.家庭经济状况

本次调查残疾儿童回答“家庭人均月收入”的有效问卷为324份，具体家庭经济状况的分布和构成见表1-1-21和图1-1-25。经趋势卡方检验，$\chi^2_{趋势}=40.921$，$P=0.000$，按$\alpha=0.05$水平，差异有统计学意义。各区县残疾儿童的家庭经济状况的详细情况见附表D-25。

表 1-1-21 不同家庭经济状况残疾儿童的现患率及构成

家庭人均月收入	调查儿童数	残疾儿童数	现患率‰	构成%
＜400元	10619	177	16.67	54.63
400～999元	7299	71	9.73	21.91
1000～1999元	6011	48	7.99	14.81
≥2000元	4622	28	6.06	8.64
合计	28551	324	－－	100.00

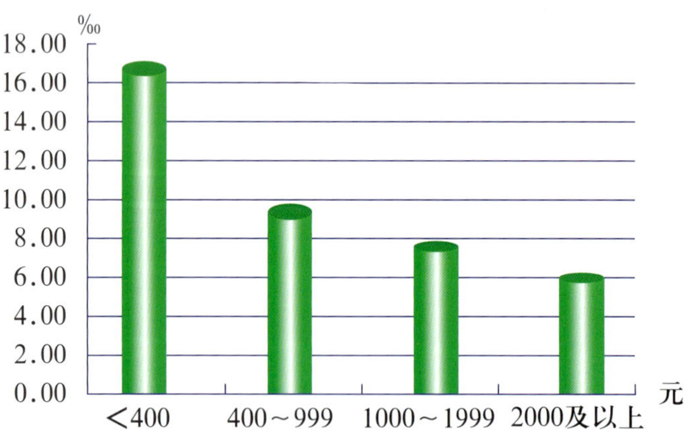

图 1-1-25 不同人均月收入家庭的儿童残疾现患率情况

12.父亲及母亲本次生育年龄

本次调查残疾儿童回答“父亲、母亲生育年龄”的有效问卷分别为324份和325份。具体父母本次生育年龄段的构成和分布见表1-1-22和表1-1-23。经卡方检验，父亲和母亲的结果依次为：$\chi^2 = 4.582$，$df = 2$，$P = 0.101$；$\chi^2 = 5.983$，$df = 3$，$P = 0.112$，按 $\alpha = 0.05$ 水平，差异无统计学意义。各区县残疾儿童父母亲本次生育年龄的详细情况见附表D-26和附表D-27。

表1-1-22　父亲本次生育年龄残疾儿童的现患率及构成

年龄组	调查儿童数	残疾儿童数	现患率‰	构成%
≤24岁	4163	55	13.21	16.98
25～34岁	20374	214	10.50	66.05
≥35岁	4011	55	13.71	16.98
合计	28548	324	——	100.00

表1-1-23　母亲本次生育年龄残疾儿童的现患率及构成

年龄组	调查儿童数	残疾儿童数	现患率‰	残疾构成%
≤24岁	7262	97	13.36	29.85
25～29岁	13632	135	9.90	41.54
30～34岁	6074	71	11.69	21.85
≥35岁	1607	22	13.69	6.77
合计	28575	325	–	100.00

综上所述，本次调查在残疾分布上显现的规律与1987年全国抽样调查[3]、1997年上海抽样调查[6]、1999年深圳普查[7]、2001年全国抽样调查[8]结果基本一致。现患率农村比城市高、男童比女童高、年龄越大现患率越高、父母文化程度越低现患率越高、经济情况越差现患率越高，父母职业情况会影响现患率，如父母不在业者较高、父母为专业技术人员较低，以及家庭子女数越多，残疾的现患率也越高的现象等。

本调查“随着年龄增长现患率增高”的趋势与以往调查[7,8]“缓慢坡升”的趋势有所不同，3岁组到4岁组之间有一突增趋势，主要是由智力残疾的突增造成的。本调查3岁组和4岁组样本量相近，可基本排除抽样数量悬殊过大造成的差别，该现象究竟是与“智力测查方法在4岁年龄组更敏感”有关，还是与“某些特殊的因素使得儿童生长到4岁左右更容易发现或发展为智力残疾状况”有关，有待进一步研究。

（四）残疾相关因素分析

结合专业知识和单因素分析过程中的结果选定部分变量（表1-1-24）进行

非条件logistic回归。以“是否残疾”作为因变量，残疾为1，非残疾为0。将所选变量使用后退法引入logistic回归模型，n = 28192，按α = 0.05标准进行分析，结果见表1-1-25。

表1-1-24　多因素分析所选变量赋值方法

变量	变量（或哑变量）赋值及说明
地区	城市0；农村1
性别	男0；女1
年龄	0～6岁组依次： 0、1、2、3、4、5、6
父亲职业［fo4］	脑力劳动fo4(1)=0、fo4(2)=0、fo4(3)=0 体力劳动fo4(1)=1、fo4(2)=0、fo4(3)=0 其它fo4(1)=0、fo4(2)=1、fo4(3)=0 不在业fo4(1)=0、fo4(2)=0、fo4(3)=1 说明：脑力劳动：合并原“国家机关党群组织、企事业单位负责人”、“各类专业技术人员”、“办事人员和有关人员”、“商业、服务业人员”4项； 体力劳动：合并原“农、林、牧、渔、水利业生产人员”和“生产、运输、设备操作人员及有关人员”2项；其他：合并原“军人”和“不便分类的其它劳动者”2项 。
母亲职业[mo4]	脑力劳动mo4(1)=0、mo4(2)=0、mo4(3)=0 体力劳动mo4(1)=1、mo4(2)=0、mo4(3)=0 其它mo4(1)=0、mo4(2)=1、mo4(3)=0 不在业mo4(1)=0、mo4(2)=0、mo4(3)=1 说明：同“父亲职业”
父亲文化程度	大学及大专以上0；高中中专 1；初中 2；小学 3；文盲半文盲4
母亲文化程度	大学及大专以上0；高中中专 1；初中 2；小学 3；文盲半文盲4
家庭类型	亲生父母型 0；其它型1 说明：其它型是合并原“单方亲生父母型”、“再婚家庭型”、“外祖父母型”和“其他”4项
家庭子女数	独生子女0；两个子女1；3个及以上2
家庭人均月收入	<400元0；400-999元1；1000-1999元2；≥2000元3

表 1-1-25　残疾儿童一般危险因素的 logistic 回归分析结果

因素	回归系数	标准误	Waldx^2值	*P*值	*OR*	95% 可信区间
地区	−0.719	0.177	16.609	0.000	0.487	0.345～0.688
性别	−0.294	0.115	6.578	0.010	0.745	0.595～0.933
年龄	0.084	0.031	7.475	0.006	1.088	1.024～1.156
母亲职业	–	–	–	–	–	–
mo4(1)	0.380	0.173	4.853	0.028	1.463	1.043～2.052
mo4(2)	0.677	0.356	3.620	0.057	1.968	0.980～3.953
mo4(3)	0.543	0.266	4.168	0.041	1.722	1.022～2.900
母亲文化程度	0.460	0.085	29.094	0.000	1.585	1.341～1.873
家庭类型	0.688	0.281	6.019	0.014	1.990	1.148～3.449
家庭经济收入	−0.215	0.084	6.521	0.011	0.806	0.684～0.951

由表 1-1-25 可见，生活在城市地区、男童、年龄增长、母亲从事非脑力劳动、母亲文化程度低、家庭经济收入差以及不是由亲生父母共同抚养都使儿童更有可能罹患残疾。

值得一提的是：单因素分析结果显示农村儿童残疾现患率高于城市，但是当控制性别、年龄、经济、父母文化程度、父母职业等因素进行多因素 Logistic 回归分析时发现实际上农村作为居住地本身是保护因素（*OR* = 0.487，95% 可信区间为 0.345~0.688），农村现患率高于城市只是因家庭经济收入较低、父母文化程度相对较低等因素的效应修饰作用所致。

此外，本调查与 2001 年调查[8]发现“儿童残疾与父亲某些特征相关”的结论也不一致，本调查经 logistic 多因素分析显示母亲的状况（文化程度和职业性质）会更直接影响到儿童残疾发生的可能性，这一结论与国外相关文献的报道更为接近[13]。因此提高母亲的文化程度，提高母亲在养育儿女方面的知识是最为关键的。

（五）五类残疾的可疑致残原因分析

1.产前、产时和产后因素的构成

根据家长对儿童病史和既往诊断史的陈述，经由专业医师判断，将可疑的致残原因以及主要的致残相关因素按照产前、产时和产后分类，产前因素主要包括遗传因素（如染色体畸变、遗传代谢病等）和母孕期环境因素（如慢性病、服药、营养缺乏、物理、化学等环境有害物质、中毒等）；产时因素主要包括出生窒息、颅内出血、产伤等；产后因素主要包括意外伤害、感染、心理社会因素、环境生态因素、药物和营养失调等。

本次调查的残疾儿童中可疑的致残原因以及主要的致残相关因素为产前因素的占总数的33.50%，产时因素的占13.55%，产后因素的占20.46%，还有32.48%的残疾儿童是致残原因不详的（表1-1-26）。各区县不同类别残疾儿童的致残因素见附表D-28。该结果与深圳普查[7]结果相似，在已知原因中产前因素仍是最主要的致残因素占总数的49.62%左右，其次是产后因素和产时因素，分别占已知因素的30.30%和20.08%。

表1-1-26　残疾儿童致残原因分类

残疾种类	产前		产时		产后		不详		合计人数
	人数	构成%	人数	构成%	人数	构成%	人数	构成%	
视力	15	71.43	3	14.29	2	9.52	1	4.76	21
听力	8	30.77	3	11.54	6	23.08	9	34.62	26
智力	73	27.34	31	11.61	63	23.60	100	37.45	267
肢体	30	49.18	12	19.67	8	13.11	11	18.03	61
精神	5	31.25	4	25.00	1	6.25	6	37.50	16
合计人次	131	33.50	53	13.55	80	20.46	127	32.48	391

2.各专业分类的病因构成

本次调查根据各专业的特点对已知致残的原因或疾病种类进行了不同形式的分类，各专业前五位的致残原因（或致残疾病种类）的情况见表1-1-27。

近些年北京市的0～6岁儿童保健工作日益发展，计划免疫工作广泛覆盖，儿童营养良好，体格健壮，对疾病的抵抗力增强，各种可能致残传染病的发生不断降低，儿童患病用药较为规范，医疗服务及时、分布广泛等都起到了很好的残疾预防效果。因此后天因素（也就是产后因素）致残的比例较小，比如在此次调查范围内药物性耳聋的发生较少（3/26）。在产前因素和产时因素中，纯粹遗传因素造成的比例较小，围产因素造成儿童残疾的比例较为突出。以智力残疾为例，在产前因素中（共73例）致残的前四位原因分别是宫内窒息（22例）、早产（16例）、营养不良（14例）和各种遗传因素（11例）；产时因素（31例）包括产后窒息（25例）和颅内出血（6例）两种。因此我们可以了解到在产前和产时因素中只有11%为纯粹遗传因素，其余的大部分均是与围产保健相关的因素。这提示我们：降低0～6岁儿童的残疾现患率，需要从加强围产保健入手。

表 1-1-27　残疾儿童的致残原因（或致残疾病种类）

专业	第一位	第二位	第三位	第四位	第五位	其它*	合计**
视力	先天性白内障 3（14.29）	先天性眼震 3（14.29）	白化病 3（14.29）	先天性小眼球小角膜 2（9.52）	视网膜病变 2（9.52）	8（38.10）	21
听力	围产缺氧 5（29.41）	遗传家族史 3（17.65）	母妊娠因素 3（17.65）	后天耳毒药物 3（17.65）	儿童病毒感染 3（17.65）	--	17
智力	围产期因素 91（54.49）	社会心理因素 33（19.76）	伴发精神病 12（7.19）	遗产代谢因素 10（5.99）	脑机械损伤 6（3.59）	49(8.98)	167
肢体	脑瘫 35（57.38）	四肢先天畸形 10（16.39）	神经肌肉疾病 7（11.48）	脊柱脊髓疾病 4（6.56）	外伤致残 4（6.56）	1(1.64)	61
精神	孤独症 14（87.50）	不典型孤独症 1（6.25）	Rett氏综合症 1（6.25）	--	--	--	16

△各专业第一行：原因或疾病种类的名称，第二行：相应的人数，括号内为该原因或疾病种类在合计中的构成比（%）。

*其它是指除前5位已列出的原因（或疾病种类）外的所有已知的原因（或疾病种类）的合计数；

**合计是指已知原因（或病种）的合计，原因不详的未计算入内。

七、残疾儿童家长对儿童残疾现状的认识情况

（一）不同种类残疾儿童的家长对残疾的认识情况

本次调查残疾儿童家长对儿童残疾的认识状况，总体上有40.10%的家长从未注意到儿童存在某些异常现象，有25.00%的家长虽然已经注意到儿童存在某些问题，但从未带儿童就诊，其中甚至包括10名智力极重度残疾儿童，只有34.90%的家长已经知道儿童的残疾状况（表1-1-28和图1-1-26）。

在五类残疾中家长对儿童残疾状况不了解以智力专业最为明显，图1-1-26显示智力残疾儿童的家长只有20.08%对自己孩子的问题已经完全了解。相对而言，精神残疾儿童的家长对儿童残疾状况了解情况看上去要好一些，75.00%（12/16）家长已经知道自己的孩子患有精神残疾。主要与两个因素有关：精神残疾的测查年龄段是2～6岁，较其他专业年龄偏大，因此家长有足够的时间去发现问题；此

外，本次诊断的儿童残疾程度均较重，因此表现更为明显，家长相对也容易发现问题。

表 1-1-28　残疾儿童家长对儿童残疾的认知状况

残疾分类	从未注意		已注意，但未就诊		已注意，已就诊		合计	
	人数	%	人数	%	人数	%	人数	%
视力	5	29.41	2	11.76	10	58.82	17*	100.00
听力	6	23.08	4	15.38	16	61.54	26	100.00
智力	136	51.52	75	28.41	53	20.08	264*	100.00
肢体	5	8.20	13	21.31	43	70.49	61	100.00
精神	2	12.50	2	12.50	12	75.00	16	100.00
合计人次	155	40.10	96	25.00	134	34.90	384	100.00

*视力和智力专业该问题填写不完全，有效问卷分别为17和264份。

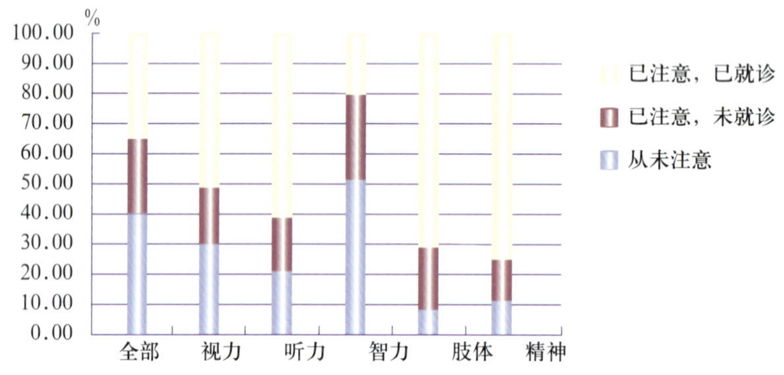

图 1-1-26 各专业残疾儿童家长对儿童残疾的认识情况

（二）影响残疾儿童家长对残疾知晓的因素分析

根据“家长在本次调查之前是否已经知晓儿童残疾状况”分成“未知组”（选择：“从未注意”和“已注意，但未就诊”的残疾儿童）和“已知组”（选择“已注意，已就诊”的残疾儿童）。使用卡方检验和趋势卡方检验分析这2组残疾儿童在基本情况（性别、年龄、地区、家庭人均月收入、家庭子女数、母亲是否为单亲、母亲文化程度等）、残疾类型（视力、听力、智力、肢体、精神）、残疾程度（轻度、中度、重度、极重度）等内容是否有差别，并对有统计学意义的变量进行多因素分析，从而探讨影响家长对儿童残疾知晓的一般因素。

1.单因素分析结果

影响儿童家长对儿童残疾知晓的单因素分析结果见表1-1-29。结果显示，居住在农村地区、男童、年龄小、母亲文化程度低、单一残疾、残疾程度较轻等是使家长可能无法察觉儿童残疾的主要相关因素。

表1-1-29 影响残疾儿童家长对残疾认知的单因素分析结果

因素	分类	认知结果***		卡方值	P值	OR	OR95%可信区间
		未知	已知				
地区	城市	65	62	25.202	0.000	0.298	0.184～0.482
	农村	155	44				
性别	男	144	52	8.023	0.005	1.968	1.228～3.153
	女	76	54				
年龄组（岁）	0～	19	4	11.972△	0.063△	–	–
	1～	23	9				
	2～	22	13				
	3～	26	16				
	4～	60	19				
	5～	46	22				
	6～	24	23				
家庭人均月收入	400元及以上	142	57	3.490	0.062	1.565	0.977～2.507
	400元以下	78	49				
母亲文化程度	初中及以下	157	48	20.847	0.000	3.011	1.86～4.873
	初中以上	63	58				
综合残疾*	单一残疾	205	70	39.939	0.000	7.029	3.630～13.607
	综合残疾	15	36				
残疾程度**	轻度	164	37	64.311△	0.000△	–	–
	中度	38	23				
	重度	8	23				
	极重度	10	23				

* 综合残疾：儿童有2项或以上残疾同时存在；

** 残疾程度：综合残疾的程度是指最重的一类残疾的程度；

*** 认知结果：综合残疾的儿童家长的认知结果是指家长对儿童最重一类残疾的认知情况。

△趋势卡方结果。

2.多因素分析结果：

非条件logistic回归的结果（已知＝0；未知＝1）显示，在控制其他因素之后，影响残疾儿童家长对儿童残疾状况知晓的独立因素有：居住在农村地区、男童、年龄小、母亲文化程度低、单一残疾和残疾程度轻（表1-1-30）。

表1-1-30 影响残疾儿童家长对残疾认知的多因素分析结果（n＝326）

因素	回归系数	标准误	Wald x^2值	*P*值	*OR*	95% 可信区间
地区（农村）	0.794	0.345	5.312	0.021	2.213	1.126～4.350
性别（男）	0.927	0.290	10.187	0.001	2.526	1.430～4.461
年龄	−0.200	0.083	5.815	0.016	0.818	0.695～0.963
母亲文化程度（低）	1.072	0.361	8.847	0.003	2.922	1.442～5.924
单一残疾	1.441	0.425	11.513	0.001	4.223	1.838～9.706
残疾程度（轻）*	1.636	0.378	18.772	0.000	5.134	2.449～10.760

*残疾程度：分为轻度（包括单因素中轻度和中度）和重度（包括单因素中重度和极重度）

总的看来，0～6岁阶段家长认识儿童残疾的能力始终较差，这与Carran和Meisels等人的研究发现“那些在学龄期需要进入特殊学校的儿童的家长通常在此之前不会发现儿童有某方面的问题”类似[14,15]。

八、残疾儿童治疗康复现状与需求

（一）现有治疗康复形式和器具

1.形式

本次调查的残疾儿童中总体上有73.90%的儿童没有进行任何形式的康复，有7.75%的儿童正在医院治疗，8.01%的儿童在康复机构训练，7.24%的儿童在家庭康复训练，还有2.58%的儿童在普幼普小上学，0.52%的采取其它形式（表1-1-31和图1-1-27）。各区县残疾儿童现有治疗康复形式具体情况见附表D-29、D-30、D-31、D-32、D-33和D-34。

表 1-1-31 残疾儿童现有治疗康复形式

残疾分类	无(%)	医院治疗(%)	康复机构(%)	家庭康复(%)	普幼普小(%)	其他(%)	合计
视力	16(76.19)	2(9.52)	1(4.76)	1(4.76)	0(0.00)	1(4.76)	21
听力	11(42.31)	2(7.69)	9(34.62)	2(7.69)	2(7.69)	0(0.00)	26
智力	218(82.58)	8(3.03)	14(5.30)	17(6.44)	7(2.65)	0(0.00)	264*
肢体	29(47.54)	17(27.87)	6(9.84)	8(13.11)	0(0.00)	1(1.64)	61
精神	12(80.00)	1(6.67)	1(6.67)	0(0.00)	1(6.67)	0(0.00)	15*
合计	286(73.90)	30(7.75)	31(8.01)	28(7.24)	10(2.58)	2(0.52)	387

* 智力和精神专业分别只有 264 和 15 个残疾儿童提供了“现有治疗康复形式”

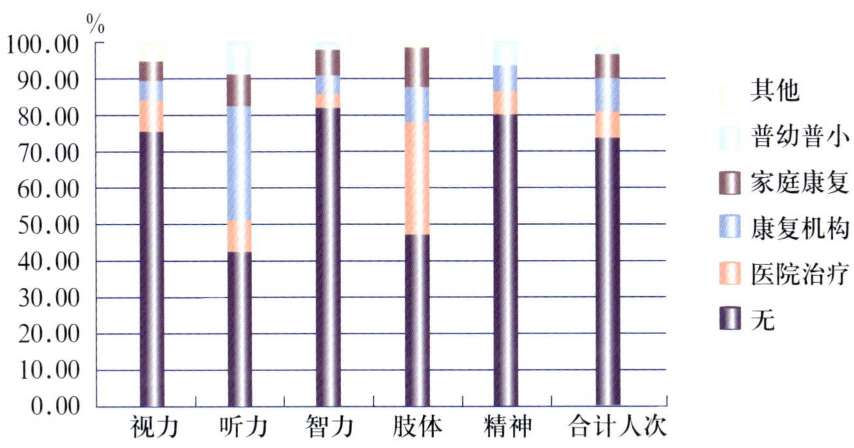

图 1-1-27 总体和各专业残疾儿童现有治疗和康复形式构成

2.康复器具或治疗方式

本次调查的21名视力残疾儿童中有1人（4.76%）使用了导盲器，其余20人（95.24%）没有使用任何康复器具。26名听力残疾儿童中有10人（38.46%）儿童已配助听器，3人（11.54%）儿童已植入人工耳蜗，其余13人（50.00%）没有任何康复器具。61名肢体残疾儿童中有2人（3.28%）使用了矫型器，2人（3.28%）接受了手术治疗，1人（1.64%）使用学步车（表1-1-32），其余56人（91.80%）没有任何康复器具。各区县残疾儿童具体情况见附表D-35、D-36和D-37。

表1-1-32 视力、听力和肢体残疾儿童现有治疗康复器具（人数和构成比）

残疾分类	无(%)	助视器(%)	导盲器(%)	助听器(%)	人工耳蜗(%)	矫行器(%)	手术(%)	学步车(%)	合计
视力	20 (95.24)	0 (0.00)	1 (4.76)	–	–	–	–	–	21
听力	13 (50.00)	–	–	10 (38.46)	3 (11.54)	–	–	–	26
肢体	56 (91.80)	–	–	–	–	2 (3.28)	2 (3.28)	1 (1.64)	61

（二）需要的康复治疗形式和器具

1.形式

本次调查中残疾儿童中总体上有18.16%的儿童需要立即接受医院治疗，33.50%的儿童需要在康复机构训练，39.39%的儿童可以接受家庭康复训练，8.18%的儿童可以在普幼普小上学，还有0.77%的儿童需要接受其它形式的治疗和康复（表1-1-33和图1-1-28）。各区县残疾儿童具体情况见附表D-29、D-30、D-31、D-32、D-33和D-34。

表1-1-33 残疾儿童需要的治疗康复形式

残疾分类	医院治疗(%)	康复机构(%)	家庭康复(%)	普幼普小(%)	其他(%)	合计
视力	5(23.81)	16(76.19)	0(0.00)	0(0.00)	0(0.00)	21
听力	2(7.69)	15(57.69)	7(26.92)	2(7.69)	0(0.00)	26
智力	28(10.49)	72(26.97)	138(51.69)	28(10.49)	1(0.37)	267
肢体	32(52.46)	22(36.07)	5(8.20)	0(0.00)	2(3.28)	61
精神	4(25.00)	6(37.50)	4(25.00)	2(12.50)	0(0.00)	16
合计	71(18.16)	131(33.50)	154(39.39)	32(8.18)	3(0.77)	391

注：该表的“需要”是指诊断医生根据儿童的病情，为儿童选定的康复治疗方式。

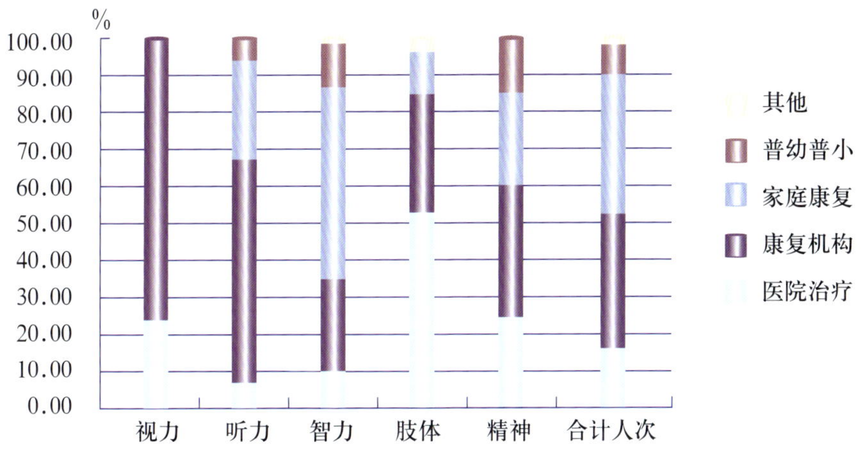

图 1-1-28　总体和各专业残疾儿童需要的治疗康复形式构成

2.需要的康复器具或治疗方式

本次调查的21个视力残疾儿童中17个（80.95%）暂时不需要配任何康复器具，4个（19.05%）需要配戴助视器。26名听力残疾儿童中，有18个（69.23%）儿童需要配助听器，8个（30.77%）儿童需植入人工耳蜗。61个肢体残疾儿童中有2个（3.28%）需要安装假肢，3个（4.92%）需要使用自助器，28个（45.90%）需要使用矫型器，24个（39.34%）需要接受手术治疗，还有4个（6.56%）需要其它方式的康复治疗器具（表1-1-34）。各区县残疾儿童具体情况见附表D-35、D-36和D-37。

表 1-1-34　残疾儿童需要的治疗康复器具

残疾分类	暂不需要(%)	助视器(%)	助听器(%)	人工耳蜗(%)	假肢(%)	自助器(%)	矫行器(%)	手术(%)	其他(%)	合计
视力	17 (80.95)	4 (19.05)	–	–	–	–	–	–	–	21
听力	–	–	18 (69.23)	8 (30.77)	–	–	–	–	–	26
肢体	–	–	–	–	2 (3.28)	2 (4.92)	2 (45.90)	24 (39.34)	4 (6.56)	61

注：该表的“需要”是指诊断医生根据儿童的病情，为儿童选定的治疗康复器具。

上述结果使我们认识到不同种类残疾儿童需要的治疗康复形式差别较大，比如：本次调查肢体残疾儿童（52.46%）需要的是医院治疗，甚至很大一部分（39.34%）仍需要手术治疗；智力残疾儿童（51.69%）需要家庭康复治疗，还有一部分（26.97%）需要到康复机构进行训练。

听力（57.69%）和视力（76.19%）残疾儿童均主要需要在专业的康复机构中训练，其中听力残疾儿童绝大多数（69.23%）都需要配戴助听器，视力残疾儿童大多数暂无需配戴任何辅助器具，少部分需要使用助视器（19.05%）。精神残疾儿童以在康复机构训练（37.50%）为主、同时还有相当一部分需要家庭康复（39.39%）和医院治疗（18.16%）。由此可见，卫生部门和残联应根据不同残疾的需要，有针对性地发展相应的机构或采取相应的形式来帮助残疾儿童及其家长。目前北京市听力残疾儿童康复机构相对较完善，一共有12家，针对其它残疾也有少数机构开展一些康复业务，但远远不能满足我市残疾儿童的康复需求，特别是智力、肢体和精神残疾，如果不能提供相应的康复机构或康复形式，势必会导致这类残疾儿童不能得到适宜的康复服务，最终有可能加重社会的负担。

（三）治疗和康复需求与现有情况的差距

无论是康复治疗形式还是与康复治疗器具的现状和实际需要均尚有差距。在诊断医师认为需要治疗和康复的儿童中，总体上只有26.10%人次的残疾儿童目前正在接受某种治疗或采取某种康复形式，73.90%需要治疗和康复的儿童目前没有得到任何形式的治疗和康复；在诊断医师认为需要手术治疗或配带康复器具的儿童中有19.78%的残疾儿童接受了手术治疗或正在使用某种康复器具，80.22%的残疾儿童没有任何的康复器具（表1-1-35、图1-1-29和图1-1-30）。

表1-1-35　残疾儿童治疗康复形式和器具的现状与需求之间的差距

残疾分类	康复治疗形式				康复治疗器具			
	有		无		有		无	
	人数	构成%	人数	构成%	人数	构成%	人数	构成%
视力	5	23.81	16	76.19	0	0.00	4	100.00
听力	15	57.69	11	42.31	13	50.00	13	50.00
智力	46	17.42	218	82.58	–	–	–	–
肢体	32	52.46	29	47.54	5	8.20	56	91.80
精神	3	20.00	12	80.00	–	–	–	–
合计人次	101	26.10	286	73.90	18	19.78	73	80.22

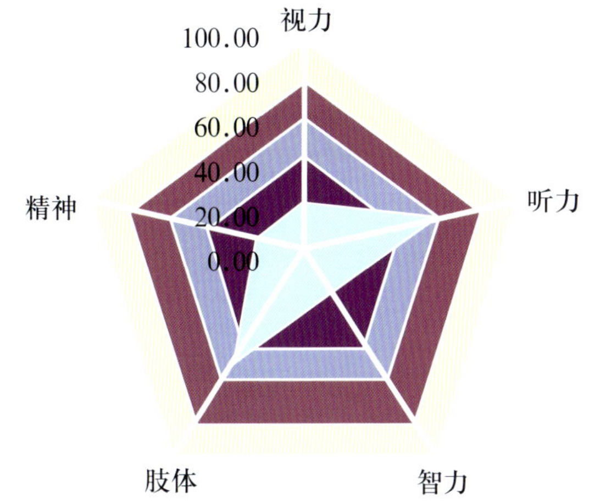

图 1-1-29　各专业治疗康复形式现状与需要的差距

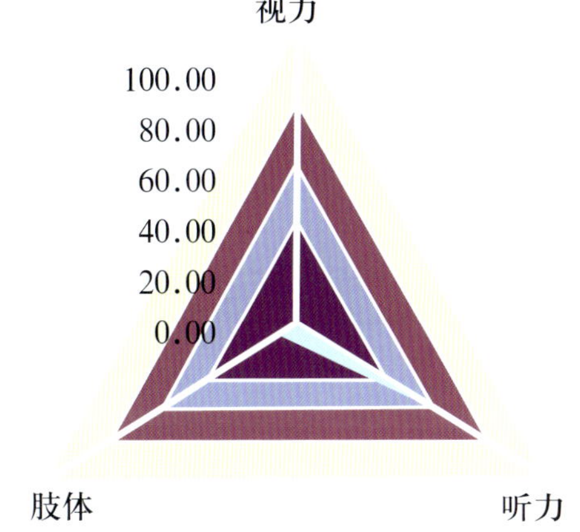

图 1-1-30　各专业治疗康复器具现状与需要的差距

这种现象的出现很大程度上是由于“家长还未认识到儿童有残疾，且未带儿童就诊”造成的，除此以外，还考虑与以下两点有关：①家长经济承受能力差（家长在经济上无法支持儿童所需的康复形式或器具）；②一些医疗、康复机构可能没有为家长提正确的康复指导建议。

九、北京市 0～6 岁儿童残疾人数与年平均发病人数推算

（一）北京市 0～6 岁儿童残疾人数推算

使用第五次人口普查北京市常住人口中0～6岁儿童的数据（城市和农村以及男童和女童比例）作为标准，推算北京市常住人口中0～6岁儿童残疾大约有7522人，推算过程见表 1-1-36。

表 1-1-36　北京市常住人口中0~6岁儿童残疾人数推算过程

	人口数* (1)	本调查儿童数 (2)	残疾儿童数 (3)	本次现患率‰ (4)	预期残疾儿童数 (5)
城市男童	215278	6771	79	11.67	2512
城市女童	192719	6271	48	7.65	1475
农村男童	123270	8127	118	14.52	1790
农村女童	114086	7569	84	11.10	1266
合计	645353	28738	329	11.45（12.19▼）	7043（7522▲）

注：计算公式如下：(4) ＝ (3) ÷ (2) × 1000/1000；(5) ＝ (4) × (1)

*人口数来源于第五次人口普查数据[4]，其中城市数据使用“市分性别”数据，农村数据使用“镇分性别”和“县分性别”数据的合计。

▼ 括号内数字为本次抽样调查样本假阴性校正后的总现患率。

▲括号内的7522为经假阴性校正后的残疾儿童数，校正使用的假阴性率是总假阴性率：0.75‰，计算公式为（645353 － 7043）×(0.75/1000)+7043

经假阴性（总体0.75‰）校正后，本次调查共有残疾儿童350名，视力、听力、智力、肢体和精神专业的校正后残疾儿童数分别为21、30（假阴性率0.14‰）、267、61和33（假阴性率0.80‰）。假设各类残疾儿童数与总残疾数间的比例固定不变，推算北京市0～6岁常住人口中上述各类残疾儿童数，依次为451、645、5739、1311和709（精神专业为2～6岁），推算过程见表1-1-37。

表 1-1-37　北京市常住人口中0~6岁儿童各专业残疾数目推算过程

残疾分类	本次调查校正后的各类残疾儿童数 (1)	各类残疾儿童数与总残疾数的比例 (2)	预期各类残疾儿童数 (3)
视力	21	0.0600	451
听力	30	0.0857	645
智力	267	0.7629	5739
肢体	61	0.1743	1311
精神	33	0.0943	709

注：计算过程：(2) ＝ (1) ÷ 350；(3) ＝ (2) × 7522

（二）北京市0～6岁儿童残疾年平均发生率推算

使用年龄和年龄别总残疾现患率进行线性回归，得线性方程，Y（现患率‰）= 6.969 + 1.216 X（年龄），按照α = 0.10的水平，认为此方程的回归系数有统计学意义。变量设置和统计结果分别见表1-1-38和表1-1-39。

表1-1-38　线性回归变量设置

年龄（X）	0.5	1.5	2.5	3.5	4.5	5.5	6.5
现患率‰（Y）	9.02	7.71	8.36	9.25	16.16	15.49	12.58

表1-1-39　线性回归结果显示

模型	偏回归系数	标准误	t值	α值
(Constant)	6.969	1.937	3.598	0.016
X	1.216	0.481	2.530	0.053

上述方程X的回归系数可视为年平均残疾发生率，即北京市0～6岁阶段每个年龄组每年平均残疾发生率为1.216‰。假设北京市0～6岁阶段的儿童总数不变为645353人，并且北京市每年出生的儿童数基本相等，而且在0～6岁阶段没有死亡，也没有新迁入，那么北京市0～6岁平均每个年龄段的儿童数为92193人。我们可以认为上述回归方程的截距为0岁组儿童的现患率，那么每年新出生儿童中会出现642个残疾（计算过程：92193 × 6.969‰），其他年龄组（上一年的0～5岁组，转换为当年的1～6岁组）每个年龄组新出现112个残疾儿童（计算过程：92193 × 1.216‰），共为672名，因此每年在0～6岁中会有1314名儿童出现新的残疾（计算过程：642+672）。

十、讨论与建议

（一）结果的真实性

1.样本代表性较好

本次调查采用世界卫生组织推荐的按容量比例概率抽样方法，无论从抽样人数和抽样点数均超过目前国内同类调查。29357名0～6岁儿童分布在全市18个区县39个街道（乡镇）的777个（村）居委会，占北京市该年龄段总人数的4.45%，被调查儿童的区县、年龄以及性别分布与北京市2002年儿童保健年报数据以及北京市第五次人口普查资料相近，因此本次调查的样本具有较好的代表性。

2.严格的质量控制

在本次调查中，由知名专家组成专家组，并全程参与了调查设计、培训、督导、质控、诊断、分析工作；460多名调查员主要来自区、县以上医疗保健或康复专业人员，上岗之前经过2～7天的专业培训，各测查指标调查员之间的一致性达到99%以上；所有受检儿童均采用严格的二阶段筛查程序，为保证抽样儿童全部参加检查，街道和居委会工作人员进行广泛宣传动员，对因各种原因未全程检查或未到场检查者，组织专业人员入户调查，总失访率仅为4.71%。

调查实施过程中对工作人员操作规范、一致性、假阴性、诊断标准、调查表填写、计算机输录等关键环节均采取了严格的质量控制，保证结果真实可信。

（二）残疾现状与分析

本次调查显示北京市0～6岁儿童校正后的总残疾现患率为12.19‰，各专业现患率分别为：视力0.73‰、听力1.04‰、智力9.31‰、肢体2.12‰和精神1.53‰，与1987年相比，总体下降幅度为16.36%，各专业下降幅度自15.97%到56.85%不等。考虑到1987年全国残疾人调查涉及到0～6岁的样本量较少，北京市抽样样本只有6337人[3]，加之调查组并没有为低年龄儿童制定单独的标准或使用有别于成人的测查方法，可以推断，与本次调查的程序和方法相比，1987年调查中0～6岁年龄段的现患率可能比实际偏低，会有部分轻度残疾儿童的漏诊。2004年较1987年实际下降幅度应超过资料显示数据。可见近15年来，我市的残疾防治和康复工作取得了较大进展，主要原因是：

1.近15年是我市经济发展快速增长期，经济的发展推动了卫生、文化、教育等行业的发展。我市城乡人民的物质和文化生活水平均有了较大的提升，医疗卫生条件日益改善，人们利用卫生服务的意识提高，有效地控制和减少了残疾的发生；此外近些年科学技术的飞速发展，使得许多患病的儿童能够得到迅速而高效的治疗，减少了后遗症的出现，降低了残疾的发生率。

2.政府一向关心儿童的健康水平，重视残疾预防工作，先后出台了一系列法律法规，比如《中华人民共和国残疾人保障法》、《中华人民共和国母婴保健法》等，2002年卫生部和中国残疾人联合会联合下发了“中国提高出生人口素质，减少出生缺陷和残疾行动计划”的文件，北京市也下发了相应的实施办法，这些法律法规和文件从不同角度加大了残疾预防的工作力度，采取了切实有效的措施，从而有效地控制了致残疾病的出现，减少和预防了残疾的发生。

3.婚前教育、围产保健、新生儿保健、婴儿保健直至儿童保健（含预防接种等）每个环节工作的广泛开展，分别从一级和二级预防的角度减少了残疾的发生。比如：

（1）近年产前诊断技术的推广使得遗传病的发生有所减少，因产前和产时因素造成的智力残疾中只有11%为单纯遗传因素。

（2）疫苗接种覆盖率的提升使传染病的发生得到了有效控制，甚至于消失，我市已完全消灭了脊髓灰质炎，本次调查样本的肢体残疾中没有一例是小儿麻痹后遗症的患儿。

（3）先天性甲状腺功能低下（CH）和苯丙酮尿症（PKU）在我市已列入到儿童保健常规的筛查项目，对患儿采取了必要的治疗手段，有效地避免或减少了智力残疾的发生。1989～1999年中确诊的130名患儿，经过早期积极治疗，93.4%的CH患儿和73.7%的PKU智力发育达到正常同龄水平[16]，本次调查中267名智力残疾患儿中只有1名是由于CH引起的。

（4）与1987年相比下降最多的是听力残疾（下降幅度为56.85%），这与近年来北京市卫生部门和残联在聋儿的早发现、早治疗和早康复方面开展的工作是密切不可分的。北京市儿童听力筛查工作开始于90年代初，并在2000年后出台《北京市早期干预实施办法》《北京市0～6岁儿童听力筛查、诊断管理办法》[17]，使北京的儿童听力保健工作走上了规范化管理的道路；有研究认为“由于认知缺陷，听力障碍的儿童容易失去社会环境的有益刺激，而出现智力发育的迟缓”[18]。本次调查26名听力残疾儿童中只有4名是伴随有其他残疾的，这说明在北京大多数的聋儿和正常儿童同步发展，从而减少了伴随的智力残疾的发生。

（三）康复需求与分析

根据本次调查的数据并结合第五次人口普查的结果，推算北京市常住人口中0～6岁儿童残疾大约有7522人（表1-1-36），每年估计新增残疾儿童1314人，儿童残疾总数和每年新发病例数仍相当可观，开展残疾儿童的康复工作，是政府和社会不得不承担的义务和责任。美国Honeycutt博士等人对5～10岁的儿童发育性残疾的费用进行了研究，得出如下结论：智力低下的儿童平均每个人一生要比正常儿童多花费101.4万美元，脑瘫患儿要多花费92.1万美元，听力损失儿童41.7万美元，视力损伤儿童要多花费56.6万美元[19]。如以一美元在美国的消费与一元人民币在中国的消费等值推算（依据本次调查结果推算出全市现有智力低下儿童5739人、脑瘫患儿752人、听力残疾645人和视力残疾451人），仅北京市现有的残疾儿童在其一生中至少要比正常儿童额外支出将近70亿人民币。由此可见推动和加强残疾儿童康复工作，对残疾儿童采取行之有效的康复措施，可以降低政府、社会和家庭的经济负担。

本次调查结果显示，总体上有73.90%需要治疗和康复的儿童目前没有得到任何形式的治疗和康复；在诊断医师认为需要手术治疗或配用康复器具的儿童中有80.22%的儿童没有任何的康复器具，可能的原因是：

1.家长对儿童异常状况的识别能力差，总体上只有34.90%人次的家长在本次调查之前已经带孩子就诊。有40.10%的家长从未注意到儿童存在某些异常，而这些儿童大部分是轻度残疾，正是治疗和康复的最佳时期。家长对儿童残疾知晓率低下的可能原因是：①与儿童残疾或致残疾病的预防和早期发现相关的健康教育工作严重缺乏或是工作方法不当，不能将相关知识有效地传达给广大民众；②家长未能定期带儿童进行常规的体检；③基层医疗单位的设施、检查项目、医务人员的知识和能力均不足以发现和鉴别儿童发育的正常和异常。

2.残疾儿童家庭经济、文化水平偏低，本次调查结果显示有54.63%的残疾儿童家庭人均月收入低于400元，现患率超出全市总现患率46个百分点，呈现出经济收入越低现患率越高的趋势（表1-1-21）。在影响家长对残疾认知的因素分析中发现，居住地在农村、家庭收入低和母亲文化低是影响家长正确认识残疾和主动参与残疾儿童康复的相关因素。智力残疾中有10名极重度残疾儿童从未进行康复，主要原因是家长康复意识薄弱及费用太高超出家庭承受能力。

本次调查结果显示，五类残疾的现患人数构成比例由高到低依次为：智力、肢体、精神、视力和听力。仅智力残疾占残疾总儿童数的68.29%，其中轻度智力残疾占智力残疾总数的65.54%，此类残疾儿童如经及时康复，是极有可能回归健全儿童的主流社会。目前该人群未接受任何形式康复者高达82.58%（表1-1-31），依据上述Honeycutt博士研究成果，如能挽救一个儿童免于智力残疾将为社会节省101.4万额外负担，智力残疾特别是轻度残疾的早期康复应予高度重视。本调查显示智力残疾康复需求的形式以家庭康复训练的比例最高，占51.69%（表1-1-33），建立北京市早期干预中心并辐射社区开展早期干预工作，指导家庭设计合理的康复计划、介绍有效的康复手段、进行康复效果评估，是非常有必要的。调查结果显示智力残疾儿童需要入普幼普小者为10.49%，这是对家庭康复及机构康复的延伸和补充，应当予以重视。轻度智力残疾儿童的康复不需要提供特殊的康复器具，从卫生经济学角度评价，是一项低投入高回报的事业。

0～6岁儿童残疾构成中占第二位者是肢体残疾，其中57.38%为大脑性瘫痪（简称脑瘫），此类残疾尚有47.54%未得到任何形式的康复（表1-1-31）。肢体残疾（脑瘫）的康复场所以医院（占52.46%）和康复机构（占36.07%）为主（表1-1-33），因此，充实、新建脑瘫康复中心（站）是另一个值得重视的优先项。肢体康复需要一定数量康复器具，其中以矫行器（占45.90%）和手术（占39.34%）为主。

精神残疾主要指“孤独症及相关发育障碍（ASDs）”。此类残疾近年来受到国内外专业人员关注，认为其有逐渐升高的趋势，美国近期有研究估计ASDs的现患率应在6‰[20]水平。北京市1987年调查时尚无一例发现，本次调查ASDs现患率为1.53‰。目前这些儿童仅有20.00%得到治疗或康复，和全国水平相比明显滞后(2001年全国5省1市调查已有49.18%的儿童孤独症得到康复)[8]，如不迎头赶上，首都北京将落后于全国。调查结果显示北京市目前儿童精神残疾的康复需求在组织形式以康复机构（占37.50%）、家庭康复（占25.00%）和医院治疗（占25.00%）并重，专业康复人员和康复服务咨询短缺是制约提供适宜康复服务的瓶颈。

影响残疾儿童康复的主要因素是家庭和/或社会不重视？康复资源不足？配置不合理？还是其它原因使儿童无法接受服务？有必要进一步开展此方面的深入调查研究。

（四）逐步建立完善的儿童残疾筛查、诊断、治疗和康复网络体系

本次调查为一次性横断面调查，无法覆盖全部人群，同时残疾发生强度的信息收集如果仅靠一次性的横断面调查来完成，耗费人力、物力较大，无法取得残疾发生随时间推移变化的数据，因此要全面把握北京市0~6岁儿童五类残疾流行趋势，做好儿童残疾的早发现、早治疗、早康复工作，在北京市建立一个完善的残疾儿童筛查、诊断、治疗和康复网络体系是十分必要的。为此，我们重点要做好以下工作：① 明确定义，确立标准：主要是在可行和科学的前提下，明确儿童残疾的范围和内容；② 建设网络体系的每一个环节，主要环节包括：筛查、诊断（包括：基层诊断和中心诊断）、治疗、康复；建设的内容包括机构的建立、设施的配备、人员的培训等。③ 建立网络连接：主要的网络由两个子部分组成，分别是“筛查－诊断网络”和“诊断－康复网络”；这两个网络内部的连接和网络之间的连接包括儿童的转介过程和信息的传递过程。④ 提供辅助支持：包括政策支持（相应的法律法规和文件的制定）、经济支持（优惠政策和补贴方式的制定）和社会舆论的支持（也就是面向全人群的健康教育）。

（五）针对病因，开展一级预防

本次调查在分析可疑致残因素和病因时，我们注意到以下三点：

1.围产因素是目前儿童致残的主要因素，特别是数量最多的智力残疾更是以围产期因素（55%左右）为主要致残因素，提示我们大力加强围产保健将是今后残疾预防的重点方向。

2.1/3左右的儿童致残的原因不明，提示我们在探索致残因素和病因方面还有许多科研工作要做。

3.本次有将近13%智力残疾儿童（包括未知原因在内）的致残原因是“社会心理因素”，略高于我国80年代开展的0～14岁儿童智力低下调查中的10.4%[21]的构成。在本次调查中“社会心理因素”包括两类：社会文化落后和心理损伤，前者是指由于该地区经济、文化落后，儿童自幼不能得到应有的文化和教育，而造成的智力低下；后者是指当儿童精神受到压力时，如父母冲突、离婚、重病、学校问题等引起多系统的症状和心理障碍使其智力水平下降，发展成的智力低下。“社会心理因素”造成的智力低下是可以通过提高经济文化水平和心理素质予以预防的，而且该型的程度较轻，经过早期干预、特殊教育可能有明显进步，有的可达到正常人的智力和适应性[21]。北京作为国家经济发展的前沿城市并不能使所有儿童完全避免由“社会文化落后”造成的影响，即使在北京（特别是农村地区）对母亲进行基础的儿童早期养育和教育方面的活动也是十分必要的。

（六）体会和建议

1.儿童残疾的名称、内涵和标准亟待重新明确和制定

0~6岁是最佳康复年龄段，抓住这个关键期，可以增加治疗和康复效果，降低康复难度，甚至可以使一部分儿童获得重返健康人群的机会。然而，通过本次调查的实践以及既往调查的经验，我们深刻感受到对低年龄儿童与对成人一样简单使用“智力残疾、听力残疾、视力残疾、肢体残疾以及精神残疾”等名词是不够妥当的。成人残疾的定义更强调残疾状态的不可逆转性，而儿童尚处于生长发育过程之中，特别是在0~6岁阶段，可塑性较大，有通过治疗和训练回归正常人群的可能。在对儿童残疾情况进行调查或评定时，我们其实很难完全参照《中国残疾人实用评定标准》中的有关定义和分级标准来操作，特别是在肢体残疾和精神残疾两项中，问题更为突出。目前国内还没有一套完整的针对低年龄组儿童制定的残疾标准，尽管本调查在此方面已进行了一些尝试，但是本次《标准》仍然有许多不足之处有待改进。参考国外相关领域的情况，我们认为美国疾病预防控

制中心（CDC）在儿童中使用的“发育性残疾”（Developmental Disabilities）的概念以及其内涵可能更符合我们的需要，值得借鉴。发育性残疾是指在发育阶段出现的一系列慢性状况，这些状况有可能导致躯体、认知、语言、精神或自我照顾等方面的损害。美国CDC认为发育性残疾主要包括孤独症及相关发育障碍（Autism Spectrum Disorder）、脑瘫（Cerebral Palsy）听力损失（Hearing Loss）精神发育迟滞（Mental Retardation）视力损伤（Vision Impairment）[11]。该概念充分考虑了儿童生长发育的特殊情况，每个分类都有明确的定义和诊断标准，以及测试方法。仔细分析本次调查的残疾分类情况，我们发现本次的分类与发育性残疾中的分类更为接近：视力残疾、听力残疾、智力残疾分别与其视力、听力损失和精神发育迟滞的诊断标准等价；精神残疾与“孤独症及相关发育障碍”概念也基本一致；此外本次调查的肢体残疾中最主要的是脑瘫（35/61）。综上所述我们建议残联和卫生等相关部门可以参照国外资料在低年龄阶段使用类似“发育性残疾”的概念，为低年龄儿童，特别是0~6岁儿童，确立儿童残疾的定义，制定有针对性的诊断标准，规范测试方法，为各部门在儿童残疾领域开展研究及康复等方面的工作提供基础平台。

另一方面，本研究认为如果能够将儿童残疾的内涵扩展到“功能障碍”的范畴，或将“功能障碍”单独列出，都会使更多的儿童获得及时帮助，也会减少残疾的发生。本调查有相当一部分筛查阳性儿童虽然按照残疾的标准无法诊断为残疾，但是他们并不是完全健康的，尚处在某种边缘状态，或是某种亚健康状态，如果没有适当的干预和治疗很可能最终会发展为某类残疾。比如听力专业中有11个儿童虽不能诊断为残疾，但是他们属于单耳或双耳的听力障碍，在成长的过程中需要得到家长和老师的特殊帮助；智力专业中不到6个月的婴儿虽然筛查阳性但是尚不能根据Gesell方法诊断为智力低下，但是如果不对他们进行及时的干预，他们迟早也会步入残疾的队伍；肢体专业筛查假阳性的2/3儿童存在着不同的肢体问题，比如包括膝内翻、膝外翻共50例，手（脚）指（趾）畸形24例，狭窄性腱鞘炎12例，还有小儿斜颈、脊柱侧弯等等。这些疾病和异常虽然对儿童的影响暂时没有发展到残疾的程度，但是它们也会对儿童的健康成长起到一定的阻碍作用，需要及时的纠正或矫治。由此可见，从促进儿童健康的角度出发，我们不仅应对本次调查诊断为残疾的儿童格外关注，同时也应对部分虽然诊断正常，但是筛查阳性的儿童进行追踪和管理，督促他们进一步就诊、治疗，或及早进行干预。

2.与儿童残疾相关的工作重点

虽然北京市近些年儿童残疾方面的工作取得了可喜成绩，但仍有待改进之处，我们对今后应开展的工作提出如下建议：

(1) 加强围产期保健，力争从一级预防的角度减少残疾的发生。

本次调查结果显示围产因素是目前儿童致残的主要因素，因此大力加强围产期保健工作的开展将可以从根本上减少残疾的发生。

(2) 加强以智力筛查为重点的儿童残疾基层筛查工作，从二级预防和三级预防的角度加大儿童残疾的早发现、早治疗的力度。

本研究数据显示智力残疾是最主要的残疾，数量最多，家庭和社会负担最重，家长最不易察觉，但是目前在几种残疾中智力残疾的筛查和诊断方法是最为成熟的，而且北京市儿童保健常规中，明确要求地段保健科对8个月龄的儿童开展DDST的筛查，一些地区已经按照要求开展该项工作，有一定的基础，但是筛查工作在覆盖面和质量控制上还存在诸多问题，因此我们应在以下四个方面继续加强这项工作：规范筛查流程、培训筛查人员、提高筛查质量和扩大筛查面积。在智力筛查铺开后，再逐步开展其它多项残疾的筛查。

(3) 加强农村地区的儿童残疾领域的工作

本研究结果显示农村的儿童残疾问题较城市严重，这与农村地区的经济条件差、母亲文化程度低，儿童保健人员的素质相对不高等有关。因此今后儿童残疾的相关工作的重点应放在农村地区。公众的健康教育、儿保人员的知识技能培训、网络的建设等工作都应对农村地区有所倾斜，促进我市农村和城市地区儿童残疾预防、治疗，康复可教育工作的均衡发展。

(4) 加强有针对性的健康教育活动

本次调查显示家长在对儿童残疾的认知方面有明显的不足。从家长自身问题分析，主要原因有以知识不够，家长有可能文化程度较低，或者是与儿童生长发育有关的知识过少，因此不能及时和正确地认识到儿童的问题；在本次调查现场，部分家长在检查者发现孩子有问题后，不肯承认，认为工作人员测查有问题，并且拒绝带儿童进行进一步的诊断和治疗。除了家长自身的原因外，家长的认知不足也在一定程度上反映了目前儿童保健工作中残疾预防宣传和健康教育活动的开展是不够的。北京作为首都，一部分儿童生命指标和发育指标已经达到国内领先水平，有些指标已接近发达国家水平。因此北京的儿童保健工作模式也应有所转变，与时俱进。过去儿童保健将较多的宣传和健康教育的内容放在“生长发育”和“母乳喂养”等方面，在日益重视生活质量的今天，应更多的关注于残疾的预防工作这将有助于减少残疾，即间接地提高人们的生活质量。因此儿童保健和残疾康复工作者应在该问题上加大工作力度。健康教育的形式、内容应针对不同文化程度和经济状况的受众而采用不同的方法，而且健康教育工作者也应灵活借助各种媒体的帮助，扩大宣传的力度，使此方面的知识深入人心。

（5）加强儿童保健基层网络的建设，从配备必要设备和增加人员培训入手，提高基层工作人员对家长的指导能力。

本次调查暴露出的家长对儿童残疾的认知方面的不足还在一定程度上说明我市儿童保健基层网络的建设仍有所欠缺：一方面基层设备配备不足影响了一些儿童保健项目的开展，比如有些保健科没有资金配备智筛的工具，因此一直不能开展DDST筛查工作；另一方面儿保人员在儿童早期发展方面的知识和技能不足使他们无法有效地指导家长。因此在基层配备与儿童残疾筛查相关的设备以及进行儿童残疾相关知识的培训将有助于基层工作人员对家长的正确指导。

（6）加强多部门合作

儿童残疾工作的开展是一个系统工程，依赖于多个部门的良好合作。本次调查的成功正是得益于卫生和残联部门的共同努力。因此今后这两个部门应建立更为紧密的联系，及时沟通，信息共享，为降低北京市儿童残疾的现患率和使儿童能够健康地成长共同努力。

3.调查中存在不足之处

本次调查在方案设计、组织、实施等各个方面都比较成功，得到了科学的数据，这些数据对北京市残联和卫生系统今后工作开展十分有价值。但是我们也在调查过程中体会到了工作的不足之处，为了今后其他同行在开展类似的项目时能有借鉴，我们将这些不足列出如下，供大家参考：（1）从抽样调查的设计和实施来讲，本次调查确实做到了整群分布均匀，数量足够，但是在实际工作中，还是出现了整群抽样“不够整群”的情况。从最终调查儿童年龄的分布来看，0岁组和6岁组儿童数量较其它年龄段少，这在许多类似的调查中是较普遍的情况，原因可能包括：0岁组儿童的家长出于对儿童的保护不太愿意参与这样的人群调查，6岁组儿童可能有一部分已经在上学等。由于这是大规模的人群调查，两端人群的组织工作确实十分困难，今后在做类似调查时事先估计到这部分情况，应尽可能的尝试减少这两部分人群的失访。此外，本次调查中出现了个别家长在初筛阳性后拒绝进一步诊断的情况，或者在筛查中途退场的现象，这直接影响了调查的时间和最终的结果。一方面可能与家长认识有关，另一方面也与调查队在筛查和交待结果过程中没有注意家长的心理，在语言和态度等方面有所失误有关。尽管调查之初为了缓解家长的压力，我们宣传和通知时采用了“健康调查”的名称，而不是用“残疾调查”的字样，同时在培训时也强调了医生的态度问题，但现实的情况是家长们发现儿童有可能发生问题时很容易出现过激的言语和行为，这远比我们估计的更为严重，因此今后涉及儿童健康方面的调查一定要十分重视家长心理的问题，事先有所准备。

（2）除了流行病学部分，其它五个专业也都有相应的体会。尽管在正式调查开始之前，进行了培训、预实验，各专业也都作了一致性评价，但是在开展过程中仍然遇到了一些问题。比如精神和听力专业出现了假阴性的情况（详见2个专业分报告）；视力专业在针对智力有问题儿童的测查中出现了困难；智力专业由于筛查方法需要的时间长，为了和其它专业同步，调查人员是某些专业的5倍，因此专家组不得不花更多的时间进行质控，同时为了保证质量，在全部调查结束后，专家组的首席专家又花费了许多时间校对测查结果，在一定程度上延缓了调查的进程。肢体专业虽然从结果上表现为以脑瘫为主，但是在0岁组并没有发现一例脑瘫患儿，脑瘫的出现主要是受围产因素的影响，因此从道理上来讲在0岁组不可能没有一例脑瘫患儿，这种现象只能反映肢体专业的筛查方法在0岁组的敏感度不够，有待进一步地改进。

王晓华、曲成毅 执笔

参考文献

1. 卓大宏 主编. 中国残疾预防学，第一版，北京：华夏出版社，1998；3-5.

2. 中国残疾人联合会编. 中国残疾人事业年鉴（1949-1993），第一版，北京：华夏出版社，1996；696-697.

3. 北京市残疾人抽样调查办公室. 1987 年全国残疾人抽样调查资料 - 北京市分册. 北京 1988；16，688-691.

4. 北京市第五次人口普查办公室、北京市统计局编. 北京市 2000 年人口普查资料，第一版，北京：中国统计出版社，2002；222.

5. 杨树勤主编.卫生统计学，第三版，北京：人民卫生出版社，1995；207.

6. 章煜 陈孙敏 钱飞敏等. 上海市7岁以下残疾儿童流行病研究. 上海预防医学, 1999; 11(3): 109 -111.

7. 孙喜斌 曲成毅 杨磊等. 深圳市0-7岁儿童残疾现况调查.中华流行病学杂志, 2003; 24(11) ；1016-1019.

8. 中国残疾人联合会等编. 2001 年中国 0-6 岁残疾儿童抽样调查报告，第一版，北京：中国统计出版社，2003；12、15-16、31.

9. Gilbert CE, Anderton L, Dandona L, et al. Prevalence of visual impairment in children: a review of available data. Ophthalmic-epidemiology.1999 Mar; 6(1): 73-82.

10. Parving A. Hearing screening--aspects of epidemiology and identification of hearing impaired children. Int-J-Pediatr-Otorhinolaryngol. 1999 Oct 5; 49 Suppl 1: S287-92.

11. Boyle CA, Yeargin-Allsopp M, Doernberg NS, et al. Prevalence of selected developmental disabilities in children 3-10 years of age: the Metropolitan Atlanta Developmental Disabilities Surveillance Program, 1991. MMWR CDC Surveill Summ. 1996 Apr 19; 45(2):1-14.

12. Yeargin-Allsopp.M, Rice C, Karapurka r T, et al. Prevalence of autism in a US metropolitan area. JAMA-the-journal-of-the-American-Medical-Association 2003 Jan 1; 289(1): 49-55.

13. Bonnie WC, Sarah HB, Paul LN et al. Maternal and neonatal risk factors for mental retardation: defining the ‘at-risk’ child. Early Human Development 50(1998): 159-173.

14. Carran D, Scott KG, Shaw K, et al. The relative risk of educational handicaps in two birth cohorts of normal and low birth weight disadvantaged children. Topics in Early Childhood Special Education, 1989,9:14- 31.

15. Meisels SJ, Wasik BA. Who should be served? Identifying children in need of early intervention. Handbook of early childhood intervention, New York: Cambridge Univ. Press,1990.

605-632.

16. 张玉敏.北京市新生儿筛查10年回顾.中国初级卫生保健.2001；15（9）：39-40.

17. 袁雪，滕红红，王凤芝等.儿童听力筛查、诊断、康复统筹运作模式的探讨.中国妇幼保健.2005；20（5）：537.

18. 彭咏梅，徐秀，刘湘云.听力障碍儿童智商发育影响因素和对策研究.中华儿童保健杂志.1995；3（1）：33-36.

19. Honeycutt A, Dunlap L, Chen H, et al. Economic Costs Associated With Mental Retardation, Cerebral Palsy, Hearing Loss, and Vision Impairment: United States, 2003. MMWR 2004;53(3):57-59.

20. Eric F. Prevalence of Autism. JAMA -the-journal-of-the-American-Medical- Association 2003 Jan 1; 289 (1): 87-89.

21. 左启华，雷贞武，张致祥等.全国0~14岁儿童智力低下的病因流行病学研究.中华医学杂志.1994；74（3）：134.

病例对照研究

为了进一步探讨与北京市0～6岁儿童5类残疾的主要致残相关因素，本次调查在横断面研究的基础上又继续开展了回顾性的病例对照研究，我们采用的方法是1:2配比，具体内容和结果如下：

一、对象与方法

（一）调查对象选择

1.病例选择：在本次调查中确诊为任意一个专业的残疾儿童均为病例。本次调查确诊残疾儿童329人，但由于家长拒绝问卷或后期调整诊断，使得有些病例没有完成问卷，因此实际参加的研究者为312人。

2.对照选择原则：按1：2配比，选择同地区（即同一区县）、同性别、同年龄（要求出生月份前后相差不能超过6个月，如：对于2000年2月1日出生的病例儿童来说，对照组儿童的出生日期应在1999年8月1日至2000年8月1日之间）的非病例（即本次调查中未被任一专业确诊为残疾的儿童）儿童作为对照。

（二）搜集资料的方法

采用自行设计的现场致残因素调查问卷在现场对调查对象进行面对面的调查。

1.致残因素问卷内容（见附录五：工作用表）：共4部分，27个项目，每个项目中含若干问题，主要内容包括：1）儿童父母职业接触与吸烟饮酒状况；2）母亲妊娠情况；3）儿童家族残疾情况；4）儿童本人情况。

2.填写方式：由问卷调查人员询问家长，根据家长的叙述填写。调查中注意客观、公正，避免任何形式的信息偏倚。

（三）资料统计方法

采用Cox回归模型做配比病例对照的单因素分析，计算比值比（*OR*）和95%可信区间（CI）。对单因素分析有显著统计学意义（即$\alpha < 0.05$水平）的变量和*P*值虽大于0.05但以专业角度认为其很可能会产生影响的变量使用Cox回归进行多因素分析。所有统计均使用SPSS12.0统计软件。

二、结果

（一）一般情况

实际参加本研究的病例组儿童共312人，对照组624人，合计936人。两组男童共561人，占总数的59.94%，两组城市地区儿童共342人，占总数的36.54%。年龄构成如表1-2-1。

表1-2-1　病例组和对照组的年龄组构成情况

年龄组	病例组例数(构成比)	对照组例数(构成比)	合计
0～	21（6.73）	47（7.53）	68
1～	32（10.26）	59（9.46）	91
2～	34（10.90）	62（9.94）	96
3～	40（12.82）	93（14.90）	133
4～	77（24.68）	148（23.72）	225
5～	64（20.51）	119（19.07）	183
6～	44（14.10）	96（15.38）	140
合计	312（100.00）	624（100.00）	936

（二）单因素分析结果

本次调查将病例组和对照组的背景资料、儿童父母职业接触与吸烟饮酒状况、母亲妊娠情况、儿童家族残疾情况以及儿童本人情况（包括患病和喂养等）中的41个因素一一代入Cox回归模型中，以了解这些因素是否分别对残疾的结局产生影响（Wald χ^2值）和影响的大小（*OR*值）。按照$\alpha < 0.05$的水平，父亲文化程度、母亲文化程度、父亲职业分类、母亲职业分类、家庭类型、家庭子女数情况、家庭人均月收入、父亲职业因素、母亲职业因素、父亲饮酒、母亲饮酒、母亲孕期精神刺激、母亲妊娠期疾病、妊娠期合并症、妊娠期用药、早产、分娩方式（正常、剖宫产、其它）、残疾家族史、出生体重、出生哭声情况、出生皮肤颜色情况、出生窒息、儿童期疾病、0～4月喂养史、6个月以前是否添加辅食、亲子分离情况以及3～6岁儿童的学前教育情况共27个因素差异有统计学意义。具体单因素分析变量的设置情况及的结果分别见表1-2-2和表1-2-3。

表 1-2-2 单因素分析变量（哑变量）赋值情况

变量内容	变量名
1.民族[n_nation]	0 汉；1 其他
2.父亲文化程度[degreef] Δ	大学及大专以上 0；高中中专 1；初中 2；小学 3；文盲半文盲 4
3.母亲文化程度[degreem] Δ	大学及大专以上 0；高中中专 1；初中 2；小学 3；文盲半文盲 4 脑力劳动 fo4(1)=0、fo4(2)=0、fo4(3)=0 体力劳动 fo4(1)=1、fo4(2)=0、fo4(3)=0 其它 fo4(1)=0、fo4(2)=1、fo4(3)=0 不在业 fo4(1)=0、fo4(2)=0、fo4(3)=1
4.父亲职业分类[fo4] Δ	说明：脑力劳动：合并原“国家机关党群组织、企事业单位负责人”、“各类专业技术人员”、“办事人员和有关人员”、“商业、服务业人员”4 项；体力劳动：合并原“农、林、牧、渔、水利业生产人员”和“生产、运输、设备操作人员及有关人员”2 项；其他：合并原“军人”和“不便分类的其它劳动者”2 项 。
5.母亲职业分类[mo4] Δ	脑力劳动 mo4(1)=0、mo4(2)=0、mo4(3)=0 体力劳动 mo4(1)=1、mo4(2)=0、mo4(3)=0 其它 mo4(1)=0、mo4(2)=1、mo4(3)=0 不在业 mo4(1)=0、mo4(2)=0、mo4(3)=1 说明：同“父亲职业”
6.家庭类型[type_new] Δ	亲生父母型 0；其它型 1 说明：其它型是合并原“单方亲生父母型”、“再婚家庭型”、“外祖父母型”和“其他”4 项
	初婚：status(1)= 0、status(2)= 0、status(3)= 0 再婚：status(1)= 1、status(2)= 0、status(3)= 0 离婚：status(1)= 0、status(2)= 1、status(3)= 0 丧偶：status(1)= 0、status(2)= 0、status(3)= 1
8.家庭人口数[nopd_new]	2 口人 0；3 口人 1；4～5 口人 2；6～10 口人 3；10 口人以上 4
9.家庭子女数[nocd_new] Δ	独生子女 0；两个子女 1；3 个及以上 2
10. 家庭人均月收入[income2] Δ	≥ 400 元 0；<400 元 1；

11.父亲生育年龄[fbd]	25～34岁：fbd(1)= 0、fbd(2)= 0 ≤24岁：fbd(1)= 1、fbd(2)= 0 ≥35岁：fbd(1)= 0、fbd(2)= 1
12.母亲生育年龄[mbd]	25～29岁：mbd(1)= 0、mbd(2)= 0、mbd(3)= 0 ≤24岁：mbd(1)= 1、mbd(2)= 0、mbd(3)= 0 30～34岁：mbd(1)= 0、mbd(2)= 1、mbd(3)= 0 ≥35岁：mbd(1)= 0、mbd(2)= 0、mbd(3)= 1
13.父亲职业因素[n_c1a1] Δ	无0；有1
14.母亲职业因素[n_c1b1] Δ	无0；有1
15.父亲吸烟[N_c2a1]	无0；有1
16.母亲吸烟[N_c2b1]	无0；有1
17.父亲饮酒[n_c3a1] Δ	无0；有1
18.母亲饮酒[n_c3b1] Δ	无0；有1
19.本次妊娠次数[n_c4c]	第一次0；第二次1；第三次2；第四次及以上3
20.孕期有人陪伴[N_c5]	无0；有1
21.孕期精神刺激[n_c6a] Δ	无0；有1
22.母孕期x照射[N_c7a]	无0；有1
23.母孕期B超[N_c8a]	无0；有1
24.非意愿妊娠[N_c10a]	无0；有1
25.妊娠疾病[n_c11a] Δ	无0；有1
26.妊娠合并症[n_c12a] Δ	无0；有1
27.妊娠用药[n_c13a] Δ	无0；有1
28.早产[preterm] Δ	无0；有1
29.分娩方式[n_c15] Δ	正常产：nf_c15(1)= 0；nf_c15(2)= 0； 急产、滞产和器械产：nf_c15(1)= 1；nf_c15(2)= 0； 剖宫产：nf_c15(1)= 0；nf_c15(2)= 1
30.既往异常生育[N16a_new]	无0；有1
31.孕期计算机[N17a_new]	无0；有1
32.家族史[n_c18a] Δ	无0；有1
33.出生体重[n_c19] Δ	<2000克0；2000～2499克1；2500～3999克2； ≥4000克3
34.出生哭声[n_c20a] Δ	响亮0；一般1；微弱2
35.出生皮肤颜色[n_c20b]	红润0；青紫1；苍白2
36.出生窒息[n21b] Δ	无0；有1
37. 儿童期是否曾患病 (含新生儿期)[n2122] Δ	否0；是1 说明：儿童期指儿童出生到现在，除外出生窒息。
38.0～4月喂养史[n_c25a] Δ	母乳：n_c25a(1)=0；n_c25a(2)=0； 混合：n_c25a(1)=1；n_c25a(2)=0；

	人工：n_c25a(1)=0；n_c25a(2)=1
39.辅食开始添加时间[n_25b]	6个月及以前0；6个月以后1
40.亲子分离[n_c26a] Δ	无0；有1
41.3～6岁学前教育[c27]	无0；有1

Δ多因素分析时引入方程的变量。

表1-2-3 病例对照研究对象致残危险因素单因素分析结果

变量内容	倒数		回归系数	标准误	*Wald* χ^2值	*P*值	*OR*	95%可信区间
1.民族	934	n_nation	0.477	0.295	2.622	0.105	1.611	0.905～2.869
2.父亲文化程度*	930	degreef	0.647	0.114	32.370	0.000	1.909	1.528～2.385
3.母亲文化程度*	930	degreem	0.759	0.112	46.205	0.000	2.136	1.716～2.659
4.父亲职业分类*	930	fo4	—	—	24.261	0.000	—	—
		fo4(1)	0.931	0.204	20.876	0.000	2.537	1.702～3.783
		fo4(2)	0.418	0.430	0.946	0.331	1.519	0.654～3.528
		fo4(3)	1.824	0.723	6.354	0.012	6.194	1.500～25.571
5.母亲职业分类*	933	mo4	—	—	18.795	0.000	—	—
		mo4(1)	0.869	0.227	14.609	0.000	2.385	1.527～3.725
		mo4(2)	0.513	0.458	1.255	0.263	1.670	0.681～4.098
		mo4(3)	1.152	0.385	8.976	0.003	3.164	1.489～6.723
6.家庭类型*	927	type_new	0.816	0.377	4.689	0.030	2.260	1.080～4.729
7.母亲婚姻状况	926	status	—	—	—	1.587	0.662	— —
		status(1)	0.099	0.382	0.067	0.796	1.104	0.522～2.332
		status(2)	1.093	0.887	1.520	0.218	2.983	0.525～16.959
		status(3)	-11.67	341.852	0.001	0.973	0.000	0.000～8.285
8.家庭人口数	934	nopd_new	0.038	0.070	0.290	0.590	1.038	0.905～1.191
9.家庭子女数*	933	nocd_new	0.375	0.176	4.559	0.033	1.455	1.031～2.054
10.收入*	928	income2	0.878	0.190	21.350	0.000	2.407	1.658～3.494
11.父亲生育年龄	926	fbd	—	—	1.500	0.472	—	—
		fbd(1)	0.247	0.206	1.430	0.232	0.781	0.521～1.171
		fbd(2)	−0.276	0.272	1.027	0.311	0.759	0.445～1.294
12.母亲生育年龄	929	mbd	—	—	2.112	0.549	—	—
		mbd(1)	−0.324	0.289	1.254	0.263	0.723	0.410～1.275
		mbd(2)	−0.146	0.309	0.224	0.636	0.864	0.472～1.583
		mbd(3)	−0.152	0.308	0.242	0.622	0.859	0.470～1.572

13.父亲职业因素*	929	N_c1a1	1.000	0.318	9.913	0.002	2.718	1.458～5.064
14.母亲职业因素*	929	N_c1b1	0.965	0.332	8.458	0.004	2.625	1.370～5.030
15.父亲吸烟	926	N_c2a1	0.011	0.148	0.005	0.941	1.011	0.757～1.351
16.母亲吸烟	926	N_c2b1	0.134	0.627	0.045	0.831	1.143	0.335～3.904
17.父亲饮酒*	926	N_c3a1	0.288	0.144	4.029	0.045	1.334	1.007～1.768
18.母亲饮酒*	926	N_c3b1	0.889	0.405	4.807	0.028	2.432	1.099～5.384
19.本次妊娠次数	923	nc4c	0.026	0.086	0.092	0.762	1.026	0.867～1.215
20.孕期有人陪伴	893	N_c5	−0.612	0.379	2.609	0.106	0.542	0.258～1.139
21.孕期精神刺激*	921	N_C6A	1.168	0.281	17.236	0.000	3.216	1.853～5.582
22.母孕期x照射	902	N_c7a	0.875	0.606	2.090	0.148	2.400	0.732～7.864
23.母孕期B超	904	N_c8a	−0.304	0.470	0.418	0.518	0.738	0.294～1.853
24.非意愿妊娠	926	N_c10a	0.310	0.181	2.951	0.086	1.364	0.957～1.943
25.妊娠疾病*	920	N_C11A	0.744	0.226	10.823	0.001	2.105	1.351～3.279
26.妊娠合并症*	911	N_C12A	0.531	0.185	8.225	0.004	1.700	1.183～2.443
27.妊娠用药*	927	N_c13a	0.383	0.194	3.908	0.048	1.466	1.003～2.143
28.早产*	927	preterm	1.672	0.338	24.527	0.000	5.324	2.747～10.319
	924	n_c15	−	−	7.847	0.020	−	−
29.分娩方式*		n_c15(1)	2.519	1.073	5.513	0.019	12.416	1.516～101.667
		n_c15(2)	−0.199	0.149	1.775	0.183	0.820	0.612～1.098
30.既往异常生育	873	N16a_new	−0.092	0.155	0.350	0.554	0.912	0.673～1.236
31.孕期计算机	924	N17a_new	−0.138	0.244	0.318	0.573	0.871	0.540～1.407
32.家族史*	923	n_c18a	1.568	0.228	47.501	0.000	4.797	3.071～7.492
33.出生体重*	925	n_c19	−0.679	0.159	18.216	0.000	0.507	0.371～0.693
34.出生哭声*	873	n_c20a	1.082	0.176	37.761	0.000	2.952	2.090～4.169
35.出生皮肤颜色*	798	n_c20b	1.388	0.257	29.101	0.000	4.007	2.420～6.634
36.出生窒息*	929	n21b	2.416	0.486	24.761	0.000	11.200	4.325～29.005
37.儿童期疾病*	932	n2122	1.014	0.169	35.807	0.000	2.756	1.977～3.842
	927	n_c25a	−	−	12.168	0.002	−	−
38.0～4月喂养史*		n_c25a(1)	0.384	0.201	3.650	0.056	1.468	0.990～2.176
		n_c25a(2)	0.602	0.185	10.571	0.001	1.825	1.270～2.623
39.6个月前辅食添加*	836	n_25b	0.796	0.217	13.409	0.000	2.217	1.448～3.396
40.亲子分离*	912	c26a	0.697	0.317	4.817	0.028	2.007	1.077～3.738
41.3～6岁学前教育*	700	c27	2.276	0.313	52.801	0.000	9.742	5.272～18.001

*按照 $\alpha = 0.05$ 标准，有统计学意义的变量

（三）多因素分析结果

结合专业知识、单因素分析的结果选定24个变量（表2-2-1中标记“Δ”的变量）进行配比logistic回归分析（使用Cox regression的命令）。以“是否残疾”作为因变量，将所选变量使用后退法（Backwards：Wald）引入Cox回归模型。有效样本量n = 791，最终结果见表1-2-4。

表1-2-4　病例对照研究对象致残危险因素多因素（Cox回归）分析结果（n = 791）

因素	回归系数	标准误	Wald卡方值	*P*值	*OR*	95% 可信区间
家庭人均月收入	0.546	0.240	5.182	0.023	1.726	1.079～2.762
母亲文化程度	0.575	0.139	17.168	0.000	1.777	1.354～2.332
母亲饮酒	1.046	0.513	4.149	0.042	2.846	1.040～7.783
早产	0.880	0.429	4.209	0.040	2.410	1.040～5.583
出生时哭声	0.582	0.229	6.455	0.011	1.789	1.142～2.803
出生窒息	1.642	0.648	6.427	0.011	5.164	1.451～18.375
儿童期曾患病	0.692	0.211	10.735	0.001	1.999	1.321～3.024
残疾家族史	1.119	0.271	17.106	0.000	3.061	1.802～5.202

由上表可见，按照$\alpha < 0.05$水平，家庭人均月收入低、母亲文化程度低、母亲孕期前后饮酒、早产、儿童出生时哭声不响亮、出生窒息、儿童期患病以及有残疾家族史的儿童更容易罹患残疾。*OR*值和偏回归系数的情况显示，上述变量对儿童残疾的影响强度由大到小依次为：出生窒息、残疾家族史、母亲饮酒、早产、儿童期患病、出生时哭声不响亮、母亲文化程度低、家庭人均月收入低。

(四）母亲文化程度与家庭人均月收入的分布

单独分析“母亲文化程度”与“家庭人均月收入”在病例组和对照组之间的关系，表1-2-5显示当母亲文化程度在初中以上时，不同经济收入家庭的儿童的患残疾的比率的差异没有统计学意义，而当母亲的文化程度为初中及以下时，该差异有统计学意义。

表 1-2-5 不同母亲文化程度的人均月收入分布情况

文化程度	人均月收入	病例组	对照组	合计	卡方值	*P*值	*OR*	95%可信区间
初中以上	≥400元	88	248	336	0.103	0.748	0.917	0.539～1.558
	<400元	24	62	86				
	合计	112	310	422				
初中及以下	≥400元	51	108	159	4.845	0.028	0.642	0.433～0.954
	<400元	147	200	347				
	合计	198	308	506				

三、讨论

儿童（0～6岁）阶段是残疾早期治疗、早期康复的关键时期，儿童在低年龄段接受及时的干预服务有可能使其在成长后期步入健康人群，或是最大限度的减少残疾程度，降低残疾带给儿童的家庭和整个社会的负担。给残疾高危儿童提供必要的早期干预服务是我们共同的目标。然而目前无论是在中国还是在发达国家，影响开展此类服务的关键问题在于如何定义、如何发现哪些因素是危险因素。国外的研究发现，单独的因素是无法有效地决定儿童是否处在高危状态的，只有将生物学因素和环境因素结合在一起考虑才能提供更好地预测残疾发生结局的模型[1]。因此本次调查设计了这个包括生物因素和环境因素（主要是早期家庭因素）在一起的病例对照研究,希望能够探讨本次现况调查中有可能使儿童发生残疾的主要因素。

国内这方面的病例对照研究不多，深圳和上海[2、3]调查中有所涉及，主要的结果集中在以下几个因素：婴幼儿期曾患病、出生异常、父亲低文化、孕期服用药物、出生低体重、孕期情绪差、父亲生育年龄、家族史等。国外这方面的研究相对较多，多是利用出生证明的数据和其他相关记录的数据库或者是家长访谈等结果合并在一起进行的病例对照研究，每个研究有侧重不同方面，综合起来主要的因素包括：母亲文化程度、家庭环境质量（或是经济情况）、家庭子女数、母亲未婚、儿童出生体重、分娩孕周、出生APGAR评分、严重的儿童疾病、孕期合并症等[4-8]。

本次调查的多因素结果基本与前述的国内外的研究结果相近，家庭人口学因素与其他生物学因素互相作用，共同成为儿童残疾发生的危险因素。

家庭背景中最主要的因素是母亲的文化程度，结果显示文化水平低的母亲的孩子更有可能出现残疾，这与Ramey等人的研究结果是一致的[8]。家庭人均月收入低（小于400元），会使得家庭的养育环境不佳，从而增加儿童患残疾的可能性。单独分析母亲的文化程度和家庭收入情况时看到，母亲初中以上文化程度的家庭在不同经济收入的情况下儿童患残疾的情况没有差别。这结果意味着我们可以通过改善儿童母亲的文化程度更有效地减少儿童患残疾的风险。与设法改善一个家庭的经济收入相比，这一点更容易实现。此外，我们还可以通过设计有针对性健康教育材料，对不同文化水平的母亲制定不同的健康教育的干预方案等方式，弥补儿童母亲由于文化水平低而造成的对这类知识接受困难的弱点，从而加强健康教育的效果。

国外可以从出生证明上得到较为准确的APGAR评分值，因此许多研究都使用该变量做分析，Andrews等人的研究显示5分钟内APGAR评分小于8分是仅次于性别的第二大危险因素(OR=1.58)[5]。在本次调查中，考虑到儿童家长的回忆能力，我们没有使用更为科学的APGAR评分的结果来反映儿童出生时的情况，而是使用“出生时儿童哭声”和“出生时皮肤颜色”两个变量来近似反映APGAR评分的情况（后者由于缺省值过多，只进行单因素比较，未进入多因素分析），此外还选用了“出生窒息的有无”作为另外的一个变量。结果显示在本次研究的因素内出生窒息对残疾发生的危险性最大，比早产、儿童期患病等因素的危险度还要大，这与Andrews的结果是一致的。由此可见，对于有出生窒息的儿童或出生时有窒息倾向的儿童我们都要格外重视，可以视为高危儿，及早接受一些有益的干预服务，防患于未然。

低出生体重（<2500克）作为较为公认的一个因素在许多研究中都有体现。但是本次调查中和低出生体重虽然在单因素分析时对残疾的发生有影响，但是当它和“早产（孕周<37周）”这个指标一起进入多因素分析时，“早产”有统计学意义，“低出生体重”没有统计学意义。这种统计结果的出现主要是由于早产和低体重相关性过强造成的。

近年随着我国经济条件的好转，女性饮酒者明显增多。本次调查结果显示“母亲孕期前后饮酒”有可能会增加儿童发生残疾的危险性。因此我们应加大这方面的孕前教育。本次调查“父亲孕期前后吸烟饮酒情况”和“母亲吸烟情况”对儿童日后残疾的发生影响不大，一方面可能事实确是如此，另一方面也不完全排除设计缺陷的情况。比如：有可能是因为男性吸烟饮酒现象过于普遍，因此无法显现差别；而母亲吸烟现象在调查人中发生过于稀少，因此阳性样本量不够大，造成了统计上的无差别。

此外，本次调查结果还显示“有残疾家族史（指儿童的三级亲属内有视力、听力、智力、肢体、精神残疾中的一种或几种）”和“儿童期患有严重疾病”的儿童日后患残疾的可能性会增大。有残疾家族史的儿童一方面可能受遗传的影响，另一方面也可能由于家长或亲属的残疾导致家庭的整体养育环境不理想，从而加大了儿童患病致残的可能。“儿童期患有严重疾病”自然会增加患残疾的可能性，这一点不言而喻，但是我们也应注意到；在多因素分析结果中“儿童期患病”并不是对残疾的发生影响非常大一个因素，这与我们在横断面研究中得出的0~6岁儿童致残原因以产前和产时为主的结论是一致的。

综上所述，对于0～6岁这个群体，我们预防残疾发生的重点仍应是产前和产时的因素，比如孕前做好遗传咨询、母亲避免孕期前后饮酒、预防早产的发生、减少出生窒息的发生等。至于家庭的社会经济状况，虽然卫生工作者或康复工作者无法直接改变，但是我们可以通过把有这些人口学特征的儿童列为特殊人群，对他们的家长，特别是母亲，进行有针对性地指导，并在儿童出现任何健康问题时能够及时注意到发育状况，及早进行干预性训练，以避免残疾的发生。

本次调查单因素结果部分显示儿童家长的社会经济状况、家庭结构在病例组和对照组都有明显的不同，这与横断面研究部分结果一致。另外在单因素分析中我们可以看到“学前教育普及情况”在残疾儿童和正常儿童之间差别很大，在正常3～6岁儿童中，大约有3/4的儿童参加了学前教育，而残疾儿童只有一半参加学前教育。学前教育对于儿童日后的认知方面的发展有重要的作用，所以我们应进一步普及残疾儿童的学前教育。残疾儿童的学前教育应根据个体的不同采取不同的方式，比如较为严重的儿童应进入到特殊的机构或幼儿园中以获得更有针对性的训练，较轻的儿童应进入到普通的学前教育机构中学习，锻炼社会适应能力等。

迄今为止国内对儿童致残影响因素的研究不多，本次调查虽然设计了该部分内容，并使用了1:2配比的病例对照的方法，但由于存在时间、经费和样本量等多方面的限制使得研究的内容过于泛泛，不够深入。本文对一些因素的分析只能暂时停留在“是否”的水平，而不能进一步分析影响因素的剂量反应关系、交互作用等，比如问卷虽然设计了母亲饮酒的量、频度等问题，但是由于样本量过小，因此无法继续分层分析。另外，本次调查的残疾儿童涉及5个类别（视力、听力、智力、肢体和精神），由于不同类别的残疾儿童数量相差甚多，智力残疾最多有260对，其次是肢体专业59对，精神残疾最少16对，因此本次调查的结果主要反映的是影响智力残疾的危险因素，其他专业存在的一些特殊因素很可能被智力残疾儿童的数据掩盖。

王晓华、曲成毅 执笔

参考文献

1. Sandra CR, Beverly A M, Jan W, etc. Applications of developmental epidemiological data linkage methodology to examine early risk for childhood disability. Developmental Review 2000 (20): 319-349

2. 章煜 陈孙敏 钱飞敏等. 上海市7岁以下残疾儿童流行病研究. 上海预防医学, 1999; 11(3): 109-111.

3. 孙喜斌 曲成毅 杨磊等. 深圳市0-7岁儿童残疾现况调查.中华流行病学杂志，2003; 24(11): 1016-1019.

4. Rojahn J, Aman,MG, Marshburn E, etc. Biological and environmental risk for poor developmental outcome of young children. American Journal on Mental Retardation, 1993 (97): 702-708.

5. Andrews H, Goldberg D, Wellen N, etc. (1995). Prediction of special education placement from birth certificate data. American Journal of Preventive Medicine, 11, 55-61.

6. Bonnie WC, Sarah HB, Paul LN, etc. Maternal and neonatal risk factors for mental retardation: defining the ‘at-risk’ child. Early Human Development, 1998 (50): 159-173.

7. Rojahn J, Aman MG, Marshburn E, etc. Biological and environmental risk for poor developmental outcome of young children. American Journal on Mental Retardation,1993(97): 702-708.

8.Ramey CT, Stedman DJ, Borders-Patterson A, etc. Predicting school failure from information available at birth. American Journal of Mental Deficiency, 1978(82): 525-534.

预调查结果

为了了解调查设计是否合理，是否有可行性，在正式调查前，我们在东城区抽取了2个街道进行了为期2周的预调查工作。工作组在预调查中摸索经验、发现问题，最终修改了不合理的流程、制定了更完善的调查方案，保证了正式调查的顺利完成。

考虑到正式调查和预调查有所区别，为了保证最终报告结果的一致性，我们未将预调查的结果并入总报告数据中，而是单独汇总如下：

一 、基本情况

东城区共抽取2个街道，分别是建国门街道和安定门街道。2个街道底册应查儿童共计1040人，实际检查619人，占应查人数59.52%。619名筛查儿童中，男童316名，占总数的51.05%，女童303名，占总数的48.95%。汉族552名，占89.18%，其他民族67名，占10.82%（表1-3-1）。年龄构成从0岁组到6岁组依次为40人，6.36%；118人，19.06%；126人，20.36%；91人，14.70%，102人，16.48%，88人，14.22%和54人，8.72%（表1-3-2）。

表1-3-1 东城区预调查儿童性别和民族构成情况

性别	儿童数	构成比%	民族	儿童数	构成比%
男	316	51.05	汉族	552	89.18
女	303	48.95	其他民族	67	10.82
合计	619	100.00	合计	619	100.00

表1-3-2 东城区预调查儿童年龄构成情况

年龄组	0～	1～	2～	3～	4～	5～	6～	合计
儿童数	40	118	126	91	102	88	54	619
构成比%	6.46	19.06	20.36	14.70	16.48	14.22	8.72	100

二、筛查和诊断情况

619名儿童中筛查阳性人数为智力8人、肢体4人、听力4人共计16人次。最终诊断残疾情况为：智力3人、肢体1人，合计4人次（表1-3-3）。筛查阳性率为2.58%，残疾现患率为6.46‰。4名残疾儿童全部为单项残疾，无综合残疾。3名智力残疾儿童中2名为轻度，1人为中度，1名肢体残疾儿童为三级残疾。4名残疾儿童性别、年龄和民族构成情况如下：男童2名、女童2名；0岁、4岁、5岁和6岁组各1名；4名儿童均为汉族。

表1-3-3 东城区预调查筛查和诊断情况

街道	应查人数	实查人数		视力	听力	智力	肢体	精神	合计人次
建国门	280	217	筛查阳性	0	0	4	1	0	5
			诊断残疾	0	0	1	1	0	2
安定门	763	402	筛查阳性	0	4	4	3	0	11
			诊断残疾	0	0	2	0	0	2
合计	1043	619	筛查阳性	0	4	8	4	0	16
			诊断残疾	0	0	3	1	0	4

三、预调查的经验

预调查使得整个工作组能够熟悉流程，调整方案，对保证正式调查的可行性和高质量起到了十分重要的作用。我们通过预调查认识到：

（一）应重视协调工作

通过预调查的演练，我们深切地认识到协调工作的重要性。由于现场工作人员主要包括两部分：卫生调查队人员和残联及社区工作街道人员。现场的工作需要这两部分人员的密切配合，缺一不可。因此在正式调查之前，我们特别强调应做好这两系统人员的沟通工作。此外同一系统内部的人员也是临时组合在一起，事先并不非常熟悉，这都会增加现场工作的难度。因此在强调两系统协调的同时，我们也强调各部门内部应服从领导，工作人员应各负其责。同时我们在工作手册中尽量将各岗位人员的职责描述清楚，使每个工作人员能够明确各自职责，使管理更为有条理。

（二）应重视调查底册的制作质量

调查底册制作质量的高低直接关系到本次抽样是否具有代表性的问题，难度颇大。预调查使得整个调查组对调查底册的制作难度有了充分的认识，将原方案中"以户口为基础制作底册"修改为可操作的"以居住地为基础制作"。通过市残联与区县残联与抽样单位签订工作协议，保证了正式调查时各区县能够提供高质量的调查底册，为顺利完成正式调查的形成打下了坚实的基础。迈出了有力的第一步。

（三）应加强宣传力度

预调查使我们意识到大规模人群现场的组织是离不开宣传工作的。在正式调查开始前，我们印制了海报式样的“致家长的一封信”在准备调查的街道和居委会进行张贴，使儿童家长了解我们工作的特殊意义。为了方便家长参与我们的调查，我们还事先准备了“请假条”，这些都为调查儿童的按时到场提供了基础保证。

（四）应重视“每日总结”和“专家质控”

在预调查中，我们熟悉了5个专业的现场筛查和诊断方法，熟悉了儿童测查的整个流程，现场调查组的配置和后勤人员的配置都在预调查过程中得到了调整，特别是预调查中摸索出了“每日总结”的工作方法，使得正式调查时各调查队都能够有效地进行每日的总结，该总结保证了每天能够及时发现问题和解决问题，避免了全部结束后再发现问题的尴尬局面的出现。此外预调查的开展也使得组织者认识到“专家质控是十分重要的”，在正式调查中，组织者尽最大可能组织了专家现场监督指导，保证了调查的质量。

王晓华 执笔

第二章　专业报告

视力专业报告

一、前言

儿童视力残疾是指由于各种原因导致儿童双眼视力障碍或视野缩小，而难以做到一般人所能从事的工作、学习或其他活动。它是严重危害儿童身心健康的残疾之一，不仅影响孩子的生长发育，也给社会和家庭造成极大的压力和经济负担。视力残疾在残疾人群中占有一定的比例，根据我国1987年全国残疾人流行病学调查，14岁以下儿童视力残疾率为0.85‰[1]，随着近20年北京经济和科技的迅猛发展，北京市儿童的残疾状况会在一定程度上与1987年有所不同，视力残疾儿童的现患率也有一定的变化。因此，在北京市进行儿童视力残疾的调查工作十分必要，特别是0～6岁是残疾儿童康复的最佳时期，了解这个年龄段儿童的视力残疾现状、致残原因及视觉康复需求等内容就显得更为重要，它可以为政府及相关部门制定进一步预防和减少残疾发生的策略提供基础数据和理论依据。2004年，北京市残联和北京市卫生局共同开展了0～6岁儿童残疾抽样调查工作，现将主要工作及技术资料报告如下。

二、对象及方法

（一）调查对象

本次调查的对象为北京市18个区县、1997年6月1日零时以后到2004年6月1日之前出生的具有北京市户口的儿童（包括父母一方是北京市户口的儿童在内，对于那些尚未上报户口的儿童，只要其满足上报北京市户口的条件也属本次调查的对象）。

（二）调查的标准时间

2004年6月1日零时。

（三）抽样方法

按比例二阶段分层整群抽样的方法。

18个区县均参与抽样，每个区县应调查儿童数按实际各区县所占比例计算；以街道（乡镇）为最小单位，采用随机整群抽样方法，城市地区只抽取街道，农村地区只抽取乡镇，城市地区和农村地区抽取数基本均等。

（四）样本量估计及样本

北京市0～6岁儿童总人群为416545人（2002年数据）；设计效能为3；α =0.05；预期五类残疾（视力、听力、智力、肢体、精神）总现患率为1.0%，绝对误差为0.20%，按农村地区和城市地区进行分层，总样本量为27885人（占总人数的7%）。

1. 抽样的基本原则

以街道（乡镇）为最小抽样单位，每个单位平均儿童数为1250人左右。18个区县全部参与抽样，每个区县应调查儿童数按实际各区县儿童数所占比例计算；城市地区只抽样街道；农村地区不考虑街道，以城镇为主，乡的个数在1～2个为宜。抽样的地区划分：将北京市18个区县根据常规划分为城市地区和农村地区，结果如下：城市地区为东城、西城、宣武、崇文、朝阳、海淀、丰台、石景山;农村地区为房山、门头沟、顺义、昌平、通州、大兴、怀柔、密云、延庆、平谷。

2. 搜集资料的方法

制作调查底册（当地）→现场调查（当地）→诊断性检查（在指定的医疗机构）。

3. 制作调查底册

由当街道办事处或乡镇政府在调查前组织工作人员对本地区符合条件的全体儿童进行登记造册。内容主要包括个人编号、儿童姓名、性别、详细住址、出生日期、家庭联系电话。

4. 现场调查

被调查的街道（乡镇）要准备调查使用的房间，保证有足够的桌椅。由街道（乡镇）以及居委会（村委会）落实在册儿童接受调查。根据调查的实际情况，每天安排一定数量的儿童接受调查。被调查儿童应有熟悉情况的知情人（父母或其他扶养人）带领。

（五）视力残疾的定义及分级标准

视力残疾包括盲和低视力。盲及低视力均指双眼，且以视力较好眼为准，如有一眼为盲或低视力，而另一眼的视力达到0.3或以上，则不属于视力残疾；最佳矫正视力是指以适当镜片校正后，所能达到的最好视力，或以针孔镜所测得的视力。本次视力筛查不做盲及低视力的等级划分，仅对3岁及以上，视力在0.3以

下，可疑有问题的儿童作出盲或低视力及病因学的诊断。具体盲和低视力的诊断标准如表 2-1-1

表 2-1-1　我国盲和低视力的诊断标准

类别	级别	最佳矫正视力
盲	一级盲	<0.02～光感，或视野半径<5 度
	二级盲	<0.05～0.02，或视野半径<10 度
低视力	一级低视力	<0.1～0.05
	二级低视力	<0.3～0.1

（六）筛查和诊断

1. 筛查用具

儿童图形视力卡，小孔镜，黑布（2 米长，1 米宽），手电筒，彩色小珠子数个（约直径 1～3mm 大小），白色小球 2 个（约 0.95cm 或 0.62cm 直径大小），视－运动条带，米尺一条。

2. 筛查方法

0～< 7 个月：使用视－运动条带或手电筒（避免强光刺激），出现有眼球震颤或小儿眼能追光，有防御性眨眼反射为正常。

7～<12 个月（不满 1 周岁）：小球滚动法。使用约 0.95cm 或 0.62cm 直径的小白球在黑布上滚动，测试时母亲取座位抱着小儿，检查距离小儿约3米(2.5～3m)，小球滚动的方向与儿童平行，保持与儿童距离为 3 米。儿童眼球可追随约 0.95cm 小球视力约为 0.25，儿童追随 0.62cm 小球视力约为 0.3，以上均为正常。

12～<24 月（不满 2 周岁）：同样使用以上小球滚动法，如儿童注意力分散不配合，可使用以下方法：在母亲或医生手中放上直径1mm的彩色小珠子，距离约为1尺。如患儿能从母亲或医生手中取出小珠子，则估计其视力在0.3以上。1mm的彩色小珠子儿童看不到，改为3mm直径的彩色小珠子。患儿可取出则估计其视力在 0.2 以上（以上均视为正常视力）。

2～<3 岁（不满 3 周岁）：使用儿童图形视力卡或母亲手中取出小珠子法。使用儿童图形视力卡，以卡上标明的视力为准；使用从母亲手中取出小珠子的方法，前已叙述。

3～<7岁（不满7周岁）：统一使用儿童图形视力卡。(1) 检查距离为2.5米，均从0.6一行查起，上边6个图形中儿童能正确说出4个图形，视力为0.3或以上。视力不足0.3的儿童使用小孔镜，小孔镜视力在0.3或以上定为“正常”，小孔镜视力仍小于0.3的可能为视力残疾。(2) 小孔镜仍小于0.3的儿童都需再进行一次视力检查，在2.5米处使用儿童图形视力卡中0.1中的3个图形，儿童能正确说出2个或以上图形的儿童视力大于或等于0.05，可能为低视力，仅能说出1个或一个图形都不能说出者视力为盲。

3. 诊断仪器设备

儿童图形视力卡，小孔镜，裂隙灯、眼底镜、散瞳药验光仪。原则上对可疑有问题的儿童都应该做屈光检查,但对于使用小孔镜后能决定为视力残疾的儿童,则不做屈光检查。

4.诊断方法

对视力0.3以下儿童（双眼中好眼的矫正视力），由眼科医生通过外眼、内眼的详细检查后做进一步的病因确定，明确病因的可以在现场直接进行诊断，对于在现场不能明确诊断或需要进行屈光检查的儿童需待验光结果后,并通过专家进一步会诊再做出诊断。对于现场需做散瞳的儿童，因年龄小或无法配合的则到指定的医院检查确诊。

（七）视力残疾筛查的质量控制

1.设计阶段

为了保证本次调查的质量,在调查开始前将本次调查的实施方案编制成工作手册，将实施方案细化，使各项工作实施时有章可循，有据可查，明确各层次工作的责任和具体工作内容，使每项工作标准化，以保证本次调查中各项工作的质量。

在本次调查前由街道办事处、乡（镇）政府的工作人员通过计生、公安、妇幼保健等部门的资料，登记辖区内符合调查要求儿童的基本情况，并由社区居(村)委会入户随访,掌握在册儿童的人户分离情况,增补人在户不在的北京籍儿童。

2. 预调查

在东城区开展了预调工作，对预调查所发现的问题，及时修正，从而保证正式调查的质量。

3.人员培训

参加本次调查工作的人员须具备眼科主治医或三年以上眼科住院医资格。调查前对全体调查员进行培训,要求调查员严格遵守《工作手册》中各项规定和要求，了解抽样调查的目的和意义,掌握视力残疾的标准、筛查和诊断方法，及表格的填写要求。所有工作人员通过培训并一致性检验合格后方可参加调查工作。

4.现场工作

每一现场启动时专家进行现场指导；在调查期间专家组抽取5%（1517名)的筛查阴性儿童进行复查，未发现假阴性儿童，假阴性率为0。

5.分析阶段

采用Epidata软件建立数据库，全部数据均使用双录入方式，保证录入数据的准确性。所有数据使用 SPSS 10.0 软件进行统计学分析。

三、结果

（一）基本情况

本次调查应查0～6岁儿童30159人(占总人群的7%),实查28738人,调查率为95.29%。其中男:14898人（占51.84%)，女：13840人(占48.16%)；被调查者平均年龄：3.16 ± 1.86岁，中位数为：3岁(见表2-1-2)。民族分布以汉族为主，26894人，占93.6%；少数民族1844人，占6.42%； 其中满族3.68%；回族1.82%；蒙族0.43%；其他民族0.48%。本次调查人群性别比为108：100，男性多于女性，第五次全国人口普查儿童性别比为110 : 100（见表2-1-3)。父亲的生育年龄最大为61岁，最小为15岁，平均生育年龄为29.45岁；母亲的生育年龄最大为53岁，最小为14岁，平均为27.39岁。家庭类型多为亲生父母型97.3%,单方亲生父母型1.0%,再婚家庭0.3%，（外）祖父母型0.5%，其他及缺失0.9%，其它大部分为抱养、领养、收养，占其他的69.31%。母亲婚姻状况为初婚96.66%，再婚为2.48%，其他0.86%。家庭人口数为2人占0.47%，3人的占53.45%，4～5人占17.27%，6～10人占21.25%，10人以上占7.55%，平均人口数3.84。家庭子女数为1人者占85.4%，2人者为14.0%。父母亲职业构成见表2-1-4。父母亲文化程度构成见表2-1-5。

表2-1-2　北京市0～6岁农村和城市年龄性别残疾儿童基本情况

地区	年龄（岁）	调查人数	地区	年龄（岁）	调查人数
农村（男）	0～	811	城市（男）	0～	502
	1～	1082		1～	1097
	2～	1137		2～	1026
	3～	1262		3～	1178
	4～	1287		4～	1245
	5～	1241		5～	1075
	6～	1307		6～	648
农村（男）	0～	774	城市（女）	0～	464
	1～	1102		1～	999
	2～	1046		2～	977
	3～	1133		3～	1075
	4～	1248		4～	1169
	5～	1123		5～	950
	6～	1143		6～	637
合计		15696	合计		13042

表2-1-3　本次调查与第五次北京市人口普查性别比较

性别	本次调查		第五次北京市人口普查	
	儿童数（人）	构成比（%）	儿童数（人）	构成比（%）
男性	14898	51.84	338548	52.46
女性	13840	48.16	306805	47.54
性别比	108:100	—	110:1000	—

Pearson卡方检验：χ^2= 4.221，P=0.04

表2-1-4 北京市0～6岁被调查儿童父母职业构成（%）

父亲		母亲	
职业名称	构成%	职业名称	构成%
不在业	0.9	不在业	3.2
机关、企事业负责人	4.5	机关、企事业负责人	2.2
技术人员	16.8	技术人员	17.2
办事人员	9.8	办事人员	9.8
服务业人员	12.2	服务业人员	18.6
农林牧渔业人员	19.8	农林牧渔业人员	35.9
生产运输等人员	32.5	生产运输等人员	11.1
军人	1.8	军人	0.4
其他	1.3	其他	1.4
缺失	0.3	缺失	0.3

表2-1-5 北京市0～6岁被调查儿童父母文化程度构成（%）

父亲		母亲	
职业名称	构成%	职业名称	构成%
大专及以上	28.7	大专及以上	27.3
高中及中专	27.2	高中及中专	27.1
初中	40.3	初中	40.8
小学	3.3	小学	3.8
文盲半文盲	0.3	文盲半文盲	0.5
缺失	0.4	缺失	0.4

（二）北京市0～6岁儿童视力残疾的流行分布

1. 视力残疾的基本情况

本次调查参加视力筛查者28703人，筛查出可疑视力残疾者49人，筛查阳性率1.71‰；筛查阳性者中症状、体征十分明显的儿童由区县级专业医师诊断，大部分阳性儿童由市级眼科专家做进一步诊断，其中确定为视力残疾者21人，视力残疾的现患率为0.7‰。本次视力筛查不做盲及低视力的等级划分，仅对3岁及以上，视力在0.3以下，可疑有问题的儿童做出盲或低视力及病因学的诊断。

2. 视力残疾在全市各区县的分布

本次调查确诊的21名视力残疾儿童中，其中:西城区1人，占4.76%；宣武区2人，占9.52%；朝阳区1人，占4.76%；海淀区5人，占23.81%；石景区1人，占4.76%；丰台区1人，占4.76%；房山区1人，占4.76%；通州区1人，占4.76%；昌平区2人，占9.52%；怀柔区1人，占4.76%；平谷区4人，占19.05%；密云县1人，占4.76%。本次调查不同地区视力残疾现患率见表2-1-6。视力残疾现患率最高的地区为平谷区，其次为宣武区和昌平。

表2-1-6 北京市0～6岁儿童视力残疾在不同地区的分布

地区别	调查人数	视力残疾人数	患病率（‰）	区县残疾人数构成比（%）
西城区	1333	1	0.75	4.76
崇文区	694	0	0.00	0.00
宣武区	745	2	2.68	9.52
朝阳区	3488	1	0.29	4.76
海淀区	3733	5	1.34	23.81
丰台区	2044	1	0.49	4.76
石景山区	995	1	1.01	4.76
城市合计	13032	11	0.84	–
门头沟	1047	0	0.00	0.00
房山区	2883	1	0.35	4.76
大兴区	2104	0	0.00	0.00
通州区	1445	1	0.69	4.76
顺义区	1409	0	0.00	0.00
昌平区	1459	2	1.37	9.52
平谷区	1465	4	2.73	19.05
怀柔区	1081	1	0.93	4.76
密云县	2110	1	0.47	4.76
延庆县	66	0	0.00	0.00
农村合计	15671	10	0.64	–
总合计	28703	21	0.73	100.00

本次调查仅对3岁以上视力残疾儿童做低视力和盲的划分，其中3岁以上（不包括3岁）视力残疾儿童14例，其中低视力有7例，盲有7例，现患率分别为：0.54‰，0.54‰。

3. 城乡分布

本次调查确诊的21名视力残疾儿童中，城市11人，患病率为0.84‰；农村10人，患病率为0.64‰，见图2-1-1。本次调查视力残疾现患率城市高于农村，统计学上差异无显著性意义（$P > 0.05$）。

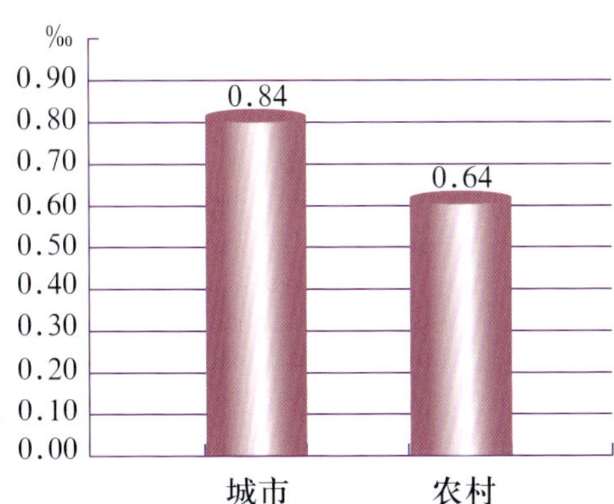

图2-1-1 北京市0~6岁儿童不同地区视力残疾患病率

4. 性别分布

本次调查确诊的21名视力残疾儿童中，男性10人，患病率为0.67‰；女性11人，患病率为：0.80‰。统计学上差异无显著性意义(P>0.05)。见图2-1-2。

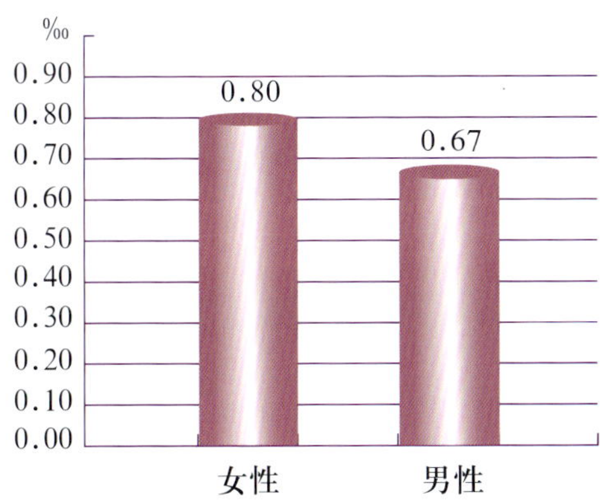

图2-1-2 北京市0~6岁儿童视力残疾不同性别的患病率

5. 年龄分布

本次调查确诊的21名视力残疾儿童不同年龄性别患病率见表2-1-7。

6. 父母文化程度状况

本次调查回答父亲文化程度的有效问卷28591份。其中确定21名视力残疾儿童父亲文化程度为大专及以上5人、高中中专5人、初中10人、小学1人。

本次调查回答母亲文化程度的有效问卷28591份。其中确定21名视力残疾母亲文化程度为大专及以上5人、高中中专6人、初中6人、小学3人和文盲/半文盲1人。本次调查对象父母亲文化程度对儿童视力残疾的影响见表2-1-8。

表2-1-7 北京市0～6岁不同地区年龄性别视力残疾儿童患病率

地区	年龄（岁）	调查人数	患病人数	患病率（‰）
农村（男）	0～	810	0	0.00
	1～	1080	0	0.00
	2～	1136	0	0.00
	3～	1258	1	0.79
	4～	1285	1	0.78
	5～	1240	0	0.00
	6～	1305	2	1.53
农村（女）	0～	774	0	0.00
	1～	1102	1	0.90
	2～	1042	0	0.00
	3～	1133	0	0.00
	4～	1246	4	3.21
	5～	1120	1	0.89
	6～	1140	0	0.00
合计		15671	10	0.64
城市（男）	0～	502	0	0.00
	1～	1097	0	0.00
	2～	1025	1	0.98
	3～	1177	3	2.55
	4～	1245	1	0.80
	5～	1075	0	0.00
	6～	647	1	1.55
城市（女）	0～	464	0	0.00
	1～	997	0	0.00
	2～	975	0	0.00
	3～	1074	1	0.93
	4～	1169	2	1.71
	5～	950	0	0.00
	6～	635	2	3.15
合计		13032	11	0.84

表2-1-8 父母文化程度与视力残疾儿童的影响

文化程度	父亲				母亲			
	调查人数	视力残疾数	现患率（‰）	*OR*(95%CL)	调查人数	视力残疾数	现患率（‰）	*OR*
大专及以上	8239	5	0.61	1.00	7839	5	0.64	1.00
高中、中专	7797	5	0.64	1.06(0.27～4.19)	7784	6	0.77	1.21(0.33～4.55)
初中	11548	10	0.87	1.43(0.45～4.78)	11709	6	0.51	0.80(0.22～3.02)
小学	934	1	1.07	1.77	1103	3	2.72	4.27(0.81～20.42)
文盲半文盲	73	0	0.00	(0.21～14.89)	156	1	6.41	-

7. 父母职业分布

本次调查确诊的21名视力残疾儿童中，回答父亲职业的有效问卷28603份。其中父亲职业为国家机关党群组织企事业单位负责人、各类专业技术人员、办事人员和有关人员、商业人员服务人员、农林牧渔水利业生产人员、生产运输设备操作人员及有关人员、军人、不便分类其他劳动者（见表2-1-9）。

本次调查确诊的21名视力残疾儿童中，回答母亲职业的有效问卷28611份。其中母亲职业为国家机关党群组织企事业单位负责人、各类专业技术人员、办事人员和有关人员、商业人员服务人员、农林牧渔水利业生产人员、生产运输设备操作人员及有关人员、军人、不便分类其他劳动者（见表2-1-9）。

表2-1-9 北京市0～6岁儿童父母职业与视力残疾的关系

职业名称	父亲			母亲		
	调查人数	视力残疾人数	现患率（‰）	调查人数	视力残疾人数	现患率（‰）
不在业	269	0	0.00	912	1	1.10
机关企事业负责人	1292	0	0.00	629	1	1.59
技术人员	4817	4	0.83	4929	3	0.61
办事人员	2821	0	0.00	2807	1	0.36
服务业人员	3497	3	0.86	5354	4	0.75
农林牧渔业人员	5695	7	1.23	10295	7	0.68
生产运输等人员	9328	7	0.75	3192	4	1.25
军人	503	0	0.00	106	0	0.00
其他	381		0.00	387	0	0.00
缺失	100			92		

8. 家庭年人均收入状况

本次调查确诊的21名视力残疾儿童中，回答家庭年人均收入状况的有效问卷28516份。表2-1-10显示了视力残疾儿童在1000元以下收入占85.7%。

表2-1-10　北京市0～6岁儿童家庭收入与视力残疾的关系

家庭收入（元）	调查人数	视力残疾人数	现患率（‰）
≤400	12456	12	0.96
401～1000	9365	6	0.64
1001～3000	5836	2	0.34
3000～10000	671	1	1.49
≥10001	188	0	0.00
缺失	187	–	–
合计	28703	21	0.73

9. 被调查儿童父母生育年龄对视力残疾的影响（见表2-1-11、2-1-12）

表2-1-11 北京市0～6岁儿童父亲生育年龄与视力残疾的关系

生育年龄（岁）	调查人数	视力残疾人数	现患率（‰）	*OR*
≤24	4158	2	0.48	0.68(0.11～3.10)
25～35	21272	15	0.71	1.00
＞35	3083	4	1.30	1.84(0.52～5.91)
缺失	190	–	–	–
合计	28703	21	0.73	

表2-1-12 北京市0～6岁儿童母亲生育年龄与视力残疾的关系

生育年龄（岁）	调查人数	视力残疾人数	现患率（‰）	*OR*
≤24	7252	4	0.55	0.63(0.17～2.08)
25–29	13618	12	0.88	1.00
30–35	6565	5	0.76	0.86(0.27～2.64)
＞35	1105	0	0.00	0.00(0.00～5.32)
缺失	163	–	–	–
合计	28703	21	0.73	

10. 致残原因

本次调查确诊的21名视力残疾儿童中，其致视力残疾原因见表2-1-13。

表 2-1-13 0～6 岁视力残疾儿童致残原因

顺位	致残原因	人数	构成比（%）
第一位	伴有多项残疾（脑瘫）	6	28.6
第二位	先天性白内障	3	14.3
第三位	先天性眼震	3	14.3
第四位	白化病	3	14.3
第五位	先天性视神经病变	2	9.5
第六位	先天性小眼球和小角膜	2	9.5
第七位	弱视（屈光不正、斜视）	2	9.5

11. 康复现状与需求

（1）康复现状 本次调查确诊的 21 名视力残疾儿童现在治疗或康复形式见表 2-1-14。其中 76.2% 的视力残疾儿童没有接受任何形式的治疗和康复，仅有 14.3% 的视力残疾儿童在康复机构进行康复。

表 2-1-14 本次调查视力残疾儿童现有康复形式和现有器具

康复形式	人数	百分比	康复形式器具	人数	百分比
无	16	76.2	无	20	95.2
医院治疗	2	9.5	助视器		
康复机构	1	4.8	导盲器	1	4.8
家庭康复	1	4.8			
普幼普小	0	0.0			
其他	1	4.8			
合计	21	100		21	100.0

（2）康复需求 本次调查确诊的 21 名视力残疾儿童中都有康复需求，见表 2-1-15。图 2-1-3 和 2-1-4 显示视力残疾儿童康复现状和需求关系。

（3）康复现状与需求比较 将康复现状与需求进行比较发现，视力残疾儿童康复现状与需求之间存在着很大的差距，图 2-1-3 显示了视力残疾儿童康复形式现状与需求之间的差距，从中可以看出，康复机构康复、医院治疗与需求之间的差距很大。图 2-1-4 显示了视力残疾儿童康复器具现状与需求之间的差距，从中可以看出，助视器的现状与需求之间差距较大。

表2-1-15 本次调查视力残疾儿童需要康复形式和康复器具

康复形式	人数	百分比	康复器具	人数	百分比
不需要	0	0.0	无	17	81.0
医院治疗	5	23.8	助视器	4	19.0
康复机构	16	76.2	–	–	–
家庭康复	–	–	–	–	–
普幼普小	0	0.0	–	–	–
其他	–	–	–	–	–
缺失	–	–	–	–	–
合计	21	100	–	21	100.0

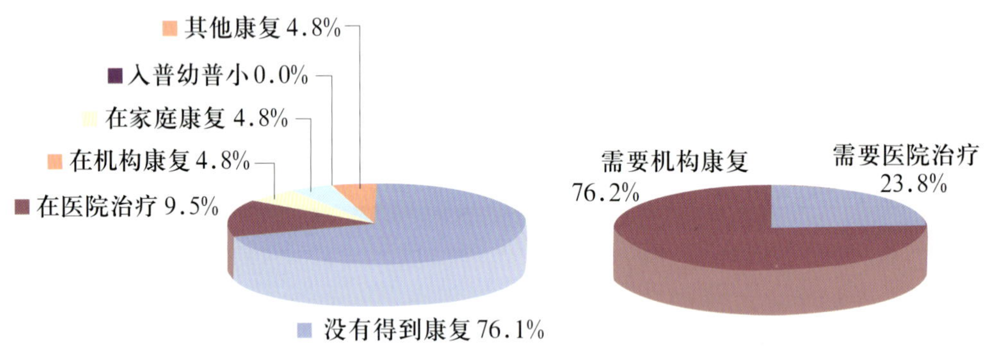

图2-1-3 视力残疾儿童视力康复现状和需求康复的关系

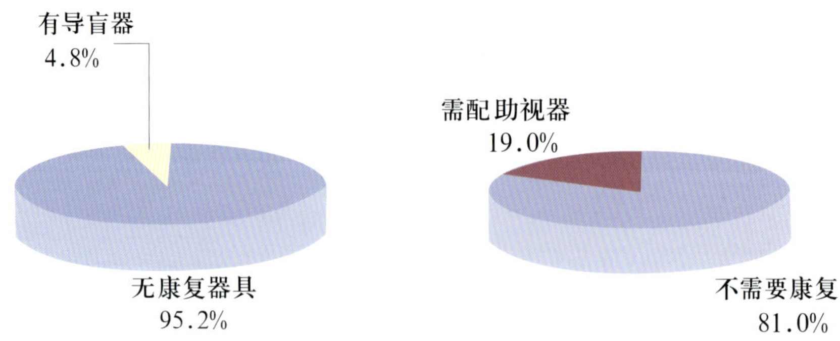

图2-1-4 视力残疾儿童康复器具和需求康复器具的关系

（三）0～6岁儿童视力残疾一般危险因素

0～6岁儿童按是否视力残疾与居住地、性别、年龄、民族、学前教育、是否是独生子女、父母是否近亲婚配、父母职业、父母文化程度、父母婚姻状况、家庭年人均收入及儿童抚养状况等变量进行单因素分析，结果显示只有年龄具有统计学意义，见表2-1-16。

表2-1-16 0～6岁视力残疾儿童一般危险因素的单因素分析

因素	分组	χ^2	P
地区	1城市，2农村	0.102	0.521
性别	1男，2女	3.759	0.698
民族	1汉，2其他	8.646	0.230
近亲婚配状况	1是，2否	1.033	0.969
年龄	0～6岁	16.657	0.028
父亲职业	9组	1.535	0.480
母亲职业	9组	2.658	0.919
父亲文化程度	5组	0.439	0.461
母亲文化程度	5组	1.285	0.215
父母婚姻状况	6组	5.603	0.485
家庭年收入均收入	5组	0.977	0.259

四、讨论

（一）北京市0～6岁儿童视力残疾的现患率

本次调查的0～6岁儿童视力残疾的现患率为0.73‰，根据2000年第五次北京人口普查0～6岁人口数推算，北京约有0～6岁视力残疾儿童451名，与1987年全国、北京市、及1999年深圳、2001年五省一市视力残疾儿童的调查结果比较见表2-1-17，与深圳、五省一市调查结果的差异有统计学意义。

表2-1-17 本次调查与以往国内视力残疾儿童调查比较

地区	时间(年)	调查人数	残疾人数	现患率(‰)	Pearson卡方检验	
全国[2]	1987	235674	114	0.48	χ^2=3.08	p=0.08
北京市[2]	1987	6227	6	0.96	χ^2=0.36	p=0.55
深圳[3]	1999	71166	26	0.37	χ^2=5.83	p=0.02
五省一市[4]	2001	60124	15	1.06	χ^2=11.15	p=0.00
北京市	2004	28703	21	0.73		

本次调查北京市0～6岁儿童视力残疾现患率为0.73‰，高于1987年全国抽样调查[2]和深圳市[3]相同年龄段水平，低于五省一市和1987年全国调查中北京地区0～6岁残疾儿童的患病率。其原因可能是由于北京、深圳处于全国的发达地区，社会进步和发展均处在全国的领先地位，还可能与北京市民物质、卫生、文化生活水平较高，使得视力残疾的致残因素得以有效的控制，但较全国和深圳的调查结果高的现象应值得有关部门的注意。据报道全球大约有4亿5千万盲人,其中3%是儿童[5],而且，盲的患病率在不同国家和地区有所不同，全球各国统计0～15岁儿童盲的患病率可以相差10倍，由发达国家的0.1‰到贫穷国家的1.1‰[6]。在欧洲0～15岁儿童盲的患病率约为0.15～0.41‰[7]，而在亚洲0～5岁儿童盲的患病率为0.64～1.09‰[8]，我国属于发展中国家,盲的患病率界与发达国家和发展中国家之间，这说明盲的患病率和国家或地区的经济状况有密切关系。

（二）北京市0～6岁视力残疾儿童的分布特征

本次调查的北京市0～6岁视力残疾儿童现患率在性别分布上，女性多于男性。在年龄分布上，5岁组最高，4和7岁组次之。从地区来看，城市儿童视力残疾的现患率高于农村，但统计学上无显著性差异，说明北京地区视力残疾的现患率在城乡无明显的差异。

（三）0～6岁视力残疾儿童的致残原因

本次调查发现，0～6岁视力残疾儿童的致残原因依次为：伴有多项残疾（脑瘫）、先天性白内障、先天性眼球震颤、白化病、视网膜视神经病变、先天性小眼球和小角膜、弱视（斜视和屈光不正）。

表2-1-18显示我国导致儿童视力残疾最主要的原因仍然是先天性遗传性眼病。在发达国家儿童视力残疾主要是由遗传、先天的或围产期的原因所致[9]。在澳大利亚儿童视力残疾的首要致残原因是先天性遗传性眼病,英国先天性白内障是儿童视力残疾的首要致残原因，美国是晶体后纤维增生症。而在发展中国家造成视力残疾的主要原因是感染和营养因素,如麻疹和干眼病等。蒙古国[10]在盲校儿童的病因调查中显示，晶体疾病占首位，其次是中枢神经系统异常。马来西亚[11]的盲校调查结果显示：晶体疾病和视网膜疾病占主要原因。本次北京市0～6岁儿童致视力残疾原因，是以先天性眼病为主，这在某种程度上反映了我市的医疗能力水平和生活质量属于较高水平均。

表2-1-18 0～6岁视力残疾儿童致残原因与以往调查结果的比较

地区	时间(年)	致残原因顺序
全国	1987	先天性遗传性眼病 屈光不正／弱视 角膜病 视神经病变
北京市	1987	先天性遗传性眼病 屈光不正／弱视 其他 不详
五省一市	2001	弱视 视网膜视神经病变 先天性白内障 先天性青光眼 葡萄膜缺损 眼内肿瘤
北京市	2004	伴有多项残疾的脑瘫 先天性眼球震颤、白化病 先天性白内障 视网膜视神经病变 先天性小眼球和小角膜 弱视（屈光不正、斜视）

（四）相关危险因素分析

本次调查对0～6岁视力残疾儿童的一般危险因素进行了分析，结果发现残疾儿童的现患率与儿童的年龄有关，与其他因素无关。本次调查结果显示，视力残疾现患率与家庭收入、父母近亲婚配无关。视力残疾儿童中患先天性眼疾的患病率较高，患病年龄在5岁组最高，说明儿童患眼病后没有及时发现，或发现后未得到及时有效的治疗，缺乏防盲治盲知识和眼保健常识，而导致视力残疾，如这些致视力残疾原因及早发现，早期治疗，可以避免多数儿童发生视力残疾。

（五）北京市0～6岁视力残疾儿童康复现状和需求

从本次调查结果来看，多数0～6岁视力残疾儿童没有得到治疗，仅有19.0%的儿童在康复机构、医院、特殊机构和家庭进行治疗康复，而所有视力残疾儿童都有康复需求，现状与需求之间存在巨大差异。在康复形式中，对机构的康复需求所占比例最大。

本次调查显示，视力残疾儿童没有使用助视器，仅有1人使用导盲器，而所有的视力残疾儿童都有器具需求。

（六）筛查方法质量的控制

对两岁以下儿童的视力测量想获得一个可靠的数据，目前尚无很好的方法，因为，这个年龄的小儿注意力易分散，加之独生子女，特别是农村的一些儿童的特点，他们个性强，怕人，有个别孩子甚至哭闹，拒绝检查。现在认为用一些可靠的方法对婴儿和儿童进行视力测量是非常重要的，可以早期发现视觉损害，早期治疗，以期获得良好的疗效。正确地判断视觉损害的程度对学龄前儿童克服教育和训练中遇到的困难是十分有益的。开展对婴幼儿及儿童视力检查，对视觉损害的性质和严重程度做出正确地评价，有助于全身疾病的诊断、治疗和康复。使用国际标准视力表是一种可靠的科学方法，但对于小儿及有残疾的儿童用视力表检查是很困难的，也无法实施。经过多方查阅文献，在眼病流行病学专家孙葆忱教授的指导和反复论证下，我们选择了“小球滚动法”，亦称Stycar实验，此方法早已被国外专家认可，是评价小儿视力的一种较可靠的测试方法。在我国八十年代至今全国几个地区的儿童视力筛查中没有人真正的使用此方法，因为它操作起来难度较大，对检查视力的场地、设备仪器、调查人员提出了更高的要求。我们在孙葆忱教授的指导下，严格按要求准备了视力卡、白色小球、彩色小珠子、黑布等筛查工具，对北京东华门幼儿园小班、中班、大班50名3～6岁以下儿童使用视力卡筛查视力进行预试验，取得了非常满意的结果。并在爱婴培训中心对3岁以下儿童使用小球滚动法及捡拾妈妈手中彩色小球的测试方法进行了实验，同样取得了令人满意的结果。

在调查前，专家组对调查员进行了岗前培训和一致性检验；在调查现场启动的当天，专家亲临现场进行制指导，抽取5%（1517例）筛查阴性儿童进行复查，假阳性率为0；对在初查中所有视力<0.3，但不存在智力或精神残疾的儿童都做了屈光检查及眼底检查，以明确诊断。

本次采用的儿童视力筛查方法，根据儿童不同年龄的特点和认知程度采取不同的方法，而且经过反复验证，可以确认本次0～6岁儿童视力筛查方法是可靠的。这点说明本次视力筛查的方法可以进行推广，用不同的筛查方法检查不同年龄儿童，所获得的结果是真实可靠的。因婴幼儿的认知程度有限，本次对3岁以下儿童虽不作低视力和盲的划分，但可以明确诊断视力残疾的数量。

五、政策建议

（一）开展视力残疾的预防

某地区儿童残疾患病率反映了该地区经济文化水平。初级卫生眼保健工作的重要指标，是地区今后经济发展潜在力量的重要标志。北京市0～6岁儿童视力残疾的患病率低于五省一市，而且以先天性眼病为主，这些结果为政府和社会提供优先合理投入有限的医疗措施，及时发现视力残疾儿童，早期治疗早期康复，可以减轻视力残疾程度，部分视力残疾儿童经过康复可以回归主流社会。预防视力残疾就是通过一定的方法，避免和减轻残疾的发生。本次调查结果表明：致儿童视力残疾的主要原因是先天性遗传性眼病，通过积极早期干预如遗传咨询，优生优育，以最大限度地降低残疾儿童的出生率，并通过助视器的帮助，提高视力残疾儿童的视功能，使他们学会充分使用残余视力的技巧，从而可提高患儿的生活质量，减轻家庭和社会的负担。

（二）加强视力残疾儿童视力康复工作

本次调查显示，视力残疾儿童对于医院视力康复的需求很大，在医院眼科开设低视力门诊，为低视力残疾儿童提供检查、验配助视器、弱视治疗指导训练。开展视力残疾儿童家长培训，扩大视力残疾儿童的服务面。大力开发研制适合儿童使用的助视器，充分发挥这些低视力康复部的作用，为视力残疾儿童提供有效服务。加强盲童定向行走训练，进行系统的日常生活技能培训，提高其生活适应能力。

（三）普及防盲治盲知识、提高眼保健水平

本次调查发现，有些视力残疾儿童的父母缺乏眼科保健知识，使得这些儿童错过了治疗的最佳时机，导致了视力残疾的发生或视力残疾的加重。因此，应在全民开展防盲治盲的科普宣传，使得大家认识到盲的危害，提高防盲的意识，对儿童家长进行眼病“早期发现、早诊断、早治疗”的宣传，以降低视力残疾的患病率和发病率。

虽然北京市视力残疾儿童的康复工作起步早，但在康复机构设置、技术服务、设备和器具等方面，与视力残疾儿童的实际需求相比，仍然存在较大差距，在今后应采取有效措施，加强视力残疾儿童工作，为视力残疾儿童的康复创造条件。

陈建华、郑远远执笔

北京市0～6岁儿童残疾抽样调查视力专家组成员：孙葆忱、郑远远、崔彤彤、胡爱莲、钟丽红。

参考文献

1.高永庆，邹留河，等:全国儿童盲及低视力的流行病学调查.实用眼科杂志，1991，3：187

2.张士元，邹留河，高永庆，等。全国盲及低视力的流行病学调查.中华眼科杂志，1992,28(5):260-264.

3.傅培,杨柳,纳新.全国0～6岁儿童视力残疾抽样调查.中华医学杂志.2004,84(17):1545-1548.

4.2001年中国0-6岁残疾儿童抽样调查报告.

5.World Health Orgnization.Preventing blindness in children WHO/IAPB scientific meeting. WHO/PBL/00.77.

6.Gilbert CE, Anderton L, Dandona L, et al.Prevalence of visual impairment in children: a review of available data. Ophthalmaol Epidemiol,1999,6:73-82.

7. Riise R, Flage T, Hansen E, et al. Visual impairment in Nordic children I. Nordic registers and prevalence data. Acta Ophthalmol. 1992,70:145-154.

8. Cohen N, Rahman H, Sprague J, et al. Prevalence and determination of nutritional blindness in Bangladeshi children. World Health .1985,38:317-329.

9. 孙葆忱.临床低视力学.华夏出版社.1998.

10．Bulgan T, Gilbert CE,.Prevalence and causes of severe visual impairment and blindness in children in Mongolia. Ophthalmol Epidemiol, 2002,9:271-281.

11. Reddy SC, Tan BC. Causes of childhood blindness in Malaysia results from a national study of blind school students. International Ophthalmol,2002,24:53-59.

听力专业报告

一、前言

听力残疾（Hearing disability）是指由于各种原因引起的双耳听力障碍，听不到或听不清周围环境声及言语声，导致听觉言语交流障碍，影响日常生活和社会参与。听力残疾是我国主要的残疾之一。1987年全国残疾人（包括儿童）抽样调查结果表明，我国听力语言残疾者高达1770万人，其中7岁以下聋儿74万，现患率为1.99‰[1]。听力损失、语言障碍直接影响聋儿的认知能力、思维能力、记忆能力，妨碍他们与健听人的交往。特殊儿童的早期教育也称为“早期补救教育(early intervention education)”早已为世界各国所重视。聋儿的早期康复教育是指对聋儿通过早期配戴助听器或人工耳蜗植入等，及早开发其残余听力，培建有声语言，使其能通过听说交往正确认识世界，最终回归主流社会，让聋儿尽可能像健全儿童一样健康全面地发展[2]。至今国内残疾人基础数据仍以1987年的数据推算得来，随着经济和科技的迅速发展，北京市儿童听力残疾状况会在一定程度上发生变化，了解新世纪北京市学龄前儿童听力残疾的流行状况以及听力残疾的影响因素等信息，为政府及相关部门制定三级预防、早期干预及规划康复策略提供基础数据和理论依据。

二、对象与方法

（一）调查对象

具有北京市户口的0～6岁儿童。即1997年6月1日零时以后到2004年6月1日零时之前出生的儿童。

（二）抽样方法

采用按比例、二阶段分层整群抽样。18个区县全部参与抽样，每个区县应调查儿童数按实际各区县所占比例计算；以街道（乡镇）为最小抽样单位，采用随机整群抽样方法，城市地区只抽取街道，农村地区只抽取乡镇，城市地区和农村地区抽取儿童数基本均等。

样本量估算依据：1. 残疾现患率1%（《2004年北京市0～6岁儿童残疾抽样调查》涉及听力、肢体、精神、智力、视力五类残疾，样本量以总的残疾现患率估计）；2. 抽样精度0.2%；3. 设计效能为3；4. 显著性水平1.96；综合考虑可行性及其它因素，总样本量设计为30000例。

调查方法采用二阶段筛查程序，调查实施前由街道办事处或乡镇政府组织人员对本地符合条件的全体儿童登记造册。现场调查包括听力残疾的筛查以及到中国聋儿康复研究中心诊断两个阶段。工作流程如下：

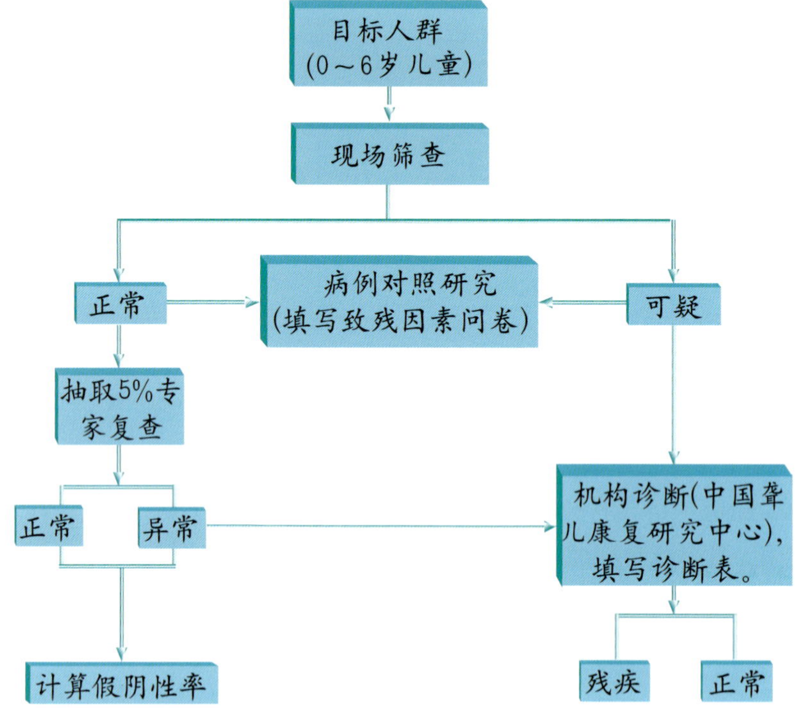

（三）听力残疾筛查和诊断方案

1. 听力筛查方法及诊断工具

本次筛查对象为0～6岁儿童，主要采用行为测听法，6月以下儿童兼做耳声发射。在筛查过程中除考虑不同年龄儿童听觉发育程度不同外，还要考虑到检查环境受噪声影响的因素(测试房间本底噪声一般控制为≤ 45 dB A)详见表2-2-1。

表2-2-1　北京市0～6岁听力筛查方法及诊断工具

筛查对象	筛查工具	筛查方法	诊断工具
≤ 6月婴儿	便携式耳声发射仪（OAE） TK2000 听觉评估仪	OAE客观测听 行为测听	脑干诱发电位仪(ABR) 声导抗仪、测听室
6月以上～6岁儿童	TK2000听觉评估仪	行为测听	诊断型听力计(配VRA功能)

2. 听力筛查阳性判定标准

对0～3月新生儿及婴幼儿主要观察指标为听性反射。当小儿静卧、处于相对安静或浅睡眠状态时，测试者在规定距离，首选2 kHz 啭音作为测试音，通过扬声器给85 dB SPL的声音刺激，在给声半秒至一秒钟后被测试儿出现眼睑反射、觉醒反射、闭目反射、惊跳反射(Moro反射)、呼吸反射、哭叫反射、吸吮反射等，只要有一种反射即可通过筛查，否则为筛查阳性；对4月～2岁婴幼儿主要观察指标为有无听觉反应。听觉行为反应主要表现为眼球向声源方向转动、寻找声源、表情变化（惊奇、哭、笑等）、动作变化、语言行为变化等。测试一般由两人配合完成，一人为主试者，另一人为测试者。主试者在受试者的正前方，观察受试者的听觉行为反应，同时利用玩具控制其注意力。选择2 kHz和4 kHz的啭音或窄带噪音作为测试音，在幼儿注意力相对集中的情况下，及时通过扬声器给65 dB SPL的声音刺激，主试者可依其有无听觉反应做出判断；对3～6岁幼儿用游戏测听法完成测试。如听声移物：在被试儿面前放置一串算盘珠式的玩具，或一盘塑料小球，示意让被试儿听到一点声音就拨动一个珠子或拣出一个小球，使用插入式耳机，分别测出受试儿两耳1 kHz 、2 kHz、4 kHz的纯音听阈值。如果1 kHz 、2 kHz和4 kHz对40 dB HL刺激声均能听到即通过测试。测试者操作仪器时注意回避被试者的视觉。以上判定标准归纳于表2-2-2。

表2-2-2 听力筛查阳性指标

年龄组	测试音强度	测试音频率（首选啭音，其次为窄带噪音、滤波复合音）	听力筛查阳性结果
0～3月	85 dB SPL	首选2kHz，其次为1kHz、4kHz	无听性反射a
4～6月	65 dB SPL	首选2kHz，其次为1kHz、4kHz	无听觉反应b
7～12月	65 dB SPL	1kHz、2kHz、4kHz	任一频率无听觉反应
1～2岁	55 dB SPL	1kHz、2kHz、4kHz	任一频率无听觉反应
3～6岁	40 dB HL	1kHz、2kHz、4kHz	任一频率无听觉反应

3. 听力残疾界定及其评定标准

1987年我国残疾人抽样调查对五类残疾及分级进行了界定，其中听力残疾定义及分级[1,3]与WHO-1980耳聋分级标准及1987年中国耳聋分级标准基本一致，并以社会行为功能障碍为主来确定残疾，即以功能障碍的程度划分残疾等级见表2-2-30。

听力残疾的诊断程序：所有筛查阳性或可疑障碍者，由当地残联组织到中国聋儿康复研究中心由专业医师通过“听觉脑干诱发电位仪(ABR)”、“诊断性听力计”、“声导抗测试”等仪器进行听力学综合评估和医学评估后明确诊断。

表 2-2-3 听力残疾分级标准及功能评定

听力残疾等级	平均听力损失(dB HL)	功能评定
一级聋 (极重度)	＞90(好耳)	听觉行为能力极差，在无助听设备帮助下，不能依靠听觉进行言语交流。在理解与社会参与等方面存在十分严重的障碍或局限，应及早验配助听器或植入人工耳蜗，进行听觉言语训练，使其听觉言语功能康复。
二级聋 (重度)	71–90(好耳)	听觉行为能力很差，在无助听设备帮助下，几乎不能进行听觉言语交流。在理解与社会参与等方面存在严重的障碍或局限，应及早验配助听器或植入人工耳蜗，进行听觉言语训练，使其听觉言语功能康复。
一级重听 (中重度)	56–70(好耳)	听觉行为能力较差，可听到大的言语声，但听辨、理解言语困难。在无助听设备帮助下，靠看话可进行部分听觉言语交流。及早验配助听器对这部分听力障碍者帮助很大。
二级重听 (中度)	41–55(好耳)	用正常言语声交流时听觉言语功能存在一定程度障碍。在无助听设备的情况下，可听到较大的言语声，有一定的听觉言语能力，但听辨言语较差。应及早验配助听器，进行听觉言语训练指导及语音矫治，能够取得很好的康复效果。

注：①上述“语言频率平均听力损失”是指语言频率为500、1000、2000、4000 Hz的听力损失平均分贝数；②聋和重听均指双耳，若双耳听力损失程度不同，则以听力损失较轻的一耳为准；③若一耳聋或重听，而另一耳的平均听力损失等于或小于40 dB HL的，不属于听力残疾范围。④平均听力阈值在26～40dB HL的轻度听力损失不计算在听力残疾范围内。

（四）质量控制

1. 设计阶段　将项目实施方案编制工作手册。保证工作细节有据可依；项目实施前由当地工作人员对本街道（乡镇）符合条件的全体儿童登记造册，确保数据真实，便于进一步随访。本次应调查人数30158人，听力组实查28708人，无应答率为4.81%，无应答主要原因为已经做过相关检查拒绝再查、孩子哭闹不配合、短期外出和家长没时间等。

2. 现场工作阶段　在调查开始前进行调查人员的统一培训，在了解本次调查的目的、意义基础上，熟悉听力筛查工具的使用，培训合格者方可进行调查工作。听力组共举办培训18次，参加人员108人。调查人员认真填写表格，保证项目齐全、准确，每一现场设1～2名审表人员。每一现场调查期间都有专家到现场进行指导，同时抽取5%的筛查阴性儿童，由专家复查，以期得到假阴性率，最终对现患率进行调整。调查之前在北京市东城区进行预调查，预调查一致性为95.12%。筛查阳性儿童需要到中国聋儿康复研究中心逐一进行听力学综合评定，明确诊断。数据录入为双录入，同时通过CHECK文件进行逻辑检错。

3.可靠性评价　在筛查全面开展之前对所有调查人员进行统一培训，培训合格者方可参加现场工作。并且在北京市东城区进行预调查，预调查中筛查员之间的一致性检验如表2-2-4。

表2-2-4　筛查员之间应用听觉评估仪测听的一致性检验结果

		筛查员A		合计
		阳性	阴性	
筛查员B	阳性	2	0	2
	阴性	0	460	460
	合计	2	460	462

注：一致性为100%

4. 真实性评价　以专家诊断结果为“金标准”，表2-2-5、表2-2-6对本次听力筛查的真实性进行了详细描述。

表2-2-5　应用耳声发射仪进行听力筛查真实性评价

		专家结果（金标准）		合计
		Refer and noise	pass	
筛查员结果	Refer and noise	10	6	16
	pass	0	117	117
	合计	10	123	133

灵敏度=10/10=100%；

特异度=117/123=95.12%

一致性指数=灵敏度+特异度-1=100%+95.12%-1=95.12%

表2-2-6 筛查员与专家应用听觉评估仪进行听力筛查结果的比较

		专家诊断（金标准）阳性	专家诊断（金标准）正常	合计
筛查	阳性	3	7	10
	阴性	0	1497	1497
	合计	3	1504	1507

灵敏度=3/3=100%； 特异度=1497/1504=99.53%

5. 统计分析 以EPIDATA建立多个数据库，分别将筛查表、诊断表、病例对照问卷录入数据库。采用SPSS11.5软件包进行统计分析。

三、结果与分析

（一）调查儿童及其家庭一般情况

本次调查应查人数30158，实查28709人，调查率为95.19%。其中男性14878人（51.8%），女性13831人（48.2%）；被调查者平均年龄3.16岁，中位数为3岁；民族分布以汉族为主占93.6%，满族占3.68%，回族占1.82%，蒙族占0.43%，其他族占0.47%。本次调查人群性别比为108，第五次全国人口普查儿童性别比为110（见表2-2-7）。父亲的生育年龄最大为61岁，最小为15岁，平均生育年龄29.45岁；母亲的生育年龄最大为53岁，最小为14岁，平均生育年龄27.39岁。家庭类型多为亲生父母型97.3%，单方亲生父母型1.0%，再婚家庭0.3%，（外）祖父母型0.5%，其它及缺失0.9%（其它大部分为抱养、领养、收养，占此类型中的69.31%）。母亲婚姻状况多为初婚，占96.2%，再婚为2.5%，其他为1.3%。家庭人口数为3口的占53.4%，4口占17.3%，5口占21.3%，平均人口数3.84人；家庭子女数为1人者占85.4%，2人14.0%。父母亲职业构成见图2-2-1、2-2-2。父母亲文化程度构成如图2-2-3、图2-2-4。

表2-2-7 本次调查与第五次北京市人口普查性别比比较

性别	本次调查数据		第五次人口普查数据	
	儿童数	构成比%	儿童数	构成比%
男	14878	51.82	338548	52.46
女	13831	48.18	306805	47.54
性别比	108:100	–	110:100	–

pearson 卡方检验：χ^2=4.456，P=0.03

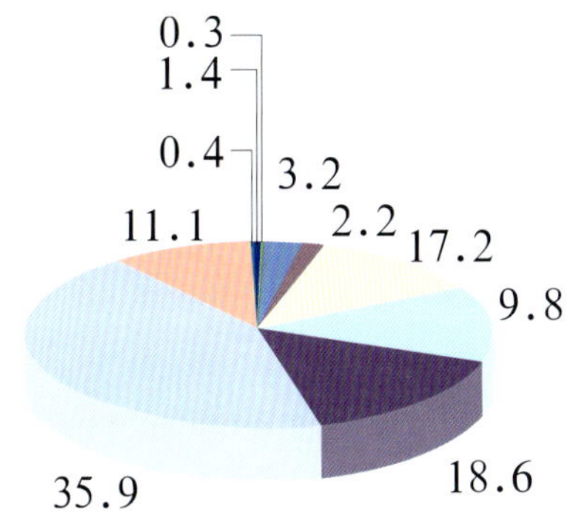

图 2-2-1 被调查儿童母亲职业构成（%）

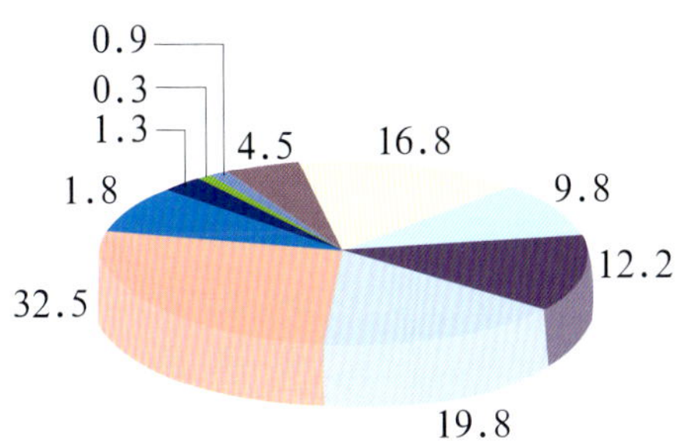

图 2-2-2 被调查儿童父亲职业构成（%）

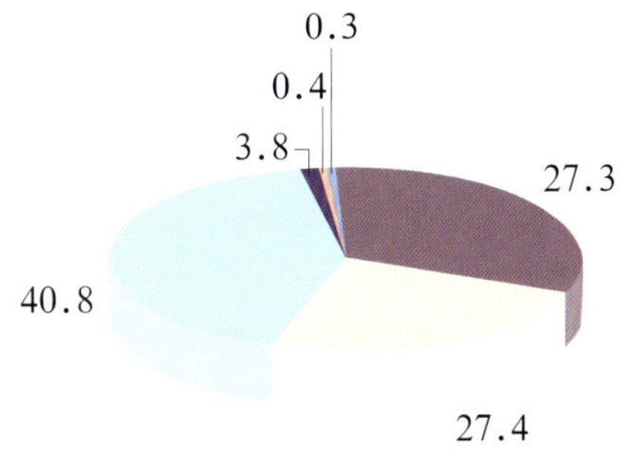

图 2-2-3 被调查儿童母亲文化程度构成（%）

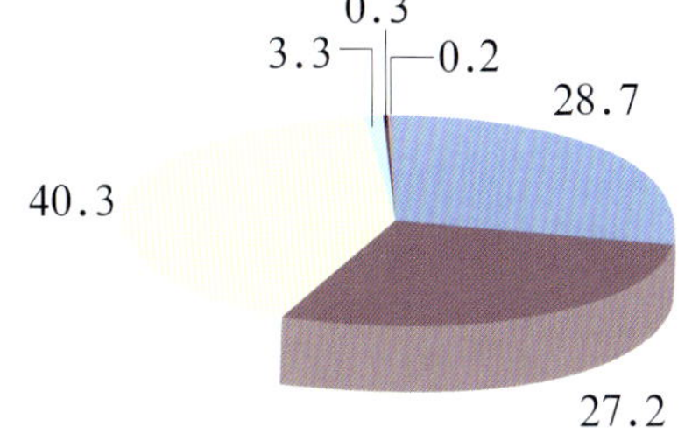

图 2-2-4 被调查儿童父亲文化程度构成（%）

（二）北京市0～6岁儿童听力残疾的流行特征

1. 听力筛查阳性率、听力残疾现患率

本次参加听力筛查的28709人中，筛查阳性者108名，筛查阳性率为3.76‰，筛查阳性者按地区集中到中国聋儿康复研究中心由专家组逐一进行听力诊断，最终诊断听力残疾26人，听力残疾的现患率为0.9‰，假阳性率为75.9%；同时发现单耳耳道闭锁2人，单、双耳听力障碍，但不够诊断听力残疾标准者11人。一名已经确诊听力残疾儿童在听力筛查中漏诊，其筛查结果为“通过”。听力残疾在儿童中的分布服从Possion分布，依据Possion分布规律，调查人群中最少有一例漏诊（α =0.05）的样本均数为4，所以按照假阴性4/28738推算,估计听力残疾总现患率为1.04‰。北京市2004年0～6岁儿童残疾抽样调查与以往调查结果比较见表2-2-8，本次调查的听力残疾率比以往调查听力残疾率均低，除深圳市外，与其他调查结果差异均有统计学意义。

表2-2-8 北京市2004年0～6岁儿童听力残疾抽样调查与以往调查结果比较

地区	调查人数	残疾人数	现患率（‰）	χ^2	P
北京市	28709	30[a]	1.04		
五省一市[4]	60124	93	1.55	6.035	0.014
深圳市[5,6]	65502	73	1.11	0.852	0.356
全国1987[1]	6227	15	2.41	9.926	0.002

注：a为假阴性调整后的数据。

2. 听力残疾严重程度构成

按照CHINA-1987耳聋分级标准对26例听力残疾儿童进行分级，一级聋（极重度）8人，占30.8%；二级聋（重度）8人，占30.8%；一级重听（中重度）2人，占7.6%；二级重听（中度）8人，占30.8%。图2-2-5显示了北京市0～6岁听力残疾儿童的构成情况，从中可见，一级聋（极重度）、二级聋（重度）和二级重听（中度）所占比例较大，一级重听（中重度）所占比例最小。重度以上者为16例，患病率0.56‰（由于重度以上听力障碍容易识别，无假阴性，此率无需调整），中度及中重度为10例（0.35‰），对中度听力障碍进行假阴性调整，调整后听力残疾率为0.49%。从表2-2-9、图2-2-6可以看出北京市0～6岁听力残疾儿童严重程度构成与国内以往同类调查结果比较一致。

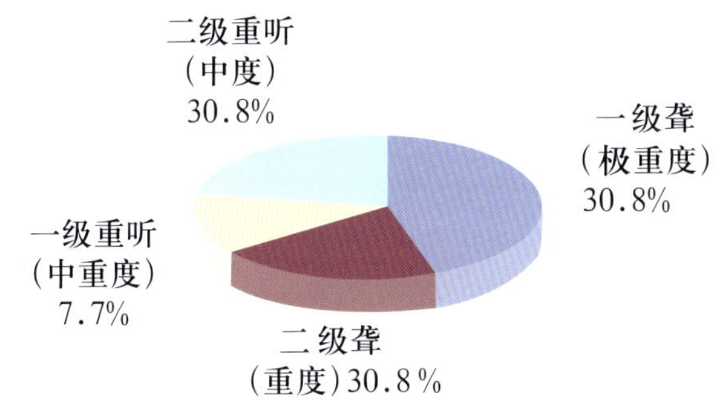

图 2-2-5　2004 年北京市 0～6 岁听力残疾儿童残疾严重程度构成

表 2-2-9　不同地区 0～6 岁听力残疾儿童残疾严重程度及构成（%）

残疾程度	北京市 2004 抽样调查	五省一市 2001 抽样调查	深圳市 1999 年普查	1987 全国抽样调查
一级聋（极重度）	8（30.80）	19（20.43）	41（51.90）	7（46.60）
二级聋（重度）	8（30.80）	35（37.63）	13（16.40）	5（33.30）
一级重听（中重度）	2（7.60）	17（19.28）	4（5.10）	2（13.30）
二级重听（中度）	8（30.80）	22（23.66）	21（26.30）	1（6.70）
合计	26（100.00）	93（100.00）	79（100.00）	15（100.00）

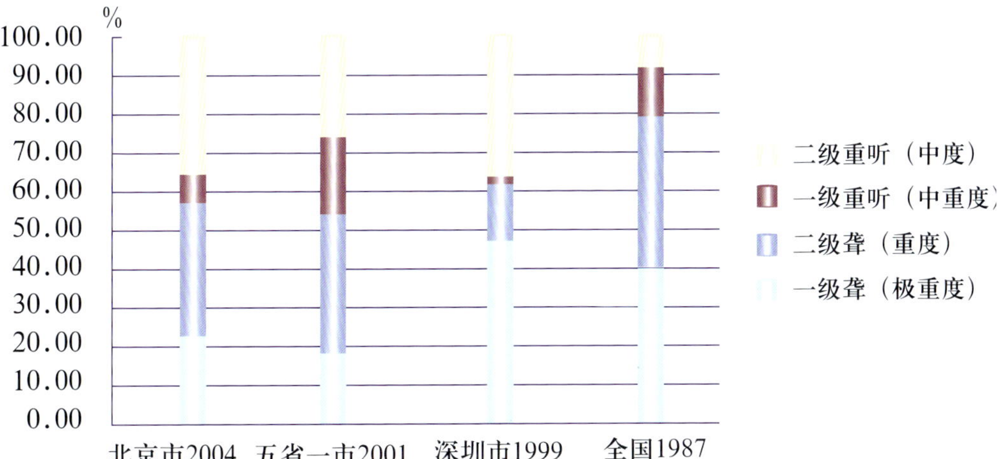

图 2-2-6　不同地区 0～6 岁听力残疾儿童残疾严重程度构成比较

（三）听力残疾分布特征

1. 听力残疾地区分布　听力残疾患病率在北京市 18 个区县不同，患病率最高为延庆，2.99‰，其次为平谷、宣武等地区，患病率最低的地区是大兴，未发现听力残疾儿童的区县有崇文、石景山、门头沟、房山、通州、怀柔，按照本次筛查实施原则，城市地区只抽查街道，农村地区只抽查乡镇，本次调查城市地区听力残疾患病率为1.07‰，农村地区为0.77‰，城市地区高于农村地区，但无统计学意义（见表2-2-10、图2-2-7）。

表2-2-10　北京市0～6岁儿童听力残疾在不同地区的分布

地区别	调查人数	听力残疾人数	患病率（‰）
西城区	1333	1	0.75
崇文区	694	0	0.00
宣武区	743	2	2.69
朝阳区	3486	3	0.86
海淀区	3736	4	1.07
丰台区	2044	4	1.96
石景山区	993	0	0.00
城市合计*	13029	14	1.07
门头沟区	1047	0	0.00
房山区	2882	0	0.00
大兴区	2101	1	0.48
通州区	1443	0	0.00
顺义区	1417	1	0.71
昌平区	1460	2	1.37
平谷区	1472	4	2.72
怀柔区	1081	0	0.00
密云县	2108	2	0.95
延庆县	669	2	2.99
农村合计*	15680	12	0.77
合计	28709	26	0.91

* 城市与农村地区pearson卡方检验：$\chi^2=0.267$，$df=1$, $P=0.605$

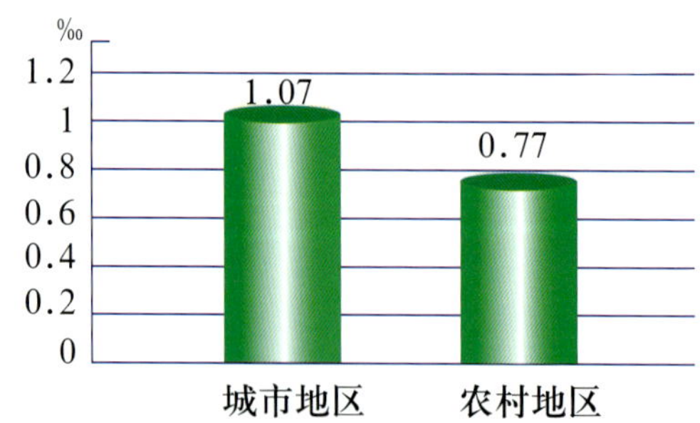

图2-2-7　北京城市地区与农村地区0～6岁儿童听力残疾现患率比较

2. 听力残疾的人群分布

（1）听力残疾的年龄分布（见表2-2-11）。

（2）听力残疾的性别分布

本次调查听力残疾现患率表现出男性略高于女性，但差异无显著统计学意义，与深圳市1999年调查、全国1987年抽样调查结果一致，但2001年五省一市抽样调查结果显示女性儿童听力残疾现患率高于男性（见表2-2-12、图2-2-8）。

表2-2-11　不同地区0～6岁儿童听力残疾年龄组别患病率

年龄组	调查人数	听力残疾人数	现患率（‰）	五省一市现患率（‰）	深圳市现患率（‰）
0～	2545	4	1.57	0.9	0.46
1～	4277	1	0.23	0.5	0.59
2～	4184	2	0.48	1.4	0.64
3～	4640	1	0.22	0.8	0.69
4～	4945	6	1.21	2.4	1.31
5～	4385	9	2.05	2.3	1.31
6～	3733	3	0.80	2.5	2.15
合计	28709	26	0.91	1.55	1.11

表2-2-12　不同地区0～6岁儿童听力残疾性别分布

性别	调查人数	听力残疾人数	现患率（‰）			
			北京市 2004	五省一市 2001[a]	深圳市 1999[b]	全国 1987
男	14878	14	0.94	1.4	1.25	2.79
女	13831	12	0.87	1.8	0.94	2.00
合计	28709	26	0.91	1.55	1.11	2.41

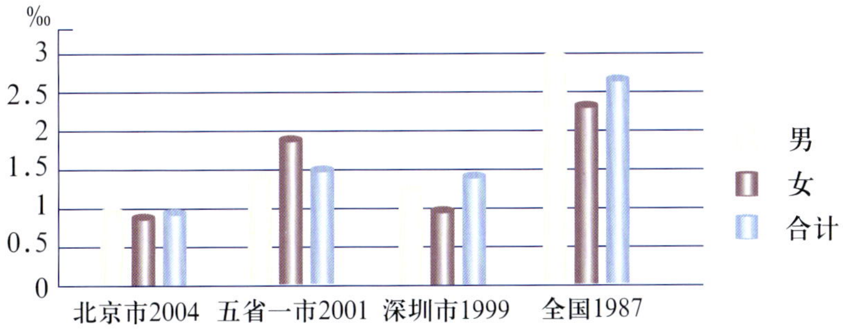

图2-2-8　不同地区0～6岁儿童听力残疾现患率性别分布

(3) 调查儿童父母亲文化程度构成及听力残疾分布

本次调查对象父母亲文化构成及父母亲文化程度对儿童听力残疾发生的影响见表2-2-13。

表2-2-13 调查对象及其父母亲文化程度构成及听力残疾发生率（‰）

文化程度	父亲				母亲			
	调查儿童数	听力残疾儿童数	现患率（‰）	*OR*	调查儿童数	听力残疾儿童数	现患率（‰）	*OR*
高中及以上	16034	10	0.62	1.00	15622	11	0.70	1.00
初中	11558	11	0.95	1.53	11716	12	1.02	1.46
小学以下	1005	3	2.98	4.80	1259	1	0.79	1.13
不详	141	2	14.18	…	141	2	14.18	…
合计	28597	26	0.91	…	28957	26	0.91	…

(4) 家庭人均收入状况及听力残疾分布

将调查儿童家庭人均月收入从高到低分为4组。1组：≤400元，2组：400～1000元，3组：1000～3000元，4组：≥3000元。调查儿童听力残疾分布与家庭人均月收入的关系见表2-2-14。

(5) 父母生育年龄构成及听力残疾分布 从表2-2-15、2-2-16可以看出父母亲最佳生育年龄分别为24～35岁、25～29岁，以父亲生育年龄24～35岁为参照，小于24岁以及大于35岁者，子女听力残疾发生危险分别为1.71、4.04。以母亲生育年龄25～29岁组为参照，小于24岁、30～35岁、大于35岁组子女发生听力残疾的危险度分别为1.41、1.56、2.97。

表2-2-14 被调查儿童家庭人均月收入与听力残疾分布

家庭收入分组	调查人数	听力残疾儿童数	现患率（‰）
1	12473	11	0.88
2	9376	7	0.75
3	5843	3	0.51
4	859	1	1.16
信息缺乏	158	4*	…
合计	28709	26	0.91

*缺乏家庭人均月收入信息的共158人，其中听力障碍4人，父母文化程度为大学、高中的各1人，2人家庭一般信息全部缺失。

表 2-2-15 被调查儿童父亲生育年龄与听力残疾分布

生育年龄	调查儿童数	听力残疾儿童数	现患率（‰）	*OR*
≤ 24 岁	4161	4	0.96	1.71
25～35 岁	21277	12	0.56	1.00
>35 岁	3081	7	2.27	4.04
合计	28519	23	0.81	…

表 2-2-16 被调查儿童母亲生育年龄与听力残疾分布

生育年龄	调查儿童数	听力残疾儿童数	现患率（‰）	*OR*
≤ 24 岁	7256	6	0.83	1.41
25～29 岁	13618	8	0.59	1.00
30～35 岁	6565	6	0.91	1.56
>35 岁	1108	3	2.71	2.97
合计	28547	23	0.81	…

（四）0～6 岁儿童听力残疾可疑致病因素分析

1. 可疑致病单因素分析

在 26 例已确诊的听力残疾儿童中，对 19 例填表完整的听力残疾儿童以及 11 例单耳聋或者轻度听力障碍儿童进行可疑致残原因问卷调查，将家族史及孕期不良因素刺激如吸烟、饮酒、感染、先兆流产、服用药物（保胎药、抗生素及解热镇痛药）以及育产次数、父母高生育年龄等归类为产前因素，将产伤、窒息等归类为产时因素，将低出生体重及婴幼儿期相关疾病用药等归类为产后因素。结果显示，具有比较明确的各类致病因素中，以产前因素所占比重较高，占69.4%，产后因素次之 18.9%，产时因素最少 11.7%，详见表 2-2-17。

2. 听力残疾危险因素多因素分析

由于信息填写完整的听力残疾儿童只有 19 例，在此对 19 例听力残疾及 11 例单耳聋或轻度听力障碍（按照 WHO-1980 标准，好耳平均听力损失 26～40 dB HL 为轻度听力障碍）按照1：4配比进行病例对照研究，采用 COX回归中配对Logistic 回归模型将表2-2-18中列出的听力残疾可疑因素引入方程，确定筛选变量界值为 α =0.10 时，有 5 项被选入方程，见表 2-2-18。怀孕期间母亲饮酒者孩子发生听力障碍危险的是不饮酒的48.927 倍；随着妊娠次数的增加，孩子发生听力障碍的

表2-2-17 听力障碍儿童可疑致残原因调查结果（包括轻度听力障碍）

	可疑因素	人次数	百分比	合计（%）
产前因素	父母职业接触	3	2.7	77（69.4）
	父母亲吸烟	20	18.0	
	母亲饮酒	16	14.4	
	母亲孕期感染	2	1.8	
	母亲孕次≥3次	11	9.9	
	母亲产次≥3次	2	1.8	
	孕期精神刺激	3	2.7	
	孕期企图终止妊娠	5	4.5	
	母亲孕期合并症	7	6.3	
	次妊娠患病	3	2.7	
	母亲孕期用药	6	5.4	
	遗传	3	2.7	
产时因素	早产	2	1.8	13（11.7）
	窒息、颅内出血	4	3.6	
	分娩异常	1	0.9	
	出生评分差	6	5.4	
产后因素	曾患病	14	12.6	21（18.9）
	用药	7	6.3	
合计		111	100.0	111（100）

危险增加，表现为妊娠次数增加1次，听力障碍危险增加4.409倍；怀孕期间受重大刺激者孩子听力障碍危险是未受刺激者的57.838倍；孕期使用计算机听力障碍发生的是不使用的85.431倍；随着父亲文化程度的降低，孩子听力障碍发生的危险增加。

表2-2-18 听力障碍危险因素的条件Logistic回归模型

变量	回归系数	标准误	*Wald*	*P*值	*OR*	*OR*95%可信限	
						下限	上限
母亲饮酒	3.890	1.995	3.802	0.051	48.927	0.980	2442.24
本次妊娠次数	1.484	0.476	9.697	0.002	4.409	1.733	11.217
孕期重大刺激	4.058	1.680	5.833	0.016	57.838	2.419	1556.99
孕期使用计算机	4.448	1.544	8.299	0.004	85.431	4.144	1761.26
父亲文化	2.651	0.872	9.246	0.002	14.174	2.566	78.29

（五）发现听力问题的时间

本次筛查确诊26例听力残疾儿童中，6人（23.1%）在此调查前从未注意到该问题，4人（15.4%）在本次调查之前已经发现但未就诊，16人（61.5%）在本次调查之前已经发现，并已经就诊。6个月以下发现的仅有6人。

（六）康复现状及康复需求分析

1. 听力残疾儿童现有康复器具以及康复形式

26名听力残疾儿童现在治疗或康复形式如表2-2-19，42.3%的听力残疾儿童没有接受任何形式的治疗或康复，26.9%在康复机构进行康复。本次调查3岁及以上听力残疾儿童19人（表2-2-11），其中在普通幼儿园或小学上学的仅有2人，在聋校学习的有2人，在专业康复机构学习的有9人，68.4%（13人）学龄前听力残疾儿童接受了学前教育。

表2-2-19 调查听力残疾儿童现有康复形式

康复形式	人数	百分比
无	11	42.3
医院治疗	2	7.7
康复机构	7	26.9
家庭康复	2	7.7
普幼普小	2	7.7
聋校学习	2	7.7
合计	26	100.0

调查对象中10人已经配戴助听器，3人已做人工耳蜗手术，但仍有13人未配戴助听器或未植入人工耳蜗。具体原因见表2-2-20。

表2-2-20 调查听力残疾儿童未配戴助听器或未植入人工耳蜗的原因

未配戴助听器原因	人数	未植入人工耳蜗原因	人数
不必要	5	经济困难	7
听力会好转	2	担心副作用	2
孩子太小	2	助听无效再植入	1
未发现听力障碍	2	—	—
无应答	2	—	—
合计	13	合计	10

调查对象中到专业语训机构训练的9人，未到专业机构语训的17人，未参加机构康复的原因如表2-2-21所示。

表2-2-21 调查听力残疾儿童未到机构康复的原因

原因顺位	人数
不必要	7
孩子太小	3
不详	3
经济困难	2
不重视	2
合计	17

2. 听力残疾儿童家庭的康复支付能力及意愿

被调查聋儿家长中13人（50.0%）已经为孩子配戴助听器或做人工耳蜗手术，其余13人中，5人认为听力损失不严重、听力会好转、孩子太小，大一点再配助听器各2人。本次调查的16名重度以上聋儿中，3人已进行人工耳蜗手术，其余13人中3人愿意为孩子做人工耳蜗手术，其余10人不做手术的原因为经济困难的有7人、担心手术危险的有2人、助听器无效后再决定植入人工耳蜗有1人。

调查聋儿中家长14人（53.8%）愿意将孩子送到专业康复机构进行康复训练，10人（38.5%）不愿意，不愿意的原因为认为不必要7人，经济困难2人。10人认为孩子进入普幼普小有困难，需要连续的家庭康复指导。影响聋儿进入普幼普小的原因主要是听力损失严重影响学习。

未配戴助听器儿童家庭支付能力分析：未配戴助听器儿童家庭人均月收入≤400元的有2人，400～1000元的有4人，1000～3000元有5人，≥3000元的有2人。

16名重度以上的聋儿家庭人均月收入400～1000元的有2人，1000～3000元有10人，≥3000元的有4人。北京市大多数听力残疾儿童家庭对于助听器具有支付能力，但对于低收入家庭人仍希望得到救助。

四、讨论与建议

（一）北京市0～6岁儿童听力残疾流行现状分析

各国对“特殊需要帮助儿童”流行病学调查的病种大体相同，比如1988年美国全国调查包括听力障碍、盲、精神障碍及癫痫、生长发育迟缓、学习障碍、情感与行为障碍等[9]，我国1987年全国残疾人抽样调查时规定按视力、听力言语、智力、精神、肢体分为五类，1996年又将听力及语言分开称为六类残疾。由于残疾的定义及诊断标准依据国民经济的发展及康复需求而相应进行修订，各国之间或同一国家不同时期的数据差异较大。1988年美国调查0～17岁听力障碍现患率6.5‰，1994年按照新的定义在美国进行全国特需儿童现况调查，18岁以下特需儿童总的发生率高达18%[3]。我国1994年在全国少数民族人口健康素质抽样调查中部分地区报告了0～14岁儿童残疾调查结果，1999年深圳市0～7岁儿童六类残疾现状调查采用以上调查执行定义，调查总的听力残疾现患率为1.11‰。2001年全国五省一市残疾儿童抽样调查，听力残疾现患率为1.55‰。本次调查北京市0～6岁儿童听力残疾现患率经假阴性率调整后为1.04‰，低于深圳市调查水平和五省一市水平。Aidan等人报道法国新生儿听力筛查听力残疾率为1.4‰[10]，Allen等报道新生儿明显的双耳听力损失率为1‰～3‰[11]，Betty等报道新生儿明显永久性听力损失率为1‰～6‰[12,13]。Parving估计，全球新生儿筛查发现听力障碍发生率为1‰～1.5‰[14]，本调查0～6岁听力障碍现患率为1.04‰，平均年发现率为0.11‰，本次调查结果远远低于其估计。不同国家听力残疾的发病情况存在差异，首先，各国听力残疾标准不一，有的以>25dB HL为诊断标准，有的对儿童以平均听力损失>30dB HL为诊断标准，成人以平均听力损失>40dB HL为诊断标准。再者多数国家样本取样方法不一，另外，调查对象的年龄段不一致，以及受当地的医疗条件等的影响，各国之间的听力残疾患病率不宜直接比较。本次诊断听力残疾仍沿用我国1987年耳聋分级标准，以好耳平均听力损失>40 dB HL为诊断标准。

本次调查结果显示，重度以上听力残疾16例，现患率为0.56‰，中度及中重度为10例（0.35‰），中度听力障碍进行假阴性调整后听力残疾率为0.49%。听力残疾在程度分类上表现为一级聋、二级聋和二级重听所占比例较大，均为30.8%，一级重听所占比例最小（7.6%）。这与国内孙喜斌[5,6]、张秀坤[4, 7]等人的研究结果一致。造成诊断分类偏倚主要来自对中度耳聋病例的诊断。本次调查重度与中度比例为1∶0.625，远远高于Ansari在沙特阿拉伯的调查结果（1∶11.31[15]）。重度残疾诊断分类偏倚较小，国际间比较相对准确。其原因一方面归因于总的社会进步与发展，另一方面可能是北京作为经济发达城市，人民物质、卫生、文化生活水平较高，各类致残病原因得到有效控制所致，同时也反映了北京市在初级卫生保健、妇幼保健等方面的工作做得较好。

（二）听力残疾发病强度分析

北京市0～6岁儿童听力残疾的年平均发病率为0.13‰，若以北京市0～6岁儿童645353人计算（2002年数据），现有听力残疾儿童约671人；平均每年净增约84人。

（三）流行因素分析

本次调查听力残疾现患率均无随年龄增加的趋势，但年龄组别现患率差异，高峰在4～5岁组。0～6岁儿童听力残疾在北京市18个地区患病率不同，患病率最高为延庆2.99‰，崇文、石景山、门头沟、房山、通州、怀柔地区未发现听力残疾儿童；城市地区听力现患率（1.07‰）高于农村地区（0.77‰），但无统计学意义。本次调查听力残疾现患率表现出男性略高于女性，但差异无统计学意义。

调查发现听力残疾以产前影响因素所占比重较高，占69.4%，产后因素次之18.9%，产时因素最少11.7%，产前因素中孕期不良刺激如吸烟、饮酒、孕期感染、药物和先兆流产等占多数，遗传因素仅占2.7%，表明所有致病因素中仍以环境因素为主。本次调查结果显示：儿童听力残疾与父母亲文化程度有关，随着父母亲文化程度降低，听力残疾现患率升高，与Halfon等人报告结果一致[7]。父母亲生育年龄过低或过高，发生听力残疾的危险度增加。听力障碍儿童进行病例对照研究，Logistic回归分析结果显示怀孕期间母亲饮酒者孩子发生听力障碍危险增加47.927倍；随着妊娠次数的增加，孩子发生听力障碍危险增加，表现为妊娠次数增加1次，听力障碍危险增加4.409倍；怀孕期间受重大刺激者孩子听力障碍危险增加56.838倍；孕期使用计算机听力障碍危险增加84.431倍；随着父亲文化程度的降低，孩子听力障碍发生的危险增加。

（四）康复现状及需求分析

本次调查发现，50%的听力残疾儿童已经配戴助听器或进行人工耳蜗植入术，57.7%的听力残疾儿童得到不同程度的治疗与康复，但仍有42.3%的听力残疾儿童未采取任何形式的治疗或康复措施。目前，北京市的康复形式主要以机构康复为主，本次调查的26名听力残疾儿童中，7人（26.9%）在康复机构进行康复。3岁及以上听力残疾儿童19人，其中在普通幼儿园或小学上学的仅有2人（10.5%）。

未配戴助听器聋儿家长（13人）中，9人不愿意为孩子配戴肋听器，其中6人认为不必要。认为听力损失不严重、无好转再决定和损失太严重戴也没用者各1人。本次调查的16名重度以上聋儿中，3人已行人工耳蜗手术，3人愿意为孩子做人工耳蜗手术，其余家庭不愿意的原因为经济困难、担心手术危险、助听器无效后再决定。调查聋儿中家长14人（53.8%）愿意将孩子送到专业的机构进行康复训练，10人（38.5%）不愿意。10人认为孩子进入普幼普小有困难，需要连续的家庭康复指导，7人认为不必要提供此项服务，影响聋儿进入普幼普小的原因主要是听力损失严重影响学习。综上所述，除了经济困难外，家长康复知识和康复意识缺乏是制约聋儿康复的主要因素。

（五）防治策略及建议

儿童残疾发生率是反映一个国家或地区经济文化水平、初级卫生保健工作的重要指标。北京市听力残疾现患率低于1999年深圳市以及2001年全国五省一市，反映了北京市经济文化水平较高，也反映了北京市在初级卫生保健、妇幼保健等方面的工作是走在前面的。依据本次调查结果，对今后北京市听力残疾防治策略的建议如下：

1. 加强健康教育，预防残疾的发生

预防工作是在残疾发生之前，通过一定的措施、手段，避免或减少残疾的发生。本次调查发现听力残疾的相关因素主要是环境因素所致，遗传因素只占2.7%，这些环境因素是可以提早预防的。听力残疾的发生与父母亲文化程度有关，文化程度低的家庭发生听力残疾的危险高，这与文化程度低，保健知识匮乏，获取保健较难有关。因此，首先应提高青年人总体文化水平，加强婚前健康教育，宣传科学育儿知识，普及孕产妇保健知识，提高孕产妇的自我保健意识，加强对高危产妇的监测，开展遗传性疾病的产前诊断，完善妇幼保健网络，避免孕期疾病、用药以及围产期造成婴儿听力残疾的发生。举办家长培训班，普及康复知识，提高家长康复意识。

2. 开展新生儿听力筛查，实施早期干预

近年来“儿童早期干预”在西方国家迅速发展，其理论基础是：儿童早期的经验不仅直接影响其当时的生长发育、健康状况，还会影响成人甚至一辈子的生活质量。0～6岁儿童在认知方面是可塑性最强的时期，也是儿童最佳语言获得期，因此，康复听力学领域提出“三早”即早发现早诊断；早期验配助听器，对配戴助听器无效或效果甚微的聋儿要选择人工耳蜗植入；早期进行听觉言语训练。在发达国家，早期干预做得比较好，如美国罗得岛对全部新生儿进行耳声发射听力筛查，发现耳聋后及早验配助听器，开始语言训练，因此大多数聋儿能做到聋而不哑[3]。

残疾发现越早，康复效果越好，越有可能使残疾儿童回归主流社会。本次调查结果显示，确诊的26例听力残疾儿童中，6个月以下发现的仅有6人，6例（23.1%）在此调查前从未注意到该问题。大多数听力残疾儿童是随着年龄增大才逐渐被发现的，在一定程度上延误了语言训练的最佳时期。如果能够及早发现并采取措施，许多听力残疾儿童的康复效果会更好，这样既减轻了患儿的痛苦，又减轻了家庭和社会的负担，有极大的经济效益和社会效益。因此，开展新生儿听力筛查，将新生儿听力筛查纳入儿童保健，建立必要的医疗监测网和残疾儿童登记报告制度，以确保"三早"，同时，应加强学龄前儿童的听力筛查工作。

3. 康复现状与康复需求　康复需要是指从消费者健康状况出发，在不考虑实际支付能力的情况下，由医学专业人员根据现有的医学知识，分析判断消费者是否应该获得康复服务以及康复服务的数量。助听器具是听力残疾儿童听力语言训练必备的条件，也是听觉言语康复的基础。从这个角度看，所有的听力残疾儿童都有康复需要。而康复需求是指在一定时间、一定价格水平下，消费者愿意并且能够购买的康复服务的总量，也就是说，实际中对于康复服务以及器具的利用必须具备两方面的条件：消费愿望和需要，同时还应有一定的支付能力。本次调查发现北京市有一半的听力残疾儿童已经配戴助听器或行人工耳蜗植入术，57.7%的听力残疾儿童得到不同程度的治疗与康复，但仍有42.3%的听力残疾儿童未采取任何形式的治疗或康复措施。仍有部分家长不愿意为孩子配戴助听器，认为不必要。未配戴助听器聋儿家庭经济情况分析，其中6人（42.9%）家庭人均月收入≤1000元；16名重度以上聋儿家庭人均月收入≤1000元的有2人。北京市大多数听力残疾儿童家庭对于助听器具有一定的支付能力，但经济情况仍是影响利用康复服务的因素之一，对于低收入人群，应给予一定的优惠政策。同时，应该开发研制价格相对低廉的助听设备、康复器具，提高听力康复设备的普及性、利用率。

4. 加强聋儿学前衔接教育，为入普通小学和健听儿童随班就读打下良好的基础。同时也建议聋儿康复机构康复教师与普小老师建立联系，进行学术交流，以便为随班就读的聋儿提供更多的帮助。同时配合学校进行后续教育的跟踪评估及指导。

孙喜斌、贺鹭、曲成毅 执笔

北京市0～6岁儿童残疾抽样调查听力专家组成员：高成华、孙喜斌、巴重惠、陈益青、刘树燕、孙澍、袁雪、丁倩、刘月红、赵艳玲

参考文献

1.全国残疾人抽样调查资料.全国残疾人抽样调查办公室,1987：15，1390-1393.

2.高成华.聋儿康复事业的历史、现状与展望.中国听力语言康复科学杂志，2003，1（1）：6-8.

3.Grades of hearing impairment www.who.int/pbd/deafness/hearing-impairment-grades/en/

4.2001 年中国 0～6 岁残疾儿童抽样调查报告. 中国统计出版社.2001

5.孙喜斌,曲成毅,颜家睦.等.深圳市0～7岁儿童听力言语障碍流行病学研究.中国听力语言康复科学杂志,2003，1（1）：10-12.

6.孙喜斌,曲成毅,杨磊,等.深圳市 0～7 岁儿童六类残疾现况调查.中华流行病学杂志,2003，24（1）：10-12.

7.张秀坤，田彦.天津市和平区0～6岁残疾儿童调查.中国妇幼保健,2001，16：748-750.

8.Boyle CA, Decoufle P, Yeargin AM, et al. Prevalence and health impact of developmental disabilities in US children. Pediatrics. 1994, 93（3）：399-403.

9.Newacheck, PW， Strickland, B， Shonkoff, JP， et al. An epidemiologic profile of children with special health care needs. Pediatrics. 1998 , 102: 117-23.

10.Aidan D, Avan P, Bonfils P. Auditory screening in neonates by means of transient evoked otoacoustic emissions: a report of 2842 recordings. Ann Otol Rhinol.1999Jun;108(6):525-31.

11.Allen Erenberg,MD. Newborn and infant hearing loss: detection and intervention. Pediatrics.1999;103(2):.527-30.

12.Betty R, Vohr MD, William Oh, et al. Comparison of costs and referral rates of 3 universal newborn hearing screening protocols. The journal of Pediatrics.2001;139(2):238-44.

13.Huynh MT, Pollack RA, Cunningham RAJ. Universal newborn hearing screening : feasibility in a community hospital. J Fam Pract. 1996; 42:203-17.

14.Parving A. The need for universal neonatal hearing screening--some aspects of epidemiology and identification. Acta Pediatrics Suppl. 1999,88: 69-72.

15.Ansari,SA， Akhdar,F, Prevalence of child disability in Saudi Arabia. Disability Rehabilitation. 1998, 20: 25-8

智力专业报告

一、前言

儿童智力残疾是指智力损伤发生在发育时期、主要表现为智力明显低于一般人水平，并伴有明显的适应行为障碍[1]。它是小儿神经疾患中最常见的症状，也是危害儿童健康最严重的残疾之一，因此受到政府的高度重视。为了解0～6岁儿童残疾现状、致残原因以及该人群的康复现状和康复需求，为政府制定残疾儿童相关政策提供依据，控制致残原因，减少致残疾病发生，达到早期发现、早期治疗、早期康复的目的，北京市残联、北京市卫生局组织开展了全市0～6岁儿童残疾的调查，该工作自2003年7月始至2004年12月完成，现将儿童智力残疾调查的主要结果报道如下。

二、对象和方法

（一）研究对象

1. 现况调查对象

居住在抽样街道（乡镇）半年以上、具有北京市户口的0～6岁儿童。

2. 病例对照研究对象

在本次调查中确诊为智力残疾的儿童均为病例。以1:2、1:3配比方式选择同地区、同性别、出生月份前后相差不超过6个月的非病例儿童作为对照。

（二）研究方法

1. 抽样方法

抽样方法采用容量比例概率分层整群抽样。根据全市行政区划分为18个层（共18个区县），以街道（乡镇）为最小抽样单位，每一最小抽样单位儿童数平均为720人左右。在估计五类残疾（智力、听力、视力、肢体、精神）总现患率约为1%，$\alpha = 0.05$，抽样绝对误差0.2%，设计效能为3时，抽样样本估算为27885人，按容量比例分配，全市共计39个街道（乡镇）参与调查。

2. 智力残疾筛查和诊断

筛查方法：丹佛发育筛选测验—中文修订版(Denver Developmental Screening Test，DDST)(北京市儿童保健所修订)。诊断方法：Gesell发育诊断量表—中文修订版（Gesell Developmental Schedule）（北京市儿童保健所修订）。诊断标准[2]：

①轻度智力残疾：55 ≤ DQ ≤ 75；②中度智力残疾：40 ≤ DQ ≤ 54；③重度智力残疾：25 ≤ DQ ≤ 39；④极重度智力残疾：DQ<25。为确保诊断的准确性，凡是DQ结果在72～78之间的均需结合婴儿-初中学生社会生活能力量表“智力低下行为评定标准”评价，由专家组复核，确定最终诊断。

3. 资料搜集

(1)现况调查 使用问卷现场收集全部调查对象的基本情况以及家庭情况；对全部调查对象使用DDST进行发育筛查，筛查结果为可疑、异常者，使用Gesell发育诊断法进行诊断检查。确诊为智力残疾者须填写儿童智力残疾诊断表。内容包括确诊结论、诊断依据、残疾程度、发现智力问题的时间及途径、致残主要原因或可疑致残原因、治疗和康复形式、治疗和康复需要。

(2) 病例对照研究 调查人员现场填写病例及对照的致残因素调查问卷。内容包括：儿童父母职业接触与吸烟饮酒状况、母亲妊娠情况、儿童家族残疾情况、儿童本人情况等。

4. 资料处理

以Epidata2.1b软件建立数据库，采用双录入方式录入，使用Spss10.0统计软件分析数据。

（三）质量控制

为保证调查结果的准确性，在准备阶段工作组编写了统一的工作手册，由专家组对筛查调查员和诊断调查员分别进行了统一的上岗培训，以确保调查人员对测查方法的掌握具有较高的一致性；考核后调查员掌握筛查和诊断方法与标准技术的平均一致性分别为92.9%和92.7%。本次调查应调查儿童数为30158人，实际调查人数28682人，调查率为95.10%；调查开始的第一天均有专家现场指导、监督，调查过程中，专家组抽取5%的筛查阴性儿童进行假阴性核查，假阴性率为0%，无漏诊病例；筛查阳性儿童由调查员现场诊断，其中15.63%（78人）由市级专家现场监测，评价、诊断结果均一致。最后，由市级专家对全部筛查阳性以及诊断病例进行复核，诊断结果假阳性率为0%。在现场调查结束后，工作组的专家对筛查阳性但拒绝进一步复查诊断的8名儿童，重新入户调查，最终有了准确的诊断结论。

三、结果与分析

（一）基本情况

本次应调查0～6岁儿童数为30158人，实际调查人数28682人，实际调查率为95.10%，筛查出可疑智力残疾499人，筛查阳性率为1.74%，确诊智力残疾267人，智力残疾现患率为9.31‰。28682名儿童中，来自城市的13024人，占45.4%；农村15658人，占54.6%。儿童年龄分布：0岁组2548人，占8.88%；1岁组：4270人，占14.89%；2岁组4179人，占14.57%；3岁组4638人，占16.17人；4岁组4936人，占17.21%；5岁组4380人，占15.27%；6岁组3731人，占13.00%。父亲文化程度构成：大专及以上8238人，占28.83%；高中中专7791人，占27.27%；初中11541人，占40.39%；小学928人，占3.25%；文盲半文盲73人，占0.26%。母亲文化程度构成：大专及以上7838人，占27.43%；高中中专7773人，占27.21%；初中11704人，占40.97%；小学1099人，占3.85%；文盲半文盲156人，占0.55%。家庭经济状况：人均月收入400元以下12440人，占43.54%；401～1000元9362人，占32.77%；1001～3000元5835人，占20.42%；3001～5000元670人，占2.35%；5000元以上188人，占0.66%。以上各构成情况见表2-3-2、表2-3-3、表2-3-4、表2-3-5、表2-3-6、表2-3-7。

（二）0～6岁儿童智力残疾现患率

本次应调查0～6岁儿童数为30158人，实际调查人数28682人，实际调查率为95.10%，确诊智力残疾为267人，现患率为9.31‰（95%可信区间：上限8.20‰，下限10.42‰），每年递增比率为1.33‰。根据第五次人口普查的数据（0～6岁儿童共约64.5万）[3]推算，北京市约有0～6岁智力残疾儿童6005人，每年新增加智力残疾儿童约858人。与2001年五省一市调查[5]结果相似，与1987年北京0～6岁现患率[4]没有显著差异，高于深圳市1999～2001年调查的患病率[7]。与以往调查结果比较情况见表2-3-1。

表2-3-1　北京市2004年0～6岁儿童残疾抽样调查与以往结果比较

地区	调查人数	残疾人数	现患率（‰）	χ^2	P
北京市	28682	267	9.31		
五省一市	60124	560	9.31	0.00	>0.05
深圳市	71166	134	1.88	281.84	<0.01
全国1987	6227	69	11.08	1.68	>0.05

（三）智力残疾儿童分布特征

1. 性别分布

本次0～6岁儿童调查，男性现患率高于女性（χ^2=12.42, df=1, P<0.01）；表2-3-2为性别构成情况，图2-3-1为不同性别0～6岁智力残疾儿童现患率情况：

表 2-3-2　0～6 岁儿童性别构成及智力残疾现患率

性别	调查人数		智力残疾人数		现患率（‰）
	人数	构成 %	人数	构成 %	
男	14863	51.84	167	62.55	11.24
女	13819	48.16	100	37.45	7.23
合计	28682	100.00	267	100.00	9.31

x^2=12.42，df=1, P<0.01

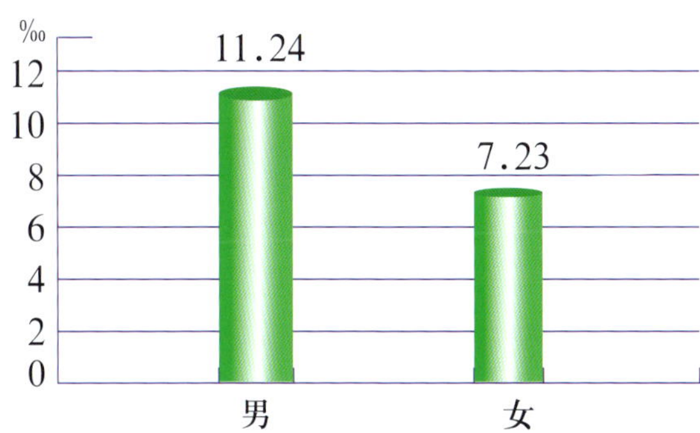

图 2-3-1　0～6 岁不同性别智力残疾儿童现患率

2. 残疾儿童年龄分布

本次调查共确诊267名残疾儿童，各年龄组智力残疾现患率不同，有随年龄增长而增加的趋势（$\chi^2_{趋势}$=23.58，df=6，P<0.01），4～5岁现患率有明显的增加；在轻度智力残疾中，0～3岁组与4～6岁组没有显著差异（χ^2=2.06，df=1，P>0.05）。不同年龄现患率情况见表2-3-3，图2-3-2为儿童年龄构成情况：

表 2-3-3 0～6 岁儿童年龄构成及智力残疾现患率

年龄	调查人数		智力残疾人数		现患率（‰）
	人数	构成 %	人数	构成 %	
0～	2548	8.88	17	6.37	6.67
1～	4270	14.89	26	9.74	6.09
2～	4179	14.57	28	10.49	6.70
3～	4638	16.17	38	14.23	8.19
4～	4936	17.21	67	25.09	13.57
5～	4380	15.27	52	19.48	11.87
6～	3731	13.00	39	14.61	10.45
合计	28682	100.00	267	100.00	9.31

x^2=23.81，df=6, P<0.01,$x^2_{趋势}$=23.58，df=6, P<0.01

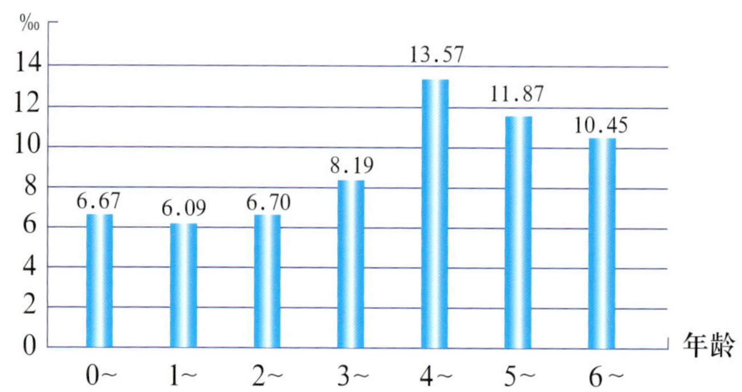

图 2-3-2　0～6 岁不同年龄智力残疾儿童现患率‰

3. 城乡分布

本次调查确诊的 267 名残疾儿童中，农村现患率明显高于城市（x^2=7.543，P<0.01）。表 2-3-4 为智力残疾儿童城乡构成情况，图 2-3-3 为城乡 0～6 岁智力残疾儿童现患率情况。

表 2-3-4　0～6 岁儿童居住地构成及智力残疾现患率

居住地	调查人数		智力残疾人数		现患率（‰）
	人数	构成 %	人数	构成 %	
城市	13024	45.4	99	37.08	7.6
农村	15658	54.6	168	62.92	10.73
合计	28682	100.00	267	100.00	9.31

x^2=7.543，df=1, P<0.01

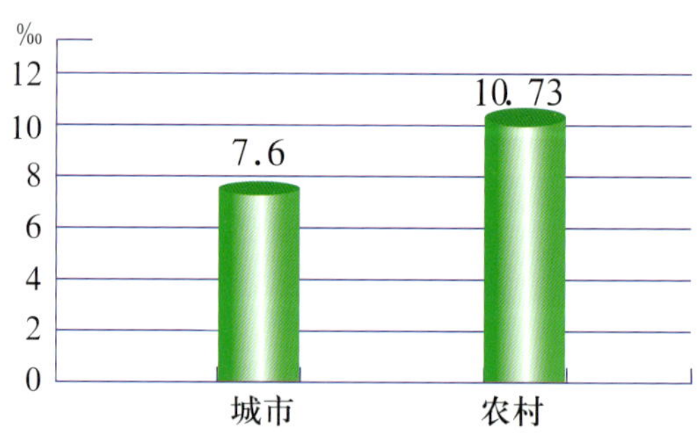

图 2-3-3　城乡 0～6 岁智力残疾儿童现患率

4. 父母职业分布

本次调查父母职业的有效问卷分别为28583份、28950份，267名智力残疾儿童中，父亲职业的有效问卷为 266 份，母亲职业的有效问卷为 267 份，父母各类职业的儿童智力残疾现患率见表 2-3-5、图 2-3-4：

表 2-3-5　0～6 岁智力残疾儿童父母职业构成情况

职业分类	父亲					母亲				
	调查人数	构成比(%)	残疾人数	构成比(%)	现患率*（‰）	调查人数	构成比(%)	残疾人数	构成比(%)	现患率*（‰）
0	268	0.94	6	2.25	22.39	909	3.17	18	6.74	19.80
1	1292	4.51	8	3.00	6.19	629	2.20	6	2.25	9.54
2	4814	16.80	24	9.02	4.99	4929	17.24	15	5.62	3.04
3	2820	9.85	16	6.02	5.67	2805	9.81	14	5.24	4.99
4	3494	12.20	23	8.65	6.58	5353	18.72	42	15.73	7.84
5	5685	19.82	87	32.71	15.30	10286	35.98	25	46.82	12.15
6	9326	32.51	92	34.59	9.86	3186	11.14	39	14.61	12.24
7	503	1.75	5	1.88	9.94	106	0.37	0	0.00	0.00
8	381	1.32	5	1.88	13.12	387	1.35	8	3.00	20.67
合计	28583	100.00	266	100.00	–	28590	100.00	267	100.00	9.31

*x^2=45.65, *df*=8, P<0.01（父亲）　** x^2=50.58, *df*=8, P<0.01（母亲）

注：0= 不在业，且从未参加工作；1= 国家机关党群组织、企事业单位负责人；2= 各类专业技术人员；3= 办事人员和有关人员；4= 商业、服务业人员；5= 农、林、牧、渔、水利业生产人员；6= 生产、运输、设备操作人员及有关人员；7= 军人；8= 不便分类的其他劳动者

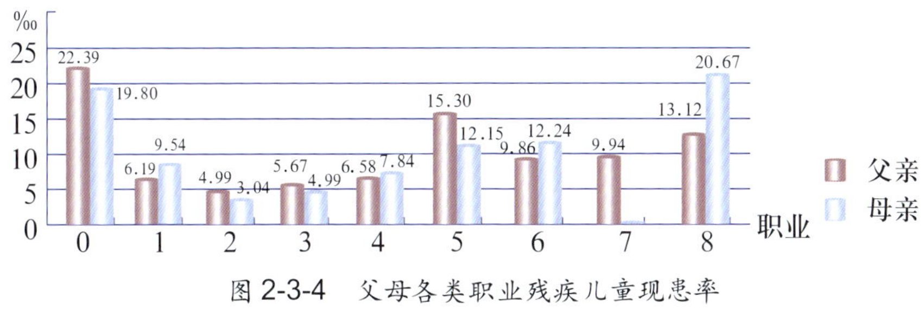

图 2-3-4　父母各类职业残疾儿童现患率

5. 父母文化程度分布

本次调查父母文化程度的有效问卷分别为28571份、28570份。267名智力残疾儿童中，父亲、母亲文化程度的有效问卷分别为266份、267份，智力残疾儿童父母文化程度构成情况见表2-3-6，图2-3-5显示了父母文化程度不同智力残疾儿童现患率。

表2-3-6　父母文化程度构成及智力残疾儿童现患率

文化程度	父亲					母亲				
	调查人数	构成比(%)	残疾人数	构成比(%)	现患率*(‰)	调查人数	构成比(%)	残疾人数	构成比(%)	现患率**(‰)
1 大专及以上	8238	28.83	46	17.29	5.58	7838	27.43	35	13.15	4.46
2 高中中专	7791	27.27	56	21.05	7.18	7773	27.21	60	22.56	7.71
3 初中	11541	40.39	134	50.38	11.61	11704	40.97	134	50.38	11.45
4 小学	928	3.25	25	9.40	26.93	1099	3.85	24	9.02	21.83
5 文盲半文盲	73	0.26	5	1.88	68.49	156	0.55	13	4.89	83.33
合计	28571	100.00	266	100.00	–	28570	100.00	266	100.00	9.31

* x^2=69.15, df=3, P<0.01; $x^2_{趋势}$=53.97, df=3, P<0.01 (父亲)

**x^2=83.25, df=3, P<0.01; $x^2_{趋势}$=67.56, df=3, P<0.01 (母亲)

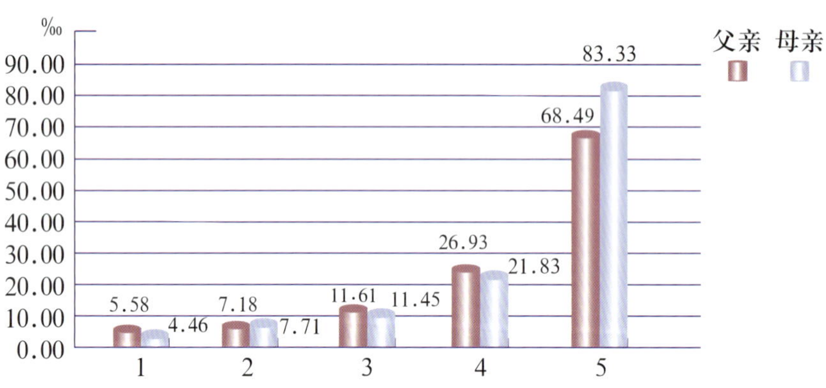

图2-3-5　父母不同文化程度0～6岁智力残疾儿童现患率

6. 家庭人均月收入状况

267名诊断智力残疾儿童中，家庭人均月收入问题有效问卷为266份，不同家庭收入现患率不同，有随家庭收入减少，患病率增加的趋势($x^2_{趋势}$=37.76, df=3, P<0.01)。表2-3-7、图2-3-6显示了不同家庭人均月收入残疾儿童构成及现患率情况：

表 2-3-7 智力残疾儿童家庭人均月收入构成与智力残疾现患率

家庭人均月收入	调查人数	构成比(%)	残疾人数	构成比（%）	现患率*（‰）
≤ 400 元	12440	43.54	161	60.53	12.94
401～000 元	9362	32.77	74	27.82	7.90
1001～3000 元	5835	20.42	28	10.53	4.80
3001～5000 元	670	2.35	3	1.13	4.48
＞ 5000 元	188	0.66	0	0.00	0.00
合计	28571	100.00	266	100.00	9.31

*x^2=35.72, df=3, P<0.01，$x^2_{趋势}$=37.76, df=3, P<0.01

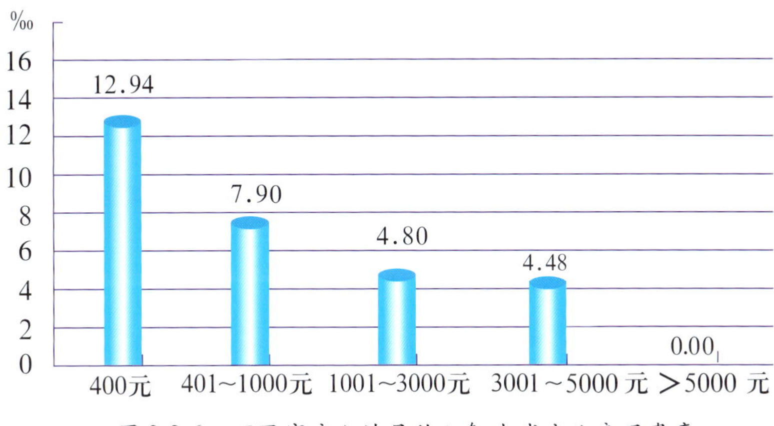

图 2-3-6 不同家庭人均月收入智力残疾儿童现患率

（四）智力残疾程度构成及致残原因

1. 智力残疾程度构成

本次调查确诊的267名智力残疾儿童中，四级（轻度）智力残疾175人，占智力残疾儿童的65.54%；三级（中度）智力残疾56人，占20.97%；二级（重度）智力残疾16人，占5.99%；一级（极重度）智力残疾20人，占7.49%。按国际惯例，将一、二、三级智力残疾归为重度，所占比例为34.45%。图2-3-7显示了0～6岁儿童智力残疾程度构成情况：

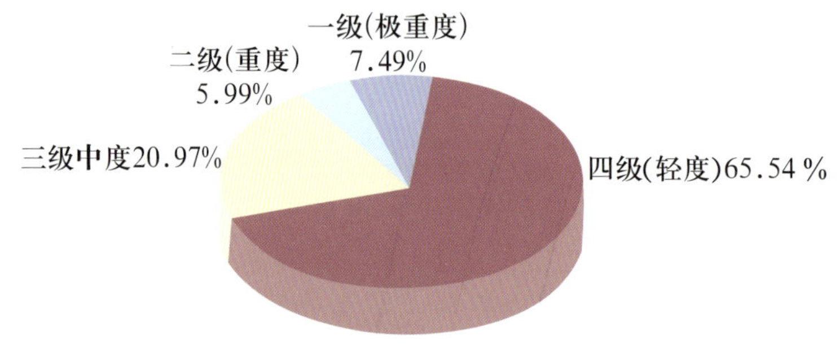

图 2-3-7 0～6 岁智力残疾儿童残疾程度构成

2. 致残原因

本次调查确诊267名智力残疾儿童，致残原因调查的有效问卷为254份。原因明确者167人，占65.70%，原因不明87人占34.3%，围产期因素是首位致残原因，主要致残原因如表2-3-8所示；按致残因素作用时间分析（去除不明原因），无论城乡，出生前因素所占比例均为第一位，在城市和农村，出生前、产时、出生后因素总体所占比例没有显著差异（x^2=2.859, *df*=2， *P*>0.01），农村社会文化因素明显高于城市（x^2 =8.527，*df*=1，*P*<0.05）。表2-3-9为可知致病因素中，不同作用时间主要致残原因前三位情况；表2-3-10为不同程度智力残疾儿童的主要致残原因情况；城市、农村主要致残原因见表2-3-11：

表 2-3-8 0～6 岁儿童主要致残原因

顺位（前五位）	主要致残原因	*N*	%
	原因明确	167	65.70
第一位	围产因素	91	35.83
第二位	社会心理因素	33	12.99
第三位	伴发精神病	12	4.72
第四位	遗传代谢	0	3.94
第五位	脑机械损伤	6	2.36
	原因不明	87	34.30

注：围产因素包括本调查中涉及的宫内感染、低出生体重、早产、宫内窒息、生后窒息、颅内出血、核黄疸、缺血缺氧性脑病

表 2-3-9 0～6 岁儿童不同作用时间主要致残原因

顺位	出生前(N=73)			产时(N=31)			出生后(N=63)		
	致残原因	N	(%)	致残原因	N	(%)	致残原因	N	(%)
第一位	宫内窒息	22	30.14	产后窒息	25	80.65	社会文化落后*	31	49.21
第二位	早产	16	21.92	颅内出血	6	19.35	伴发精神病	12	19.00
第三位	营养不良	14	19.18	–	–	–	惊厥后脑损伤	4	6.35
合计		52	71.23		31	100.00		47	74.60

表 2-3-10 不同程度智力残疾主要致残原因

顺位	轻度（N=175）			中度（N=56）			重度及极重度（N=36）		
	致残原因	N	(%)	致残原因	N	(%)	致残原因	N	(%)
第一位	原因不明	77	44.00	原因不明	9	16.07	生后窒息	9	25.00
第二位	社会文化落后*	25	14.29	生后窒息	7	12.50	宫内窒息	4	11.11
第三位	宫内窒息	13	7.43	社会文化落后	6	10.71	营养不良	4	11.11
第四位	早产	12	6.86	伴发精神病	6	10.71	伴发精神病	3	8.33
第五位	生后窒息	9	5.14	出生前其它	5	8.93	遗传综合症	2	5.56
第六位	营养不良	7	4.00	宫内窒息	5	8.93	惊厥后脑损伤	2	5.56
合计		143	81.71		38	67.86		24	66.67

表 2-3-11 城乡 0～6 岁智力残疾儿童主要致残原因

顺位	城市(N=99)			农村(N=168)		
	致残原因	N	(%)	致残原因	N	(%)
	原因明确	66	66.67	**原因明确**	114	67.86
第一位	生后窒息	12	18.18	社会文化落后*	27	23.68
第二位	伴发精神病	10	15.15	宫内窒息	13	11.40
第三位	宫内窒息	9	13.64	生后窒息	12	10.53
	原因不明	33	33.33	**原因不明**	54	32.14

*社会文化落后：无明确的生物医学原因，但有家庭环境不良、经济收入低、父母文化水平低、缺乏学前教育等因素。

（五）康复现状与需求

1. 康复现状

本次调查确诊的 267 名智力残疾儿童问卷中，有效问卷 262 份，康复现状比例由高到低依次为未进行康复（81.65%）、家庭康复（6.38%）、康复机构康复（5.24%）、医院治疗（3.00%）、普幼普小学习（2.62%），调查表明大部分智力残疾儿童处于未康复状态。智力残疾儿童康复情况见表 2-3-12。

表 2-3-12 智力残疾儿童康复现状与需求构成

治疗和康复现状			治疗和康复需求			现状与需求相符	
现状	N	(%)	需求	N	(%)	N	(%)
无	218	81.65	不需要	0	0.00	0	0.00
医院治疗	8	3.00	医院治疗	28	10.49	7	2.62
康复机构训练	14	5.24	康复机构训练	72	26.97	10	3.75
家庭康复训练	17	6.38	家庭康复训练	138	51.69	8	3.00
普幼普小学习	7	2.62	普幼普小学习	28	10.48	2	0.75
其它	0	0.00	其它	1	0.37	0	
未填写	3	1.12	未填写	0	0.00		
合计	267	100.00	合计	267	100.00	27	10.12

另外，调查“发现智力问题的时间”时，资料显示家长对儿童残疾的认识十分欠缺，有136份在调查之前从未注意到该问题，占智力残疾儿童中的51.52%，有75份在调查之前已有所发现，但未就诊，占28.41%，在调查之前发现并就诊者53份，占20.07%；在选择“调查之前从未注意孩子的问题”中，0～3岁组与4～6岁组没有显著差异（χ^2=1.88, df=1,P>0.05），即父母是否能注意到孩子的问题与孩子的年龄没有关系，但与残疾程度有关，轻度的残疾不易被父母认识（χ^2=51.88, df=1,P<0.01）；此问题的三种选择在农村和城市间存在显著差异，对于“调查之前从未注意”、“已注意未就诊”者，农村高于城市，“已发现已就诊”者，城市高于农村，说明城市父母认识儿童发育状况好于农村父母。父母的认识程度见表2-3-13。

表 2-3-13 0～6岁智力残疾儿童父母认识程度分析

发现情况	城市		农村		合计			
	N	%	N	%	N	%	χ^2	P
调查之前从未注意	41	41.41	95	57.58	136	51.52	21.44	0.000
调查之前已注意未就诊	19	19.19	56	33.93	75	28.41	18.25	0.000
调查之前已注意已就诊	39	39.39	14	8.48	53	20.07	11.79	0.001
合计	99	100.00	165	100.00	264	100.00	37.31	0.000

2. 康复需求

本次调查确诊的267名智力残疾儿童的康复需求问卷均为有效问卷，其中，需要在家庭康复训练的比例最高（51.69%），其他机构由高到低依次为康复机构训练（26.97%）、医院治疗（10.49%），普幼普小学习（10.48%）、其他（特殊教育0.37%），不同智力残疾儿童康复需求情况见表2-3-12。

康复现状与康复需求进行比较发现，残疾儿童康复现状与需求之间存在较大距离，调查现状与需求一致者仅27人，占残疾儿童的10.11%。图2-3-8显示了残疾儿童康复现状与康复需求的关系，从中可以看出，康复机构、家庭康复、医疗治疗、普幼普小学习、训练的需求与现状之间存在很大差距。

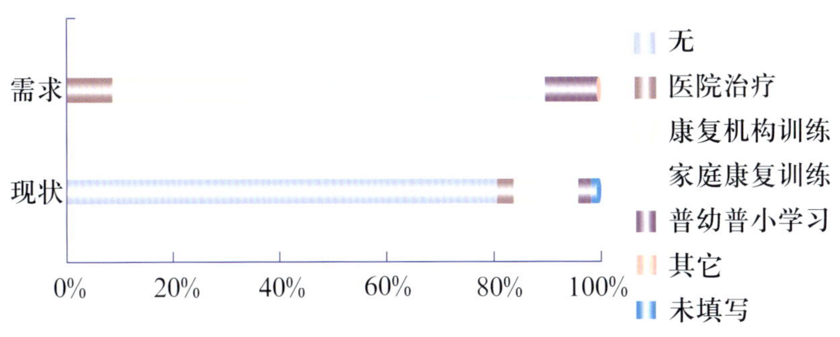

图2-3-8　0～6岁智力残疾儿童康复现状与需求构成

（六）智力残疾的非生物危险因素分析

1. 单因素分析

0～6岁儿童按是否智力残疾与居住地、性别、年龄、民族、父母是否是近亲婚配、家庭类型、父母职业、父母文化程度、父母婚姻状况、家庭人口数、家庭子女数、家庭人均月收入、父母生育时的年龄等变量进行单因素分析（四格表或行列表 χ^2 检验，残疾为1，非残疾为0），结果见表2-3-15，变量赋值情况见表2-3-14。

表2-3-14　0～6岁儿童智力残疾相关危险因素分析变量赋值表

变量	变量赋值
居住地	1= 城市；2= 农村
性别	1= 男；2= 女
年龄	0–6岁分组：1=0岁－；2=1岁－；3=2岁－；4=3岁－；5=4岁－；6=5岁－；7=6岁－；
民族	1= 汉族；2= 其它
近亲婚配情况	1= 是；2= 否
家庭子女数	1= 独生子女；2= 非独生子女
家庭类型	1= 亲生父母型；0= 非亲生父母型
父母职业	1=国家机关党群组织、企事业单位负责人、各类专业技术人员、办事人员和有关人员，商业、服务业人员；2= 农、林、牧、渔、水利生产人员，生产、运输、设备操作人员；3= 不在业，且从未参加工作者；4= 军人；不便分类的其他劳动者

父亲职业(1)	1= 不在业，且未参加工作者；0= 其它职业
父亲职业(2)	1= 国家机关党群组织、企事业单位负责人、各类专业技术人员、办事人员和有关人员，商业、服务业人员；0= 其他人员
父亲职业(3)	1= 农、林、牧、渔、水利生产人员；0= 其他人员
父亲职业(4)	1= 生产、运输、设备操作人员；0= 其他职业
母亲职业(1)	1= 不在业，且未参加工作者；0= 其它职业
母亲职业(2)	1= 国家机关党群组织、企事业单位负责人、各类专业技术人员、办事人员和有关人员，商业、服务业人员；0= 其他人员
母亲职业(3)	1= 农、林、牧、渔、水利生产人员；0= 其他人员
母亲职业(4)	1= 生产、运输、设备操作人员；0= 其他职业
父母文化程度	1= 大专及以上；2= 高中中专；3= 初中；4= 小学、文盲半文盲
母亲婚姻状况	1= 未婚；2= 初婚；3= 再婚；4= 丧偶；5= 其他
家庭人口数	1=2；　2=3；　3=4；　4=5；　5=6
家庭人均月收入	1= ≤ 400；2=401-1000；3=1000-3000；4= ＞ 3001
家庭人均月收入(1)	1= ≤ 400；0=400 以上
家庭人均月收入(2)	1= ≤ 1000；0=1000 以上
父亲生育时年龄	1= ≤ 25 岁；2=25-35 岁；3= ＞ 35
父亲生育时年龄(1)	1=25-35 岁；0= 非 25-35 岁
母亲生育时年龄	1= ≤ 25 岁；2=25-29 岁；3=30-35 岁；4= ＞ 35 岁
母亲生育时年龄(1)	1=25-35 岁；0= 非 25-35 岁
父亲工作中接触因素	0= 无；1= 有
父亲工作中接触病原因素	0= 未接触；1= 接触
父亲工作中接触化学因素	0= 未接触；1= 接触
父亲工作中接触物理因素	0= 未接触；1= 接触
接触时间（1）	0=1 年以下；1= 怀孕前 1 年以上
接触时间（2）	0= 未接触；1= 怀孕前不到一年
接触时间（3）	0= 未接触；1= 怀孕时刚开始接触
母亲工作中接触因素	0= 无；1= 有
母亲工作中接触病原因素	0= 未接触；1= 接触
母亲工作中接触化学因素	0= 未接触；1= 接触
母亲工作中接触物理因素	0= 未接触；1= 接触
接触时间（1）	0=1 年以下；1= 怀孕前 1 年以上
接触时间（2）	0= 未接触；1= 怀孕前 1 年内至分娩后 6 个月
接触时间（3）	0= 未接触；1= 分娩 6 个月后刚开始接触
父亲是否吸烟	0= 否；1= 是

父亲吸烟量(1)	0=10 支以下；1=10 支以上
父亲吸烟量(2)	0=19 支以下；1=19 支以上
母亲是否吸烟	0= 否；1= 是
母亲吸烟量(1)	0=10 支以下；1=10 支以上
母亲吸烟量(2)	0=19 支以下；1=19 支以上
父亲饮酒	0= 否；1= 是
饮酒类型	0= 非白酒；1= 白酒
饮酒频率	1= 偶尔，一共不到 10 次、2 = 每月 3 次、3= 每周一次、4= 每周 2 次、5= 每天 1 次、6= 每天 2/ 次
父亲饮酒量	1= <1 两 / 次、2 = 1–4 两 / 次、3= ≥ 4 两 / 次
父亲饮酒量（1）	1=1 两以上；0=1 两以下
父亲饮酒量（2）	1=4 两以上；0=4 两以下
母亲饮酒	0= 否；1= 是
母饮酒类型	0= 非白酒；1= 白酒
母酒频率	1= 偶尔，一共不到 10 次、2 = 每月 3 次、3= 每周 1 次、4= 每周 2 次、5= 每天 1 次、6= 每天 2/ 次
母亲饮酒量	1= <1 两 / 次、2 = 1–4 两 / 次、3= ≥ 4 两 / 次
母亲饮酒量（1）	1=1 两以上；0=1 两以下
母亲饮酒量（2）	1=4 两以上；0=4 两以下
受孕次数	0=3 次以下；1=3 次以上
分娩次数	0=1–2 次，1=2 次以上
本儿童所属妊娠次数	0= 第 1–3 次；1= 第 4 次以上
与父母或爱人生活	0= 否；1= 是
母孕期受精神刺激	0= 否；1= 是
母孕期亲人患严重疾病或事故	0= 否；1= 是
亲人死亡	0= 否；1= 是
与丈夫关系紧张	0= 否；1= 是
本人受迫害	0= 否；1= 是
家庭经济拮据	0= 否；1= 是
孕期接受 X 照射	0= 否；1= 是
孕期 B 超检查	0= 否；1= 是
接受 B 超检查次数	0=1–4 次；1=4 次以上
B 超检查时间	1= 孕早期；2= 孕中期；3= 孕晚期
B 超检查时间（1）	0= 非孕早期；1= 孕早期
B 超检查时间（2）	0= 非孕中期；1= 孕中期
B 超检查时间（3）	0= 非孕晚期；1= 孕晚期
同位素检查	0= 否；1= 是
是否为非愿意妊娠	0= 否；1= 是

母孕期高血压	0= 否；1= 是
母孕期病毒性感冒	0= 否；1= 是
母孕期严重贫血	0= 否；1= 是
母孕期风疹	0= 否；1= 是
母孕期煤气中毒	0= 否；1= 是
母孕期不明原因高热	0= 否；1= 是
母孕期合并症	0= 否；1= 是
妊娠剧吐	0= 否；1= 是
妊娠高血压综合症	0= 否；1= 是
妊娠合并糖尿病	0= 否；1= 是
胎盘异常	0= 否；1= 是 0= 否；1= 是
妊娠期用药	0= 否；1= 是
分娩时间	1= 足月产；2= 早产；3= 过期产
分娩时间（1）	0= 非足月产；1= 足月产
分娩时间（2）	0= 非早产；1= 早产
分娩时间（3）	0= 足月产；1= 过期产
分娩方式(1)	0= 非顺产；1= 顺产
分娩方式(2)	0= 非滞产；1= 滞产
分娩方式(3)	0= 非手术产；1= 手术产
分娩方式(4)	0= 非器械产；1= 器械产
母亲孕期使用计算机	0= 否； 1= 是
母孕期使用计算机(1)	0= 非早孕期；1= 早孕期使用
母孕期使用计算机(2)	0= 非早晚期；1= 孕晚期使用
母孕期使用计算机(3)	0= 非整个孕期；1= 整个孕期使用
家族残疾情况	0= 无；1= 有
出生体重	1=1000－1999g；2=2000－2499g； 3=2500－3999g；4=4000g 以上
出生体重(1)	0= 非<2500g；1=<2500g(低出生体重)
出生体重(2)	0=<2500g 和 4000g 以上；1=2500 — 3999g
出生体重(3)	0=2500 — 3999g；1=4000g 以上
新生儿期住院	0= 否；1= 是
出生窒息	0= 否；1= 是
吸入性肺炎	0= 否；1= 是
颅内出血	0= 否；1= 是
病理性黄疸	0= 否；1= 是
高热惊厥	0= 否；1= 是
先天畸形	0= 否；1= 是
婴幼儿期患病	0= 否；1= 是

企图终止妊娠	0= 否；1= 是
母孕期患有几类疾病	0= 否；1= 是
母孕期患甲状腺疾病	0= 否；1= 是
母孕期糖尿病	0= 否；1= 是
母孕期精神病	0= 否；1= 是
高热惊厥	0= 否；1= 是
各种传染病	0= 否；1= 是
是否用药	0= 否；1= 是
庆大霉素	0= 否；1= 是
0–4 个月喂养方式(1)	0= 非母乳喂养；1= 母乳喂养
0–4 个月喂养方式(2)	0= 非人工喂养；1= 人工喂养
分离>3 个月	0= 否；1= 是
分离年龄(1)	0= 未分离；1=1 岁以下分离
分离年龄(2)	0= 未分离；1=1 岁 –2 岁分离

表 2-3-15　0～6 岁智力残疾儿童非生物危险因素的单因素分析

因素	x^2	*df*	*P*	*OR*	95% 可信区间
居住地	7.513	1	0.006**	1.416	1.103～1.817
性别	12.421	1	0.000**	0.641	0.500～0.823
民族	0.519	1	0.471	1.183	0.748～1.871
近亲婚配状况	52.10	1	0.019*	0.09	0.001～0.150
家庭子女数	9.26	1	0.002*	1.58	1.17～2.12
家庭类型	9.68	1	0.002**	0.42	0.24～0.74
年龄	23.817	6	0.001**	—	—
父亲职业	46.046	3	0.000**	—	—
父亲职业(2)	30.70	1	0.000**	0.47	0.36～0.62
父亲职业(3)	27.68	1	0.000**	1.97	1.52～2.55
母亲职业	59.969	3	0.000**	—	—
母亲职业(1)	11.11	1	0.001**	2.23	1.37～3.61
母亲职业(2)	39.54	1	0.000**	0.44	0.33～0.57
母亲职业(3)	13.75	1	0.000**	1.57	1.24～2.00
父亲文化程度	69.152	3	0.000**	—	—
母亲文化程度	83.248	3	0.000**	—	—
母亲婚姻状况	5.060	4	0.409	—	—
家庭人口数	2.035	4	0.729	—	—
家庭人均月收入	35.722	3	0.000**	—	—

家庭人均月收入(1)	31.07	1	0.000**	1.99	1.56	2.55
家庭人均月收入(2)	20.9	1	0.000**	2.34	1.61	3.41
父亲生育时年龄	6.549	2	0.038*	—	—	—
父亲生育时年龄(1)	6.36	1	0.012*	0.72	0.55	0.93
母亲生育时年龄	5.381	3	0.146	—	—	—

* $P<0.05$　** $P<0.01$

由表2-3-15可见，居住地、性别、近亲婚配、家庭子女数、年龄、家庭类型、父母亲职业、文化程度、家庭人均月收入、父亲生育年龄情况影响儿童智力残疾的发生。

2. 多因素分析

以智力残疾作为因变量，结合专业知识将选定变量引入Logistic回归模型，有效样本量N=28085，在α =0.05水平进行分析，男性、母亲文化程度低、父亲职业为农林牧渔水利生产人员、居住在城市地区、近亲结婚是智力残疾发生的高危因素，并有随儿童年龄增长而增高的趋势。多因素分析结果显示城市患病的风险高于农村，与病因构成及单因素分析结果不一致，考虑农村智力低下发生比例较高可能与多种因素如父母的文化程度、经济状况等的协同作用有关，而不能仅仅归为居住于农村这个单一因素。变量赋值见表2-3-14，结果见表2-3-16。

表2-3-16　智力残疾儿童非生物危险因素logistic回归分析

变量	回归系数	标准误	χ^2	*df*	*P*值	*OR*	95%可信区间
性别	−0.44	0.13	11.46**	1	0.001	0.65	0.50～0.83
近亲结婚	−4.09	1.43	8.15**	1	0.004	0.02	0.00～0.28
母亲文化程度	0.52	0.09	30.92**	1	0.000	1.68	1.40～2.01
年龄	0.08	0.03	5.18*	1	0.023	1.08	1.01～1.16
家庭人均月收入	−0.21	0.12	3.15	1	0.076	0.81	0.64～1.02
居住地	−0.68	0.20	11.67**	1	0.001	0.51	0.34～0.75
父亲职业(3)	0.45	0.18	6.50*	1	0.011	1.57	1.11～2.21
母亲职业(2)	−0.56	0.19	9.08**	1	0.003	0.57	0.39～0.82
家庭类型	−0.55	0.33	2.80	1	0.094	0.58	0.30～1.10

* $P<0.05$　** $P<0.01$

（七）0～6岁残疾儿童危险因素病例对照研究

本调查中病例对照研究部分，以病例对照=1:2、1:3不等比配比方式进行问卷调查，内容涉及儿童父母职业接触与吸烟饮酒状况、母亲妊娠情况、儿童家族残疾情况、儿童本人情况等；共收集问卷799份，其中病例263份，对照536份；

病例组中男性164份，女性99份，对照组中男性335份，女性201份。以下为病例对照研究结果：

1. 单因素分析

以智力残疾与否作为因变量，将病例及对照调查资料中儿童父母职业接触与吸烟饮酒状况、母亲妊娠情况、儿童家族残疾情况、儿童本人情况采用Cox回归模型进行配比病例对照单因素分析，变量赋值如表2-3-14所示，单因素分析结果见表2-3-17。

表2-3-17 0～6岁智力残疾儿童致残生物危险因素单因素分析

变量	回归系数	标准误	x^2	*df*	*P*值	*OR*	95% 可信区间
父工作中接触因素	0.83	0.34	5.83*	1	0.016	2.29	1.17～4.50
父工作接触化学因素	0.98	0.37	7.10**	1	0.008	2.67	1.30～5.51
父接触危险因素时间(1)	1.09	0.54	4.16*	1	0.041	2.98	1.04～8.51
母工作中接触因素	0.86	0.38	5.14*	1	0.023	2.37	1.12～4.98
母工作中接触化学因素	1.21	0.45	7.25**	1	0.007	3.36	1.39～8.14
母接触危险因素时间(1)	1.22	0.53	5.18*	1	0.023	3.37	1.18～9.59
父亲饮酒频率	0.17	0.07	5.87*	1	0.015	1.18	1.03～1.36
父亲饮酒量(2)	0.20	0.09	4.80*	1	0.028	1.22	1.02～1.46
母亲分娩次数	1.54	0.69	4.98*	1	0.026	4.67	1.21～18.05
母孕期受精神刺激	1.12	0.30	13.78**	1	0.00	3.06	1.70～5.52
母孕期患病	0.82	0.24	11.48**	1	0.001	2.26	1.41～3.62
母孕期患糖尿病	2.30	1.10	4.42*	1	0.036	10.00	1.17～85.59
母孕期合并症	0.64	0.20	10.00**	1	0.002	1.90	1.28～2.83
母孕期用药	0.41	0.21	3.93*	1	0.047	1.51	1.01～2.26
分娩时间	1.49	0.33	20.15**	1	0.000	4.45	2.32～8.54
分娩时间(1)	-1.40	0.33	18.46**	1	0.000	0.25	0.13～0.47
分娩时间(2)	1.881	0.40	21.74**	1	0.000	6.56	2.98～14.47
家族残疾情况	1.54	0.24	40.32**	1	0.000	4.68	2.91～7.55
出生体重	-0.76	o.18	18.26**	1	0.000	0.46	0.32～0.66
出生体重(1)	1.32	0.28	21.96**	1	0.000	3.76	2.16～6.54
出生体重(2)	-0.51	0.2	6.57*	1	0.010	0.60	0.41～0.89
新生儿期住院	1.23	0.23	29.03**	1	0.000	3.42	2.19～5.35
新生儿窒息	2.12	0.46	21.75**	1	0.000	8.33	3.42～20.31
病理性黄疸	0.79	0.437	3.26*	1	0.07	2.20	0.93～5.18
先天畸形	2.30	1.10	4.42*	1	0.036	10.00	1.17～85.59
婴幼儿期患病	0.76	0.20	14.48**	1	0.00	2.14	1.45～3.18
0-4个月喂养方式(1)	-0.61	0.16	14.09**	1	0.000	0.54	0.40～0.75
0-4个月喂养方式(2)	0.69	0.20	12.32**	1	0.000	2.00	1.35～2.92
与母亲分离>3个月	0.71	0.35	4.17*	1	0.041	2.03	1.03～4.01

* $P<0.05$ ** $P<0.01$

2. 多因素分析

以智力残疾与否作为因变量,结合专业知识将以上单因素分析的相关变量采用Cox回归模型进行1:M配比病例对照多因素分析，有效样本量N=711，在α =0.05水平，结果显示母孕期受一定的精神刺激、父亲职业接触化学因素、家族中有五类残疾、出生窒息、出生低体重、早产、新生儿期因患有病理性黄疸、高热惊厥、窒息、败血症、产伤等而住院、婴幼儿期患过癫痫、各种脑炎脑膜炎、脑病、营养性疾病、各种传染病、煤气中毒等疾病、0～4个月未采取母乳喂养使智力残疾发生的风险增高。变量赋值见表2-3-14，结果见表2-3-18。

表2-3-18 0～6岁智力残疾儿童致残生物危险因素多因素分析

变量	回归系数	标准误	χ^2	*df*	*P*值	*OR*	95%	可信区间
父亲工作中接触化学因素	3.96	1.69	5.47*	1	0.019	52.75	1.90	1462.00
母孕期受精神刺激	0.93	0.39	5.62*	1	0.018	2.54	1.18	5.48
分娩时间(2)	1.27	0.58	4.76*	1	0.029	3.56	1.14	11.16
家族中残疾情况	1.55	0.30	27.47	1	0.000	4.69	2.63	8.35
出生体重	−0.54	0.24	4.88*	1	0.027	0.58	0.36	0.94
出生窒息	1.80	0.61	8.80*	1	0.003	6.05	1.84	19.841
婴幼儿期患病	0.71	0.25	8.47*	1	0.004	2.04	1.26	3.29
0−4个月喂养方式(1)	−0.40	0.20	3.88*	1	0.049	0.67	0.45	0.99

* $P<0.05$ ** $P<0.01$

四、讨论与建议

（一）调查样本的代表性

本调查的儿童来自全市18个区县39个抽样点，分布广泛，符合整群抽样群数>30、基本抽样单位人数>500人，变异系数最小的抽样原则。本调查各区县的最终调查人数、年龄、性别构成情况与2000年北京市人口普查0～6岁数据基本一致[3]，统计处理无显著性差异，因此可以认为样本具有代表性。另外，调查结果显示，智力残疾现患率为9.31‰，接近样本量计算时的估计值1%。

因本次调查使用的智力测查方法，经过标准化并使用多年，具有很好的效度和信度，且在调查过程每一环节均有良好的质量控制，所以智力测查结果具有可靠性。

（二）北京0～6岁儿童智力残疾状况分析

1.智力残疾儿童现患率

智力残疾现患率是研究智力残疾流行强度的重要指标，了解智力残疾现患情况有利于政府及时、准确制定相关政策，并提供给智力残疾儿童相应的、适当的康复训练和服务以及恰当的安置，关系到国家人口生存质量问题。本次调查的0～6岁儿童智力残疾现患率为9.31‰，世界其他各国的患病率不尽相同，美国1994～1995年的全国残疾调查报道，智力残疾的现患率为7.8‰[20]，瑞士前后两次统计报道分别为：4‰和8‰[21,24]，英国报道患病率为2.5‰[22]。这些报道的差别，并不完全与患病情况有关，研究方法的不同对此也有一定的影响[23]。由于智力残疾诊断标准的演变、各国研究使用MR定义的差异、调查中使用测查方法的差别、对样本的调查方式（人口普查、抽样调查）、样本量来源（人口基数上的抽样、注册人数）以及调查对象的年龄范围不同，使得各国的智力残疾患病率很难进行精确的对应比较，故比较文献时只能作为大致参考。从全球各国调查数据估计[19]，智力残疾总的患病率应为1%～3%，中度、重度、极重度的患病率应为0.3%。本次调查结果与1987年全国抽样调查的北京市的现患率11.08‰[4]相比下降没有显著的差异，同2001年中国五省一市0～6岁儿童智力残疾现患率[5]（9.31‰）相似，虽然远远高于1999年2001年深圳市的现患率[7]，但由于研究方法的不同，使得这两个结果很难直接比较。十几年来，北京市政府制定了一系列预防残疾政策，围产期以及儿童保健技术发展迅速，医疗卫生条件显著改善、城乡人民文化经济水平有所提高，使得现患率有所下降，但从中也可以看出儿童智力残疾防治工作的艰巨性以及建立监测康复系统的必要性。

在本次调查中，筛查阳性499人，有232人经诊断检查确诊智力发育水平正常，这些未诊断病例与筛查量表、诊断量表的结构有关。在筛查量表中，只要有任何一个能区存在问题，结果就可能评价为可疑或异常，而诊断量表结果是对个体神经心理发育的综合评价，仅某一个能区的落后并不意味着个体的智力落后，故经诊断性检查仅有部分筛查阳性儿童被诊断为智力残疾。

2.0～6岁儿童智力残疾的分布特征

本次调查在智力残疾分布上显现的规律与1987年全国调查[4]、1997年上海抽样调查[6]、1997年深圳普查[7]、2001年全国抽样调查[5]结果基本一致。

从性别分布看，男童高于女童（男性11.2‰，女性7.2‰），可能与男性儿童比女性容易发生与染色体相关的疾病有关。

从年龄分布看，0～6岁儿童智力残疾现患率有随年龄增加而增高的特点。0岁组最低（6.09‰），4岁组最高（13.57‰），本调查在3岁、4岁两个年龄组间抽样均匀，可以排除抽样造成的差别。一般情况下，正常儿童在此年龄阶段认知、记忆、思维发育速度较前期明显增快，且有明显质的改变，表现为学习能力显著增强，而发育缓慢、滞后的儿童，没有发生如此变化。因此，4岁组现患率陡增可能与两类儿童在此年龄发育差距增大有关，但不能排除量表在此年龄测查更为敏感的可能性，具体明确的原因有待进一步研究。

从地区分布来看，0～6岁智力残疾儿童现患率存在差异，农村儿童现患率（10.73‰）高于城市（7.60‰），可能与农村地区相对经济文化发展水平低、医疗卫生条件较差、总体保健水平低等大环境有关，也可能与农村地区父母文化知识水平低，缺乏应有的围产期保健知识以及儿童缺乏早期教育等微环境有关。从城乡主要致残原因分析，虽然出生前因素、出生后因素、围产期因素二者没有差别，但在农村，最突出的特点是社会文化心理因素所致MR比例远远大于城市，这个结果从另一方面揭示了社会文化因素在城乡现患率差别上的作用，提示预防智力残疾的工作重点应放在农村。

（三）残疾程度与致残原因

1. 智力残疾程度分析

本次调查结果显示，0～6岁儿童智力残疾程度构成由高到低，依次为轻度（65.54%）、中度（20.97%）、极重度（7.49%）、重度（5.99%），这与2001年全国抽样调查[5]顺序略有不同，经复查诊断结果，排除数据误操作所致，考虑可能与围产医学的发展，即分娩监测、新生儿重症监护的发展及推广，使以前危险新生儿抢救成活率提高有一定的关系，国外曾有类似的报道[9]，但因调查对象的年龄范围大于本调查的对象，故仅能作为参考。如按国际惯例，将智力残疾分为轻度、重度（包括中度、重度、极重度）两类，则轻重比例结果与国外[10][11]及台湾[16]（轻度63%、重度37%）的研究基本接近。近四十年来，国外研究发现，重度的患病率变化不大，而轻度和边缘型患病率有所增加[25]。

2. 致残原因分析

智力低下病因复杂，本研究中，原因明确的智力低下儿童占65.75%，还有部分病例未找出原因，这与目前各国的研究现状一致，与1987年全国0～14岁智力低下的病因研究相比，明确者(79.1%)比例下降，与MR的病因研究规律明确者比例逐渐增高[26]有所不同，考虑与两次研究采用的资料收集方法不同有关。本研究采用回溯性的分析方法(同其他横断研究一样)，即根据现病史、家族史、体检及既往检查结果(包括实验室及影像学结果)，由医生现场做出判断、记录，1987年研究除以上环节，还增加了实验室检查诊断[14]，故确诊率较高。

从结果分析，围产期的因素、出生前因素是不同病因分类中所占比例最大者，与1987年我国儿童智力残疾流行病调查结果基本一致。农村与城市的围产期因素、出生前因素、出生后因素没有明显差别，而农村的社会文化心理因素更为突出。有研究表明，社会文化心理因素与父母文化程度和家庭经济收入有关，总体经济状况以及父母受教育程度的差异是造成这种病原学差异的原因。由此可以看出，降低0～6岁儿童智力残疾发生，关键在于加强围产工作，包括围产保健的三级网管理、围产期临床技术（包括产前诊断技术）水平的提高等方面，提高婴幼儿存活率的同时，更应关注提高存活质量。另外，防治智力残疾的工作重点应放在农村。

按轻重结果分析，在轻度智力残疾中原因不明占第一位（44.00%），在重度(按照国际惯例，将中度、重度、极重度归类为重度）残疾中其所占比例（10.87%）较小，与国外报道[11]的轻度智力残疾约40～55%、重度智力残疾约20～30%原因不明的趋势基本一致，一般认为此结果与重度智力残疾多能找到病因，轻度智力残疾因常无临床异常发现，往往找不到病因有关。去除不明原因的情况，在轻度智力残疾中，致病原因主要为社会因素，而重度（中度、重度、极重度）残疾主要为生物、遗传基因所致，与国外的报道一致[11]。有文献报道[13]，轻度多与社会文化因素的影响有关，即社会文化因素所致的智力残疾最突出的流行特征是轻度居多，在不同的社会阶层患病率呈梯形分布，经济水平越低，患病率越高，并在学龄前期诊断，而社会因素所致落后状况可变性大，早期干预效果好[14]，所以采取一定的方式改善轻度智力残疾儿童的社会、家庭环境因素应是预防和减少残疾发生较为积极、有效的方式之一。

（四）0～6岁儿童智力残疾相关危险因素分析

从本次调查的非生物危险因素结果分析，高危因素主要涉及男性儿童、母亲的文化程度低、父亲职业为农、林、牧、渔、水利生产人员、近亲婚配、经济水平低等，与国外的相关报道[8][18]以及2001年全国抽样调查[7]基本一致。除儿童性别外，其他因素均与社会文化环境有关，因此改善农村地区的医疗资源、做好孕产期保健工作以及残疾预防知识的宣传应是降低儿童残疾的有效途径；通过各种形式积极改善母亲的文化状况，也是预防残疾发生很重要的一方面。

从病例对照的多因素Cox回归结果分析，母孕期受一定的精神刺激、父亲职业接触铅、汞、苯等化学因素、家族中有五类残疾、低出生体重、早产、出生窒息、新生儿期因患有病理性黄疸、高热惊厥、窒息、败血症、产伤等而住院、婴幼儿期患过癫痫、各种脑炎脑膜炎、脑病、营养性疾病、各种传染病、煤气中毒等疾病以及出生0～4个月未采取母乳喂养方式喂养婴儿使智力残疾发生的风险增高，国内外有很多关于以上各类高危因素的相关研究，并有肯定结果的报道。以上高危因素多为围孕、产期因素，因此，在围孕产期积极控制这些高危生物因素的发生是预防残疾不可忽视的工作。

综合分析相关因素研究结果，可以看出智力残疾并不仅仅是医学的问题，它同样涉及社会、心理、教育领域，它是多病因、多因素作用的结果，而且一个危险因素（如低出生体重）或病因可能是其它多因素共同造成的，这些特点导致了智力残疾病因的复杂性，同时给预防MR带来一定的难度。

另外，在病例对照研究中，某些变量虽然没有被确定为致残的高危因素，如母亲饮酒情况、吸烟情况、孕期接受X光照射情况、以及孕期所患的各类疾病（癫痫、甲状腺疾病、病毒性感冒、严重贫血、煤气中毒、风疹等）、各类合并症（妊娠高血压综合症、妊娠期糖尿病、胎盘异常、脐带异常、胎膜早破等）、所服用的药物（避孕药、氨基糖甙类抗生素、抗癌药、抗癫痫药等）等，但从生物医学的角度考虑这些因素的发生应会影响胎儿的正常发育，国外相关研究也有肯定的报道[17]，故考虑可能与病例数不足，使结果显示不够充分有关，可能需要增加调查的相应病例数后，才会显现其中的关系。因此，这些因素在儿童智力残疾中的作用不可忽略，需要进一步的研究。

（五）康复现状与需求

从本次调查结果看，仅有17.6%的0～6岁智力残疾儿童得到了不同形式治疗和康复，低于2001年全国五省一市调查结果（64%），其中家庭康复仍是主要形式，占所有智力残疾儿童的6.4%，但远远低于2001年的全国调查结果（57.50%），由于其他康复形式的比率略高于或接近2001年的调查结果，故可认为家庭康复的差距是造成两次调查结果不同的主要原因，这可能与两次调查的“家庭康复操作定义”的不同有一定关系，也可能与残疾儿童家长缺乏相应的康复训练知识和意识、经济条件所限以及在调查前未发现智力残疾（50.94%）有一定关系。由于在对智力残疾的认识程度上，农村父母比城市父母差，故应在农村进行大量相关知识的普及工作。

检查者根据患儿病情以及儿童家庭具体情况来判断残疾儿童所应进行的康复形式，即从医务人员角度考虑残疾儿童的康复需求。从调查结果分析，家庭康复、康复机构康复仍然是残疾儿童康复的主要形式（分别为51.69%、26.97%），这与1987年全国调查[4]、2001年全国抽样调查[5]结果基本一致。国内有研究[12]提出综合系统即临床－保健－康复相结合的康复模式，可以显著提高智力低下的早期诊断及康复疗效，因此除了家庭康复、机构康复等形式外，还应关注综合康复的需求和形式，为相关部门制定政策提供建议和参考。

康复现状与康复需求相比，普遍存在较大的差距，并且康复需求和现状相符合率很低（10.11%），这些情况一方面可能与康复机构提供的服务不能满足需求有关，另一方面与儿童家长对儿童残疾状况认识不足有关，同时反映了医务、康复人员在此方面进行的知识宣传、普及工作之不足，以及卫生部门对智力低下问题的早期发现、早期诊断工作缺乏管理力度。因此，为使智力低下儿童获得及时的康复，不仅仅需要进行康复知识的普及工作，还须建立有效的监测－干预（康复）－评估质控系统，并纳入常规的儿童保健管理工作，这样才可能避免儿童错过早期治疗和康复的机会。

（六）防治策略

根据本次调查结果，对北京市0～6岁儿童智力残疾的防治策略建议如下：

从地域分布考虑，农村应为智力残疾防治的重点地区，从致残因素考虑，防治智力残疾应围绕WHO提出的三级预防概念（预防、治疗、康复）进行，具体为：

1. 初级预防智力残疾从致残因素考虑应以产前及社会因素为重点，即做好三级预防保健网的管理、监测工作，提高围孕期、围产期的临床技术水平，提倡优生优育、产前保健、婚前检查、遗传咨询，避免近亲结婚，预防遗传疾病的发生；通过健康教育手段，提高心理文化素质，使父母掌握预防残疾的知识、方法，并能付诸行动，通过技术培训，提高基层专业人员的业务水平，才能有效地预防智力低下。

2. 二、三级预防的目的是减轻残疾程度，应以早发现、早治疗、早干预为原则，即在国家政策及相关部门的支持、监督下建立有效的监测、治疗、康复、保健、教育的有机系统（即在政府部门调控下的多学科的协作），通过产前诊断、新生儿筛查、高危儿随访、发育监测等方法尽早发现智力异常儿童，通过转介到系统中相应的部门及时进行治疗、康复、干预及教育，保证残疾儿童能够尽早的接受到应有的康复方式，缩小康复现状和康复需求的距离，这个有机系统的有效性依赖于直接接触儿童的技术人员对疾病识别、诊断、及时转介、治疗、干预的技术水平以及相关政府部门的监督管理，故需要建立常规的、实施有效的技术人员培训方案和计划，并应加强政府部门的管理力度。根据智力残疾的发病特点以及0～6岁儿童神经系统发育特点，做到早发现、早诊断、早治疗、早干预是完全可能的。

另外，要做好北京儿童智力残疾工作，不能忽视对科研工作的投入，一项对国内四种权威康复杂志近5年资料的调查显示，基本缺乏有关儿童残疾研究基金使用情况的数据[15]，这个结果说明目前国内儿童残疾研究工作的不足以及相应的高级科研人员的相对缺乏。科研内容不仅仅是对疾病发生、发展、影响因素、诊断、治疗、干预、康复模式等内容的研究，还应包括智力残疾的社会、家庭的卫生经济学研究、研究手段及工具的探讨（如流行病调查手段）等，使智力残疾的科研工作处于“预防－干预与调查研究”的良性循环之中。

梁爱民 执笔

北京市0～6岁儿童残疾抽样调查智力专家组成员：张致祥、张秀玲、武英华、梁爱民、杨卫平、边阳。

参考文献

1.卓大宏 主编. 中国残疾预防学，第一版，北京：华夏出版社，1998，3-5

2.张致祥 左启华 雷贞武等. 全国儿童智力低下的现状研究. 中国临床心理学杂志, 1995, 12(3):134-126.

3.北京市第五次人口普查办公室、北京市统计局编. 北京市2000年人口普查资料，第一版，北京：中国统计出版社，2002，222.

4.北京市残疾人抽样调查办公室. 1987 年全国残疾人抽样调查资料 - 北京市分册. 北京 1988，16，688-691.

5.中国残疾人联合会等编. 2001年中国0-6岁残疾儿童抽样调查报告，第一版，北京：中国统计出版社，2003，15-16、31.

6.章煜 陈孙敏 钱飞敏等. 上海市7岁以下残疾儿童流行病研究. 上海预防医学, 1999, 11(3): 109 111.

7.孙喜斌 曲成毅 杨磊等. 深圳市0-7岁儿童残疾现况调查.中华流行病学杂志，2003, 24(11): 1016-1019.

8. Halfon N,Newacheck PW. Prevalence and impact of parent-reported disabling mental health conditions among U.S. children. J Am Acad Child Adolesc Psychiatry. 1999 May;38(5): 600-9

9.Strome P, Valvatne K. Mental retardation in Norway: prevalence and sub-classification in a cohort of 30037 children born between 1980-1985. Acta Paediatr. 1998 Mar;87(3:)291-6

10.Boyle CA, Yeargin-Allsopp M, Doernberg NS, et al. Prevalence of selected developmental disabilities in children 3-10 years of age: the Metropolitan Atlanta Developmental Disabilities Surveillance Program, 1991. MMWR CDC Surveill Summ. 1996 Apr 19, 45(2):1-14.

11.Aicardi J. The etiology of developmental delay. Semin Pediatr Neurol. 1998 Mar, 5(1): 15-20

12.童雪涛;董海燕;李爱荣等. 临床、保健、康复相结合的脑性瘫痪早期干预模式. 中国康复理论与实践 2003.9(5:276)

13.Michele Kiely. The prevalence of mental retardation. Epidemilolgic reviews 9,1987, Printed in USA

14.左启华. 全国0-14岁儿童智力低下流行病学调查. 中国优生优育杂志 1991,2(2): 49

15.吴宗耀, 郭铁成. 我国康复医学研究现状. 中国康复理论与实践 2004,10(2):66

16.Hou JW, Wang TR, Chuang SM. An epidemiological and aetiological study of children with intellectual disability in Taiwan. J Intellect Disabil Res.1998 Apr,42:137-43.

17.Drews CD, Murphy CC, Yeargin-Allsopp M, Decoufle P. The relationship between idiopathic mental retardation and maternal smoking during pregnancy. Pediatrics.1996 Apr , 97 (4) :547-53.

18.Durkin Ms, Hasan ZM, Hasan KZ. Prevalence and correlates of mental retardation among children in Karachi, Pakistan. Am J Epidemiol.1998 Feb 1,147(3):281-8.

19. World Health Organization. The World Health Organization Report 2001- Mental Health: New Understanding New Hope. Geneva, World Health Organization.

20. Larson SA, Lakin KC, Anderson L, ect. Prevalence of mental retardation and developmental disabilities: estimates from the 1994-1995 National Health Interview Survey Disability Supplements. Am J Ment Retard.2001 May,106(3):231-52.

21.Gruenwald k. Mentally Retarded Children and Young People in Sweden. Integration into society: The progress in the last decade. Acta Paediatric Scandinavia Supplemental.1979,275:75-84.

22.Whitaker S, Porter J. Letter to the Editor on Valuing People, a New Strategy for Learning Disability for the 21th Century. British Journal of Learning Disability.2002, 30:133.

23.Whitaker S. Hidden Learning Disability. British Journal of Learning Disabilities. 2004, 32: 139-143.

24.Haldin J. Prevalence of mental disorder in an urban population in central Sweden. Acta Psychiatry Scandinavia Jun .1984,69(6):503-18.

25.Aylward GP. Cognitive and neuropsychological outcomes: Ment Retard Dev Res Rev, January 1,2002,8(4): 234-40.

26.Croen LA, Grether JK, Selvin S. The epidemiology of mental retardation of unknown cause. Pediatrics. 2001,107(6):e86.

肢体专业报告

一、前言

儿童肢体残疾是指儿童的躯体因先天性畸形、肿瘤、感染、创伤等原因所致的畸形、残缺，从而引起躯体运动功能障碍[1,2]。儿童的肢体残疾不仅会影响他们的正常生长发育，而且还会对他们今后的精神生活及社会活动带来严重困难。因此，肢体残疾儿童的康复事业理应得到全社会的关注和支持。

儿童肢体残疾的康复应当是全面的，既包括医学康复、教育康复，也包括早期干预康复等[3]。儿童早期干预康复理论认为，儿童早期的经验不仅直接影响其当时的生长发育、健康状况，还会影响到她们（他们）成人之后的生活质量。如果在这个可塑性强、对各种康复治疗刺激高度敏感的时期，对其现存残疾进行干预，则可起到事半功倍的效果。目前国内外的儿童康复专家认为7岁之前是残疾儿童的最佳康复年龄[4]。

北京市自1987年全国的残疾人调查后到现在，15年间再没有做过大规模的儿童残疾现状调查，在经济、科技和社会迅速发展的时期，北京市残疾儿童的残疾状况也会有所变化，因此，在北京市进行一次大规模的残疾儿童抽样调查非常必要。通过调查，可以得到北京市儿童残疾的第一手资料，为北京市今后制定残疾儿童的康复政策、康复规划提供可靠依据。

200 3 年 7 月至2004年12月由北京市残疾人联合会和北京市卫生局联合组织实施了0~6岁残疾儿童抽样调查。现将肢体部分总结如下：

二、对象和方法

（一）调查对象

具有北京市户口（其中父母一方是北京市户口的儿童也包括在内）的0～6岁儿童，系指1997年6月1日零时以后到2004年6月1日零时之前出生的儿童。

（二）抽样方法

采用容量比例概率分层整群抽样。

1.分层方法

按照一般分层的原则，城乡、年龄应是分层的首选条件，考虑到北京市近些年各区县的人文、经济等发展情况不太一致，较为复杂，为保证每个区县均能进入样本，本次调查根据全市行政区划，分为18个层（即18个区县），这样的抽样具有较好的可行性。如果调查仅集中在若干区县，在每个区县工作量和调查的时间都要延长，均不利于现场工作的实施。

2.样本量的确定

(1) 依据以下参数确定总样本量：

①调查对象目标人群总数：考虑到抽样调查工作的可行性，本次调查依据2002年儿童保健年报数据总人数为416545人；

②估计总体残疾现患率为1%；

③抽样绝对误差0.2%；

④设计效能为3；

⑤显著性水平为1.96，由EPI INFO软件计算，样本量为27885人。

(2)各层样本量的确定：根据容量比例概率原则，各层的样本量按照2002年各区县儿童数占总体构成比计算而得。

3.抽样单位

以街道（乡镇）为最小抽样单位，每一最小抽样单位儿童数平均为720人左右。每层抽样单位个数的确定根据各层预计样本量和平均每个单位的儿童数相除得来。全市共计39个街道（乡镇）参与本次调查（其中包括预试验的东城区的2个街道）。凡抽到某街道（乡镇）内的所有符合调查对象要求的儿童均为应查对象。这种抽样设计也符合整群抽样群数>30、基本抽样单位人数>500，变异系数最小的抽样原则。

4.具体实施步骤：

(1)随机抽取整群：首先制定全市各区县的街道（乡镇）抽样框架（资料来源于北京市民政局编写的2004年版《北京市行政区划》），全市共计319个街道（乡镇）；第二，为每个抽样单位赋值随机数；第三，按照由小到大排序的原则选取随机数较小的若干个街道（乡镇），该数目是根据每层抽样单位个数而定的。本次调查将北京市18个区县根据北京市统计局常规划分为城市地区和农村地区，考虑到北京目前各区县的街道（乡镇）的分布状况和代表性，在此抽取过程中我们还结合参考了以下原则：城市地区只抽取街道；农村地区不考虑街道，以镇为主，乡的个数在1～2个为宜。

在实际操作中，考虑到各区县的可操作性，对于个别区县有实际操作困难的街道（乡镇）进行了替换，替换原则是根据随机数由小到大顺延。主要的替换原因包括如下：a.所选取的若干单位儿童数过少，无法满足调查需要。b.所选取的单位拆迁面积过多，或新建小区过多。c.所选取单位的一级政府由于人事等特殊原因无法承担该项调查的组织工作。

具体地区划分及各区县实际的抽样单位数和实际儿童数详见表2-4-1。

(2)制作调查底册：在抽取出的街道（乡镇）中，由当地工作人员通过计生、公安、妇幼保健等部门，登记辖区内符合调查要求儿童的基本情况，并通过各社区居（村）委会入户随访，掌握在册儿童的人户分离情况，增补人在户不在的北京籍儿童。调查底册的内容主要包括儿童编号、姓名、性别、出生日期、监护人姓名、家庭地址、联系电话等内容。儿童编号为识别每个儿童的唯一编号，编号规则全市统一。

表2-4-1　城市和农村地区的划分及实际的抽样单位数和实际儿童数

城市地区			农村地区			
地区别	街道数	儿童数	地区别	镇个数	乡个数	儿童数
东城区*	2	619	门头沟区	3	0	1048
西城区	1	1333	房山区	3	0	2883
崇文区		2695	大兴区	2	0	2104
宣武区	1	745	通州区	1	0	1445
朝阳区	5	3490	顺义区	2	0	1418
海淀区	3	3736	昌平区	2	0	1460
丰台区	2	2048	平谷区	2	0	1472
石景山区	2	995	怀柔区	2	0	1081
			密云县	2	0	2115
			延庆县	0	2	670
小计	18	13661	小计	19	2	15696

* 东城为预调查单位，具体数字不计入本报告中

（三）肢体残疾的标准、筛查和诊断方法

1.肢体残疾的标准

本次调查采用1987年中国残疾人调查采用的我国自行制定的肢体残疾标准，

结合儿童特点，肢体专家组专为本次调查制定了《儿童肢体残疾的分级和分类标准》。

（1）1987年中国残疾人调查的肢体残疾标准[1]

从人体运动系统有几处残疾、致残部位高低和功能障碍程度综合考虑，并以功能障碍为主来划分肢体残疾的等级。

① 一级

a.四肢瘫痪、下肢截瘫，双髋关节无自主活动能力；偏瘫，单侧肢体功能全部丧失。

b.四肢在不同部位截肢或先天性缺肢，单全臂（或全腿）和双小腿（或前臂）截肢或缺肢；双上臂和单大腿（或小腿）截肢或缺肢，双全臂（或双全腿）截肢或缺肢。

c.双上肢功能极重度障碍，三肢功能重度障碍。

② 二级

a.偏瘫或双下肢截瘫，残肢仅保留少许功能。

b.双上肢（上臂或前臂）或双大腿截肢或缺肢；单全腿（或全臂）和单上臂（或大腿）截肢或缺肢；三肢在不同部位截肢或缺肢。

c.两肢功能重度障碍；三肢功能中度障碍。

③ 三级

a.双小腿截肢或缺肢，单肢在前臂、大腿及其上部截肢或缺肢。

b.一肢功能重度障碍，两肢功能中度障碍。

c.双拇指伴有食指（或中指）缺损。

④ 四级

a. 单小腿截肢或缺肢。

b.一肢功能中度障碍；两肢功能轻度障碍。

c.脊椎（包括颈椎）强直；驼背畸形大于70度；脊椎侧凸大于45度。

d. 双下肢不等长，差距大于5厘米。

e. 单侧拇指伴有食指（或中指）缺损；单侧保留拇指，其余四指截除或缺损

⑤下列情况不属于肢体残疾范围

a.保留拇指和食指(或中指)，而失去另三指者。

b.保留足跟而失去足前半部者。

c.双下肢不等长，相差小于5cm。

d. 小于70度驼背或小于45度的脊柱侧凸。

（2）本次调查制订的肢体残疾标准

①肢体残疾的分类

暂时存在型：是指肢体的疾病通过自身的发育可能自行矫正。例如先天性肌性斜颈可以在1岁以内自行矫正，新生儿及婴儿的膝内翻和膝外翻，随着站立和运动功能的发育，可以在4~10岁间自动获得矫正。

持续存在型：是指肢体的疾病依靠自身的生长发育不能矫正，需要依靠手术、康复才能得到恢复。先天性马蹄内翻足，需要手法扳正，石膏矫形或/和手术治疗。

②肢体残疾的分级

生活自理型：肢体残疾所导致的功能障碍，通过自身的代偿，可以完成日常生活活动所需要的功能。

需要帮助型：肢体残疾所导致的功能障碍，通过自身的代偿，仍然不能完成日常生活活动所需要的功能，而需要借助康复器具或者他人的帮助。

日常生活活动分为八项：翻身、端坐、站立、行走、穿衣、洗漱、进餐、入厕。

2.筛查和诊断方法

（1）筛查方法：通过问、望、触、动、量五个方面对儿童的骨骼、肌肉和神经系统进行查体。

①问：询问监护人受检儿童有无肢体残缺、畸形、运动功能障碍、运动功能发育落后及小儿姿势异常等肢体残疾的既往病史和现在病史。

②望：观察小儿全身肢体发育状况，皮肤的色泽改变，精神状况，对外界刺激的反应，有无肢体的残缺、长短和粗细的不同，可以发现许多先天性的疾病或遗传疾病。

③触：通过检查者对小儿全身及肢体的触摸可以发现或证实许多肢体残疾或功能障碍。例如：难产、产伤造成的臂丛神经损伤，可有一侧上肢软瘫无力，肌张力低下，感觉障碍。而脑缺氧等因素造成脑瘫可有肌张力增高，协调功能障碍，关节活动异常等表现。

④动：检查者对小儿各关节进行被动活动，如伸、屈、内收、外展和旋转，能发现许多先天畸形。如先天性髋脱位、先天性桡尺融合症、关节挛缩症、假关节、骨不连及一些代谢疾病。

⑤量：对肢体不等长的患儿可进行肢体长度测量，对肢体不等粗的患儿可进行肢体粗细的测量。

（2）诊断方法：采用当前临床上普遍接受的小儿骨科疾病诊断标准[6, 7]。

①先天性肌性斜颈

a.定义：一侧胸锁乳突肌挛缩导致头颈歪斜。

b.表现：出生后2~3周在胸锁乳突肌上出现肿块，2~6个月肿块逐渐减小、消失，患儿表现为头颈歪斜。

c.检查：胸锁乳突肌比较健康侧紧张、短缩和增粗，头颈部向患侧歪斜，下颌转向对侧。

②短颈畸形

a.定义：颈椎有先天性融合畸形。

b.表现：短颈、颈部活动受限和发际低三联征。

c.检查：需要X线摄片或CT证实诊断。

③先天性高肩胛症

a.定义：一侧的肩胛骨的位置比正常高，同时伴有颈胸椎、肋骨畸形。

b.表现：两侧肩胛骨不对称，患侧肩胛骨较小，位置高于健侧2~3个肋间，患侧上肢外展功能受限。

c.检查：需要X线摄片证实诊断。

④脊柱侧弯

a.定义：脊柱侧弯是指脊柱在矢状面上偏离身体轴线的一种脊柱畸形，但脊柱侧弯常常合并椎体的旋转，实际上脊柱侧弯是三维结构的畸形。

临床上比较常见的脊柱侧弯有先天性脊柱侧弯、特发性脊柱侧弯、神经纤维瘤病合并的脊柱侧弯、神经肌肉疾病合并的脊柱侧弯，如马凡氏综合征，先天性肌肉营养不良等。

b.表现：依据发生侧弯的位置不同，可表现有：双肩不等高、躯干向一侧倾斜、两侧胸背部不等高、一侧隆起、骨盆倾斜、双下肢不等长等。

c.检查：前弯试验是最简单有效的筛查方法，具体作法是：上肢平举，双手指并齐，伸肘下垂向前弯腰，注意胸腰部的隆起情况，两侧不对称即有可能存在脊柱侧弯，必要时进行X线摄片。

⑤脑脊膜膨出

a.定义：颅骨和脊柱发育缺陷，出现裂孔，形成脊柱裂或颅裂。脑膜（脊膜）从裂隙膨出形成囊性肿物，即为脑脊膜膨出。

b.表现：脑脊膜膨出多位于背部中线，偶有偏离中线，常发生在腰部或腰骶部，一般向背部隆起。脑脊膜膨出常表现为横断性截瘫。

c.检查：需要CT,MRI检查。

⑥多指（趾）、并指（趾）畸形

a.定义：手指或脚趾比正常多出一个为多指（趾）。两个或以上手指（脚趾）连在一起称为并指（趾）。

b.表现：从外观即可做出诊断。

⑦大脑性瘫痪症

a.定义：因为早产、难产、先天性畸形、炎症、外伤等引起的脑缺氧缺血，导致大脑功能失调，总称为大脑性瘫痪症。大脑性瘫痪症包括运动功能失调，感觉失调，语言和智力的障碍。

b.分型：

按照神经运动分类

痉挛型：表现为肌张力增高，屈肌突出，较硬，下肢成交叉状。智力多数正常。

手足徐动型：不自主的，无意识的手足活动，但互不协调。

强直型：全身肌张力增高，成强直状，活动消失。智力极差。

共济失调型：平衡失调，肌感觉丧失，体位感觉丧失，平衡丧失，步态摇晃，常伴有眼球震颤，语音断续。

混合型：常见于脑炎、结核性脑膜炎、化脓性脑膜炎之后，症状混合，无一定类型。

按照受损害的部位分类：

截瘫：双下肢受累，常常属于痉挛型。

偏瘫：同一侧上下肢瘫痪，几乎都是痉挛型的，偶见手足徐动型。

三肢瘫：三个肢体瘫痪，常为双下肢和一上肢，常是痉挛型的。

四肢瘫：四肢均受累，所有手足徐动型患儿均有四肢受累。

按照病情的严重程度分类

轻度：无语言障碍，能够生活自理，不需要借助器械而能自由行走，不需治疗。

中度：不能完全自顾、走动或说话，需要用支具和自助器械。

重度：受累程度已经严重到极难自顾、走动和说话。

c.诊断：较大儿童诊断并不困难，有病因和临床表现。但婴儿诊断需要长期观察。

⑧脊髓灰质炎后遗症

a.定义：因脊髓灰质炎病毒侵犯脊髓前角细胞，产生迟缓性麻痹，又称为“小儿麻痹后遗症”。瘫痪的发生率仅为0.05%。

b.表现：多种多样。

下肢畸形：髋关节屈曲畸形，臀肌瘫痪，膝关节屈曲畸形，股四头肌瘫痪，膝反曲畸形。

足部畸形：马蹄内翻足，外翻足，高弓足等。

上肢畸形：三角肌瘫痪，肱二头肌瘫痪，腕伸肌、对掌肌瘫痪等。

脊柱畸形：为麻痹性脊柱侧弯。

c.诊断：需要专业医生做出。

⑨发育性髋关节脱位

a.定义：发育性髋关节脱位，以前也称为先天性髋关节脱位，为小儿矫形外科常见病。发病原因尚不完全清楚，可能与遗传、性别（80%~90%为女孩发病）、种族、生活习惯、环境因素、胎位（臀位产发病率较高）等因素有关。

b.表现：新生儿有患肢活动少，蹬踏无力，双下肢不等长的表现，儿童有跛行。

c.检查：

外观与皮纹：大腿皮纹不对称，患侧短或消失，臀部皮纹也不相称，患肢有外旋。

Ortolani试验（外展试验）：屈髋90°时外展受限。当外展到一定程度突然弹跳，则外展可达90°，称为Ortolani阳性，此为髋关节脱位最可靠的体征。

步态：会走路的儿童表现为特有的“鸭步”步态。

⑩膝内翻、膝外翻

a.定义：内踝并拢，膝关节内侧之间不能靠拢，称为膝内翻。膝内侧并拢，内踝不能靠拢，称为膝外翻。

b.表现：双侧下肢不直，膝内翻时，双侧下肢呈“O”型；膝外翻时，双侧下肢呈“X”型。

c.检查：患儿仰卧位，双侧下肢伸直，调整髌骨向前方，测量膝关节内侧或内踝之间的距离，间距超过5公分即诊断。

⑪ 先天性马蹄内翻足

a.定义：畸形包括前足内收，踝关节马蹄，跟骨内翻和足的内旋，随着年龄的增长畸形日趋加重。

b.表现：上述四联症。

c.检查：从外观即可做出诊断。

⑫ 先天性束带和截肢

a.定义：系因母亲妊娠时，羊水过多，肢体被羊膜粘连或缠绕，在粘连和缠绕部位形成很深的皮肤沟，称为先天性束带。

b.表现：临床表现呈多样性，束带浅者仅限于皮下组织，深者可压迫神经、血管、肌肉甚至骨骼，严重者可使肢体自行截肢形成先天性截肢。先天性束带常发生于下肢及手指，常合并手指缺如或并指。

c.检查：X线摄片可以了解束带对骨骼的影响情况。

⑬ 肢体不等长

a.定义：肢体不等长是指单一或多个骨短缩或生长过度。

b.表现：主要是行走跛行。

c.检查：肢体测量可发现肢体不等长以及不等长的程度。

⑭ 臂丛神经损伤

a.定义：是由于生产过程当中臂丛神经因牵拉而引起的上肢瘫痪。现在有人主张称之为“新生儿臂丛神经麻痹”。主要发生在难产、超体重儿以及臀位产的新生儿。

b.表现：婴儿患侧上肢下垂于身体两旁，不能自主活动。

c.检查：肌电图检查有助于诊断。

⑮ 骨折并发畸形

儿童骨折由于处于生长发育时期，成骨细胞丰富和活跃，血液循环旺盛，骨折愈合迅速，而且具有很强的塑型能力，所以很少留下畸形。但是严重的骨折或者骨折处置不当，也会留下残余畸形。例如肱骨髁上骨折可以发生缺血性挛缩，这是肱骨髁上骨折最重的并发症，重的并发症，可造成终身残疾。肱骨髁上骨折还可能发生肘关节内翻畸形，正常情况下，肘关节存在10至15度的外翻角。

⑯ 儿童意外伤害

随着社会的进步，经济的发展，医学水平的提高，造成儿童肢体残疾的原因也在发生着变化。在五、六十年代，先天性肢体畸形是儿童肢体残疾的主要原因，现在，意外伤害所占的比例逐渐增加。意外伤害包括交通事故，严重的烧伤、烫伤，有毒气体的中毒，食物中毒，药物中毒，坠落伤，枪击伤或刀伤等等。儿童意外伤害的表现不一，常常为复合伤害，包括有肢体的伤害，常常落下残疾。儿童意外伤害基本上都有医疗单位的就诊纪录和诊断证明，因意外伤害所导致肢体残疾的筛查并不难。

⑰ 类风湿性关节炎

a.定义：为全身性疾病，关节炎只是其中的表现之一。为自身免疫性疾病。由于滑膜炎症，骨和软骨的破坏，关节可发生纤维化，导致关节强直，关节功能障碍。

b.表现：分为三型。

少关节型：在小儿最多见，它经常侵犯一个大关节，主要是膝关节。本病的关节外表现有：虹膜睫状体炎、Reiter’s综合征（莱特尔氏综合征，即非淋病性关节炎、结膜炎、尿道炎）及肠炎。关节破坏很少见。

多关节型：占所有病例的三分之一。这是一种女性多发病，大小关节都会受到侵犯。与少关节型类风湿性关节炎相比，多关节型更容易受到进行性破坏，尤其是髋关节和膝关节。

全身型：此型类风湿性关节炎是最少见的一种，仅占20%。其特点是高热，每天2~3次，超过39.5℃，常伴有寒战。此外，本型还有明显的关节外症状，红白相间的斑状皮疹，最早出现在躯干，之后出现在手掌和足底等身体其他部位。肝脾肿大，胸膜炎和心脏周围炎也比较常见。全身型类风湿关节炎可逐渐加重，有四分之一的病人导致关节破坏。

c.化验检查：RF,ASO,CRP,HLA-B27实验室检查有一定的特异性。

（四）调查人员

本次肢体调查的专家组有3人组成，都是小儿骨科专业医师，1名拥有高级职称，2名拥有中级职称。调查人员来自本市的各个县区医院，其中成人骨科医师21名，外科医师8名，小儿外科医师1名，儿科医师1名。具有高级职称的

16名，中级职称11名，初级职称2名，其他2名。来自三级甲等医院5名，二级甲等医院21名，二级乙等医院1名，乡镇医院2名，其他2名。

（五）现场调查和工作流程

1.初步筛查

通过问、望、触、动、量五个方面对儿童的骨骼、肌肉和神经系统进行查体。

2.填写调查表

按照表格先后顺序，逐个如实填写，并签名或盖章。

3.阳性病例确诊

凡筛查阳性者，即筛查表中的第一项为“残疾”的，应由专业骨科医师进一步确诊。肢体残疾确诊门诊设在北京儿童医院新门诊楼4楼26诊室，开放时间定在每周三上午9：00至11：30。确诊后的病例，由专业骨科医师在表格当中签字，并安排进一步治疗。排除诊断者，由专业骨科医师重新填写表格，并在表格上方注明。

（六）质量控制

1.质控环节：

（1）准备阶段

①规范操作：本次调查将抽样和实施方案的详细内容、现场分工职责以及全部调查表格的说明等均纳入了工作手册中。每个工作人员人手一册，这样在最大程度上将现场操作进行了标准化，使得每项工作均有据可依。

②统一培训：培训工作包括2大类，总体培训及专业培训，专业培训中又包括理论介绍和现场实习两个步骤，培训期为2天。所有培训均为一级培训，由市级专家组直接培训区县级全部人员，避免了多级培训中信息流失的问题。

③考核上岗：全部调查人员均在调查前经过统一培训，实测5名儿童并通过一致性测验，合格者方可参与本次调查。一致性测验在北京儿童医院骨科门诊进行。

（2）现场阶段

专家指导贯穿整个现场。

①启动：专家指导现场操作。专家组成员之一在每个区县开展工作的第一天到场，直接指导现场操作。专家对调查人员的测查完全满意后方可撤离。

②初期：专家监督现场操作。专家在现场过程中对抽取5%的筛查阴性儿童进行核查。

③中期：专家参与诊断工作。大部分筛查阳性儿童由市级专家直接诊断。

④后期：专家复查诊断结果。对于由区县诊断的病例，专家组对其资料进行复查，必要时重新诊断。

（3）分析阶段

采用Epidata软件建立数据库，全部数据均使用双录入方式录入，保证录入数据的准确性。

2.质控评价

（1）失访儿童入户访视

考虑到残疾儿童家长的避嫌心理（不愿带有病的儿童到现场进行检查）可能造成调查对象的选择偏倚，从而使本次调查结果低于真实值，在现场调查结束后，市抽样办继续组织了后期入户访视工作。

本次调查共筛查肢体残疾阳性儿童256名，有20名儿童的家长拒绝对儿童进行进一步诊断。针对这部分儿童的家长，调查组反复宣传和动员，最终通过入户访视、电话咨询、知情人调查等不同的方式获取儿童的资料，由专家组确定诊断。经过说服劝导，愿意接受入户的儿童家长，专家入户亲自检查；不同意入户调查的家长，我们则采用让他们带孩子到他们信得过的医院就诊，随后电话了解医院就诊情况。上述两种情况都拒绝的则采用电话调查的方式，其中电话追踪5名，入户追踪调查15名。

（2）可靠性评价

①测查方法和工具：本次肢体残疾调查均尽量采用客观的评价指标，统一的疾病诊断流程、方法和标准。

②测查人员：在培训和实习过程中，均对测查人员进行了一致性评价，以同一测试对象不同测试人员测试结果的符合率作为评价指标，一致性达不到95%以上者不得参加现场调查。本次调查肢体专业一致性为100.00%。

（3）真实性评价

①避免诊断错误：本次调查大部分筛查阳性儿童由市级专家组诊断，肢体专家诊断率为55%（142/256）。对于个别由区县级医师诊断的病例，在现场调查结束后，市级专家组也对这些诊断进行了资料回顾和/或家访等形式的复查，即所有病例的诊断均经过专家组的确认，保证了诊断的准确性。

本次调查在丰台区某个调查点，专家复诊时发现较多膝关节外翻儿童，不符合一般发病情况和规律，所以，专家组随后对所有调查员认为的阳性儿童进行了重新复查，共计有25名儿童。

②避免筛查中出现假阴性：专家在现场随机抽取5%的筛查阴性儿童，重新筛查，共抽取1483名筛查阴性儿童，查出0名假阴性儿童，假阴性率为0。

三、结果与分析

（一）肢体疾病的基本情况

本次肢体残疾调查对所有肢体障碍疾病均进行了筛查登记，再根据肢体残疾的两套标准，从中确认肢体残疾。共诊断出各类肢体障碍病儿182例，确诊肢体残疾61人。肢体疾病的具体情况是：先天性肌性斜颈9人，先天性高肩胛1人，先天性尺桡近端关节融合1人，手多指7人，手并指1人，手部其它先天畸形4人，先天性束带畸形2人，狭窄性腱鞘炎14人，腕关节肿物1人，臂丛神经损伤2人，先天性脊柱侧弯合并脊髓纵裂1人，脊柱后突畸形3人，特发性脊柱侧弯3人，腰骶部神经胶质瘤1人，腰大肌肥大1人，脑脊膜膨出5人，膝内翻6人，膝外翻47人，神经纤维瘤病合并胫骨假关节1人，下肢不等长2人，先天性髋关节脱位4人，注射性臀肌挛缩3人，先天性马蹄内翻足3人，足外翻3人，足并趾5人，足多趾6人，足部其它先天性畸形2人，侏儒1人，进行性肌肉营养不良2人，外伤所致手指残缺1人，肱骨髁上骨折合并肘关节内翻1人，烫伤所致关节活动受限4人，大脑性瘫痪35人。上述病例中，先天性疾病占74.73%，可见儿童肢体疾病仍然以先天性畸形为主，其次为大脑性瘫痪，占19.23%，第三位为外伤，占3.30%。

与以往的相关调查相比[1，5，8~11]，本次调查所获得的病种比较丰富。

（二）流行病学特征

1.肢体残疾现患率和肢体疾病现患率

本次调查0~6岁儿童共28707人，筛查出可疑肢体残疾256人，筛查阳性率为0.89%；确诊肢体残疾61人，残疾现患率2.12‰；共诊断出各类肢体障碍病人182例，疾病现患率为6.34‰。

2.残疾严重程度构成

本次调查61名肢体残疾儿童当中，四级（轻度）肢体残疾30人，占肢体残疾儿童的49.2%；三级（中度）肢体残疾19人，占肢体残疾儿童的31.1%；二级（重度）肢体残疾8人，占肢体残疾儿童的13.1%；一级（极重度）肢体残疾4人，占肢体残疾儿童的6.6%。分布情况见图2-4-1。

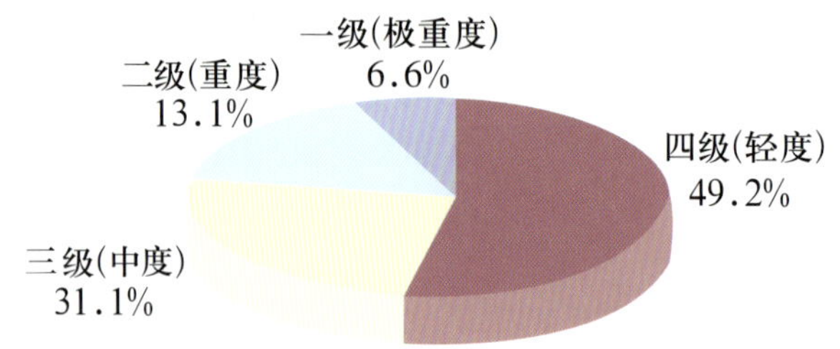

图 2-4-1 0～6 岁肢体残疾儿童残疾程度构成

3.分布特征

(1) 地区分布

①各区县分布

本次调查确诊的61名肢体残疾儿童当中，各区县筛查人数、筛查阳性人数、筛查阳性率、肢体残疾确诊儿童人数、肢体残疾现患率见表2-4-2。

表 2-4-2 肢体残疾儿童的地区分布

地区别	调查儿童数	筛查阳性人数	阳性率（%）	确诊人数	现患率（‰）
西城区	1333	13	0.98	3	2.25
崇文区	695	4	0.58	1	1.44
宣武区	745	9	1.21	5	6.71
朝阳区	3486	16	0.46	2	0.57
海淀区	3733	9	0.24	4	1.07
丰台区	2040	72	3.53	7	3.43
石景山区	993	4	0.40	1	1.01
城市小计	13025	127	0.98	23	1.77
门头沟区	1047	5	0.48	2	1.91
房山区	2882	25	0.87	10	3.47
大兴区	2102	7	0.33	5	2.38
通州区	1444	7	0.48	0	0.00
顺义区	1418	3	0.21	1	0.71
昌平区	1460	14	0.96	2	1.37
平谷区	1468	8	0.54	2	1.36
怀柔区	1080	22	2.04	4	3.70
密云县	2111	28	1.33	8	3.79
延庆县	670	10	1.49	4	5.97
农村小计	15682	129	0.82	38	2.42
合计	28707	256	0.89	61	2.12

各区县0～6岁儿童肢体残疾儿童现患率分布见图2-4-2和图2-4-3。

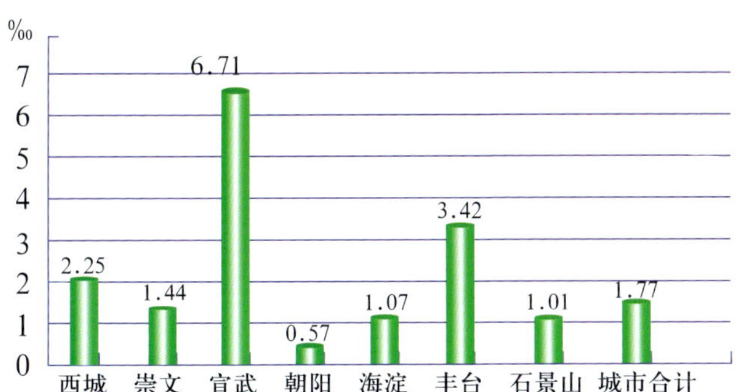

图2-4-2 城市地区0～6岁儿童肢体残疾现患率

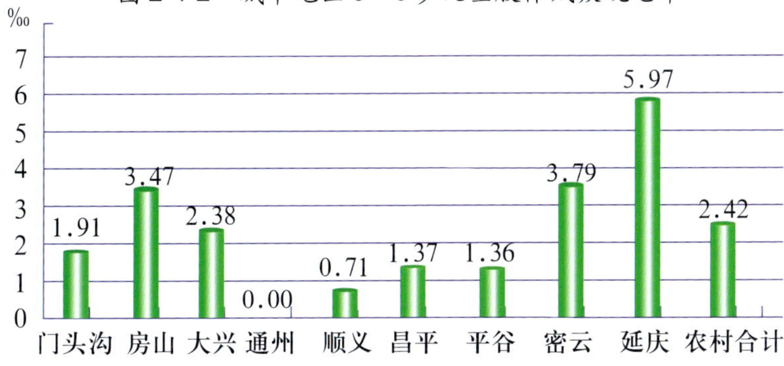

图2-4-3 农村地区0～6岁儿童肢体残疾现患率

②城乡分布

本次调查确诊61名肢体残疾儿童，其中城区23人，肢体残疾现患率为1.77‰，占肢体残疾儿童的37.7%；农村38人，肢体残疾现患率2.42‰，占肢体残疾儿童的62.3%。

（2）性别分布

本次调查确诊的61名肢体残疾儿童当中，男孩30人，占肢体残疾儿童的49.2%，肢体残疾现患率为1.05‰；女孩31人，占肢体残疾儿童的50.8%，肢体残疾现患率为1.08‰。见图2-4-4。

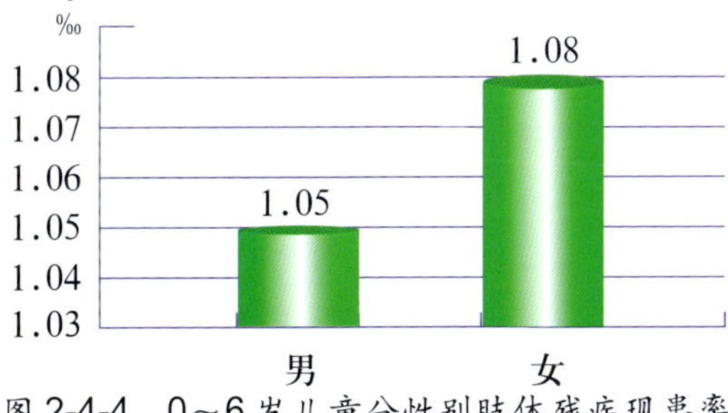

图2-4-4 0～6岁儿童分性别肢体残疾现患率

（3）年龄分布

本次调查确诊的61名肢体残疾儿童当中，不同年龄的分布见表2-4-3和图2-4-5。

表2-4-3　不同年龄儿童肢体残疾的的现患情况

年龄组	筛查人数	肢体残疾人数	肢体残疾现患率（‰）
0	2548	2	0.78
1	4279	9	2.10
2	4184	9	2.15
3	4643	10	2.15
4	4941	10	2.02
5	4385	13	2.96
6	3727	8	2.15
总计	28707	61	2.12

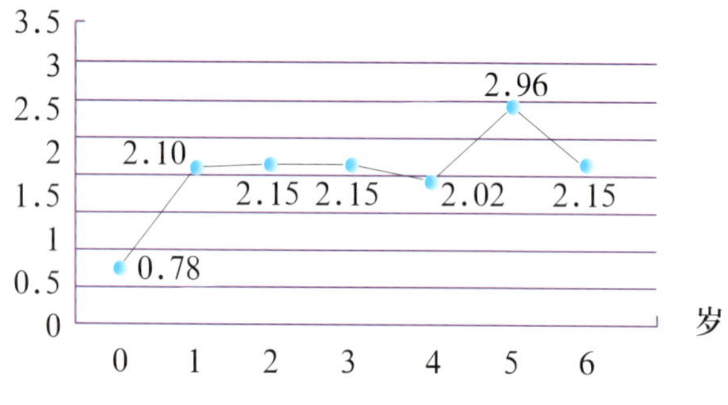

图2-4-5　不同年龄儿童的肢体残疾现患率

（4）父母文化程度状况

本次调查确诊的61名肢体残疾儿童当中，父亲文化程度大专及以上、高中中专、初中、小学、文盲或半文盲的肢体残疾儿童分别为10人、17人、31人、2人、1人，肢体残疾现患率分别为1.2‰、2.2‰、2.7‰、2.1‰、3.7‰。

母亲文化程度大专及以上、高中中专、初中、小学、文盲或半文盲的肢体残疾儿童分别为6人、15人、37人、2人、1人，肢体残疾现患率分别为0.8‰、1.9‰、3.2‰、1.8‰、6.4‰。

父母不同文化程度0～6岁儿童肢体残疾现患率见图2-4-6。

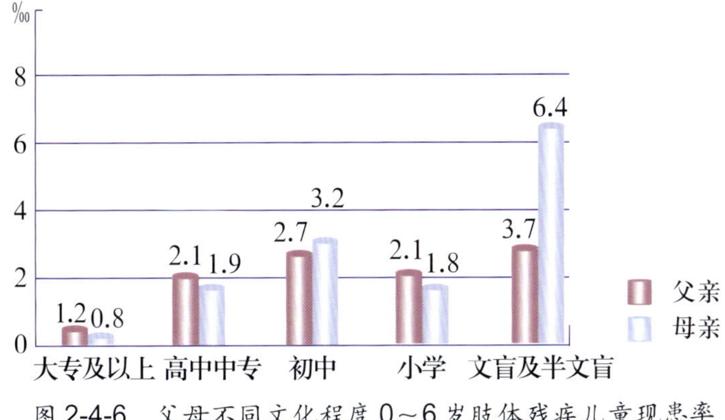

图 2-4-6　父母不同文化程度 0～6 岁肢体残疾儿童现患率

（5）父母职业分布状况

本次调查确诊的61名肢体残疾儿童当中，父亲职业为“不在业，且从未参加工作者”、“国家机关党群组织、企事业单位负责人”、“各类专业技术人员”、“办事人员和有关人员”、“商业、服务业人员”、“农、林、牧、渔、水利业生产人员”、“生产、运输、设备操作人员及有关人员”、“军人”、“不便分类的其它劳动者”的肢体残疾儿童分别为1人、1人、6人、5人、2人、19人、25人、1人、1人，肢体残疾现患率分别为3.7‰、0.8‰、1.2‰、1.8‰、0.6‰、3.3‰、2.7‰、2.0‰、2.6‰。

本次调查确诊的61名肢体残疾儿童当中，母亲职业为“不在业，且从未参加工作者”、“国家机关党群组织、企事业单位负责人”、“各类专业技术人员”、“办事人员和有关人员”、“商业、服务业人员”、“农、林、牧、渔、水利业生产人员”、“生产、运输、设备操作人员及有关人员”、“军人”、“不便分类的其它劳动者”的肢体残疾儿童分别为4人、2人、5人、3人、10人、29人、7人、0人、1人，肢体残疾现患率分别为4.3‰、3.2‰、1.0‰、1.1‰、1.9‰、2.9‰、2.2‰、0.0‰、2.6‰。

父母不同职业0～6岁儿童肢体残疾现患率见图2-4-7。

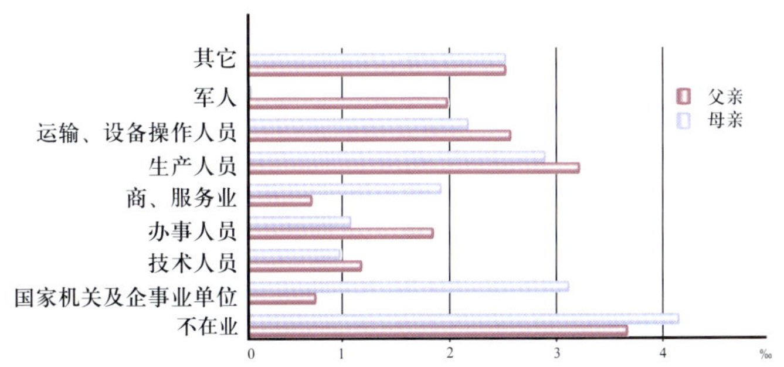

图 2-4-7　不同父母职业的 0～6 岁儿童肢体残疾儿童现患率

（6）家庭收入状况

本次调查确诊的61名肢体残疾儿童当中，家庭人均月收入400元以下的肢体残疾儿童38人，现患率为3.6‰；400～999元14人，现患率为1.9‰；1000～1999元5人，现患率为0.8‰；2000元及以上4人，现患率为0.9‰。

不同家庭人均月收入0～6岁肢体残疾儿童的肢体残疾现患率见图2-4-8。

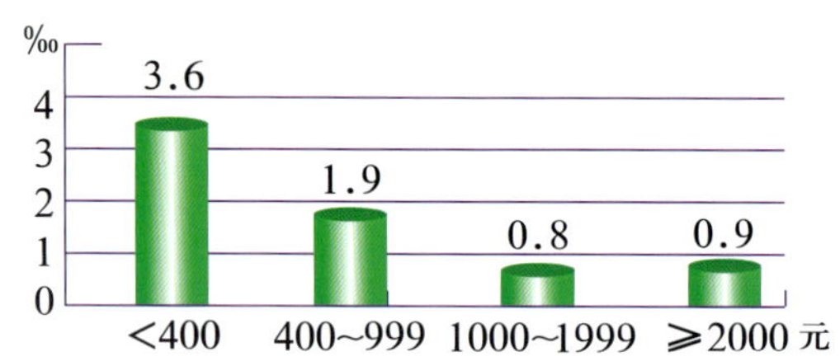

图2-4-8　不同家庭月收入的0～6岁儿童肢体残疾现患率

4.致残原因

本次调查确诊0~6岁肢体残疾儿童61人，致残主要原因和可疑原因见表2-4-4。

表2-4-4 0～6岁肢体残疾儿童的致残主要原因和可疑原因

致残原因	残疾儿童数（人）	构成比（%）
大脑性瘫痪	35	57.38
脊柱脊髓疾病	4	6.56
四肢先天性畸形	10	16.39
神经肌肉性疾病	7	11.48
外伤致残	4	6.56
其他原因	1	1.64
合计	61	100.00

5.康复现状与需求

（1）康复现状

本次调查确诊的61名肢体残疾儿童当中，调查时接受医院治疗的17人，占27.87%；接受康复机构治疗的6人，占9.84%；采用家庭康复治疗的8人，占13.11%；接受其它康复治疗的1人，占1.64%；没有进行康复治疗的29名，占47.54%，见图2-4-9。

61名肢体残疾儿童中，使用矫形器的2人，占3.28%；采用手术治疗的2人，占

3.28%；使用其它康复器具的1人，占1.64%;没有采用康复器具的56人，占91.80%，见图2-4-10。

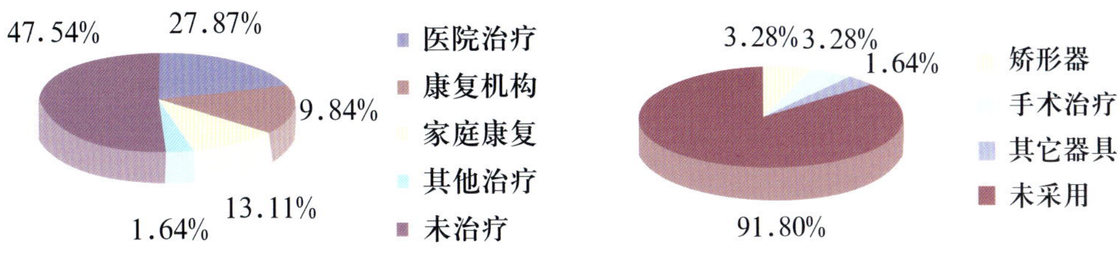

图2-4-9 0～6岁肢体残疾儿童的康复形式现状

图2-4-10 0～6岁肢体残疾儿童的康复器具使用现状

（2）治疗康复需求

本次调查确诊的61名肢体残疾儿童都需要康复治疗。其中需要接受医院治疗的32人，占52.46%；需要接受康复机构训练的22人，占36.07%；需要进行家庭康复训练的5人，占8.20%，其他2人，占3.28%，见图2-4-11。

需要自助器的3人，占4.92%；需要装配假肢的2人，占3.28%；需要矫形器的28人，占45.90%；需要手术的24人，占39.34%；需要其他治疗康复形式的4人，占6.56%，见图2-4-12。

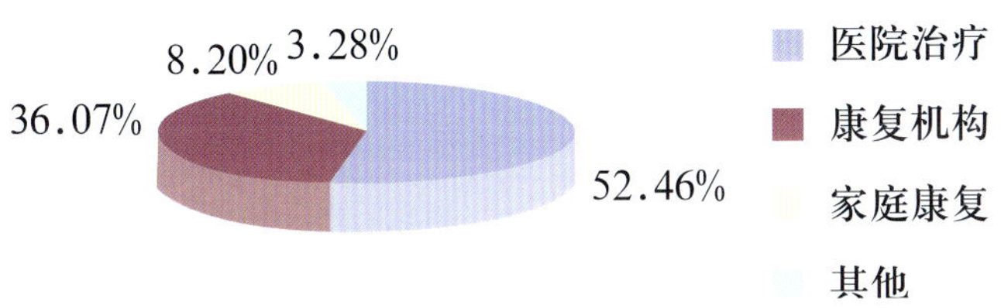

图2-4-11 0～6岁肢体残疾儿童的治疗康复形式需求

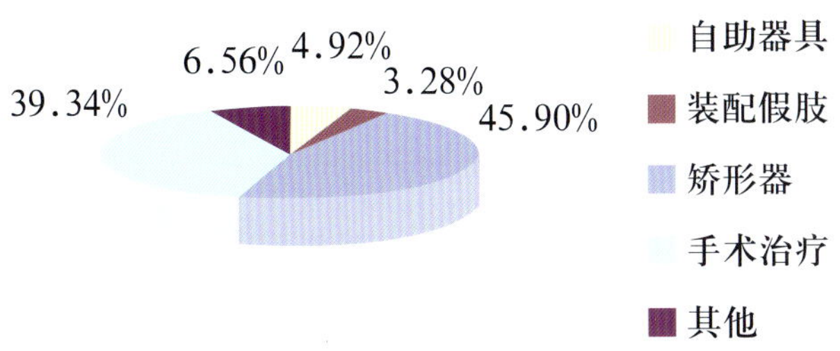

图2-4-12 0～6岁肢体残疾儿童的康复器具需求

（三）0～6岁肢体残疾儿童的致残危险因素分析

1.单因素分析

0～6岁肢体残疾儿童与其居住地、性别、年龄、民族、是否独生子女、父母职业、父母文化程度、父母婚姻状况、家庭月人均收入等变量进行单因素分析，结果见表2-4-5。

2.多因素分析

结合专业知识和单因素分析过程中的结果选定部分变量：家庭人均月收入、父母文化程度、父母职业，进行非条件logistic回归分析。以“是否为肢体残疾”作为因变量，残疾为1，非残疾为0。将所选变量使用后退法（Backwords：Wald）引入logistic回归模型。n = 28423，按$\alpha = 0.05$标准进行分析，结果仅有家庭人均月收入一项进入方程，$\beta=-0.584$，wald $\chi^2=15.293$，*OR*=0.558(95%CL=0.416～0.747)，提示高收入家庭儿童肢体残疾风险较低。

四、讨论

（一）儿童肢体残疾和肢体疾病现患率，以及现患人数的推算

本次调查的0～6岁儿童肢体残疾病人61人，肢体残疾现患率为2.12‰。根据2000年第五次中国人口普查人口数推算，北京市大约有0～6岁肢体残疾儿童1311人（计算方法见51页）。

本次调查的0～6岁儿童肢体疾病病人182名，肢体疾病的现患率为6.34‰。根据2000年第五次中国人口普查人口数推算，北京市大约有0～6岁肢体疾病儿童4092人。

本次调查的0～6岁儿童肢体残疾的现患率与2001年中国0～6岁残疾儿童抽样调查的4.24‰相比[1]，下降了2.12‰；与1987年全国残疾人抽样调查的1.28‰相比[1]，上升了0.84‰；与1999年深圳市0～7岁残疾儿童调查的1.86‰相比[5]，上升了0.26‰。

（二）0～6岁儿童肢体残疾的流行病学特征

本次调查发现，北京市0～6岁儿童的肢体残疾现患率从性别分布来看，男性和女性基本一致，男孩为1.05‰，女孩为1.08‰。所得结论与2001年中国0～6岁残疾儿童抽样调查相同[1]。

从年龄分布来看，0～6岁肢体残疾儿童现患率有随年龄增长而增加的趋势，

表2-4-5　肢体残疾儿童一般危险因素的单因素分析结果

因素	分类	结论		卡方值	P值	OR	OR95% 可信区间	
		残疾	正常				上限	下限
地区	城市	23	13019	1.45	0.228	0.73	0.42	1.26
	农村	38	15658					
性别	男	30	14868	0.17	0.67	70.90	0.53	1.53
	女	31	13809					
民族△	汉族	58	26836	–	1.000	1.33	0.40	5.30
	其它民族	3	1841					
年龄组（岁）	0～	2	2549	1.434▼	0.231	1.00	–	–
	1～	9	4271			2.69		
	2～	9	4177			2.74		
	3～	10	4638			2.75		
	4～	10	4939			2.58		
	5～	13	4376			3.79		
	6～	8	3727			2.74		
家庭人均月收入(元)	<400	4	10581	6.63▼	0.000**	1.00	–	–
	400–999	5	72851			0.54		
	1000–1999	14	6006			0.23		
	>=2000	38	4618			0.24		
母亲文化程度	初中及以下	40	13061	9.84	0.002**	2.28	1.31	4.00
	初中以上	21	15616					
父亲文化程度	初中及以下	34	12655	3.33	0.068	1.59	0.94	2.72
	初中以上	27	16022					
母亲职业◆	脑力	20	13714	4.85	0.028*	0.55	0.30	0.97
	体力	36	13470					
父亲职业◆	脑力	14	12425	10.46	0.001**	0.38	0.20	0.72
	体力	44	15002					
母亲婚姻状况△	初婚	58	27593	–	0.502	0.76	0.23	3.04
	非初婚	3	1084					
独生子女	是	51	24481	0.15	0.697	0.87	0.43	1.83
	否	10	4196					

△：fisher 精确概率法

▼：趋势卡方检验

◆：未将父母职业为其它和无业者计算入内，因此肢体残疾总数不等于61人。

*：按 $\alpha = 0.05$ 水平，差异有显著统计学意义，** 按 $\alpha = 0.01$ 水平，差异有十分显著统计学意义

注："结论"一栏人数总数不等于28707，是因为调查当中有的被调查者所提供的数据不全。

5岁最高，为2.96‰，0岁组最低，为0.78‰。这一点也与2001年中国0～6岁残疾儿童抽样调查结果相近[1]。其原因可能和有些残疾随年龄增加，生长发育逐渐完善，残疾的表现逐渐显现有关。

从地区分布来看，0～6岁肢体残疾儿童的现患率城区以宣武区最高，为6.71‰，朝阳区最低，为0.57‰；郊区县以延庆县最高，为5.97‰，通州区最低，为0.00‰。城区和郊区县相比，0～6岁肢体残疾儿童现患率城区低于郊区县，城区为1.77‰，郊区县为2.42‰。上述数据表明：北京市0～6岁肢体残疾儿童现患率存在着地区差异，可能与地区间经济发展，生活水平和医疗条件不同有关。

父母不同文化程度0～6岁肢体残疾儿童的肢体残疾现患率也存在差异，父母文化程度为大学、大专及以上者其0～6岁子女的肢体残疾现患率分别为1.2‰和0.8‰，低于父母文化程度为文盲和半文盲的3.7‰和6.4‰。此现象表明：为了降低0～6岁肢体残疾儿童的现患率，必须提高公民的文化和受教育程度。其原因可能与不同文化背景的人群在育儿方面存在差异有关。

父母不同的职业背景其0～6岁子女的肢体残疾现患率不同，以父母无业者最高，分别为3.7‰和4.3‰。均高于从事其它职业的父母，这可能与此类人群各方面的生活环境较差有关，也提醒政府部门应当下大力气，降低失业率，想尽一切办法帮助他们（她们）就业，改善他们的生存环境。

从家庭收入方面来看，月收入低于400元的家庭其0～6岁子女的肢体残疾现患率最高，为3.6‰，随着家庭收入的增加，现患率呈下降趋势，月收入2000元以上者为0.9‰。其原因可能也与他们（她们）的综合生活环境存在较大差异有关。

（三）0~6岁儿童肢体残疾的致残原因

本次调查发现，0～6岁儿童肢体残疾的致残原因，前三位的分别是：大脑性瘫痪、四肢先天性畸形、神经肌肉性疾病，外伤致残和脊柱脊髓疾病并列第四位。与2001年中国0～6岁残疾儿童抽样调查结果相比[1]，大脑性瘫痪都占首位，四肢先天性畸形由第三位上升至第二位，外伤致残进入前五位。在大脑性瘫痪的发生原因上，本次调查发现早产是脑瘫发生的主要原因，其次为孕期患病和妊娠合并症，说明北京市的围产期保健工作仍然任重而道远。先天性畸形的现患率仍然较高，这可能与有些先天性畸形在产前检查时未能及时发现，或/和不能发现有关，所以应当提高肢体先天性畸形产前检查水平，主要是要加大对肢体先天性畸形的病因学和产前检出方法的研究。

外伤致残进入致残原因的前五位，是一个新动向，应当引起注意。这可能与儿童遭受意外伤害的机会增加有关，需要在预防儿童意外伤害，保护儿童健康安全方面加大力度，加强宣传。

（四）0～6岁肢体残疾儿童相关危险性分析

本次调查对儿童肢体残疾的一般危险因素进行了分析，结果发现肢体残疾儿童现患率的高低与家庭月收入、父母文化程度、父母从事的职业有关。与2001年中国0～6岁残疾儿童抽样调查结果相比，相关因素类似。对肢体残疾儿童一般危险因素的非logistic回归分析结果显示，肢体残疾儿童现患率与家庭收入相关，这可能和收入高的家庭，生活水平高，父母受教育机会多，文化水平高，育儿方法得当，受到的围产期保健水平高，比较正规、比较系统有关。这说明提高公民的经济收入对降低儿童肢体残疾的发生非常重要。

（五）0～6岁肢体残疾儿童的康复现状和需求

从本次抽样调查的结果来看，肢体残疾儿童接受各种形式康复治疗的有52.46%，没有进行康复治疗的占47.54%。采用各种形式康复器具的有8.20%，没有采用康复器具的56人，占91.80%。而且，所有肢体残疾儿童都需要康复治疗和采用适当的康复器具，所以，康复治疗现状不容乐观，北京市的康复治疗能力和实际要求仍然存在着巨大的差距。这一点和2001年中国0～6岁残疾儿童抽样调查结果相比，未显示出明显的进步，需要正视和解决。

（六）政策建议

根据本次抽样调查的材料，就北京市0～6岁肢体残疾儿童的防治策略、早期发现、及时治疗和系统管理以及诊断标准等方面的问题提出建议如下。

1.加强围产期保健，预防肢体残疾的发生。

从本次抽样调查的结果来看，大脑性瘫痪（简称为“脑瘫”）是0～6岁儿童肢体残疾的主要原因和疾病。而发生脑瘫的主要原因是早产，其次为妊娠合并症和妊娠期间得病 。所以预防早产儿的发生，降低早产儿的发生率，降低妊娠并发症，提高围产期保健水平，成为预防0～6岁儿童肢体残疾的主要努力方向。

加强围产期保健的另一个重要内容是，对家庭成员中有肢体残疾者，应对胎儿进行染色体或者基因检查，及早发现异常，及时终止妊娠。对那些还不能确认病因的肢体残疾的疾病，要加强相关的基础研究，尽快找到早期筛查的方法。建议科研基金大力支持相关的研究项目，建议政府部门指定几家遗传学实验室来完成此项工作。

例如，先天性成骨不全，属于先天性结缔组织缺陷。以骨形成不良，骨质菲薄，骨骼细小，骨质脆弱，反复骨折，造成严重的骨和关节畸形为常见表现，往往造成严重的肢体残疾，此类儿童往往终生不能站立。但先天性成骨不全的病因仍不明确，目前，尚缺乏围产期筛查的方法。所以亟需加强此类疾病的病因学研究以及妊娠期疾病筛查。

2.关注脑瘫儿童的预防、治疗和康复。

本次调查资料显示，在导致儿童肢体残疾的原因当中，脑瘫占57.38%，在儿童肢体疾病当中脑瘫占第二位，为19.23%，另外，脑瘫这一疾病除了影响儿童的运动功能，有时还影响他们的智力和语言等功能。由于本次调查方法的限制，脑瘫本身合并的其它残疾并不很具体，但是本次调查显示在复合残疾当中，却是以脑瘫为主（22/43）。可见脑瘫成为影响儿童肢体健康和身体健康的重要疾病。从病因学上来说，与先天性畸形相比，脑瘫的预防相对比较容易做到。

脑瘫发生的原因分为产前、产时和产后因素。产前的原因包括：胎儿期的感染、出血、缺氧、母亲的妊娠高血压综合征和糖尿病等。产时因素包括：脐带绕颈、羊水吸入、胎粪吸入以及难产等。产后因素包括：新生儿发生脑缺氧、严重的感染、颅内出血、胆红素脑病等。从上述发病因素来看，脑瘫在一定程度上是可以预防的。例如加强产前保健，预防和减少早产儿的发生；提高住院分娩率，减少生产的意外和损伤等等。

对于已经发生的脑瘫孩子，其治疗和康复任务非常繁重。包括生理和生活能力的训练，语言的训练，教养的训练，体育和功能的训练，矫形器的帮助康复，手术矫正畸形等方面，所涉及的内容较多，病儿的家庭要付出很多，社会工作者和医务工作者都有责任为他们多做一些工作，包括为他们提供训练康复场所，减轻家庭经济负担，提供上学受教育的机会，安排将来的就业等。

3.加强预防儿童意外伤害的宣传教育，减少肢体伤残儿童的发生。

本次调查发现，儿童意外伤害成为造成儿童肢体残疾的第四位原因。其他的相关研究[9]也得出相似的结论。随着社会经济的发展，现代医学的进步，过去困扰儿童健康的传染性疾病，营养不良性疾病，以及某些先天性疾病都在不同程度上得到解决和改善，而意外伤害正成为危害儿童健康的重要原因。而意外伤害的主要问题是造成儿童的肢体残疾。例如，本次调查中发现有一例3岁儿童在乘坐母亲的自行车时，与机动车相撞，造成该儿童肱骨髁上骨折，结果遗留肘关节内翻畸形，严重影响了上肢的功能。

所以，建议媒体和政府部门加强预防儿童意外伤害的宣传教育。可以利用报纸、广播电台、电视等多种手段，对儿童监护人、家政服务人员、幼教工作者、行人、司机进行相关的宣传教育，普及预防儿童意外伤害发生的知识，以及发生意外伤害后紧急处理方法，尽量减轻意外伤害带来的后果。

例如，儿童烫伤，常常因为烫伤创面疤痕挛缩造成肢体功能障碍。那么，预防儿童烫伤的最主要的方法就是让孩子远离一切热源，象热水、热粥、电器等。发生了烫伤最有效也是最简单的方法就是将受伤部位浸入凉水当中，释放烫伤的热量，减轻烫伤的程度。但是，实际上公众对这些常识的了解程度还很低。

4.提高社区儿童保健工作水平，争取早期发现肢体残疾儿童。

宣武区在本次调查中发现一例3岁先天性髋关节脱位的女孩，该女孩现在已经接受治疗，家长对我们本次调查非常感谢，正是我们的调查帮助他们发现了孩子的疾病。但是，回顾该女孩疾病的发现过程，我们也感觉到我们的儿童保健工作水平，以及社区医疗水平还需要进一步提高。因为发育性髋关节脱位这一疾病，在孩子的新生儿期就可以被发现，再晚一些，在孩子会走路时也很容易被发现。该儿童的父母曾经带孩子到某一社区医疗站多次就诊，但被忽略。所以，该女孩失去了至少两次被发现疾病的机会，也错失了早期治疗的机会。发育性髋关节脱位的治疗原则是早期发现，早期治疗。治疗越早，效果越好，治疗方法越简单，治疗花费也越少，儿童的家庭负担，社会的经济负担也越轻。新生儿期能够得到诊断的发育性髋关节脱位的孩子，其治疗只需要穿上一件连衣裤或者佩带一个挽具即可，花费只需要100元左右，孩子没有任何痛苦。而一个到了3岁才发现的发育性髋关节脱位的儿童，住院手术治疗的费用现阶段大概需要1万5千元左右，孩子还要忍受手术和手术后石膏固定的痛苦。两者相比较，简单与复杂，好与坏，肢体残疾早期发现的意义一目了然。

从该例儿童的情况不难看出，儿童保健工作之重要，儿童保健工作水平亟需提高。建议行政主管部门，对从事儿童保健工作的医护人员，提高从业要求，系统接受儿童保健知识的教育和继续教育。建议小儿骨科医生有机会和儿童保健医生和社区全科医生进行定期的交流，加强儿童保健医生及社区全科医生的小儿骨科疾病知识的培训，共同做好儿童肢体残疾疾病的早期发现。

建议首先建立北京市范围的新生儿髋关节脱位的筛查网，筛查网主要依托目前北京市的儿童保健网。建立北京市新生儿髋关节脱位的筛查网还需要进一步细化和商讨方案，目前国内还没有这样的筛查计划。

5.合理利用和分配医疗资源，改善肢体残疾儿童治疗和康复的条件。

本次抽样调查结果显示，北京市0～6岁肢体残疾儿童有52.46%获得治疗和康复，另有47.54%肢体残疾儿童没有获得治疗和康复。所有肢体残疾儿童都有治疗和康复的要求。北京市作为国家的首都，拥有最丰富的医疗资源，但是我们的肢体残疾儿童仍然得不到令人满意的治疗和康复，说明目前的医疗资源没有得到合理的利用。因此，建议政府部门发挥协调作用，合理利用和分配医疗资源，改善肢体残疾儿童治疗和康复的条件。

以农村肢体残疾儿童为例，他们所处的乡镇卫生院可以完成那些轻度残疾儿童的治疗和康复任务；区级医院、妇幼保健院、中医院和骨科医院可以进行中度肢体残疾儿童的治疗和康复；对那些重度和极重度肢体残疾的儿童可以安排到三级甲等医院和专门的康复治疗医院。

此外，肢体残疾儿童的治疗和康复时间较长，费用较高。以脑瘫儿童为例，他（她）们的整个儿童时期都需要进行康复治疗，可想而知，家庭的经济负担非常之重，尤其是那些低收入和无业人员的家庭，迫使他们难以给孩子进行长期系统的康复治疗，这也使得肢体残疾儿童的治疗康复效果难以保证。因此，建议政府部门对这些有肢体残疾儿童的家庭，特别是低收入家庭，降低他们的治疗和康复费用，或者补贴他们一部分医疗康复费用，或者设立专门的肢体残疾儿童的治疗康复基金，由政府或者残疾人联合会管理。此外，还要很好地发挥民间慈善基金会的作用。总之，要充分利用现有的一切社会资源，最大范围地使肢体残疾儿童得到治疗和康复的机会。

6.建立和完善肢体残疾儿童的管理系统。

由本次抽样调查推算出的结果来看，北京市存在大约1311名0～6岁肢体残疾儿童。这样一个庞大的群体必须有一个完善的管理系统，才能更好地做好肢体残疾儿童的服务工作。建议利用现有的儿童保健网和社区医疗服务网，首先做好肢体残疾儿童的登记工作；其次，完成登记汇总和资料库输入工作。

建立一个肢体残疾儿童的资料库以后，重要的是要对他们的治疗和康复做好咨询、引导、建议和帮助工作，使每一个肢体残疾儿童都能得到及时有效的治疗和康复。

7.建立符合儿童特点的肢体残疾标准。

本次调查采用的肢体残疾标准是在参照1987年中国残疾人调查采用的我国自行制定的肢体残疾标准，结合儿童特点，由肢体专业专家组制定的《儿童肢体残疾的分级和分类标准》。前者是适用于成人肢体残疾的评定标准，不完全适合儿童，尤其是0~6岁年龄段的孩子。儿童不是成年人的简单缩小，儿童处于不断生长发育的过程。肢体的残疾主要表现在功能和外观方面，外观上比较容易检查发现，而功能上的不足是随着儿童身体和智力的不断发育成熟，才逐渐表现出来〔3, 7,12~16〕，所以，根据现有标准为儿童进行肢体残疾的评定有一定的困难，急需要为儿童单独制订符合他们特点的肢体残疾标准和定级方法。

本次调查对儿童肢体残疾进行了分类，标定了分级。调查结果表明：按照残疾程度划分，生活自立型占肢体残疾儿童的74.6%；需要帮助型占肢体残疾儿童的25.4%。按照残疾类型划分，暂时存在型占30.3%，持续存在型占69.7%。此套分类分级标准比较简单，容易操作，但是由于时间较紧的关系，在具体操作上，还不够细化，在调查者的一致性上还不够满意。建议北京市残联组织更多的专家，讨论制定一套适合儿童特点的肢体残疾分类和分级标准，填补这项工作的空白。

总之，残疾儿童工作好与坏，体现着一个城市、一个地区、乃至一个国家和民族的社会文明水平，所以，我们必须尽一切力量，做好肢体残疾儿童治疗和康复，让他们（她们）更好地学习和生活，提高他们的生活质量，使他们长大以后能够更好地融入社会，像健康人一样生活和工作。

孙琳　执笔

北京市0～6岁儿童残疾抽样调查肢体专家组成员：孙琳、齐新禹、孙保胜。

参考文献

1. 中国残疾人联合会等编。2001年中国0~6岁残疾儿童抽样调查报告，北京：中国统计出版社，2003年，第一版，80~91。

2. 卓大宏 主编。中国残疾预防医学，第一版，北京：华夏出版社，1998；3—5，14-15，46-55。

3. 廖鸿石 主编《康复医学理论与实践》(上册)，上海科技出版社，2000年11月第一版，P5~16。

4. 陈建华，美国儿童早期干预的研究和实践，《国外医学社会医学分册》，1996；13(3)：1-3。

5. 孙喜斌，曲成毅，杨磊，等。深圳市0~7岁儿童六类残疾现况调查，中华流行病学杂志，2003，11：1016-1019。

6. 佘亚雄 主编《小儿外科学》，第三版，北京：人民卫生出版社，1995年4月第三版，214~276。

7. 吉士俊，潘少川，王继孟 主编《小儿骨科学》，济南：山东科学技术出版社，1999年5月第一版，81~702，703~718

8. 杨静，高书文。五类残疾儿童现患调查与康复需求分析，天津医科大学学报，2002，1：99-101。

9. 汪立。深圳市0~7岁残疾儿童调查结果与分析，中华物理医学与康复杂志，2001，8：240-242。

10. 时俊新，刘筱娴。儿童肢体残疾致残因素的调查研究，最新医学动态，1997，1：5

11. 章煜，陈孙敏，钱飞敏，等，上海市7岁以下残疾儿童的流行病学研究，上海预防医学杂志，1999，3：109-111。

12. 周士枋，范振华主编，残疾儿童的康复，《实用康复医学》(修订本)，东南大学出版社，1998年9月第一版，390-401

13. Westbrook LE,Silver EJ,Stein REK,implication for estimates of disability in children: a comparison of definetional components,Pediatrics,1998,6(101):1025-1030.

14. Ettner SL,Kuhlthau K,McLaughlin TJ,etc,impact of expanding SSI on medical expenditures of disabled children,health care finance review,spring 2000,3(21):185-201

15. American Academy of Pediatrics,Committee on children with disabilities,assessment of maltreatment of children with disabilities,Pediatrics,2001,2(108):508-512

16. American Academy of Pediatrics,Committee on children with disabilities,the continued importance of suppplemental security income(SSI) for children and adolescents with disabilities. Pediatrics 2001,4(107):790-793.

精神专业报告

一、前言

精神障碍是一类严重影响人类健康的疾病。该类疾病不仅给患者及其家属带来极大痛苦，也严重影响患者的社会功能和社会适应性，因此，它已成为全球性的严重的公共卫生问题。针对该类疾病，充分了解其患病情况、积极探讨其病因、及时予以各种有效的干预，对改善患者预后、提高全人类的健康水平非常重要。精神障碍可起病于人生的任何时期，广泛发育障碍是起病于婴幼儿时期的重要疾病。广泛发育障碍包括儿童孤独症、不典型孤独症、Rett综合征、童年瓦解性精神障碍、Asperger综合征，患儿社会交往、交流、兴趣行为均存在异常，多数患儿伴有精神发育迟滞，极大程度地损害了患儿的社会功能，是导致学龄前儿童精神残疾的最主要原因。因此，充分了解广泛发育障碍的患病现况对初步确定学龄前儿童的精神残疾现状具有非常重要的意义。本次调查的目的是通过对北京地区2～6岁儿童的抽样调查，了解北京地区2～6岁儿童中广泛发育障碍的患病现状，从而初步确定北京地区2～6岁儿童的精神残疾现状，并分析与精神残疾发生有关的危险因素，了解该类人群的康复现状和康复需求，从而为北京市政府及相关部门制定有关学龄前儿童精神残疾的预防、监测、教育、康复等方面的法规、政策和工作规划提供科学依据。

二、对象与方法

（一）调查对象

1.现况调查对象：北京地区具有代表性、有北京市户口、并在抽样点居住半年以上、2002年6月1日前出生的2～6岁儿童。

2.病例对照研究对象：病例组为本次现况调查中确诊的所有精神残疾儿童。对照组为以1比2配比方式选取的同抽查点、同性别、年龄相差不超过半岁的正常儿童。

（二）抽样方法

参见总报告。

（三）筛查和诊断的工具及方法

1.筛查和诊断工具

（1）克氏孤独症行为量表（Clancy Autism Behavior Scale）

该量表为国内外较常使用的儿童孤独症筛查量表，共包括14项与孤独症交往、交流、兴趣行为异常有关的行为表现。筛查员根据家长或其他知情者回顾的患儿的行为表现，对各个项目进行评分。每个项目1分，总分达7分判断为筛查阳性。因其他类型的广泛发育障碍也具有以上行为表现，因此，也可用于其他类型的广泛发育障碍的筛查[1]。

（2）儿童孤独症评定量表（Childhood Autism Rating Scale, CARS）

该量表为儿童精神医学专业工作者使用的儿童孤独症诊断辅助量表，并可用于确定儿童孤独症的严重程度。该量表共包括15项与孤独症交往、交流、兴趣行为异常有关的行为表现。每项有1～4级评分，1为正常，评分越高，症状越重。总分低于30分，为非孤独症；总分30～36分，评分高于3分的项目不到5个，为轻—中度孤独症；总分大于、等于36分，评分高于3分的项目至少5个，为重度孤独症[2]。

（3）精神障碍诊断与统计手册（第四版）（Diagnostic and Statistical Manual of Mental Disorders, Fourth Edition, DSM-IV）

该手册由美国精神病协会于1994年出版，其中包括所有精神障碍的诊断标准，并已在世界各国广泛使用。儿童精神医学专业工作者可根据本手册中儿童孤独症、不典型孤独症、Rett综合征、童年瓦解性精神障碍、Asperger综合征的诊断标准，对患儿做出诊断[3]。

2.筛查和诊断方法

首先经培训合格的筛查员对所有儿童进行克氏孤独症行为量表的评定，从而对儿童进行初步的筛查。之后，由评分和诊断一致性较好的儿童精神医学专家对筛查阳性的儿童进行儿童孤独症评定量表的评定，并根据家长和知情者提供的病史和精神检查结果，结合DSM-IV诊断标准对儿童进行诊断。

（四）危险因素病例对照研究的方法

1.致残因素问卷

该问卷为本次调查中自行编制的问卷，主要包括：妊娠前父母的健康状况和职业接触情况，母孕期情况，家族史，儿童发育史和健康状况等。调查时由调查员根据儿童父母或其他知情者反映的情况予以评定。

2.调查方法

对于现况调查中确定诊断的患儿，按1比2配比方式选取同抽查点、同性别、年龄相差不超过半岁的正常儿童作为对照，以进行危险因素的调查。

（五）调查人员

本次调查的筛查员由各区县级卫生机构的专业卫生人员组成，诊断人员由3名富有临床经验的儿童精神医学专业的主任医师或副主任医师组成。

（六）工作流程

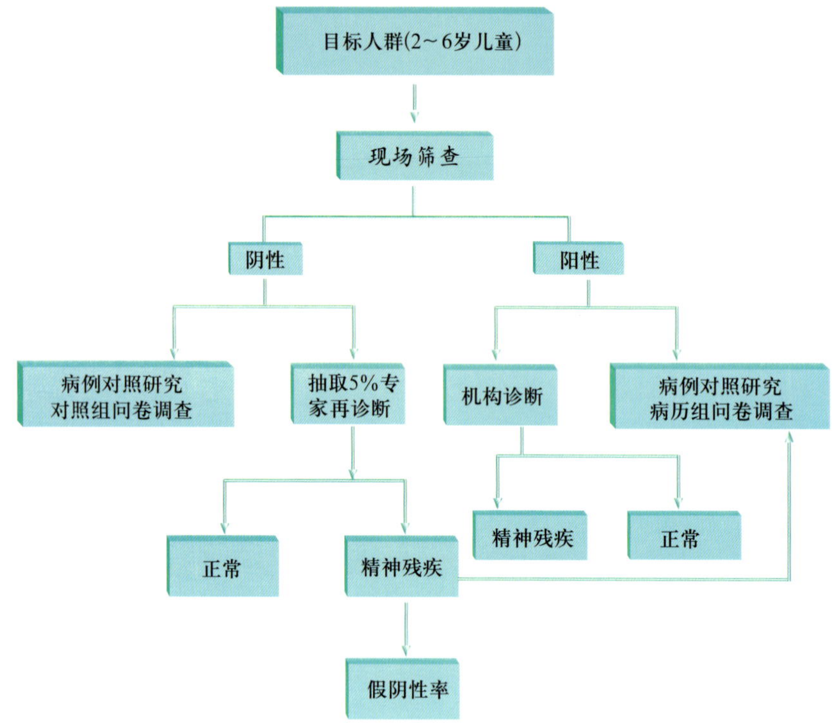

（七）质量控制

1.组织措施

为保证本次调查的质量，项目组织部门采取了一系列措施，具体包括：成立专门的工作小组，制定详细的工作计划，指定专人负责，召开调查动员会，详细地部署各项工作，被调查的街道、乡镇均有专人负责等等。这些措施对保证调查工作的顺利进行和质量起了非常重要的作用。

2.现场调查人员的培训

（1）筛查员培训及筛查结果一致性的测定

由儿童精神医学专家对37名筛查员进行克氏孤独症行为量表评定方法的培训，并进行筛查员和专家间筛查结果一致性的测定。以筛查结果阴、阳性为判断一致性的标准，经对13名儿童进行筛查，结果为：筛查员与专家间筛查结果的一致性为100%。

（2）诊断人员（专家）评定及诊断结果一致性的测定

由3名儿童精神医学专家同时对10名儿童（2名正常儿童和8名孤独症儿童）进行CARS量表的评定和疾病的诊断。以评定结果是否为孤独症及其严重程度为判断一致性的标准，CARS量表评定结果的一致性为100%，疾病诊断结果的一致性也为100%。

3.督导与抽查

（1）专家的现场指导

每个抽样点开始筛查的第一天，均有儿童精神医学专家到现场指导筛查员对儿童的筛查工作，在此过程中，发现问题，及时解决，及时纠正。

（2）筛查阴性儿童的再诊断

对筛查阴性的儿童，以5%的比例进行抽取，进行假阳性筛查。共抽取儿童1254人。其中1名儿童筛查员筛查分为6分，专家筛查分为9分，专家诊断为儿童孤独症。其他儿童均除外儿童孤独症等广泛发育障碍。假阴性率为0.80‰（1/1254）。

4.筛查阳性儿童的入户诊断

对于少数筛查阳性但拒绝进一步诊断的儿童，由专家进行入户评定和诊断。

（八）资料的处理与分析

对所获得的资料，用SPSS10.0进行统计和分析。

三、结果与分析

（一）基本情况

1.调查儿童总数

本次调查儿童为北京地区具有代表性、有北京市户口、在抽样点居住半年以上、2002年6月1日前出生的2～6岁儿童，共21866人。

2.调查儿童的性别构成

本次调查的21866名儿童中，男性11390人，占总数的52.09%；女性10476人，占总数的47.91%。图2-5-1显示了调查儿童的性别构成情况。

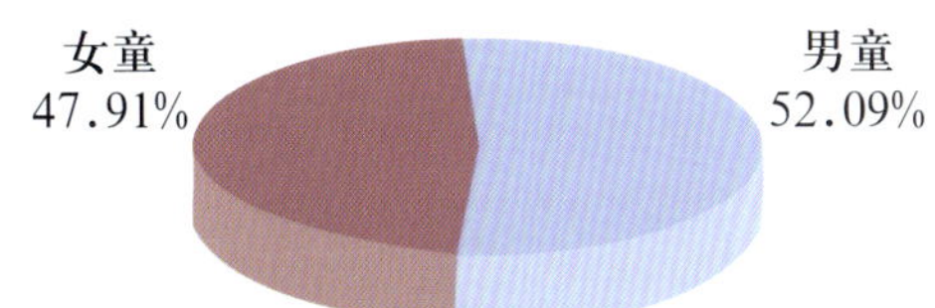

图2-5-1 调查儿童性别构成

3.调查儿童的年龄构成

本次调查的21866名儿童中，2岁组4163人，占总数的19.04%；3岁组4644人，占总数的21.24%；4岁组4944人，占总数的22.61%；5岁组4380人，占总数的20.03%；6岁组3735人，占总数的17.08%。图2-5-2显示了调查儿童的年龄构成情况。

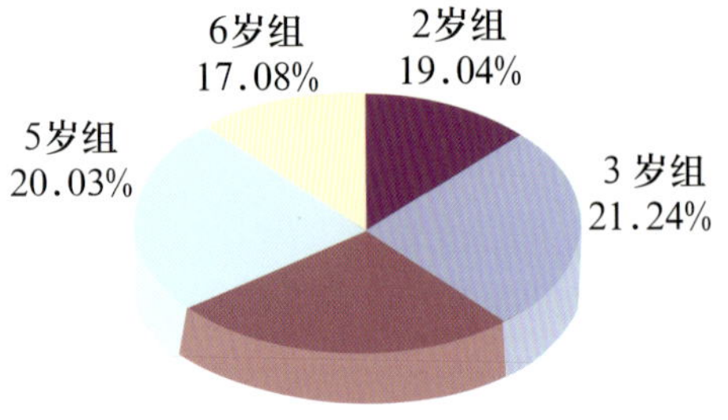

图2-5-2　调查儿童年龄构成

4. 调查儿童的民族构成

本次调查的21866名儿童中，汉族20512人，占总数的93.81%；少数民族1354人，占总数的6.19%。少数民族共有24种，其中以满族、回族、蒙古族为主，分别占少数民族的56.87%、29.32%和6.50%。图2-5-3显示了调查儿童的民族构成情况。

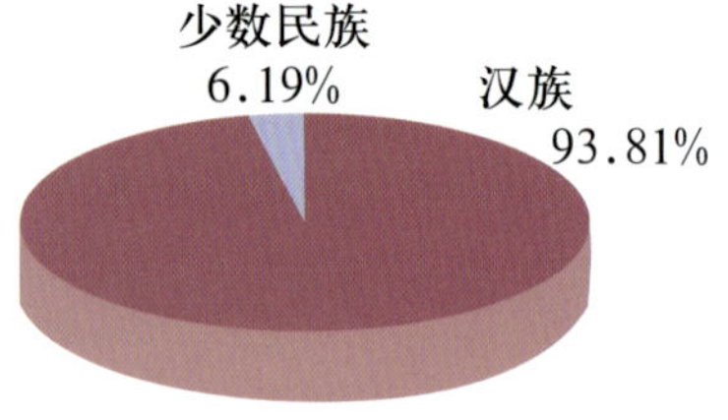

图2-5-3　调查儿童民族构成

5.调查儿童的地区构成

(1) 区县构成

详见表2-5-1。

(2) 城乡构成

本次调查的21866名儿童中，城市儿童9962人，占总数的45.56%；农村儿童11904人，占总数的54.44%。图2-5-4显示了调查儿童的城乡构成情况。

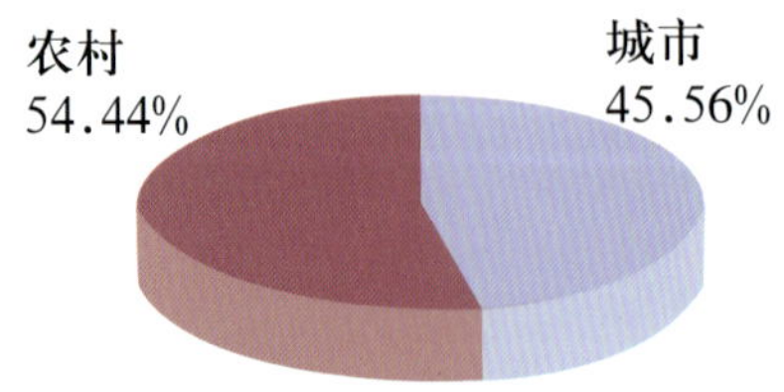

图2-5-4　调查儿童城乡构成

表 2-5-1　调查儿童的区县构成

地区别	人数	构成比（%）
西城区	964	4.41
崇文区	497	2.27
宣武区	538	2.46
朝阳区	2753	12.59
海淀区	2724	12.46
丰台区	1765	8.07
石景山区	721	3.29
门头沟区	780	3.57
房山区	2246	10.27
大兴区	1623	7.42
通州区	1046	4.78
顺义区	1112	5.09
昌平区	1087	4.97
平谷区	1106	5.06
怀柔区	801	3.66
密云县	1527	6.98
延庆县	576	2.63
总　计	21866	100.00

6.调查儿童的父母情况

（1）父母文化程度

本次调查的21866名儿童中，回答父亲文化程度的有效问卷和回答母亲文化程度的有效问卷均为21767份。父亲文化程度为大专及以上、高中中专、初中、小学、文盲半文盲的儿童数目分别为：6053、5648、9216、784、66人，分别占总数的27.81%、25.95%、42.34%、3.60%、0.30%。母亲文化程度为大专及以上、高中中专、初中、小学、文盲半文盲的儿童数目分别为：5786、5655、9263、931、132人，分别占总数的26.58%、25.98%、42.56%、4.27%、0.61%。图2-5-5和图2-5-6分别显示了调查儿童父母的文化构成情况。

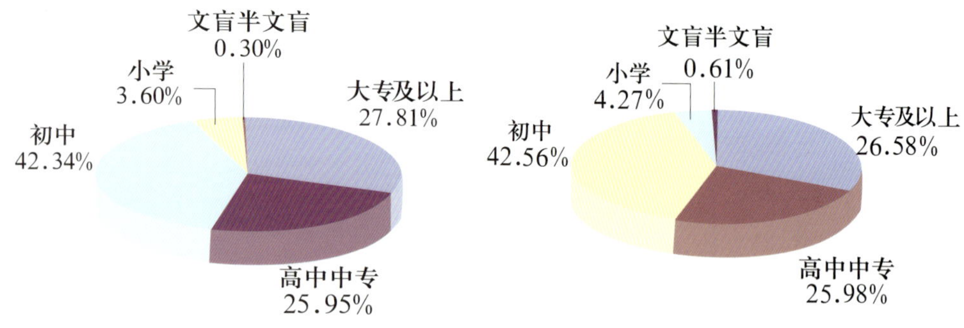

图 2-5-5　调查儿童父亲文化程度构成　　图 2-5-6　调查儿童母亲文化程度构成

（2）父母职业状况

本次调查的21866名儿童中，父亲职业为不在业、国家机关党群组织或企事业单位负责人、各类专业技术人员、办事人员和有关人员、商业和服务业人员、农林牧渔水利业生产人员、生产运输或设备操作人员及有关人员、军人、不便分类的其他劳动者的儿童数目分别为304、988、3555、2104、2574、4562、7141、357、281人，分别占总数的1.39%、4.52%、16.26%、9.62%、11.77%、20.86%、32.66%、1.63%、1.29%。母亲职业为不在业、国家机关党群组织或企事业单位负责人、各类专业技术人员、办事人员和有关人员、商业和服务业人员、农林牧渔水利业生产人员、生产运输或设备操作人员及有关人员、军人、不便分类的其他劳动者的儿童数目分别为720、478、3723、2079、4093、7816、2603、76、278人，分别占总数的3.29%、2.19%、17.03%、9.51%、18.72%、35.74%、11.90%、0.35%、1.27%。图2-5-7和图2-5-8分别显示了调查儿童父母的职业构成。

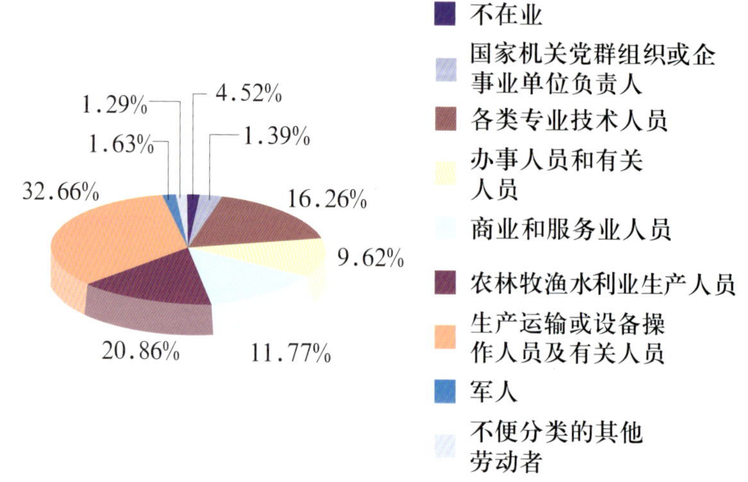

图 2-5-7　调查儿童父亲职业构成

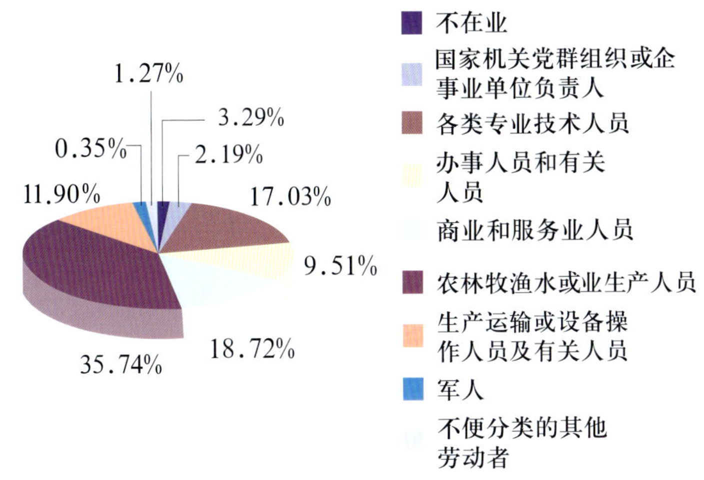

图 2-5-8 调查儿童母亲职业构成

（3）母亲婚姻状况

本次调查的21866名儿童中，回答该问题的有效问卷为21743份。母亲为初婚、再婚、离婚、丧偶、未婚及其他婚姻状况的儿童数目分别为20979、545、155、30、34人，分别占总数的96.49%、2.51%、0.71%、0.14%、0.15%。图2-5-9显示了调查儿童母亲婚姻状况的构成情况。

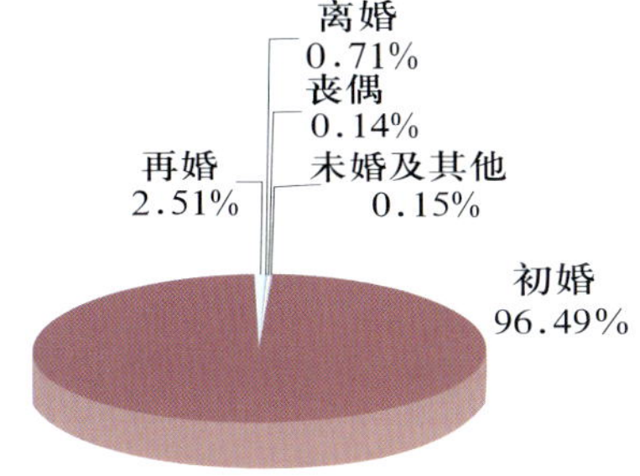

图 2-5-9 调查儿童母亲婚姻构成

（4）父母近亲婚配状况

本次调查的21866名儿童中，回答该问题的有效问卷为21720份。21718名儿童的父母为非近亲婚配，占总数的99.99%；2名儿童的父母为近亲婚配，占总数的0.01%。

7.调查儿童的家庭情况

（1）家庭类型

本次调查的21866名儿童中，回答该问题的有效问卷为21726份。家庭类型为亲生父母型、单方亲生父母型、再婚家庭型、（外）祖父母型、其他型的儿童数目分别为21204、271、77、103、71人，分别占总数的97.60%、1.25%、0.35%、0.47%、0.33%。图2-5-10显示了调查儿童家庭类型的构成情况。

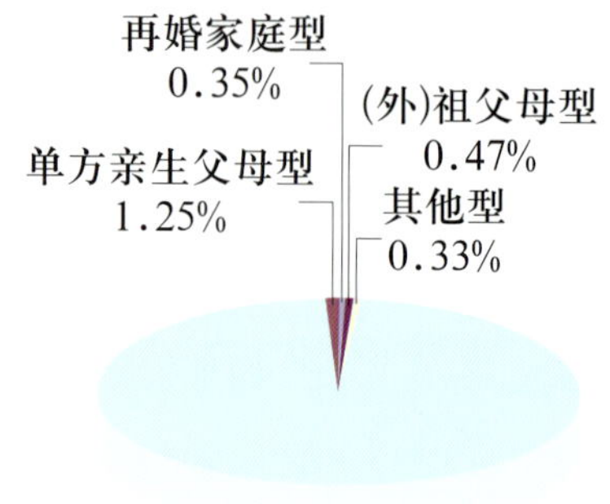

图 2-5-10 调查儿童家庭类型构成

（2）家庭人口数

本次调查的21866名儿童中，回答该问题的有效问卷为21845份。家庭人口数为2人、3人、4～5人、6～12人的儿童数目分别为125、11975、8280、1465人，分别占总数的0.57%、54.82%、37.90%、6.71%。图2-5-11显示了调查儿童家庭人口数的构成情况。

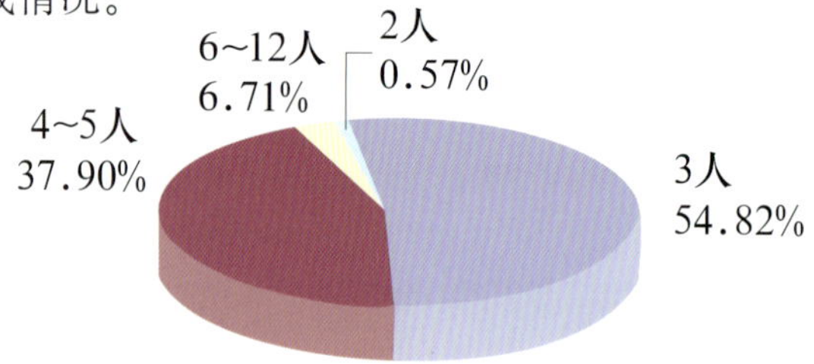

图 2-5-11 调查儿童家庭人口数构成

（3）家庭子女数

本次调查的21866名儿童中，回答该问题的有效问卷为21818份。家庭子女数为1人、2人、3人、和4人以上的儿童数目分别为18400、3297、113、8，分别占总数目的84.33%、15.11%、0.52%、0.04%。图2-5-12显示了调查儿童家庭子女数的构成情况。

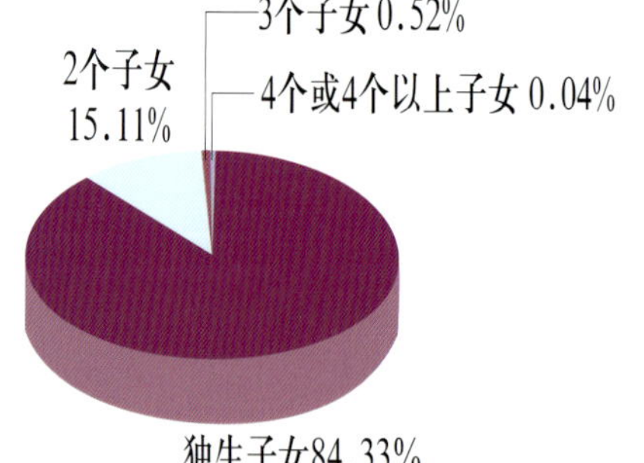

图 2-5-12 调查儿童家庭子女数构成

（4）家庭收入

本次调查的21866名儿童中，回答该问题的有效问卷为21649份。家庭人均月收入<400、400～999、1000～1999、2000～3999、≥4000元的儿童数目分别为8117、5512、4527、2904、589人，分别占总数的37.49%、25.46%、20.91%、13.42%、2.72%。图2-5-13显示了调查儿童家庭收入的构成情况。

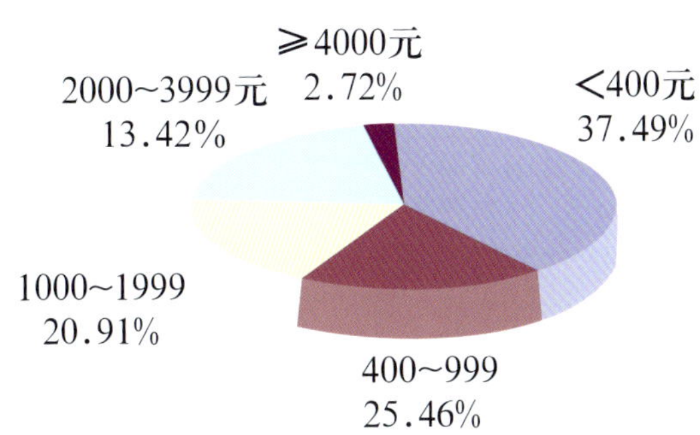

图2-5-13　调查儿童家庭收入构成

8.调查儿童父母的本次生育年龄

（1）父亲生育年龄

本次调查的21866名儿童中，回答该问题的有效问卷为21704份。父亲生育年龄≤24、25～35、≥36岁的儿童数目分别为3195、16281、2228人，分别占总数的14.72%、75.01%、10.27%。图2-5-14显示了调查儿童父亲生育年龄的构成情况。

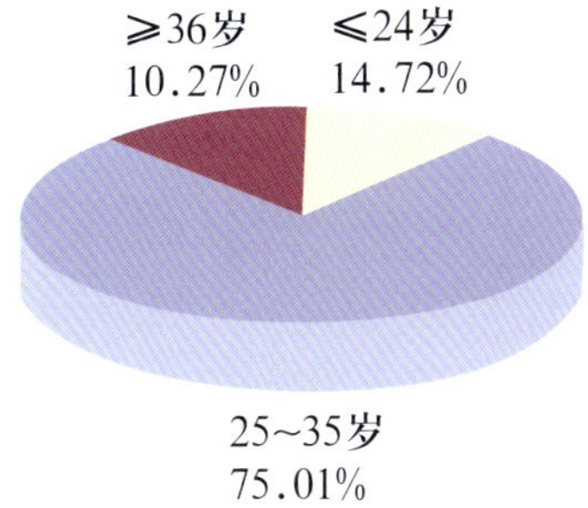

图2-5-14　调查儿童父亲生育年龄构成

（2）母亲生育年龄

本次调查的21866名儿童中，回答该问题的有效问卷为21727份。母亲生育年龄≤24、25～29、30～35、≥36岁的儿童数目分别为5421、10798、4677、831人，分别占总数的24.95%、49.70%、21.53%、3.82%。图2-5-15显示了调查儿童母亲生育年龄的构成情况。

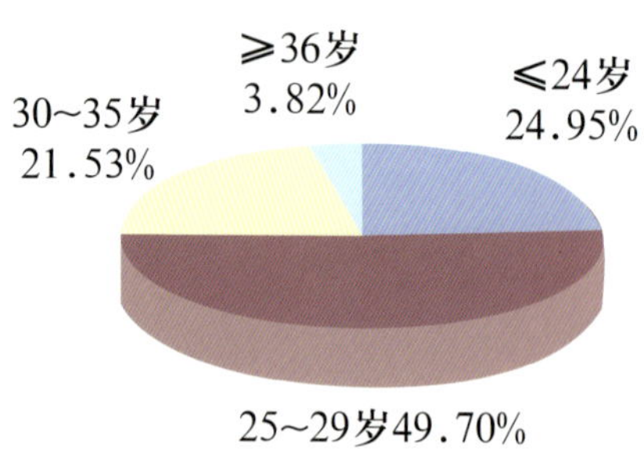

图 2-5-15 调查儿童母亲生育年龄构成

9.信息提供者

本次调查的21866名儿童中，反映该问题的有效问卷为21577份。提供信息者为母亲、父亲、(外) 祖父母、其他亲属、其他人员的儿童数目分别为12629、3238、4959、626、125人，分别占总数的58.53%、15.01%、22.98%、2.90%、0.58%。在其他亲属中，主要是姑姑和姨。在其他人员中，主要是保姆和邻居。图2-5-16显示了调查儿童信息提供者的构成情况。

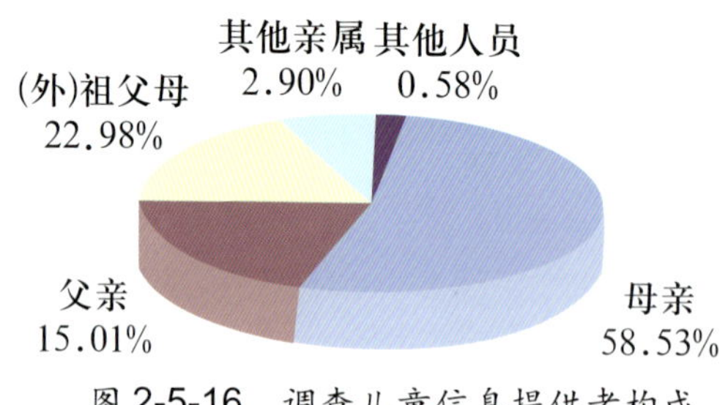

图 2-5-16 调查儿童信息提供者构成

（二）流行特征

1.筛查阳性率、现患率和年平均发现率

本次调查共筛查2～6岁儿童21866人。筛出可疑精神残疾儿童54人，筛查阳性率为0.25%；在此54名儿童中，确诊精神残疾儿童16人，精神残疾的现患率为0.73‰，经假阴性率校正后，精神残疾的现患率为1.53‰。

2.疾病构成

(1) 疾病构成

在确诊精神残疾的16名儿童中，分别有儿童孤独症14人、不典型孤独症1人、Rett综合征1人，分别占确诊总人数的87.50%、6.25%和6.25%。图2-5-17显示了精神残疾儿童的疾病构成情况。

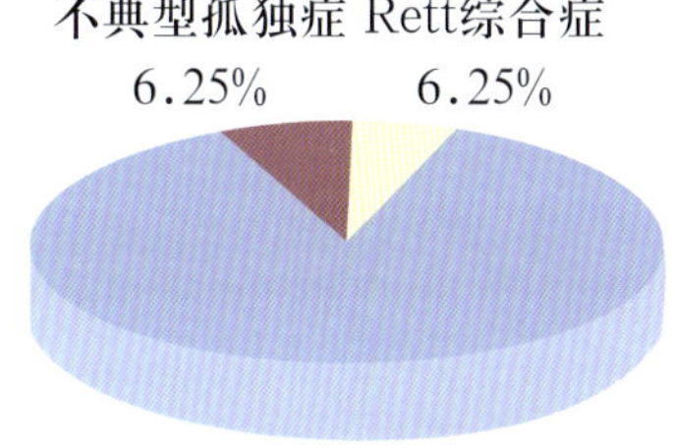

图 2-5-17 精神残疾儿童疾病构成

（2）构成疾病的现患率

儿童孤独症、不典型孤独症、Rett 综合征的现患率和校正现患率请详见表 2-5-2。

表 2-5-2 精神残疾构成疾病的现患率和校正现患率

疾病	确诊人数	现患率	校正现患率
儿童孤独症	14	0.64‰	1.34‰
不典型孤独症	1	0.046‰	0.096‰
Rett 综合征	1	0.046‰	0.096‰

3.残疾严重程度构成

在确诊精神残疾的 16 名儿童中，轻度残疾 1 人，重度残疾 15 人，分别占确诊总人数的 6.25% 和 93.75%。轻度残疾为 1 名非典型孤独症儿童，其他 14 名孤独症儿童和 1 名 Rett 综合征儿童均为重度残疾。图 2-5-18 显示了调查儿童精神残疾严重程度的构成情况。

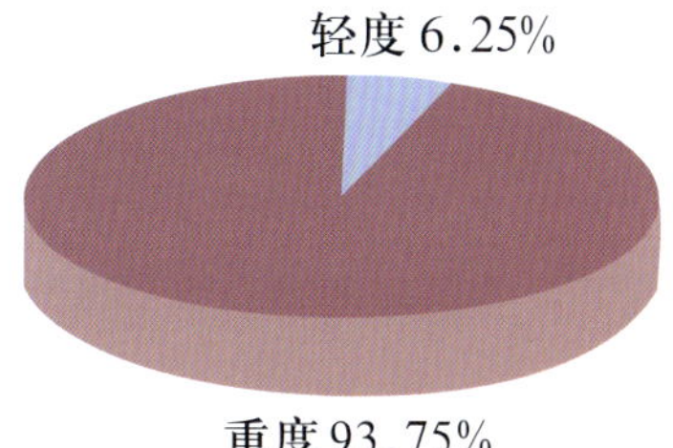

图 2-5-18 调查儿童精神残疾严重程度构成

4.分布特征

（1）地区分布

①各区县分布：请详见表 2-5-3。

表 2-5-3 确诊儿童的区县分布

地区别	调查儿童数	确诊人数	现患率‰	校正现患率‰
崇文区	497	1	2.01	2.81
宣武区	538	2	3.72	4.51
朝阳区	2753	1	0.36	1.16
海淀区	2724	5	1.84	2.63
丰台区	1765	1	0.57	1.36
房山区	2246	1	0.45	1.24
通州区	1046	2	1.91	2.71
顺义区	1112	1	0.90	1.70
密云县	1527	2	1.31	2.11
其他区县	7658	0	0.00	0.00
合计	21866	16	0.73	1.53

②城乡分布：本次调查确诊精神残疾的16名儿童中，城市10人，农村6人，分别占确诊总人数的62.50%和37.50%。城市儿童精神残疾现患率和校正现患率分别为1.00‰、1.80‰，农村儿童精神残疾现患率和校正现患率分别为0.50‰、1.30‰。两组间$\chi^2=1.853$，$P=0.173$，城市农村儿童精神残疾现患率差异无显著性。

(2) 性别分布

本次调查确诊精神残疾的16名儿童中，男性9人，女性7人，分别占确诊总人数的56.25%和43.75%。男性儿童精神残疾现患率和校正现患率分别为0.79‰、1.59‰，女性儿童精神残疾现患率和校正现患率分别为0.67‰、1.47‰。两组间$\chi^2=0.111$，$P=0.739$，男、女性儿童精神残疾现患率无显著性差异。

(3) 年龄分布

各年龄组儿童精神残疾现患率差异无显著性，见表2-5-4。

表 2-5-4 确诊儿童年龄分布

年龄	调查儿童数	确诊人数	现患率‰	校正现患率‰
2岁	4163	3	0.72	1.52
3岁	4644	1	0.22	1.01
4岁	4944	4	0.81	1.61
5岁	4381	3	0.68	1.48
6岁	3734	5	1.34	2.14
合计	21866	16	0.73	1.53

$\chi^2_{趋势}=1.568$，$P=0.210$

(4) 民族分布

本次调查确诊精神残疾的16名儿童中，汉族14人，少数民族2人，分别占确诊总人数的87.5%和12.5%。汉族儿童精神残疾现患率和校正现患率分别为0.68‰、1.48‰，少数民族儿童精神残疾现患率和校正现患率分别为1.48‰、2.27‰。两组间$\chi^2=1.097$，$P=0.295$，汉族和少数民族儿童精神残疾现患率差异无显著性。

(5) 父母文化程度分布

父母亲不同文化程度组间儿童精神残疾现患率无显著性差异，见表2-5-5和表2-5-6。

表2-5-5 确诊儿童父亲文化程度分布

文化程度	调查儿童数	确诊儿童数	现患率‰	校正现患率‰	构成比%
大专及以上	6053	3	0.50	1.29	18.75
高中中专	5648	8	1.42	2.21	50.00
初中	9216	3	0.33	1.11	18.75
小学或小学以下	850	2	2.35	3.15	12.50
合计	21767	16	–	–	100.00

$\chi^2_{趋势}=0.014$，$P=0.906$

表2-5-6 确诊儿童母亲文化程度分布

文化程度	调查儿童数	确诊儿童数	现患率‰	校正现患率‰	构成比%
大专及以上	5786	2	0.35	1.14	12.50
高中中专	5655	6	1.06	1.86	37.50
初中	9263	6	0.65	1.45	37.50
小学或小学以下	1062	2	1.88	2.68	12.50
合计	21767	16	–	–	100.00

$\chi^2_{趋势}=1.149$，$P=0.284$

(6) 父母职业分布

父母亲不同职业组间儿童精神残疾现患率无显著性差异，见表2-5-7和2-5-8。

表2-5-7 确诊儿童父亲职业分布

职业	调查儿童数	确诊儿童数	现患率‰	校正现患率‰	构成比%
不在业	304	1	3.29	4.09	6.25
脑力劳动	9221	5	0.54	1.34	31.25
体力劳动	11703	10	0.85	1.65	62.50
其它	638	0	0.00	0.00	0.00
合计	21866	16	–	–	100.00

$\chi^2_{趋势}=3.881$，$P=0.275$

表 2-5-8　确诊儿童母亲职业分布

职业	调查儿童数	确诊儿童数	现患率‰	校正现患率‰	构成比 %
不在业	720	1	1.39	2.19	6.25
脑力劳动	10373	4	0.39	1.18	25.00
体力劳动	10419	10	0.96	1.76	62.50
其它	354	1	2.82	3.62	6.25
合计	21866	16	–	–	100.00

$\chi^2 = 4.987$，$P = 0.173$

注：脑力劳动包括国家机关党群组织或企事业单位负责人、各类专业技术人员、办事人员和有关人员、商业和服务业人员；体力劳动者包括农林牧渔水利业生产人员、生产运输或设备操作人员及有关人员；其它包括军人和不便分类的其他劳动者。

（7）家庭类型分布

不同家庭类型组儿童精神残疾现患率差异无显著性，见表 2-5-9。

表 2-5-9　确诊儿童家庭类型分布

家庭类型	调查儿童数	确诊儿童数	现患率‰	校正现患率‰	构成比 %
亲生父母型	21204	15	0.71	1.50	93.75
其他型	522	1	1.92	2.71	6.25
合计	21726	16	–	–	100.00

$\chi^2 = 1.011$，$P = 0.315$

（8）母亲婚姻状况分布

本次调查确诊精神残疾的 16 名儿童中，所有儿童的母亲均为初婚。

（9）家庭人口数分布

不同家庭人口数组儿童精神残疾现患率无显著性差异，见表 2-5-10。

表 2-5-10　确诊儿童家庭人口数分布

家庭人口数	调查儿童数	确诊儿童数	现患率‰	校正现患率‰	构成比 %
≤3	12100	9	0.74	1.54	56.25
4～5	8280	5	0.60	1.40	31.25
≥6	1465	2	1.37	2.16	12.50
合计	21845	16	–	–	100.00

$\chi^2_{趋势} = 0.016$，$P = 0.900$

（10）家庭子女数分布

本次调查确诊精神残疾的16名儿童中，家庭子女数为1人和2人以上的儿童数分别为15和1人，分别占确诊总人数的93.75%和6.25%。家庭子女数为1的儿童精神残疾现患率和校正现患率分别为0.82‰、1.61‰，家庭子女数≥2人的儿童精神残疾现患率和校正现患率分别为0.30‰、1.10‰。趋势卡方检验 $\chi^2 = 1.074$，$P = 0.300$，不同子女数组儿童精神残疾现患率差异无显著性。

（11）家庭经济状况分布

不同家庭经济状况组儿童精神残疾现患率存在显著性差异。见表2-5-11和图2-5-19显示了不同人均月收入家庭儿童精神残疾的现患率情况。

表 2-5-11　确诊儿童家庭经济状况分布

家庭人均月收入	调查儿童数	确诊儿童数	现患率‰	校正现患率‰	构成比 %
<400 元	8117	10	1.29	2.03	62.50
400～999 元	5512	3	0.54	1.34	18.75
1000～1999 元	4527	3	0.66	1.46	18.75
≥ 2000 元	3493	0	0.00	0.00	0.00
合计	21649	16			100.00

$\chi^2_{趋势} = 4.695$，$P = 0.030$

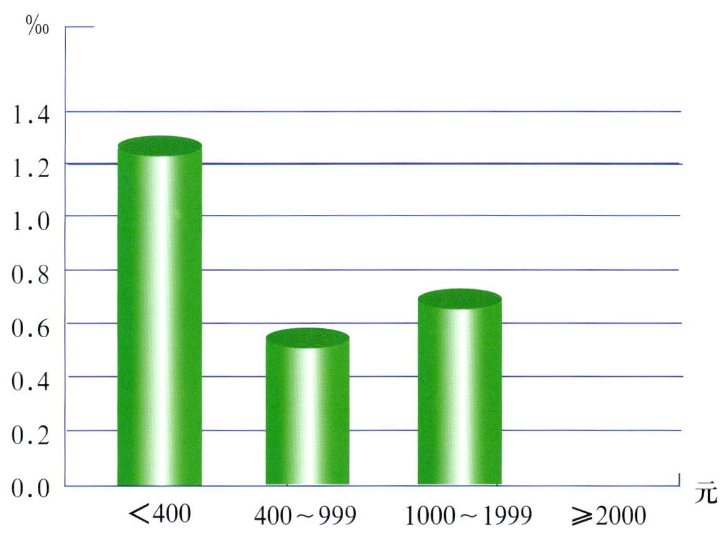

图 2-5-19　不同人均月收入家庭儿童精神残疾现患率

(12) 父亲及母亲生育年龄分布

父母亲不同生育年龄组间儿童精神残疾现患率差异无显著性，见表2-5-12和表2-5-13。

表2-5-12 确诊儿童父亲生育年龄分布

父亲本次生育年龄（岁）	调查儿童数	确诊儿童数	现患率‰	校正现患率‰	构成比%
≤24	3195	1	0.31	1.11	6.25
25－35	16281	11	0.68	1.47	68.75
≥36	2228	4	1.80	2.59	25.00
合计	21704	16	–	–	100.00

$\chi^2_{趋势}=3.478$，$P=0.062$

表2-5-13 确诊儿童母亲生育年龄分布

母亲本次生育年龄（岁）	调查儿童数	确诊儿童数	现患率‰	校正现患率‰	构成比%
≤24	5421	5	0.92	1.72	31.25
25～29	10798	9	0.83	1.63	56.25
≥30	5508	2	0.36	1.16	12.50
合计	21727	16	–	–	100.00

$\chi^2_{趋势}=1.167$，$P=0.280$

(13) 合并疾病

本次调查确诊精神残疾的16名儿童中，合并智力损害、肢体残疾、癫痫、视力残疾、脑器质性疾病的儿童数分别为16、4、3、2和1人，分别占确诊总人数的100%、25.00%、18.75%、12.50%和6.25%。在合并智力损害的儿童中，合并轻、中、重智力损害的儿童数分别为1、7和8人，分别占确诊总人数的6.25%、43.75%和50%。有2名儿童智力、精神、肢体残疾并存，另有2名儿童智力、精神、肢体、视力残疾并存。图2-5-20显示了合并疾病在精神残疾儿童中所占的百分比。

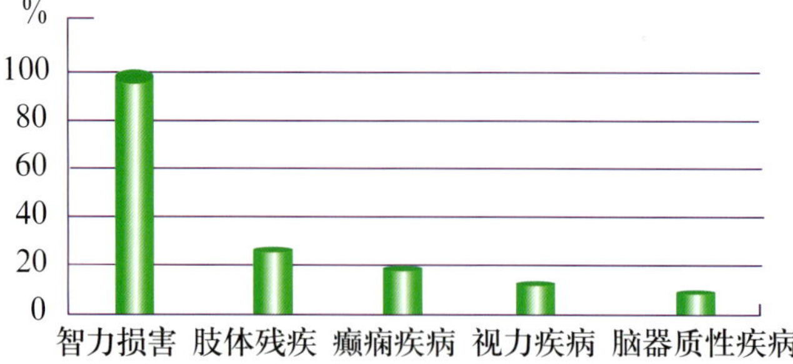

图2-5-20 不同合并疾病在精神残疾儿童中所占百分比

（14）多因素分析

结合专业知识和单因素分析结果选定部分变量进行非条件logistic回归，所选变量详见表2-5-14。以“是否残疾”作为因变量，将所选变量使用后退法引入logistic回归模型。以α = 0.01、β = 0.05为标准进行分析，见表2-5-15。

表2-5-14 多因素分析变量赋值方法

变　量	变量赋值
地　区	城市0；农村1
性　别	男性0；女性1
年　龄	2～6岁组依次为2、3、4、5、6
父亲职业 哑变量 focu(1) focu(2) focu(3)	不在业　focu(1)=1、focu(2)=0、focu(3)=0 脑力劳动　focu(1)=0、focu(2)=1、focu(3)=0 体力劳动　focu(1)=0、focu(2)=0、focu(3)=1 其他　focu(1)=0、focu(2)=0、focu(3)=0 说明：脑力劳动：合并原“国家机关党群组织或企事业单位负责人、各类专业技术人员、办事人员和有关人员、商业和服务业人员”4项； 体力劳动：合并原“农林牧渔水利业生产人员、生产运输或设备操作人员及有关人员”2项； 其他：合并原“军人、不便分类的其他劳动者”2项。
母亲职业 哑变量 mocu(1) mocu(2) mocu(3)	不在业　mocu(1)=1、mocu(2)=0、mocu(3)=0 脑力劳动　mocu(1)=0、mocu(2)=1、mocu(3)=0 体力劳动　mocu(1)=0、mocu(2)=0、mocu(3)=1 其他　mocu(1)=0、mocu(2)=0、mocu(3)=0 说明：同上
父亲文化程度	大专以上0；高中中专1；初中2；小学3；文盲半文盲4
母亲文化程度	大专以上0；高中中专1；初中2；小学3；文盲半文盲4
家庭类型	亲生父母型0；其他型1
家庭子女数	独生子女0；两个子女1；三个或以上子女2
家庭人均月收入	<400元0；400～999元1；1000～1999元2；≥2000元3
父亲生育年龄	≤24岁　birthfod(1)=1、birthfod(2)=0 25～35岁　birthfod(1)=0、birthfod(2)=1 ≥36岁　birthfod(1)=0、birthfod(2)=0
母亲生育年龄	≤24岁　birthmod(1)=1、birthmod(2)=0 25～35岁　birthmod(1)=0、birthmod(2)=1 ≥36岁　birthmod(1)=0、birthmod(2)=0

表2-5-15 精神残疾儿童危险因素的多元Logistic回归分析结果

	回归系数	标准误	Wald值	*P*	*OR*	95%可信区间
地区	−2.749	0.606	20.547	0.000	0.064	0.019～0.210
家庭经济收入	−1.085	0.367	8.756	0.003	0.338	0.165～0.693

由上表可见，生活在城市地区及家庭经济收入差都使儿童更有可能罹患精神残疾。

5. 导致精神残疾的可能因素

本次调查确诊的16名精神残疾儿童中，共有10名儿童存在可能导致精神残疾的不利因素，其中：有产前因素（遗传，母孕期存在慢性病、妊娠中毒症、各种中毒、服用药物、营养缺乏等）、产时因素（生后窒息、颅内出血、产伤等）、产后因素（核黄疸、脑炎、颅脑损伤、各种中毒、营养不良、心理社会因素等）的儿童数分别为5、4和1人，分别占确诊总人数的31.25%、25.00%和6.25%。图2-5-21显示了导致精神残疾的可能因素在精神残疾儿童中所占的百分比。

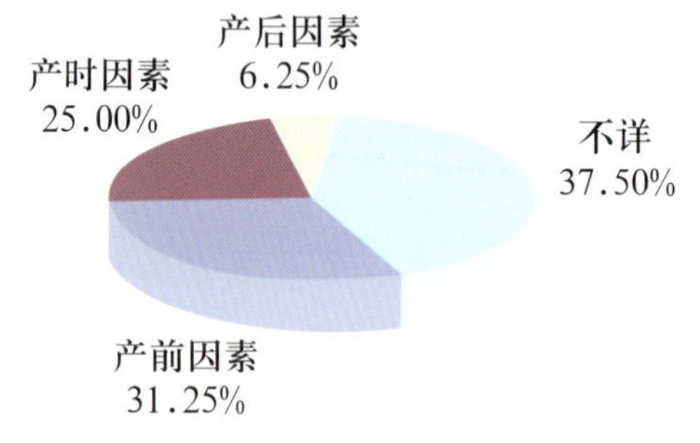

图2-5-21 导致精神残疾的可能因素在精神残疾儿童中的百分比

6.家长对儿童残疾的认知情况

本次调查确诊精神残疾的16名儿童中，2名儿童（1名轻度残疾的不典型孤独症儿童和1名重度残疾的孤独症儿童）家长从未注意到儿童存在问题；2名儿童（2名重度残疾的孤独症儿童）家长已发现儿童存在问题，但从未带儿童就诊；12名儿童（11名重度残疾的孤独症儿童和1名Rett综合征儿童）家长已发现儿童存在问题，并带儿童就诊。上述情况分别占确诊总人数的12.50%、12.50%和75.00%，见图2-5-22。

在已发现存在问题的14名儿童中，发现年龄为5月～3岁，平均发现年龄为1岁11月±11月。发现年龄<1岁、1～2岁、>2岁的儿童数分别为3、6、5人，分别占确诊总人数的18.75%、37.50%、31.25%。

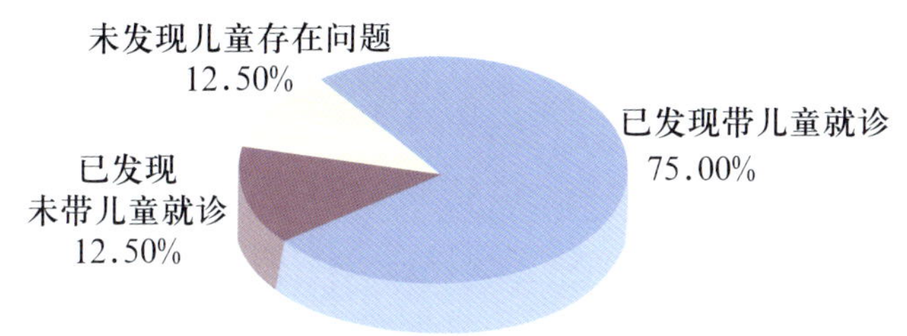

图 2-5-22　家长对儿童精神残疾的认识情况

7.治疗康复现状和需求

（1）治疗康复现状

在本次调查确诊精神残疾的16名儿童中，回答该问题的有效问卷为15份。其中，3名儿童接受过治疗康复，包括医院治疗1人、普小普幼教育1人、特教1人，占回答该问题总人数的20.00%；12名儿童未接受过任何形式的康复治疗，占回答该问题总人数的80.00%。接受治疗康复的3名儿童均为城市儿童，占回答该问题的9名城市儿童的33.33%；6名农村儿童均未接受过任何形式的治疗康复。详见表2-5-16。

表 2-5-16　精神残疾儿童治疗康复现状

地区	总人数	回答该问题人数	治疗康复人数	未康复治疗人数
城市儿童	10	9	3	6
农村儿童	6	6	0	6
合　计	16	15	3	12

（2）康复需求

本次调查确诊精神残疾的16名儿童均需要进行康复，其中：需要接受医院治疗、康复机构训练、家庭康复训练、普幼普小教育的儿童数分别为4、6、4、2人，分别占回答该问题总人数的25.00%、37.50%、25.00%、12.50%。图2-5-23显示了精神残疾儿童的康复需求情况。

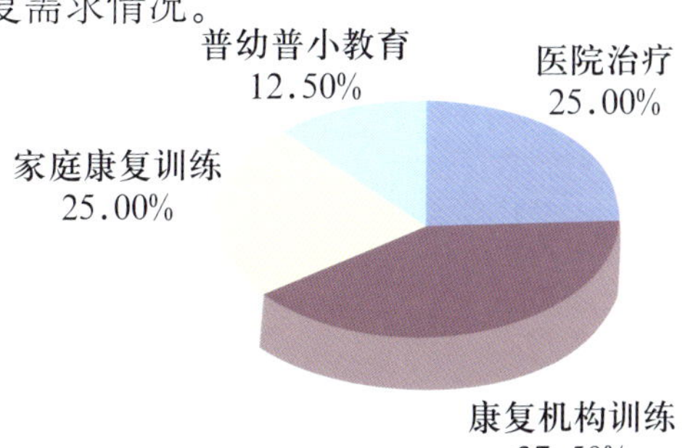

图 2-5-23　精神残疾儿童康复需求情况

（三）危险因素的病例对照研究

1.一般资料

（1）病例组

病例组为现况调查中所有确诊的精神残疾儿童。这些儿童包括上述筛查结果阳性、确定诊断的儿童，共16人；也包括下调界限分到6分从而确定诊断，或筛查结果阴性、智力专业专家怀疑存在精神残疾并推荐、最后确定诊断的儿童，共13人。因此，病例组共29人（具体因素分析时，个别病例因资料不全而被去除）。其中：男性21人，女性8人；1岁儿童3人，2～6岁儿童26人，年龄1岁7月～6岁9月，平均年龄4岁±1岁8月；孤独症儿童24人，不典型孤独症儿童4人，Rett综合征儿童1人；轻度残疾7人，中度残疾3人，重度残疾19人。在下调界限分到6分，或筛查结果阴性、智力专业专家怀疑存在精神残疾并推荐、最后确定诊断的13名儿童中，1岁儿童3人，2～6岁儿童10人。在此10名2～6岁儿童中，男性9人，女性1人；筛查分6分者4人，5分者3人，4分或4分以下者3人；轻度残疾4人，中度残疾3人，重度残疾3人；孤独症8人，不典型孤独症2人。

（2）对照组

对照组为以1比2配比方式选取的同抽查点、同性别、年龄相差不超过半岁的正常儿童，共58人。其中：男性42人，女性16人；年龄1岁6月～6岁11月，平均年龄4岁±1岁8月。

2.信息提供者

病例组和对照组信息提供者为父母的儿童数分别为25和47人，为（外）祖父母或其他亲属的儿童数分别为4和11人。$\chi^2=0.363$，$P=0.547$，两组儿童信息提供者无显著性差异。

3.儿童父母职业接触与吸烟饮酒状况

（1）两组儿童父母职业接触状况无显著性差异，详见表2-5-31。

（2）病例组和对照组儿童母亲在本次妊娠前1年至分娩期间，吸烟人数分别为2和0人，饮酒人数分别为0和1人。

（3）儿童父亲吸烟情况

①吸烟量：病例组儿童父亲在母亲本次妊娠前1年至分娩期间的吸烟量多于对照组，两组间存在显著性差异，详见表2-5-17。

表 2-5-17　两组儿童父亲吸烟量比较（支/日）

组别	例数	不吸烟	吸烟		χ^2	P
			≤19	>19		
病例组	28	14	4	10	15.603	0.000
对照组	56	24	28	4		

将病例组和对照组中不吸烟者和各种吸烟量者分别进行比较，对照组小量吸烟者明显多于病例组，病例组大量吸烟者（>19 支/日）明显多于对照组，两组间均存在显著性差异；*OR* 随着吸烟量增加而明显增高。详见表 2-5-18。

表 2-5-18　两组儿童父亲不吸烟者和各种吸烟量者比较

比较方法	χ^2	P	*OR*	95% 可信区间
不吸烟－吸烟量≤19 支/日	5.389	0.020	0.245	0.075～0.803
吸烟量　　>19 支/日	4.924	0.026	4.286	1.185～15.500

②吸烟时间：病例组儿童父亲在母亲本次妊娠前一年至分娩期间整个过程都吸烟。对照组儿童父亲 1 人在母亲本次妊娠前一年吸烟，其它儿童父亲均在母亲本次妊娠前一年至分娩期间整个过程都吸烟。$\chi^2 = 0.447$，$P = 0.504$，两组儿童父亲吸烟时间无显著性差异。

（4）父亲饮酒情况

①饮酒人数：两组儿童父亲在母亲本次妊娠前 1 年内的饮酒人数差异无显著性，详见表 2-5-31。

②饮酒种类：病例组和对照组儿童父亲饮白酒的人数分别为 8 和 17 人，饮非白酒的人数分别为 2 和 15 人。$\chi^2 = 2.284$，$P = 0.131$，两组儿童父亲饮酒种类差异无显著性。

③饮酒频率：两组儿童父亲饮酒频率差异无显著性，详见表 2-5-19。

表 2-5-19　两组儿童父亲饮酒频率比较

组别	例数	不饮酒	饮酒		χ^2	P
			≤每周一次	>每周一次		
病例组	28	17	5	6	5.170	0.075
对照组	56	24	24	8		

将病例组和对照组中不饮酒者和各种饮酒频率者分别进行比较，对照组饮酒频率小于或等于每周一次者明显多于病例组，两组间存在显著性差异，详见表2-5-20。

表2-5-20 两组儿童父亲不饮酒者和各种饮酒频率者比较

比较方法	χ^2	*P*	*OR*	95%可信区间
不饮酒－饮酒频率≤每周一次	4.624	0.032	0.294	0.096～0.705
不饮酒－饮酒频率>每周一次	0.008	0.927	1.059	0.302～3.719

④饮酒量：两组儿童父亲饮酒量差异无显著性，详见表2-5-21。

表2-5-21 两组儿童父亲饮酒量比较（两/次）

组别	例数	不饮酒	饮酒		χ^2	*P*
			<1	≥1		
病例组	27	17	3	7	4.682	0.096
对照组	56	24	18	14		

将病例组和对照组中不饮酒者和各种饮酒量者分别进行比较，对照组饮酒量小于1两/次者明显多于病例组，两组间存在显著性差异；*OR*随着饮酒量的增加有增高趋势。详见表2-5-22。

表2-5-22 两组儿童父亲不饮酒者和各种饮酒量者比较

比较方法	χ^2	*P*	*OR*	95%可信区间
不饮酒－饮酒量<1两/次	4.694	0.030	0.235	0.063～0.871
饮酒量≥ 1两/次	0.387	0.534	0.705	0.234～2.121

4.母亲妊娠情况

（1）两组儿童母亲妊娠次数、生产次数、本次妊娠胎次、本次妊娠与上次妊娠时间间隔、本次妊娠分娩时间和分娩方式、既往曾经生育的人数均无显著性差异，详见表2-5-23、2-5-24和2-5-31。两组儿童母亲既往生育的具体情况详见表2-5-25。

表2-5-23 两组儿童母亲本次妊娠胎次

组别	例数	第1次	第2次	第3次或3次后
病例组	28	14	8	6
对照组	56	36	11	9

表 2-5-24　两组儿童母亲本次妊娠与上次妊娠时间间隔比较

组别	例数	$\bar{x} \pm SD$	t	P
病例组	14	29.57 ± 21.30	1.032	0.310
对照组	20	40.85 ± 41.73		

表 2-5-25　两组儿童母亲既往生育情况

组别	足月产		自然流产		人工流产			引产
	1 次	2 次	1 次	2 次	1 次	2 次	3 次	1 次
病例组	0	1	0	0	9	4	0	1
对照组	2	0	3	1	8	8	1	0

(2) 两组儿童母亲本次妊娠期与爱人或父母一起生活情况、遭受精神刺激情况及非意愿妊娠情况均无显著性差异，详见表 2-5-31。无论病例组或对照组，所有非意愿妊娠的母亲均未采用任何方法中止妊娠。

(3) 两组儿童母亲本次妊娠期均未做过 X 线及同位素检查，B 超检查人数、次数和首次检查时间也均无显著性差异，详见表 2-5-31。

(4) 两组儿童母亲本次妊娠期患病、有合并症及服用药物的人数均无显著性差异，详见表 2-5-31。

对于妊娠期患病的儿童母亲，所患疾病如下：①病例组：病毒性感冒（妊娠前三月）1 人，不明原因高热 1 人，皮肤过敏 1 人，头疼、呕吐 1 人，轻微感冒 1 人。②对照组：病毒性感冒（妊娠前三月）1 人，煤气中毒 2 人，面神经炎 1 人，咽喉炎 1 人。

两组儿童母亲本次妊娠期合并症的具体情况，详见表 2-5-26。

对于服药的母亲，服药种类和人数，详见表 2-5-27。

病例组和对照组儿童母亲在妊娠早期（≤ 12 周）服药的人数分别为 4 和 6 人，$\chi^2 = 0.285$，$P = 0.593$，两组儿童母亲本次妊娠早期用药情况差异无显著性。

表 2-5-26　两组儿童母亲本次妊娠期合并症情况

组别	严重妊娠呕吐	妊高症	先兆流产	外伤	羊膜早破	脐带异常	异卵双胎	分娩晕厥	妊娠糖尿病和糖耐量异常	子宫肌瘤
病例组	3	2	3	1	1	1	1	1	0	0
对照组	1	3	7	0	0	1	0	0	2	1

表 2-5-27　两组儿童母亲本次妊娠期服药种类和例数

组别	镇静止吐药	抗生素	黄体酮	降压药	退热药	麻醉药	抗贫血药	其他药
病例组	0	1	2	0	1	1	1	2
对照组	1	1	5	1	1	0	0	0

（5）两组儿童母亲在本次妊娠期使用计算机的人数无显著性差异，详见表2-5-31。使用的具体时间情况和时间详见表2-5-28、2-5-29。

表 2-5-28　两组儿童母亲本次妊娠期计算机使用情况

组别	孕早期	孕中期	孕晚期	孕早和孕中期	孕中和孕晚期	整个孕期
病例组	2	0	0	2	0	3
对照组	3	2	1	0	0	4

表 2-5-29　两组儿童母亲本次妊娠期计算机使用时间

组别	每天少于 1 小时	每天超过 1 小时	每天超过 2 小时
病例组	0	2	5
对照组	5	0	5

5.家族残疾情况

两组儿童家族残疾情况无显著性差异，详见表2-5-31。

对于病例组家族中存在残疾情况的4名儿童，1名儿童的母亲和1名儿童的舅舅分别存在肢体残疾，一名儿童的母亲和一名儿童的姑姑分别存在智力残疾。对于对照组家族中存在残疾情况的2名儿童，1名儿童的母亲存在肢体残疾，1名儿童的三级以上亲属存在智力残疾。

6.儿童本人情况

（1）两组儿童的出生体重、出生时哭声、出生时肤色、0～4月喂养方式、辅食添加时间及亲子分离情况均无显著性差异，详见表2-5-31。

（2）两组儿童新生儿期患病住院人数、新生儿期后患病人数、用药人数均无显著性差异，详见表2-5-31。两组儿童新生儿期后患病种类和各种疾病的患病人数详见表2-5-30。

表 2-5-30　两组儿童新生儿期后患重要疾病的种类和例数

组别	癫痫	颅脑外伤	佝偻病	传染病	高热惊厥	其他
病例组	2	1	1	1	1	10
对照组	0	0	1	3	4	14

表 2-5-31　两组儿童危险因素的单因素 Cox 回归分析结果

因素	回归系数	标准误	Wald 值	*P*	*OR*	95% 可信区间	
						上限	上限
父亲职业接触	1.792	1.155	2.408	0.121	6.000	0.624	57.681
母亲职业接触	1.314	0.796	2.725	0.099	3.722	0.782	17.718
父亲是否饮酒	−0.765	0.492	2.416	0.120	0.465	0.177	1.221
母亲妊娠次数	0.209	0.264	0.625	0.429	1.232	0.735	2.066
母亲生产次数	0.749	0.891	0.708	0.400	2.116	0.369	12.118
本次妊娠胎次	0.352	0.278	1.605	0.205	1.421	0.825	2.448
本次妊娠分娩时间	4.290	3.548	1.461	0.227	72.967	0.070	——
本次妊娠分娩方式	0.075	0.112	0.442	0.506	1.077	0.865	1.342
既往生育人数	0.693	0.494	1.970	0.161	2.000	0.760	5.265
妊娠期与亲人分离	−5.55E−17	1.225	0.000	1.000	1.000	0.091	11.028
妊娠期精神刺激	5.133	4.165	1.518	0.218	169.480	0.0485	——
非意愿妊娠	−1.861	1.111	2.808	0.094	0.156	0.018	1.371
妊娠期是否 B 超检查	−0.693	1.414	0.240	0.624	0.500	0.031	7.994
妊娠期 B 超检查次数	−0.171	0.171	1.008	0.317	0.843	0.603	1.180
首次 B 超检查时间	0.082	0.497	0.027	0.869	1.086	0.450	2.278
妊娠期是否患病	0.786	0.683	1.326	0.250	2.195	0.576	8.362
是否有妊娠合并症	0.571	0.494	1.333	0.248	1.769	0.672	4.659
是否妊娠期用药	0.693	0.535	1.682	1.947	2.000	0.702	5.702
妊娠期是否使用计算机	0.500	0.617	0.657	0.418	1.649	0.492	5.527
家族残疾	1.386	0.866	2.562	0.109	4.000	0.733	21.836
出生体重	−0.477	0.554	0.740	0.390	0.621	0.209	1.838
出生时哭声	1.123	0.596	3.550	0.060	3.075	0.996	9.893
出生时肤色	1.099	0.913	1.448	0.229	3.000	0.501	17.954
0~4 月喂养方式	−0.122	0.303	1.163	0.687	0.885	0.489	1.602
辅食添加时间	0.192	1.104	3.403	0.065	1.211	0.988	1.485
亲子分离	0.693	1.000	0.481	0.488	2.000	0.282	14.198
新生儿期患病住院	−0.191	−0.765	0.062	0.803	0.826	0.185	3.697
新生儿期后是否患病	0.855	0.524	2.660	0.103	2.351	0.842	6.566
儿童用药人数	0.152	0.679	0.050	0.823	1.164	0.308	4.404

7.危险因素的多因素 Cox 回归分析

结合专业知识和单因素分析结果选定部分变量进行Cox回归分析，所选变量包括：儿童母亲职业接触，儿童父亲是否吸烟和吸烟量，儿童父亲是否饮酒，本次妊娠胎次，母亲本次妊娠期间是否受过重大精神刺激，本次妊娠期间是否患病是否有合并症及是否用药，本次妊娠分娩时间，儿童家族残疾情况，出生时哭声，新生儿期是否住院，新生儿期后是否患病。结果为：Wald值＝0.000～1.002，P ＝ 0.993～0.317。并未发现以上因素儿童罹患精神残疾有关联。

四、讨论与建议

（一）本次调查样本的代表性

本次调查采用了容量比例概率分层整群抽样方法，使调查样本具有良好的代表性，具体详见总报告。

本次调查按现患率1%设计样本量，而既往研究报道精神残疾的现患率约为1‰[4，5]。如以现患率1%进行估算，本研究的样本量显然不足。因此，凡本研究中无统计学意义的因素都不能完全排除与精神残疾有关。应于适当时机扩大样本量或规划样本性质以进行进一步研究探讨。

本研究未将0～1岁儿童纳入样本之中，主要原因在于：①该年龄组儿童精神残疾的症状尚不突出或典型，诊断存在一定困难；②该年龄组儿童精神残疾现患率明显低于其他年龄组[5]；③由于儿童的发育特点，本次调查所用的筛查工具对于该年龄组儿童可能灵敏度较低，而且特别不适用于0岁儿童。因此，如果能有较好的婴儿孤独症筛查量表，将有助于0～1岁儿童的精神残疾的筛查和诊断。

（二）本次调查的质量控制

本次调查采取了多种措施保证调查质量，具体包括各种组织措施、培训和一致性的评定、专家的现场指导及筛查阴性儿童的再诊断等，但是仍然出现了0.8‰（1/1254）的假阴性率。此名儿童筛查员筛查分为6分，专家筛查分为9分，确诊为儿童孤独症。同时，还存在10名下调界限分到6分，或筛查结果阴性、智力专业专家怀疑存在精神残疾、推荐并最后确定诊断的2～6岁儿童。这些儿童之所以漏诊，可能并不是因为筛查界限分存在问题，而是与家长对儿童的异常表现缺乏认识，对儿童的症状未予重视，同时筛查员评分经验不足有关。在本次调查中，有12.50%的确诊儿童并未引起家长注意，12.50%的确诊儿童虽然引起家长注意，但家长并未带儿童去就诊。这些都表明家长对儿童的异常表现认识不足，对儿童的症状重视不够。同时，与筛查阳性而确诊的16名儿童比，上述漏诊的10名2～6岁儿童中，轻、中度残疾的比例明显增高（前者轻度残疾1人、重度残疾15人；后者轻度残疾4人、中度残疾3人、重度残疾3人），不典型孤独症的比例也增高（前者1/16，后者2/10）。这些都提示这10名儿童症状相对较轻或不典型，残疾程度也相对较轻，因此，更有可能造成家长对儿童症状的认识不足和忽视。此外，本次调查的筛查员虽然均为卫生专业工作者，同时也均经过较系统的培训，但是由于他们并非儿童精神医学专业工作者，对本次调查所涉及的疾病，专业知识不足，临床经验有限，而患儿的临床表现又存在差异，因此，使他们对症状的确定可能存在困难，对症状的评分可能存在问题，尤其对于症状较轻或不典型的儿童，更易如此，从而导致评分不足和筛查假阴性的问题。基于以上客观存在、难以避免的问题，在今后的现场调查中，加强筛查员的培训非常重要，同时，适当降低筛查界限分，对避免假阴性确实也有必要。筛查界限分降至多少为合适？在本次调查漏诊的10名2～6岁儿童中，筛查分6分者4人，5分者3人，4分或4分以下者3人。如果将筛查界限分定于5分，并未明显增加筛查后专家诊断的工作量（共126人）。如果将筛查界限分定于4分，专家诊断的工作量将明显增加（共340人）。因而，在切实可行的原则下，在进一步加强筛查员培训的同时，将筛查界限分定于5分可能较为合适。

本次调查的假阴性率与培训时筛查员与专家间筛查结果100%的一致性不相符合。之所以如此，可能与一致性评定时，儿童数偏少有关。

（三）北京地区2～6岁儿童精神残疾的流行特征

1.现患率

本次调查的北京地区2～6岁儿童中，精神残疾的现患率为0.73‰，经假阴性率校正后，精神残疾的现患率为1.53‰。与国外研究报道相比，该结果低于目前国外报道的广泛发育障碍的现患率（2‰～6‰）[6, 7, 8]。之所以出现如此现象，一方面可能由于现患率本身存在地区差异，另一方面可能由于研究方法、诊断概念不甚一致，此外，可能与广泛发育障碍的亚型－Asperger综合征患儿认知和语言发展较为正常，易于被家长忽视，从而导致漏诊有关。与国内研究报道相比，本次调查结果与深圳市0～7岁儿童六类残疾现状调查结果相似（1.59‰）[4]，但高于2001年全国0～6岁残疾儿童的抽样调查结果（1.01‰）[5]。该结果提示北京地区精神残疾的现患率可能不同于我国其它地区，但也可能与本次调查并未包含0～1岁儿童有关。目前研究表明导致学龄前儿童精神残疾的疾病主要起病于0～3岁，但在0～1岁儿童中，这些疾病的发生率有限，症状常常不突出或典型，不易被发现，诊断率也较低，因此使该年龄组精神残疾的现患率较低。如：2001年全国0～6岁残疾儿童抽样调查中，0岁儿童精神残疾的现患率为0.1‰，1岁儿童精神残疾的现患率为0‰。这些特点和结果必然会降低0～6岁儿童的精神残疾现患率。虽然由于上述原因，使得本次北京地区2～6岁儿童的精神残疾现患率高于2001

年全国0～6岁残疾儿童的抽样调查结果，但是本次调查中2～6岁各个年龄组的现患率则与2001年全国0～6岁残疾儿童抽样调查中相应年龄组的现患率相似[5]。

本次调查还表明北京地区2～6岁儿童精神残疾的年平均发现率为0.11‰，该结果与2001年全国0～6岁残疾儿童抽样调查结果相似[5]。

虽然本次研究并未对北京地区0～1岁儿童的精神残疾现况进行调查，但在智力筛查过程中，有3名因智力专业专家怀疑并推荐、最后确定存在精神残疾的1岁儿童。本次抽样中1岁儿童共4280人，以此推算，该年龄组精神残疾的最低现患率应为0.70‰。

2.残疾严重程度

本次调查确诊的精神残疾儿童中，重度残疾最多，占93.75%；无中度残疾；轻度残疾很少，占6.25%。重度残疾所占比例明显高于2001年全国0～6岁残疾儿童的抽样调查结果（18.03%）和深圳市0于其他残疾种类中重度残疾所占的比例。之所以如此，可能与以下因素有关：①儿童孤独症是本次调查中最为主要的致残疾病，而该疾病症状常常较为严重，严重影响儿童的社会功能；②本次调查存在一定的假阴性，残疾程度较轻的儿童，症状表现也往往较轻或不典型，因此更有可能被忽视和漏诊；③精神残疾的构成疾病不同，如：在深圳市0～7岁儿童六类残疾现状调查中，注意缺陷与多动障碍也被包含在其中[4]。

3.分布特征

本次调查结果表明，在北京地区2～6岁儿童中，精神残疾的城市现患率略高于农村现患率（1.80‰，1.30‰），男性现患率略高于女性现患率（1.59‰，1.47‰），汉族现患率略低于少数民族现患率（1.48‰，2.27‰），但均无显著性差异。男、女性现患率无显著性差异这一结果，与2001年全国0～6岁残疾儿童抽样调查结果及既往国外研究报道不甚一致[4, 5, 6, 7, 8]。该结果一方面提示北京地区精神残疾的分布特征可能不同于其他地区，另一方面可能与本次调查存在一定的假阴性率有关。既往研究表明，女性孤独症患者现患率虽然低于男性，但一旦患病，症状往往较重。因此，与男性患者相比，女性患者更易被发现，不易被漏诊。本次调查的部分结果也显示了这一特点。在本次调查漏诊的10名2～6岁精神残疾儿童中，儿童孤独症9人，不典型孤独症1人；男性9人，女性1人；轻、中度儿童7人，重度3人。无论男性儿童所占比例或轻、中度儿童所占比例均明显高于本次调查中筛查阳性而确诊的精神残疾儿童。提示部分男性精神残疾儿童症状可能相对较轻，易于被漏诊；而女性精神残疾儿童症状往往较重，不易被漏诊。因而造成本研究中男、女性现患率无显著性差异这一结果。

本次调查结果尚表明，虽然各个年龄组精神残疾现患率并无显著性差异，但是随着年龄增长，精神残疾现患率有增高趋势，6岁组现患率最高。同时，精神残疾的现患率随着父母文化程度的降低而有增高趋势，父亲为小学或小学以下文化程度组现患率最高；随着家庭经济收入的降低而明显增高。父亲不在业、家庭人口多、子女数多、父亲生育年龄大，非亲生父母型家庭也均使儿童精神残疾的现患率有增高趋势。以上结果与2001年全国0～6岁残疾儿童抽样调查结果基本一致[5]。儿童精神残疾现患率之所以有上述特点，可能与父母文化程度越低、职业经济地位越差、家庭环境和卫生保健条件也越差等有关。

4.疾病构成

本次调查确诊的精神残疾儿童中，疾病构成主要为儿童孤独症、不典型孤独症和Rett综合征，三种疾病在疾病构成中所占的比例分别为87.50%、6.25%和6.25%。儿童孤独症是导致2～6岁儿童精神残疾的最主要原因，此结果与2001年全国0～6岁残疾儿童抽样调查结果相一致[5]。

5.合并疾病

本次调查确诊的精神残疾儿童中，100.00%合并智力损害，25.00%合并肢体残疾，18.75%合并癫痫，12.50%合并视力残疾，6.25%合并脑器质性疾病,25.00%存在三种和三种以上残疾。这些合并疾病或残疾必然使精神残疾儿童预后更加不良，也使这些儿童需要更多的治疗和康复。

6.治疗康复现状和需求

本次调查确诊的精神残疾儿童中，12.50%的儿童家长从未注意到儿童存在问题；12.50%的儿童家长已发现儿童存在问题，但从未带儿童就诊；75.00%的儿童家长已发现儿童存在问题，并已带儿童就诊。在已就诊的儿童中，就诊后获得治疗康复的比例非常低，仅20.00%，明显低于2001年全国0～6岁残疾儿童抽样调查结果（49.18%）[5]。之所以出现上述现象，可能原因在于：一是家长缺乏卫生健康知识，对儿童症状认识不足、重视不够；二是家长受文化因素影响认为儿童长大后可以自然恢复健康；三是医疗系统对导致精神残疾的疾病认识有限，并缺乏有效的治疗康复方法；四是社会上缺乏为精神残疾儿童提供教育康复的学校或训练机构。

在本次调查中，所有精神残疾儿童均有康复需求。所需要的治疗康复形式涉及4个方面：医院治疗、康复机构训练、家庭康复训练、普幼普小教育，其中对康复训练机构的需求最大(37.50%)。精神残疾儿童的低康复比例和强烈的康复需要形成了鲜明对比。这种对比要求政府部门必须高度重视精神残疾儿童这一群体，充分认识他们的康复需求，积极动员和支持医院、学校和社会各界为精神残疾儿童提供各种服务，并加强家庭健康教育和教育训练技能指导，从而满足精神残疾儿童的需求，使他们得到最大程度的康复。

（四）危险因素分析

目前研究表明，广泛发育障碍与遗传因素有关，但早期环境因素对发病可能也起一定作用，母孕期、分娩时及新生儿期的合并症可能单独或与遗传因素相互作用，增加广泛发育障碍的发病风险[9, 10, 11, 12]。本次调查除进行一般危险因素的分析外，尚就上述危险因素进行了病例对照研究。结果表明：儿童精神残疾与家庭低收入、父亲在母亲妊娠前1年至分娩期间大量吸烟有关，这些因素均使儿童更有可能罹患精神残疾，该结果与2001年全国0～6岁残疾儿童抽样调查结果基本一致[5]。但是本次调查未能确定其他危险因素与精神残疾相关。因本研究样本量较少，故加大样本量进行进一步研究非常重要。同时，也应加强健康教育，加强母孕期保健，避免以上不利因素，从而尽可能降低精神残疾儿童的发生率。

（五）儿童精神残疾的诊断标准

虽然广泛发育障碍是导致0～6岁儿童精神残疾的重要原因，广泛发育障碍的患病率可以初步反映精神残疾儿童的现患率，而且，美国疾病预防控制中心认为发育性残疾主要包括孤独症及其相关发育障碍、脑瘫、听力损失、视力损伤和精神发育迟滞，但是，将儿童精神残疾的概念等同于疾病的概念、将精神残疾的现患率等同于广泛发育障碍的现患率并不合适。因此，政府及有关部门应从科学的角度出发，尽快明确儿童精神残疾的定义，制定儿童精神残疾的标准，从而有利于今后的儿童精神残疾的现况调查和各项与儿童精神残疾有关的工作的开展。

（六）政策与建议

虽然儿童精神残疾严重影响儿童的社会功能，并给家庭带来极大痛苦，但是本次调查表明儿童精神残疾并未得到充分的认识，诊断、康复仍然存在很多问题，这些问题也反映了我国精神残疾儿童的康复现状。因此，从全国范围内加强对精神残疾儿童的认识和诊断康复对推动我国残疾儿童康复事业的发展具有非常重要的意义。

1.儿童精神残疾应引起政府及有关部门的充分重视

本次调查表明2～6岁儿童精神残疾的现患率并不低，因而从政府及有关部门着手，关心这个群体，帮助这些儿童和家庭非常重要和必要。目前在我国，由于多种原因，儿童精神残疾尚未引起政府及有关部门的充分认识和关注，精神残疾儿童所需要的各种帮助和服务也没有得到充分的保障，部分精神残疾儿童尚未得到诊断，大多数精神残疾儿童没有得到任何形式的治疗和康复，能够为精神残疾儿童提供医疗、教育、康复的机构也很少。这些都会对精神残疾儿童的预后产生更加不良的影响。因此，政府及有关部门应特别重视精神残疾儿童这一群体，充分认识和尊重他们的各种需要，针对精神残疾儿童的各种需要，制定相应的目标、计划、政策、法规，从而有目的、有计划、有保障地逐步地完善精神残疾儿童的医疗、教育、康复体系，使精神残疾儿童的医疗、教育、康复工作在制度化、法制化中有序地进行。只有这样，才有可能满足精神残疾儿童的各种需要，提高精神残疾儿童的康复水平。

2.加强精神残疾儿童的早期识别和诊断

早期识别和诊断精神残疾是对精神残疾儿童进行早期干预的基础。在此方面，我国还较落后。因此，应通过以下工作加强精神残疾儿童的早期识别和诊断。

（1）积极开展健康教育

目前，虽然家长、社会都日益关注儿童的健康成长，但是仍有很多家长对儿童的健康重视不够，或只重视儿童的躯体发育和躯体健康，不关注儿童的精神心理发育和精神心理健康。之所以出现如此现象，除与家庭经济状况、父母文化程度等有关外，更重要的是与父母缺乏儿童精神心理发育常识，或受文化因素影响，相信“贵人语迟”等古语有关。如此必定影响家长对儿童精神心理发育异常的早期识别：父母或对儿童的精神心理发育异常视而不见；或虽怀疑儿童存在精神心理发育的问题，却坚信儿童长大后会自然恢复正常；或置疑于医师的诊断而徘徊观望，不听从医师的治疗康复建议。这些都会严重影响精神残疾儿童的早期诊断和干预，从而使儿童失去最佳的治疗康复时机，严重影响儿童的康复水平。因此，政府和有关部门应特别重视公众的健康教育，并制定相应的目标和计划，利用各种媒体方式，做好公众的健康教育，特别是农村地区的健康教育。只有这样，才能够使家长及时识别儿童精神心理发育的异常，正确认识早期诊断对治疗康复的意义，从而使精神残疾儿童得到早期的诊断和治疗康复。

（2）建立早期诊断体系

目前，我国儿童少年精神医学虽然已有相当的进步和发展，但是由于地域辽阔、人口众多，很多地区，尤其是农村地区和偏远地区，仍然非常缺乏儿童少年精神医学的专业工作人员。这种现状非常严重地影响了精神残疾儿童的早期诊断和干预。因此，特别重视和促进我国儿童少年精神医学的发展，特别重视和加强儿童少年精神医学专业工作人员的培训是政府和有关部门的当务之急。在上述工作的基础上，由于短期内培养出大量的儿童少年精神医学专业工作人员并不现实，因此，利用现有资源——儿科和儿保工作人员，使他们有能力对精神残疾儿童做出识别和初步诊断也是适合我国目前国情的一种切实可行的方法。因此，政府和有关部门在特别重视和促进我国儿童少年精神医学的发展、特别重视和加强儿童少年精神医学专业工作人员的培训的同时，也应重视和加强儿科及儿保工作人员的培训，尤其是农村和偏远地区的儿科及儿保工作人员的培训，使儿科和儿保工作人员有能力及时识别儿童精神残疾，并推荐可疑儿童到精神专科医院进行诊断和治疗，从而使精神残疾儿童得到早期的诊断和干预。

3.建立完整的康复体系

目前，我国非常缺乏针对精神残疾儿童的正规、系统的康复体系，因此，建立一个适合于我国国情并满足儿童需要的康复体系非常重要。这个体系应涉及以下几个方面：

（1）医院

医院是使精神残疾儿童得到诊断和治疗的重要领域。目前在我国，由于各种因素的影响，能够为儿童提供较好诊断和治疗干预的精神专科医院还很少。因此，政府及有关部门应特别重视和加强对精神专科医院工作的支持，特别重视和加大对精神专科医院的投资和培训力度，从而使精神专科医院能够在精神残疾儿童的康复体系中发挥其应有的作用。对于没有精神专科医院的农村地区和偏远地区，可培训儿保工作人员或基层康复人员，使他们有能力对精神残疾儿童进行初步的治疗和康复训练。

（2）学校

对于大多数精神残疾儿童来说，学校也是一个非常重要的康复领域，但在目前，造成精神残疾的主要疾病——儿童孤独症，并未能列入义务教育范畴，这样就使很多儿童失去了学校康复这一重要机会。因此，政府及有关部门应从法律的角度出发，尊重这些儿童接受教育的权力，同时给予学校特殊的支持和帮助，从而使患儿得到应有的教育和训练。

（3）各种康复机构

近几年，在我国大、中城市，已有一些孤独症儿童的康复机构日益发展起来。

这些机构服务水平不一，数量也少，远远不能满足孤独症儿童的康复需求。因此，政府及有关部门应积极鼓励社会力量以多种形式开展精神残疾儿童的康复训练，同时也必须加强对社会办康复机构的规范和引导，从而使患儿得到较好的服务和康复训练。

（4）家庭

目前在我国，能够为精神残疾儿童提供教育训练的机构很少，供需严重失衡，同时，很多家庭，尤其是农村地区和偏远地区的家庭，由于经济原因，也没有能力送儿童到相应机构进行教育训练，而精神残疾儿童的教育训练是一个长期的过程，因此，积极开展以家庭为基础的教育训练是一个适合我国目前国情、并能够有效帮助精神残疾儿童及其家庭的重要方法。为此，政府及有关部门应特别重视家长在精神残疾儿童康复训练中的作用，重视对家长教育训练技能的培训，重视对培训机构工作的支持，从而使家长有机会掌握一定的教育训练技能，并用这些技能积极开展以家庭为基础的教育训练，从而使不同地区、不同家庭状况的精神残疾儿童得到及时的教育训练康复。

在此尚需提出的是，目前我国虽然已有一些医院、学校和机构开展精神残疾儿童的医疗、教育和康复服务，但是由于从业人员背景不同、层次不一，提供的服务水平也参差不齐。因此，为了使精神残疾儿童得到更好的医疗、教育和康复服务，政府和有关部门应加强对医疗、教育、康复工作者从业资格的认证和专业知识的培训，如此，才能够提高我国精神残疾儿童医疗、教育和康复服务的水平。

4.加强对低收入家庭的支持，加强母孕期保健

本次调查表明家庭低收入、父亲在母亲妊娠前1年至分娩期间大量吸烟均使儿童更有可能罹患精神残疾。积极避免上述不利因素，有可能降低精神残疾儿童的发生率。因此，政府及有关部门应特别重视对低收入家庭的支持与帮助，特别重视和加强健康教育和母孕期保健，从而尽可能降低精神残疾儿童的发生率。

5.开展科学研究，加强国际交流

目前在国外，有关精神残疾所涉及疾病的病因、临床特点、治疗康复等方面的研究很多，这些研究不仅使人们对这些疾病有日趋深入的了解，也探索出更加科学有效的治疗康复训练方法，从而使精神残疾儿童得到了更大的帮助。但在我国，有关精神残疾所涉及疾病的科学研究仍较落后。为促进我国精神残疾儿童康复事业的发展，政府及有关机构应特别重视并大力支持精神残疾所涉及疾病的病因、临床特点、治疗康复等方面的研究，重视和支持专业人士之间的国际交流，

从而使专业工作者对儿童精神残疾有更加深入的认识，使他们有更加科学有效的方法对精神残疾儿童进行治疗康复和训练，使精神残疾儿童得到更有效的服务和更好的康复。

刘婧　　执笔

北京市0～6岁儿童残疾抽样调查精神专家组成员：杨晓玲、刘靖、贾美香。

参考文献

1.杨晓玲.克氏孤独症行为量表.陶国泰主编.儿童少年精神医学.江苏科学技术出版社，1999，127.

2.杨晓玲.儿童孤独症评定量表.陶国泰主编.儿童少年精神医学.江苏科学技术出版社，1999，125～127.

3.American Psychiatric Association. Diagnostic and Statistical Manual of Mental Disorder（4th edition）. 1994.

4.孙喜斌，曲成毅，杨磊等.深圳市0～7岁儿童六类残疾现状调查.中华流行病学杂志.2003，24（11）：1016～1019.

5.2001年全国0～6岁残疾儿童抽样调查报告.北京：中国统计出版社.

6.Fombonne E. Epidemiological surveys of autism and other pervasive developmental disorders：an update. Journal of Autism & Developmental Disorders.2003，33（4）：365-82.

7.Fombonne Eric，Simmons Helen，Ford Tamsin, et al. Prevalence of Pervasive Developmental Disorders in the British Nationwide Survey of Child Mental Health. Journal of the American Academy of Child & Adolescent Psychiatry.2001，40（7）：820-827.

8.Lingam R 1，Simmons A 1，Andrews N 3，et al. Prevalence of autism and parentally reported triggers in a north east London population. Archives of Disease in Childhood. 2003，88（8）：666-670.

9.Bolton Patrick F., Murphy Margaret, Macdonald Hope, et al. Obstetric Complications in Autism: Consequences or Causes of the Condition? Journal of the American Academy of Child & Adolescent Psychiatry.1997,36（2）：272-281.

10.Zwaigenbaum Lonnie，Szatmari Peter，Jones Marshall B.，et al. Pregnancy and Birth Complications in Autism and Liability to the Broader Autism Phenotype. Journal of the American Academy of Child & Adolescent Psychiatry.2002，41（5）：572-579.

11.Hultman Christina M. 1 2, Sparen Par 1 3，Cnattingius Sven 1. Perinatal Risk Factors for Infantile Autism. Epidemiology. 2002，13（4）：417-423.

12.Newschaffer Craig J.，Fallin Daniele，Lee Nora L.. Heritable and Nonheritable Risk Factors for Autism Spectrum Disorders. Epidemiologic Reviews. 2002，24（2）：137-153.

第三章 原始数据(附表)

附表 S-1　2004 年北京市抽样调查 0～6 岁儿童性别构成

地区别	男		女		合　计	男女性别比（女＝100）
	调查儿童数	构成 %	调查儿童数	构成 %		
西城区	707	53.04	626	46.96	1333	113
崇文区	366	52.66	329	47.34	695	111
宣武区	399	53.56	346	46.44	745	115
朝阳区	1829	52.41	1661	47.59	3490	110
海淀区	1901	50.88	1835	49.12	3736	104
丰台区	1046	51.07	1002	48.93	2048	104
石景山区	523	52.56	472	47.44	995	111
城市小计	6771	51.92	6271	48.08	13042	108
门头沟区	518	49.43	530	50.57	1048	98
房山区	1470	50.99	1413	49.01	2883	104
大兴区	1095	52.04	1009	47.96	2104	109
通州区	746	51.63	699	48.37	1445	107
顺义区	730	51.48	688	48.52	1418	106
昌平区	746	51.10	714	48.90	1460	104
平谷区	826	56.11	646	43.89	1472	128
怀柔区	565	52.27	516	47.73	1081	109
密云县	1104	52.20	1011	47.80	2115	109
延庆县	327	48.81	343	51.19	670	95
农村小计	8127	51.78	7569	48.22	15696	107
合　计	14898	51.84	13840	48.16	28738	108

附表 S-2　2004 年北京市抽样调查 0～6 岁儿童年龄构成

地区别	0 岁组		1 岁组		2 岁组		3 岁组		4 岁组		5 岁组		6 岁组		合计
	调查儿童数	构成比 %	调查儿童数	构成比 %	调查儿童数	构成比 %	调查儿童数	构成比 %	调查儿童数	构成比 %	调查儿童数	构成比 %	调查儿童数	构成比 %	
西城区	131	9.83	235	17.63	189	14.18	236	17.70	223	16.73	196	14.70	123	9.23	1333
崇文区	72	10.36	125	17.99	143	20.58	100	14.39	97	13.96	91	13.09	67	9.64	695
宣武区	70	9.40	136	18.26	123	16.51	114	15.30	92	12.35	106	14.23	104	13.96	745
朝阳区	222	6.36	510	14.61	490	14.04	545	15.62	732	20.97	638	18.28	353	10.11	3490
海淀区	312	8.35	694	18.58	590	15.79	626	16.76	618	16.54	527	14.11	369	9.88	3736
丰台区	73	3.56	208	10.16	307	14.99	472	23.05	479	23.39	309	15.09	200	9.77	2048
石景山区	86	8.64	188	18.89	161	16.18	160	16.08	173	17.39	158	15.88	69	6.93	995
城市小计	966	7.41	2096	16.07	2003	15.36	2253	17.27	2414	18.51	2025	5.53	1285	9.85	13042
门头沟区	94	8.97	171	16.32	184	17.56	169	16.13	166	15.84	150	14.31	114	10.88	1048
房山区	250	8.67	386	13.39	363	12.59	431	14.95	470	16.30	470	16.30	513	17.79	2883
大兴区	187	8.89	290	13.78	323	15.35	337	16.02	351	16.68	301	14.31	315	14.97	2104
通州区	189	13.08	207	14.33	206	14.26	207	14.33	259	17.92	184	12.73	193	13.36	1445
顺义区	111	7.83	193	13.61	197	13.89	210	14.81	242	17.07	233	16.43	232	16.36	1418
昌平区	159	10.89	214	14.66	220	15.07	233	15.96	215	14.73	188	12.88	231	15.82	1460
平谷区	159	10.80	202	13.72	211	14.33	227	15.42	208	14.13	224	15.22	241	16.37	1472
怀柔区	126	11.66	154	14.25	137	12.67	164	15.17	176	16.28	194	17.95	130	12.03	1081
密云县	278	13.14	308	14.56	273	12.91	306	14.47	299	14.14	283	13.38	368	17.40	2115
延庆县	32	4.78	59	8.81	69	10.30	111	16.57	149	22.24	137	20.45	113	16.87	670
农村小计	1585	10.10	2184	13.91	2183	13.91	2395	15.26	2535	16.15	2364	15.06	2450	15.61	15696
合　计	2551	8.88	4280	14.89	4186	14.57	4648	16.17	4949	17.22	4389	15.27	3735	13.00	28738

附表 S-3　2004 年北京市抽样调查 0～6 岁儿童民族构成

地区别	汉族		少数民族										合计
	儿童数	构成 %	小计	构成 %	满族		回族		蒙族		其他		
					儿童数	构成 %	儿童数	构成 %	儿童数	构成 %	儿童数	构成 %	
西城区	1195	89.65	138	10.35	38	2.85	68	5.10	13	0.98	19	1.43	1333
崇文区	648	93.24	47	6.76	14	2.01	27	3.88	2	0.29	4	0.58	695
宣武区	669	89.80	76	10.20	25	3.36	40	5.37	6	0.81	5	0.67	745
朝阳区	3175	90.97	315	9.03	149	4.27	119	3.41	27	0.77	20	0.57	3490
海淀区	3468	92.83	268	7.17	126	3.37	82	2.19	28	0.75	32	0.86	3736
丰台区	1919	93.70	129	6.30	64	3.13	41	2.00	13	0.63	11	0.54	2048
石景山区	940	94.47	55	5.53	20	2.01	18	1.81	7	0.70	10	1.01	995
城市小计	12014	92.12	1028	7.88	436	3.34	395	3.03	96	0.74	101	0.77	13042
门头沟区	1029	98.19	19	1.81	11	1.05	2	0.19	4	0.38	2	0.19	1048
房山区	2721	94.38	162	5.62	150	5.20	4	0.14	2	0.07	6	0.21	2883
大兴区	2078	98.76	26	1.24	14	0.67	6	0.29	1	0.05	5	0.24	2104
通州区	1332	92.18	113	7.82	11	0.76	96	6.64	4	0.28	2	0.14	1445
顺义区	1399	98.66	19	1.34	17	1.20	1	0.07	0	0.00	1	0.07	1418
昌平区	1416	96.99	44	3.01	29	1.99	5	0.34	5	0.34	5	0.34	1460
平谷区	1443	98.03	29	1.97	19	1.29	1	0.07	5	0.34	4	0.27	1472
怀柔区	940	86.96	141	13.04	129	11.93	0	0.00	2	0.19	10	0.93	1081
密云县	1874	88.61	241	11.39	220	10.40	13	0.61	5	0.24	3	0.14	2115
延庆县	648	96.72	22	3.28	22	3.28	0	0.00	0	0.00	0	0.00	670
农村小计	14880	94.80	816	5.20	622	3.96	128	0.82	28	0.18	38	0.24	15696
合　　计	26894	93.58	1844	6.42	1058	3.68	523	1.82	124	0.43	139	0.48	28738

附表 S-4　2004 年北京市抽样调查 0～6 岁儿童父亲文化程度构成

地区别	大专及以上		高中中专		初中		小学		文盲半文盲		合　计
	调查儿童数	构成 %	调查儿童数	构成 %	调查儿童数	构成 %	调查儿童数	构成 %	调查儿童数	构成 %	
西城区	962	72.22	296	22.22	68	5.11	6	0.45	0	0.00	1332
崇文区	234	33.77	306	44.16	150	21.65	2	0.29	1	0.14	693
宣武区	362	48.92	283	38.24	90	12.16	5	0.68	0	0.00	740
朝阳区	1967	56.72	1158	33.39	322	9.28	21	0.61	0	0.00	3468
海淀区	2379	63.71	888	23.78	449	12.02	17	0.46	1	0.03	3734
丰台区	1013	49.73	687	33.73	309	15.17	27	1.33	1	0.05	2037
石景山区	478	48.43	315	31.91	179	18.14	12	1.22	3	0.30	987
城市小计	7395	56.92	3933	30.27	1567	12.06	90	0.69	6	0.05	12991
门头沟区	62	5.96	265	25.48	644	61.92	61	5.87	8	0.77	1040
房山区	142	4.93	636	22.08	1932	67.08	152	5.28	18	0.63	2880
大兴区	92	4.38	529	25.19	1383	65.86	89	4.24	7	0.33	2100
通州区	102	7.13	443	30.98	822	57.48	61	4.27	2	0.14	1430
顺义区	100	7.07	273	19.29	963	68.06	74	5.23	5	0.35	1415
昌平区	104	7.14	482	33.08	783	53.74	82	5.63	6	0.41	1457
平谷区	47	3.20	290	19.75	1051	71.59	79	5.38	1	0.07	1468
怀柔区	77	7.17	311	28.96	630	58.66	50	4.66	6	0.56	1074
密云县	110	5.23	553	26.27	1324	62.90	110	5.23	8	0.38	2105
延庆县	14	2.10	89	13.36	471	70.72	86	12.91	6	0.90	666
农村小计	850	5.44	3871	24.76	10003	63.98	844	5.40	67	0.43	15635
合　计	8245	28.80	7804	27.26	11570	40.42	934	3.26	73	0.26	28626

附表 S-5　2004 年北京市抽样调查 0～6 岁儿童母亲文化程度构成

地区别	大专及以上		高中中专		初中		小学		文盲半文盲		合　计
	调查儿童数	构成 %	调查儿童数	构成 %	调查儿童数	构成 %	调查儿童数	构成 %	调查儿童数	构成 %	
西城区	933	69.99	311	23.33	81	6.08	7	0.53	1	0.08	1333
崇文区	234	33.67	296	42.59	149	21.44	16	2.30	0	0.00	695
宣武区	357	48.18	261	35.22	113	15.25	10	1.35	0	0.00	741
朝阳区	1931	55.74	1149	33.17	354	10.22	27	0.78	3	0.09	3464
海淀区	2265	60.68	1021	27.35	420	11.25	23	0.62	4	0.11	3733
丰台区	949	46.59	713	35.00	341	16.74	32	1.57	2	0.10	2037
石景山区	453	45.76	341	34.44	186	18.79	8	0.81	2	0.20	990
城市小计	7122	54.81	4092	31.49	1644	12.65	123	0.95	12	0.09	12993
门头沟区	61	5.85	241	23.13	639	61.32	93	8.93	8	0.77	1042
房山区	114	3.96	573	19.89	1950	67.68	207	7.19	37	1.28	2881
大兴区	78	3.71	477	22.69	1424	67.75	111	5.28	12	0.57	2102
通州区	79	5.52	464	32.42	814	56.88	63	4.40	11	0.77	1431
顺义区	103	7.31	253	17.96	961	68.20	86	6.10	6	0.43	1409
昌平区	94	6.45	452	31.02	820	56.28	74	5.08	17	1.17	1457
平谷区	40	2.73	242	16.51	1091	74.42	87	5.93	6	0.41	1466
怀 柔 区	48	4.47	324	30.14	629	58.51	66	6.14	8	0.74	1075
密 云 县	96	4.57	582	27.69	1303	61.99	99	4.71	22	1.05	2102
延 庆 县	13	1.95	89	13.32	453	67.81	96	14.37	17	2.54	668
农村小计	726	4.64	3697	23.65	10084	64.50	982	6.28	144	0.92	15633
合　　计	7848	27.42	7789	27.21	11728	40.97	1105	3.86	156	0.54	28626

附表 S-6　2004 年北京市抽样调查 0～6 岁儿童父亲职业分布情况

地区别	1		2		3		4		5		6		7		8		9		合计
	调查儿童数	构成%	调查儿童数	构成%	调查儿童数	构成%	调查儿童数	构成%	调查儿童数	构成%	调查儿童数	构成%	调查儿童数	构成%	调查儿童数	构成%	调查儿童数	构成%	
西城区	197	14.79	487	36.56	221	16.59	175	13.14	0	0.00	109	8.18	28	2.10	66	4.95	49	3.68	1332
崇文区	64	9.22	92	13.26	92	13.26	182	26.22	1	0.14	245	35.30	6	0.86	1	0.14	11	1.59	694
宣武区	44	5.93	199	26.82	170	22.91	133	17.92	7	0.94	151	20.35	13	1.75	3	0.40	22	2.96	742
朝阳区	230	6.64	755	21.80	853	24.62	723	20.87	10	0.29	717	20.70	121	3.49	16	0.46	39	1.13	3464
海淀区	378	10.13	1347	36.08	583	15.62	545	14.60	8	0.21	674	18.06	116	3.11	44	1.18	38	1.02	3733
丰台区	116	5.70	526	25.86	257	12.64	298	14.65	42	2.06	562	27.63	153	7.52	50	2.46	30	1.47	2034
石景山区	79	7.98	255	25.76	141	14.24	98	9.90	9	0.91	273	27.58	21	2.12	99	10.00	15	1.52	990
城市小计	1108	8.53	3661	28.19	2317	17.84	2154	16.58	77	0.59	2731	21.03	458	3.53	279	2.15	204	1.57	12989
门头沟区	26	2.49	93	8.92	23	2.21	75	7.19	317	30.39	502	48.13	5	0.48	0	0.00	2	0.19	1043
房山区	12	0.42	100	3.47	190	6.59	209	7.25	850	29.49	1485	51.53	5	0.17	21	0.73	10	0.35	2882
大兴区	22	1.05	117	5.57	43	2.05	209	9.95	1113	53.00	539	25.67	7	0.33	18	0.86	32	1.52	2100
通州区	35	2.44	149	10.37	31	2.16	137	9.53	245	17.05	829	57.69	9	0.63	0	0.00	2	0.14	1437
顺义区	37	2.61	178	12.57	45	3.18	178	12.57	574	40.54	375	26.48	5	0.35	19	1.34	5	0.35	1416
昌平区	12	0.82	145	9.95	74	5.08	152	10.43	392	26.89	666	45.68	4	0.27	10	0.69	3	0.21	1458
平谷区	5	0.34	201	13.71	21	1.43	73	4.98	723	49.32	433	29.54	4	0.27	6	0.41	0	0.00	1466
怀柔区	17	1.58	70	6.51	28	2.60	94	8.74	385	35.78	475	44.14	3	0.28	4	0.37	0	0.00	1076
密云县	9	0.43	95	4.51	44	2.09	198	9.40	524	24.88	1221	57.98	1	0.05	13	0.62	1	0.05	2106
延庆县	10	1.50	13	1.95	9	1.35	20	3.01	504	75.79	86	12.93	2	0.30	11	1.65	10	1.50	665
农村小计	185	1.18	1161	7.42	508	3.25	1345	8.59	5627	35.96	6611	42.25	45	0.29	102	0.65	65	0.42	15649
合　计	1293	4.51	4822	16.84	2825	9.86	3499	12.22	5704	19.92	9342	32.62	503	1.76	381	1.33	269	0.94	28638

备　注:
1）国家机关党群组织、企事业单位负责人
2）各类专业技术人员
3）办事人员和有关人员
4）商业、服务业人员
5）农、林、牧、渔、水利业生产人员
6）生产、运输、设备操作人员及有关人员
7）军人
8）不便分类的其它劳动者
9）不在业

附表 S-7 2004 年北京市抽样调查 0～6 岁儿童母亲职业构成

地区别	1		2		3		4		5		6		7		8		9		合计
	调查儿童数	构成%	调查儿童数	构成%	调查儿童数	构成%	调查儿童数	构成%	调查儿童数	构成%	调查儿童数	构成%	调查儿童数	构成%	调查儿童数	构成%	调查儿童数	构成%	
西城区	109	8.18	499	37.46	254	19.07	268	20.12	0	0.00	33	2.48	10	0.75	39	2.93	120	9.01	1332
崇文区	25	3.60	142	20.43	85	12.23	308	44.32	14	2.01	102	14.68	1	0.14	1	0.14	17	2.45	695
宣武区	24	3.23	201	27.02	162	21.77	220	29.57	7	0.94	81	10.89	0	0.00	7	0.94	42	5.65	744
朝阳区	97	2.80	1008	29.13	835	24.13	1058	30.58	29	0.84	313	9.05	28	0.81	13	0.38	79	2.28	3460
海淀区	164	4.39	1528	40.93	653	17.49	877	23.49	7	0.19	229	6.13	34	0.91	62	1.66	179	4.80	3733
丰台区	68	3.34	612	30.09	271	13.32	538	26.45	63	3.10	269	13.23	25	1.23	77	3.79	111	5.46	2034
石景山区	31	3.12	284	28.57	153	15.39	215	21.63	11	1.11	138	13.88	6	0.60	79	7.95	77	7.75	994
城市小计	518	3.99	4274	32.90	2413	18.57	3484	26.82	131	1.01	1165	8.97	104	0.80	278	2.14	625	4.81	12992
门头沟区	17	1.63	54	5.17	18	1.72	143	13.68	721	69.00	78	7.46	0	0.00	2	0.19	12	1.15	1045
房山区	4	0.14	48	1.67	164	5.69	266	9.23	2104	73.00	195	6.77	1	0.03	9	0.31	91	3.16	2882
大兴区	12	0.57	73	3.47	38	1.81	208	9.90	1486	70.73	196	9.33	0	0.00	10	0.48	78	3.71	2101
通州区	17	1.18	74	5.15	31	2.16	185	12.87	782	54.38	346	24.06	0	0.00	1	0.07	2	0.14	1438
顺义区	40	2.83	117	8.27	50	3.54	271	19.17	699	49.43	153	10.82	1	0.07	26	1.84	57	4.03	1414
昌平区	5	0.34	98	6.73	29	1.99	319	21.89	718	49.28	273	18.74	0	0.00	3	0.21	12	0.82	1457
平谷区	0	0.00	74	5.05	13	0.89	99	6.75	1191	81.24	83	5.66	0	0.00	5	0.34	1	0.07	1466
怀柔区	4	0.37	35	3.26	19	1.77	120	11.16	687	63.91	194	18.05	0	0.00	2	0.19	14	1.30	1075
密云县	5	0.24	86	4.08	28	1.33	229	10.86	1207	57.26	498	23.62	0	0.00	51	2.42	4	0.19	2108
延庆县	8	1.20	4	0.60	5	0.75	35	5.24	586	87.72	13	1.95	0	0.00	1	0.15	16	2.40	668
农村小计	112	0.72	663	4.24	395	2.52	1875	11.98	10181	65.04	2029	12.96	2	0.01	110	0.70	287	1.83	15654
合　计	630	2.20	4937	17.23	2808	9.80	5359	18.71	10312	36.00	3194	11.15	106	0.37	388	1.35	912	3.18	28646

备　注:
1）国家机关党群组织、企事业单位负责人
2）各类专业技术人员
3）办事人员和有关人员
4）商业、服务业人员
5）农、林、牧、渔、水利业生产人员
6）生产、运输、设备操作人员及有关人员
7）军人
8）不便分类的其它劳动者
9）不在业

附表 S-8　2004 年北京市抽样调查 0～6 岁儿童母亲婚姻状况构成

地区别	未婚		初婚		再婚		离婚		丧偶		其他		合计
	调查儿童数	构成%	调查儿童数	构成%	调查儿童数	构成%	调查儿童数	构成%	调查儿童数	构成%	调查儿童数	构成%	
西城区	5	0.38	1287	96.77	31	2.33	6	0.45	0	0.00	1	0.08	1330
崇文区	0	0.00	667	96.25	25	3.61	1	0.14	0	0.00	0	0.00	693
宣武区	2	0.27	710	95.56	24	3.23	4	0.54	1	0.13	2	0.27	743
朝阳区	2	0.06	3376	97.80	46	1.33	24	0.70	3	0.09	1	0.03	3452
海淀区	3	0.08	3641	97.69	68	1.82	13	0.35	1	0.03	1	0.03	3727
丰台区	3	0.15	1976	97.10	47	2.31	7	0.34	1	0.05	1	0.05	2035
石景山区	2	0.20	971	97.88	16	1.61	1	0.10	2	0.20	0	0.00	992
城市小计	17	0.13	12628	97.35	257	1.98	56	0.43	8	0.06	6	0.05	12972
门头沟区	2	0.19	1007	96.46	22	2.11	9	0.86	4	0.38	0	0.00	1044
房山区	0	0.00	2788	96.70	70	2.43	23	0.80	1	0.03	1	0.03	2883
大兴区	1	0.05	2039	97.00	39	1.86	17	0.81	4	0.19	2	0.10	2102
通州区	0	0.00	1395	96.74	33	2.29	10	0.69	4	0.28	0	0.00	1442
顺义区	1	0.07	1318	94.48	55	3.94	18	1.29	2	0.14	1	0.07	1395
昌平区	1	0.07	1401	96.22	46	3.16	5	0.34	0	0.00	3	0.21	1456
平谷区	0	0.00	1402	96.29	35	2.40	8	0.55	5	0.34	6	0.41	1456
怀柔区	0	0.00	1004	93.31	59	5.48	6	0.56	5	0.46	2	0.19	1076
密云县	1	0.05	2035	96.40	69	3.27	6	0.28	0	0.00	0	0.00	2111
延庆县	1	0.15	634	94.77	25	3.74	7	1.05	2	0.30	0	0.00	669
农村小计	7	0.04	15023	96.09	453	2.90	109	0.70	27	0.17	15	0.10	15634
合　计	24	0.08	27651	96.66	710	2.48	165	0.58	35	0.12	21	0.07	28606

附表 S-9　2004 年北京市抽样调查 0～6 岁儿童家庭人口数构成

地区别	2 人		3 人		4～5 人		6～10 人		10 人以上		合　计
	调查儿童数	构成 %	调查儿童数	构成 %	调查儿童数	构成 %	调查儿童数	构成 %	调查儿童数	构成 %	
西城区	4	0.30	864	64.86	153	11.49	236	17.72	75	5.63	1332
崇文区	6	0.86	324	46.62	120	17.27	199	28.63	46	6.62	695
宣武区	3	0.40	541	72.62	87	11.68	95	12.75	19	2.55	745
朝阳区	14	0.40	2065	59.41	495	14.24	747	21.49	155	4.46	3476
海淀区	7	0.19	2192	58.67	452	12.10	865	23.15	220	5.89	3736
丰台区	3	0.15	1594	77.87	192	9.38	217	10.60	41	2.00	2047
石景山区	5	0.50	663	66.63	111	11.16	171	17.19	45	4.52	995
城市小计	42	0.32	8243	63.28	1610	12.36	2530	19.42	601	4.61	13026
门头沟区	8	0.76	666	63.55	242	23.09	96	9.16	36	3.44	1048
房山区	15	0.52	1380	47.87	534	18.52	631	21.89	323	11.20	2883
大兴区	9	0.43	705	33.51	482	22.91	555	26.38	353	16.78	2104
通州区	6	0.42	790	54.67	187	12.94	350	24.22	112	7.75	1445
顺义区	8	0.56	658	46.44	239	16.87	371	26.18	141	9.95	1417
昌平区	5	0.34	606	41.54	238	16.31	482	33.04	128	8.77	1459
平谷区	11	0.75	547	37.16	374	25.41	343	23.30	197	13.38	1472
怀柔区	7	0.65	591	54.87	211	19.59	215	19.96	53	4.92	1077
密云县	18	0.85	931	44.04	521	24.65	457	21.62	187	8.85	2114
延庆县	7	1.04	232	34.63	321	47.91	73	10.90	37	5.52	670
农村小计	94	0.60	7106	45.29	3349	21.35	3573	22.77	1567	9.99	15689
合　计	136	0.47	15349	53.45	4959	17.27	6103	21.25	2168	7.55	28715

附表 S-10　2004 年北京市抽样调查 0～6 岁儿童家庭子女数构成

地区别	1 名		2 名		3 名及以上		合　计
	调查儿童数	构成 %	调查儿童数	构成 %	调查儿童数	构成 %	
西城区	1250	93.84	78	5.86	4	0.30	1332
崇文区	659	94.96	35	5.04	0	0.00	694
宣武区	703	94.62	34	4.58	6	0.81	743
朝阳区	3295	95.26	156	4.51	8	0.23	3459
海淀区	3556	95.21	172	4.61	7	0.19	3735
丰台区	1944	95.01	101	4.94	1	0.05	2046
石景山区	944	94.87	51	5.13	0	0.00	995
城市小计	12351	94.98	627	4.82	26	0.20	13004
门头沟区	811	77.46	232	22.16	4	0.38	1047
房山区	2340	81.17	524	18.18	19	0.66	2883
大兴区	1484	70.57	591	28.10	28	1.33	2103
通州区	1272	88.03	164	11.35	9	0.62	1445
顺义区	1168	82.43	241	17.01	8	0.56	1417
昌平区	1308	89.96	144	9.90	2	0.14	1454
平谷区	1032	70.11	417	28.33	23	1.56	1472
怀柔区	883	81.99	190	17.64	4	0.37	1077
密云县	1572	74.43	529	25.05	11	0.52	2112
延庆县	311	46.42	350	52.24	9	1.34	670
农村小计	12181	77.68	3382	21.57	117	0.75	15680
合　计	24532	85.53	4009	13.98	143	0.50	28684

附表 S-11 2004 年北京市抽样调查 0～6 岁儿童家庭人均月收入构成

地区别	<400 元		400～999 元		1000～1999 元		≥2000 元		合 计
	调查儿童数	构成 %	调查儿童数	构成 %	调查儿童数	构成 %	调查儿童数	构成 %	
西城区	49	3.85	177	13.90	434	34.09	613	48.15	1273
崇文区	146	21.01	190	27.34	222	31.94	137	19.71	695
宣武区	138	18.55	142	19.09	270	36.29	194	26.08	744
朝阳区	140	4.04	729	21.05	1547	44.67	1047	30.23	3463
海淀区	180	4.85	589	15.87	1288	34.70	1655	44.59	3712
丰台区	216	10.61	520	25.55	797	39.16	502	24.67	2035
石景山区	53	5.34	221	22.28	355	35.79	363	36.59	992
城市小计	922	7.14	2568	19.89	4913	38.04	4511	34.93	12914
门头沟区	754	72.29	209	20.04	73	7.00	7	0.67	1043
房山区	2355	81.91	425	14.78	91	3.17	4	0.14	2875
大兴区	1184	56.35	678	32.27	213	10.14	26	1.24	2101
通州区	382	26.45	784	54.29	256	17.73	22	1.52	1444
顺义区	720	51.03	538	38.13	126	8.93	27	1.91	1411
昌平区	882	60.66	504	34.66	63	4.33	5	0.34	1454
平谷区	966	65.71	443	30.14	59	4.01	2	0.14	1470
怀柔区	539	50.23	422	39.33	105	9.79	7	0.65	1073
密云县	1350	64.10	655	31.10	91	4.32	10	0.47	2106
延庆县	565	85.61	73	11.06	21	3.18	1	0.15	660
农村小计	9697	62.01	4731	30.26	1098	7.02	111	0.71	15637
合 计	10619	37.19	7299	25.56	6011	21.05	4622	16.19	28551

附表 S-12　2004 年北京市抽样调查 0～6 岁儿童父母近亲结婚的构成

地区别	父母非近亲结婚		父母近亲结婚		合　计
	调查儿童数	构成 %	调查儿童数	构成 %	
西城区	1320	100.00	0	0.00	1320
崇文区	692	100.00	0	0.00	692
宣武区	741	100.00	0	0.00	741
朝阳区	3449	100.00	0	0.00	3449
海淀区	3727	100.00	0	0.00	3727
丰台区	2030	100.00	0	0.00	2030
石景山区	993	100.00	0	0.00	993
城市小计	12952	100.00	0	0.00	12952
门头沟区	1037	100.00	0	0.00	1037
房山区	2883	100.00	0	0.00	2883
大兴区	2099	100.00	0	0.00	2099
通州区	1438	99.93	1	0.07	1439
顺义区	1393	100.00	0	0.00	1393
昌平区	1456	100.00	0	0.00	1456
平谷区	1451	100.00	0	0.00	1451
怀柔区	1074	99.91	1	0.09	1075
密云县	2113	100.00	0	0.00	2113
延庆县	669	100.00	0	0.00	669
农村小计	15613	99.99	2	0.01	15615
合　计	28565	99.99	2	0.01	28567

附表 S-13　2004 年北京市抽样调查 0～6 岁儿童家庭类型构成

地区别	亲生父母型		单方亲生父母型		再婚家庭型		外祖父母型		其他（抱养型）		合　计
	调查儿童数	构成 %	调查儿童数	构成 %	调查儿童数	构成 %	调查儿童数	构成 %	调查儿童数	构成 %	
西城区	1316	99.10	8	0.60	3	0.23	1	0.08	0	0.00	1328
崇文区	677	97.55	14	2.02	1	0.14	1	0.14	1	0.14	694
宣武区	730	99.59	1	0.14	0	0.00	0	0.00	2	0.27	733
朝阳区	3410	98.75	34	0.98	1	0.03	7	0.20	1	0.03	3453
海淀区	3673	98.55	20	0.54	7	0.19	25	0.67	2	0.05	3727
丰台区	2019	99.02	13	0.64	3	0.15	2	0.10	2	0.10	2039
石景山区	968	98.67	6	0.61	3	0.31	0	0.00	4	0.41	981
城市小计	12793	98.75	96	0.74	18	0.14	36	0.28	12	0.09	12955
门头沟区	944	90.68	7	0.67	1	0.10	79	7.59	10	0.96	1041
房山区	2828	98.16	32	1.11	6	0.21	3	0.10	12	0.42	2881
大兴区	2056	98.00	25	1.19	8	0.38	1	0.05	8	0.38	2098
通州区	1413	98.06	13	0.90	3	0.21	6	0.42	6	0.42	1441
顺义区	1326	96.09	27	1.96	18	1.30	1	0.07	8	0.58	1380
昌平区	1416	97.39	19	1.31	3	0.21	3	0.21	13	0.89	1454
平谷区	1402	96.09	26	1.78	24	1.64	1	0.07	6	0.41	1459
怀柔区	1050	97.58	12	1.12	2	0.19	2	0.19	10	0.93	1076
密云县	2071	98.11	23	1.09	12	0.57	0	0.00	5	0.24	2111
延庆县	654	97.76	12	1.79	0	0.00	1	0.15	2	0.30	669
农村小计	15160	97.12	196	1.26	77	0.49	97	0.62	80	0.51	15610
合　计	27953	97.86	292	1.02	95	0.33	133	0.47	92	0.32	28565

附表 S-14　2004 年北京市抽样调查 0～6 岁儿童父亲本次生育年龄构成

地区别	≤ 24 岁		25～34 岁		≥ 35 岁		合　计
	调查儿童数	构成 %	调查儿童数	构成 %	调查儿童数	构成 %	
西城区	17	1.28	935	70.51	374	28.21	1326
崇文区	13	1.88	470	67.92	209	30.20	692
宣武区	11	1.49	503	68.06	225	30.45	739
朝阳区	84	2.43	2600	75.30	769	22.27	3453
海淀区	63	1.69	2857	76.64	808	21.67	3728
丰台区	66	3.24	1674	82.22	296	14.54	2036
石景山区	37	3.83	757	78.36	172	17.81	966
城市小计	291	2.25	9796	75.70	2853	22.05	12940
门头沟区	87	8.48	848	82.65	91	8.87	1026
房山区	869	30.17	1884	65.42	127	4.41	2880
大兴区	565	26.98	1410	67.34	119	5.68	2094
通州区	449	31.18	931	64.65	60	4.17	1440
顺义区	490	34.78	838	59.47	81	5.75	1409
昌平区	188	12.89	1174	80.52	96	6.58	1458
平谷区	484	32.99	911	62.10	72	4.91	1467
怀柔区	190	17.71	775	72.23	108	10.07	1073
密云县	479	22.81	1371	65.29	250	11.90	2100
延庆县	71	10.74	436	65.96	154	23.30	661
农村小计	3872	24.81	10578	67.77	1158	7.42	15608
合　计	4163	14.58	20374	71.37	4011	14.05	28548

备注：本次生育年龄系指该父亲生育被筛查儿童时的年龄。

附表 S-15　2004 年北京市抽样调查 0～6 岁儿童母亲本次生育年龄构成

地区别	≤ 24 岁		25～29 岁		30～34 岁		≥ 35 岁		合　计
	调查儿童数	构成 %	调查儿童数	构成 %	调查儿童数	构成 %	调查儿童数	构成 %	
西城区	65	4.90	677	51.02	476	35.87	109	8.21	1327
崇文区	65	9.38	368	53.10	202	29.15	58	8.37	693
宣武区	55	7.44	375	50.74	238	32.21	71	9.61	739
朝阳区	265	7.65	1902	54.92	1041	30.06	255	7.36	3463
海淀区	257	6.89	2031	54.48	1192	31.97	248	6.65	3728
丰台区	265	13.00	1228	60.23	459	22.51	87	4.27	2039
石景山区	123	12.65	536	55.14	249	25.62	64	6.58	972
城市小计	1095	8.45	7117	54.91	3857	29.76	892	6.88	12961
门头沟区	292	28.29	495	47.97	207	20.06	38	3.68	1032
房山区	1205	41.83	1315	45.64	287	9.96	74	2.57	2881
大兴区	869	41.52	841	40.18	306	14.62	77	3.68	2093
通州区	736	51.15	529	36.76	130	9.03	44	3.06	1439
顺义区	659	46.94	549	39.10	154	10.97	42	2.99	1404
昌平区	449	30.80	794	54.46	165	11.32	50	3.43	1458
平谷区	591	40.31	581	39.63	240	16.37	54	3.68	1466
怀柔区	393	36.66	438	40.86	168	15.67	73	6.81	1072
密云县	816	38.76	752	35.72	361	17.15	176	8.36	2105
延庆县	157	23.64	221	33.28	199	29.97	87	13.10	664
农村小计	6167	39.50	6515	41.73	2217	14.20	715	4.58	15614
合　计	7262	25.41	13632	47.71	6074	21.26	1607	5.62	28575

备注：本次生育年龄系指该母亲生育被筛查儿童时的年龄。

附表 S-16　2004 年北京市抽样调查 0～6 岁儿童前往现场的主要陪同人员的构成

地区别	母亲		父亲		（外）祖父母		其他亲属		其他人员		合　计
	调查儿童数	构成 %	调查儿童数	构成 %	调查儿童数	构成 %	调查儿童数	构成 %	调查儿童数	构成 %	
西城区	748	56.54	309	23.36	238	17.99	18	1.36	10	0.76	1323
崇文区	431	62.01	147	21.15	99	14.24	13	1.87	5	0.72	695
宣武区	395	53.74	185	25.17	129	17.55	24	3.27	2	0.27	735
朝阳区	1922	56.60	727	21.41	660	19.43	52	1.53	35	1.03	3396
海淀区	2138	57.53	628	16.90	827	22.26	90	2.42	33	0.89	3716
丰台区	1215	60.75	426	21.30	314	15.70	40	2.00	5	0.25	2000
石景山区	536	54.75	170	17.36	224	22.88	40	4.09	9	0.92	979
城市小计	7385	57.50	2592	20.18	2491	19.39	277	2.16	99	0.77	12844
门头沟区	676	65.25	82	7.92	232	22.39	44	4.25	2	0.19	1036
房山区	2020	70.36	210	7.31	542	18.88	86	3.00	13	0.45	2871
大兴区	1319	62.87	196	9.34	551	26.26	27	1.29	5	0.24	2098
通州区	872	60.81	171	11.92	359	25.03	32	2.23	0	0.00	1434
顺义区	877	63.60	165	11.97	322	23.35	14	1.02	1	0.07	1379
昌平区	810	56.06	168	11.63	415	28.72	45	3.11	7	0.48	1445
平谷区	694	47.66	160	10.99	559	38.39	39	2.68	4	0.27	1456
怀柔区	632	59.18	121	11.33	255	23.88	46	4.31	14	1.31	1068
密云县	1344	63.76	186	8.82	486	23.06	82	3.89	10	0.47	2108
延庆县	479	72.36	53	8.01	98	14.80	30	4.53	2	0.30	662
农村小计	9723	62.50	1512	9.72	3819	24.55	445	2.86	58	0.37	15557
合　计	17108	60.24	4104	14.45	6310	22.22	722	2.54	157	0.55	28401

附表 D-1　2004 年北京市抽样调查 0～6 岁儿童的残疾筛查阳性率和残疾现患率

地区别	调查儿童数	筛查阳性人数	阳性率 %	确诊人数	现患率‰	调查儿童人次数 *	筛查阳性人次数	确诊人次数
西城区	1333	52	3.90	18	13.50	6291	57	19
崇文区	695	15	2.16	6	8.63	3271	16	7
宣武区	745	34	4.56	13	17.45	3513	47	19
朝阳区	3490	106	3.04	30	8.60	16691	116	33
海淀区	3736	67	1.79	30	8.03	17656	80	40
丰台区	2048	118	5.76	21	10.25	9935	132	28
石景山区	995	22	2.21	9	9.05	4687	25	11
城市小计	13042	414	3.17	127	9.74	62044	473	157
门头沟区	1048	20	1.91	6	5.73	4967	22	7
房山区	2883	67	2.32	39	13.53	13767	79	45
大兴区	2104	31	1.47	18	8.56	10028	40	20
通州区	1445	36	2.49	20	13.84	6820	39	21
顺义区	1418	23	1.62	10	7.05	6766	26	11
昌平区	1460	38	2.60	16	10.96	6922	44	18
平谷区	1472	64	4.35	25	16.98	6969	72	30
怀柔区	1081	53	4.90	18	16.65	5121	63	21
密云县	2115	65	3.07	30	14.18	9958	76	37
延庆县	670	28	4.18	20	29.85	3252	33	24
农村小计	15696	425	2.71	202	12.87	74570	494	234
合　计	28738	839	2.92	329	11.45	136614	967	391

说明：*1 个儿童进行 1 项测查称之为 1 人次

附表 D-2 2004 年北京市抽样调查 0～6 岁儿童视力残疾筛查阳性率和现患率及残疾程度分类

地区别	筛查阳性率和残疾现患率					残疾程度		
	调查儿童数	筛查阳性人数	阳性率 %	确诊人数	现患率‰	低视力	盲	合计
西城区	1333	1	0.08	1	0.75	1	0	1
崇文区	694	0	0.00	0	0.00	0	0	0
宣武区	745	3	0.40	2	2.68	0	2	2
朝阳区	3488	7	0.20	1	0.29	1	0	1
海淀区	3733	15	0.40	5	1.34	4	1	5
丰台区	2044	1	0.05	1	0.49	0	1	1
石景山区	995	1	0.10	1	1.01	1	0	1
城市小计	13032	28	0.21	11	0.84	7	4	11
门头沟区	1047	0	0.00	0	0.00	0	0	0
房山区	2883	1	0.03	1	0.35	1	0	1
大兴区	2104	2	0.10	0	0.00	0	0	0
通州区	1445	1	0.07	1	0.69	1	0	1
顺义区	1409	2	0.14	0	0.00	0	0	0
昌平区	1459	6	0.41	2	1.37	1	1	2
平谷区	1465	4	0.27	4	2.73	2	2	4
怀柔区	1081	2	0.19	1	0.93	1	0	1
密云县	2110	3	0.14	1	0.47	1	0	1
延庆县	668	0	0.00	0	0.00	0	0	0
农村小计	15671	21	0.13	10	0.64	7	3	10
合　　计	28703	49	0.17	21	0.73	14	7	21

附表 D-3　2004 年北京市抽样调查 0～6 岁儿童听力残疾筛查阳性率和现患率及残疾程度分类

地区别	筛查阳性率和现患率					残疾程度				
	调查儿童数	筛查阳性人数	阳性率 %	确诊人数	现患率‰	二级重听	一级重听	二级聋	一级聋	合计
西城区	1333	6	0.45	1	0.75	1	0	0	0	1
崇文区	694	4	0.58	0	0.00	0	0	0	0	0
宣武区	743	12	1.62	2	2.69	0	1	1	0	2
朝阳区	3486	14	0.40	3	0.86	1	0	1	1	3
海淀区	3736	14	0.37	4	1.07	1	0	2	1	4
丰台区	2044	11	0.54	4	1.96	1	0	1	2	4
石景山区	993	0	0.00	0	0.00	0	0	0	0	0
城市小计	13029	61	0.47	14	1.07	4	1	5	4	14
门头沟区	1047	2	0.19	0	0.00	0	0	0	0	0
房山区	2882	6	0.21	0	0.00	0	0	0	0	0
大兴区	2101	7	0.33	1	0.48	0	0	0	1	1
通州区	1443	0	0.00	0	0.00	0	0	0	0	0
顺义区	1417	2	0.14	1	0.71	1	0	0	0	1
昌平区	1460	5	0.34	2	1.37	0	1	0	1	2
平谷区	1472	13	0.88	4	2.72	1	0	1	2	4
怀柔区	1081	5	0.46	0	0.00	0	0	0	0	0
密云县	2108	5	0.24	2	0.95	1	0	1	0	2
延庆县	669	2	0.30	2	2.99	1	0	1	0	2
农村小计	15680	47	0.30	12	0.77	4	1	3	4	12
合　计	28709	108	0.38	26	0.91	8	2	8	8	26

附表 D-4　2004 年北京市抽样调查 0～6 岁儿童智力残疾筛查阳性率和现患率及残疾程度分类

地区别	筛查阳性率和现患率					残疾程度				合　计
	调查儿童数	筛查阳性人数	阳性率 %	确诊人数	现患率‰	轻度	中度	重度	极重度	
西城区	1332	34	2.55	14	10.51	14	0	0	0	14
崇文区	693	7	1.01	5	7.22	4	1	0	0	5
宣武区	745	17	2.28	8	10.74	4	1	1	2	8
朝阳区	3485	76	2.18	26	7.46	20	4	1	1	26
海淀区	3733	37	0.99	22	5.89	7	9	4	2	22
丰台区	2047	43	2.10	15	7.33	9	2	1	3	15
石景山区	989	17	1.72	9	9.10	4	1	2	2	9
城市小计	13024	231	1.77	99	7.60	62	18	9	10	99
门头沟区	1046	15	1.43	5	4.78	5	0	0	0	5
房山区	2878	45	1.56	33	11.47	24	6	1	2	33
大兴区	2100	20	0.95	14	6.67	9	4	0	1	14
通州区	1443	26	1.80	18	12.47	9	8	0	1	18
顺义区	1413	16	1.13	8	5.66	2	3	2	1	8
昌平区	1458	17	1.17	12	8.23	9	3	0	0	12
平谷区	1462	42	2.87	20	13.68	14	4	1	2	21
怀柔区	1080	28	2.59	16	14.81	10	4	1	1	16
密云县	2108	38	1.80	24	11.39	17	3	2	2	24
延庆县	670	21	3.13	18	26.87	14	3	0	0	17
农村小计	15658	268	1.71	168	10.73	113	38	7	10	168
合　计	28682	499	1.74	267	9.31	175	56	16	20	267

附表 D-5　2004 年北京市抽样调查 0～6 岁儿童肢体残疾筛查阳性率和现患率及残疾程度分类

地区别	筛查阳性率和现患率					残疾程度				
	调查儿童数	筛查阳性人数	阳性率 %	确诊人数	现患率‰	四级	三级	二级	一级	合　计
西城区	1333	13	0.98	3	2.25	1	2	0	0	3
崇文区	695	4	0.58	1	1.44	0	1	0	0	1
宣武区	745	9	1.21	5	6.71	2	2	1	0	5
朝阳区	3486	16	0.46	2	0.57	0	1	1	0	2
海淀区	3733	9	0.24	4	1.07	2	0	2	0	4
丰台区	2040	72	3.53	7	3.43	3	2	0	2	7
石景山区	993	4	0.40	1	1.01	0	0	1	0	1
城市小计	13025	127	0.98	23	1.77	8	8	5	2	23
门头沟区	1047	5	0.48	2	1.91	2	0	0	0	2
房山区	2882	25	0.87	10	3.47	8	0	2	0	10
大兴区	2102	7	0.33	5	2.38	3	2	0	0	5
通州区	1444	7	0.48	0	0.00	0	0	0	0	0
顺义区	1418	3	0.21	1	0.71	0	1	0	0	1
昌平区	1460	14	0.96	2	1.37	1	1	0	0	2
平谷区	1468	8	0.54	2	1.36	2	1	0	0	3
怀柔区	1080	22	2.04	4	3.70	1	1	1	1	4
密云县	2111	28	1.33	8	3.79	3	5	0	0	8
延庆县	670	10	1.49	4	5.97	2	0	0	1	3
农村小计	15682	129	0.82	38	2.42	22	11	3	2	38
合　计	28707	256	0.89	61	2.12	30	19	8	4	61

附表 D-6　2004 年北京市抽样调查 0～6 岁儿童精神残疾筛查阳性率和现患率及残疾程度分类

地区别	筛查阳性率和现患率					残疾程度			
	调查儿童数	筛查阳性人数	阳性率 %	确诊人数	现患率‰	轻度	中度	重度	合　计
西城区	965	3	0.31	0	0.00	0	0	0	0
崇文区	497	1	0.20	1	2.01	0	0	1	1
宣武区	538	6	1.12	2	3.72	0	0	2	2
朝阳区	2753	3	0.11	1	0.36	0	0	1	1
海淀区	2724	5	0.18	5	1.84	0	0	5	5
丰台区	1765	5	0.28	1	0.57	0	0	1	1
石景山区	721	3	0.42	0	0.00	0	0	0	0
城市小计	9963	26	0.26	10	1.00	0	0	10	10
门头沟区	780	0	0.00	0	0.00	0	0	0	0
房山区	2245	2	0.09	1	0.45	0	0	1	1
大兴区	1623	4	0.25	0	0.00	0	0	0	0
通州区	1046	5	0.48	2	1.91	1	0	1	2
顺义区	1112	3	0.27	1	0.90	0	0	1	1
昌平区	1087	2	0.18	0	0.00	0	0	0	0
平谷区	1105	5	0.45	0	0.00	0	0	0	0
怀柔区	801	6	0.75	0	0.00	0	0	0	0
密云县	1527	2	0.13	2	1.31	0	0	2	2
延庆县	577	0	0.00	0	0.00	0	0	0	0
农村小计	11903	29	0.24	6	0.50	1	0	5	6
合　计	21866	55	0.25	16	0.73	1	0	15	16

附表 D-7　2004 年北京市抽样调查 0～6 岁残疾儿童单一残疾和综合残疾现患率及构成情况

地区别	调查人数	单一残疾			综合残疾			合　计
		人数	现患率‰	构成 %	人数	现患率‰	构成 %	
西城区	1333	17	12.75	94.44	1	0.75	5.56	18
崇文区	695	5	7.19	83.33	1	1.44	16.67	6
宣武区	745	10	13.42	76.92	3	4.03	23.08	13
朝阳区	3490	28	8.02	93.33	2	0.57	6.67	30
海淀区	3736	22	5.89	73.33	8	2.14	26.67	30
丰台区	2048	15	7.32	71.43	6	2.93	28.57	21
石景山区	995	8	8.04	88.89	1	1.01	11.11	9
城市小计	13042	105	8.05	82.68	22	1.69	17.32	127
门头沟区	1048	5	4.77	83.33	1	0.95	16.67	6
房山区	2883	34	11.79	87.18	5	1.73	12.82	39
大兴区	2104	16	7.60	88.89	2	0.95	11.11	18
通州区	1445	19	13.15	95.00	1	0.69	5.00	20
顺义区	1418	9	6.35	90.00	1	0.71	10.00	10
昌平区	1460	14	9.59	87.50	2	1.37	12.50	16
平谷区	1472	20	13.59	80.00	5	3.40	20.00	25
怀柔区	1081	16	14.80	88.89	2	1.85	11.11	18
密云县	2115	23	10.87	76.67	7	3.31	23.33	30
延庆县	670	17	25.37	85.00	3	4.48	15.00	20
农村小计	15696	173	11.02	85.64	29	1.85	14.36	202
合　计	28738	278	9.67	84.50	51	1.77	15.50	329

附表 D-8　2004 年北京市抽样调查 0～6 岁残疾儿童 5 类残疾构成情况

地区别	视力专业		听力专业		智力专业		肢体专业		精神专业		合计
	残疾儿童数	构成比 %	残疾儿童数	构成比 %	残疾儿童数	构成比 %	残疾儿童数	构成比 %	残疾儿童数	构成比 %	
西城区	1	5.26	1	5.26	14	73.68	3	15.79	0	0.00	19
崇文区	0	0.00	0	0.00	5	71.43	1	14.29	1	14.29	7
宣武区	2	10.53	2	10.53	8	42.11	5	26.32	2	10.53	19
朝阳区	1	3.03	3	9.09	26	78.79	2	6.06	1	3.03	33
海淀区	5	12.50	4	10.00	22	55.00	4	10.00	5	12.50	40
丰台区	1	3.57	4	14.29	15	53.57	7	25.00	1	3.57	28
石景山区	1	9.09	0	0.00	9	81.82	1	9.09	0	0.00	11
城市小计	11	7.01	14	8.92	99	63.06	23	14.65	10	6.37	157
门头沟区	0	0.00	0	0.00	5	71.43	2	28.57	0	0.00	7
房山区	1	2.22	0	0.00	33	73.33	10	22.22	1	2.22	45
大兴区	0	0.00	1	5.00	14	70.00	5	25.00	0	0.00	20
通州区	1	4.76	0	0.00	18	85.71	0	0.00	2	9.52	21
顺义区	0	0.00	1	9.09	8	72.73	1	9.09	1	9.09	11
昌平区	2	11.11	2	11.11	12	66.67	2	11.11	0	0.00	18
平谷区	4	13.33	4	13.33	20	66.67	2	6.67	0	0.00	30
怀柔区	1	4.76	0	0.00	16	76.19	4	19.05	0	0.00	21
密云县	1	2.70	2	5.41	24	64.86	8	21.62	2	5.41	37
延庆县	0	0.00	2	8.33	18	75.00	4	16.67	0	0.00	24
农村小计	10	4.27	12	5.13	168	71.79	38	16.24	6	2.56	234
合　计	21	5.37	26	6.65	267	68.29	61	15.60	16	4.09	391

附表 D-9 2004 年北京市抽样调查 0～6 岁残疾儿童综合残疾分类情况

地区别	综合残疾儿童数	双重残疾		三重残疾		四重残疾	
		人数	构成 %	人数	构成 %	人数	构成 %
西城区	1	1	100.00	0	0.00	0	0.00
崇文区	1	1	100.00	0	0.00	0	0.00
宣武区	3	1	33.33	1	33.33	1	33.33
朝阳区	2	1	50.00	1	50.00	0	0.00
海淀区	8	7	87.50	0	0.00	1	12.50
丰台区	6	5	83.33	1	16.67	0	0.00
石景山区	1	0	0.00	1	100.00	0	0.00
城市小计	22	16	72.73	4	18.18	2	9.09
门头沟区	1	1	100.00	0	0.00	0	0.00
房山区	5	4	80.00	1	20.00	0	0.00
大兴区	2	2	100.00	0	0.00	0	0.00
通州区	1	1	100.00	0	0.00	0	0.00
顺义区	1	1	100.00	0	0.00	0	0.00
昌平区	2	2	100.00	0	0.00	0	0.00
平谷区	5	5	100.00	0	0.00	0	0.00
怀柔区	2	1	50.00	1	50.00	0	0.00
密云县	7	7	100.00	0	0.00	0	0.00
延庆县	3	2	66.67	1	33.33	0	0.00
农村小计	29	26	89.66	3	10.34	0	0.00
合　　计	51	42	82.35	7	13.73	2	3.92

附表 D-10 2004 年北京市抽样调查 0～6 岁残疾儿童综合残疾详细分类人数

地区别	双重残疾				三重残疾			四重残疾	合　计
	智力、肢体	智力、精神	智力、视力	智力、听力	智力、肢体、视力	智力、肢体、精神	智力、肢体、听力	智力、肢体、视力、精神	
西城区	1	0	0	0	0	0	0	0	1
崇文区	0	1	0	0	0	0	0	0	1
宣武区	0	1	0	0	1	0	0	1	3
朝阳区	0	1	0	0	1	0	0	0	2
海淀区	1	4	1	1	0	0	0	1	8
丰台区	5	0	0	0	0	1	0	0	6
石景山区	0	0	0	0	1	0	0	0	1
城市小计	7	7	1	1	3	1	0	2	22
门头沟区	1	0	0	0	0	0	0	0	1
房山区	3	0	1	0	0	1	0	0	5
大兴区	2	0	0	0	0	0	0	0	2
通州区	0	1	0	0	0	0	0	0	1
顺义区	0	1	0	0	0	0	0	0	1
昌平区	1	0	1	0	0	0	0	0	2
平谷区	1	0	3	1	0	0	0	0	5
怀柔区	1	0	0	0	1	0	0	0	2
密云县	5	2	0	0	0	0	0	0	7
延庆县	1	0	0	1	0	0	1	0	3
农村小计	15	4	5	2	1	1	1	0	29
合　计	22	11	6	3	4	2	1	2	51

附表 D-11 2004 年北京市抽样调查 0～6 岁儿童残疾严重程度各专业分类情况

地区别	视力专业			听力专业					智力专业					肢体专业					精神专业			
	低视力	盲	合计	二级重听	一级重听	二级聋	一级聋	合计残疾	轻度残疾	中度残疾	重度残疾	极重度	合计残疾	四级残疾	三级残疾	二级残疾	一级残疾	合计残疾	轻度残疾	中度	重度	合计
西城区	1	0	1	1	0	0	0	1	14	0	0	0	14	1	2	0	0	3	0	0	0	0
崇文区	-	-	-	-	-	-	-	-	4	1	0	0	5	0	1	0	0	1	0	0	1	1
宣武区	0	2	2	0	1	1	0	2	4	1	1	2	8	2	2	1	0	5	0	0	2	2
朝阳区	1	0	1	1	0	1	1	3	20	4	1	1	26	0	1	1	0	2	0	0	1	1
海淀区	4	1	5	1	0	2	1	4	7	9	4	2	22	2	0	2	0	4	0	0	5	5
丰台区	0	1	1	1	0	1	2	4	9	2	1	3	15	3	2	0	2	7	0	0	1	1
石景山区	1	0	1	-	-	-	-	-	4	1	2	2	9	0	0	1	0	1	0	0	0	0
城市小计	7	4	11	4	1	5	4	14	62	18	9	10	99	8	8	5	2	23	0	0	10	10
门头沟区	-	-	-	-	-	-	-	-	5	0	0	0	5	2	0	0	0	2	0	0	0	0
房山区	1	0	1	-	-	-	-	-	24	6	1	2	33	8	0	2	0	10	0	0	1	1
大兴区	-	-	-	0	0	0	1	1	9	4	0	1	14	3	2	0	0	5	0	0	0	0
通州区	1	0	1	-	-	-	-	-	9	8	0	1	18	0	0	0	0	0	1	0	1	2
顺义区	-	-	-	1	-	0	0	1	2	3	2	1	8	0	1	0	0	1	0	0	1	1
昌平区	1	1	2	0	1	0	1	2	9	3	0	0	12	1	1	0	0	2	0	0	0	0
平谷区	2	2	4	1	0	1	2	4	14	4	1	2	21	2	1	0	0	3	0	0	0	0
怀柔区	1	0	1	-	-	-	-	-	10	4	1	1	16	1	1	1	1	4	0	0	0	0
密云县	1	0	1	1	0	1	0	2	17	3	2	2	24	3	5	0	0	8	0	0	2	2
延庆县	-	-	-	1	0	1	0	2	14	3	0	0	17	2	0	0	1	3	0	0	0	0
农村小计	7	3	10	4	1	3	4	12	113	38	7	10	168	22	11	3	2	38	1	0	5	6
合　计	14	7	21	8	2	8	8	26	175	56	16	20	267	30	19	8	4	61	1	0	15	16

附表 D-12　2004 年北京市抽样调查 0～6 岁残疾儿童性别分布情况

地区别	调查儿童数	残疾儿童数	男性				女性			
			调查儿童数	残疾儿童数	现患率‰	构成 %	调查儿童数	残疾儿童数	现患率‰	构成 %
西城区	1333	18	707	9	12.73	50.00	626	9	14.38	50.00
崇文区	695	6	366	4	10.93	66.67	329	2	6.08	33.33
宣武区	745	13	399	6	15.04	46.15	346	7	20.23	53.85
朝阳区	3490	30	1829	24	13.12	80.00	1661	6	3.61	20.00
海淀区	3736	30	1901	21	11.05	70.00	1835	9	4.90	30.00
丰台区	2048	21	1046	10	9.56	47.62	1002	11	10.98	52.38
石景山区	995	9	523	5	9.56	55.56	472	4	8.47	44.44
城市小计	13042	127	6771	79	11.67	62.20	6271	48	7.65	37.80
门头沟区	1048	6	518	4	7.72	66.67	530	2	3.77	33.33
房山区	2883	39	1470	28	19.05	71.79	1413	11	7.78	28.21
大兴区	2104	18	1095	10	9.13	55.56	1009	8	7.93	44.44
通州区	1445	20	746	10	13.40	50.00	699	10	14.31	50.00
顺义区	1418	10	730	6	8.22	60.00	688	4	5.81	40.00
昌平区	1460	16	746	11	14.75	68.75	714	5	7.00	31.25
平谷区	1473	26	827	15	18.14	57.69	646	11	17.03	42.31
怀柔区	1081	18	565	9	15.93	50.00	516	9	17.44	50.00
密云县	2115	30	1104	16	14.49	53.33	1011	14	13.85	46.67
延庆县	669	19	326	9	27.61	47.37	343	10	29.15	52.63
农村小计	15696	202	8127	118	14.52	58.42	7569	84	11.10	41.58
合　计	28738	329	14898	197	13.22	59.88	13840	132	9.54	40.12

附表 D-13 2004 年北京市抽样调查 0～6 岁残疾儿童年龄分布情况

地区别	0 岁组		1 岁组		2 岁组		3 岁组		4 岁组		5 岁组		6 岁组		合计
	残疾儿童数	构成 %	残疾儿童数	构成 %	残疾儿童数	构成 %	残疾儿童数	构成 %	残疾儿童数	构成 %	残疾儿童数	构成 %	残疾儿童数	构成 %	
西城区	2	11.11	4	22.22	2	11.11	4	22.22	1	5.56	3	16.67	2	11.11	18
崇文区	0	0.00	0	0.00	0	0.00	0	0.00	1	16.67	3	50.00	2	33.33	6
宣武区	0	0.00	4	30.77	3	23.08	2	15.38	3	23.08	0	0.00	1	7.69	13
朝阳区	3	10.00	4	13.33	3	10.00	5	16.67	7	23.33	6	20.00	2	6.67	30
海淀区	2	6.67	4	13.33	5	16.67	4	13.33	2	6.67	4	13.33	9	30.00	30
丰台区	0	0.00	0	0.00	1	4.76	1	4.76	7	33.33	8	38.10	4	19.05	21
石景山区	1	11.11	2	22.22	1	11.11	0	0.00	2	22.22	2	22.22	1	11.11	9
城市小计	8	6.30	18	14.17	15	11.81	16	12.60	23	18.11	26	20.47	21	16.54	127
门头沟区	0	0.00	1	16.67	0	0.00	0	0.00	3	50.00	1	16.67	1	16.67	6
房山区	0	0.00	2	5.13	2	5.13	4	10.26	15	38.46	12	30.77	4	10.26	39
大兴区	1	5.56	3	16.67	2	11.11	1	5.56	4	22.22	4	22.22	3	16.67	18
通州区	3	15.00	2	10.00	3	15.00	3	15.00	3	15.00	4	20.00	2	10.00	20
顺义区	1	10.00	0	0.00	1	10.00	1	10.00	3	30.00	3	30.00	1	10.00	10
昌平区	1	6.25	1	6.25	0	0.00	5	31.25	4	25.00	2	12.50	3	18.75	16
平谷区	4	15.38	1	3.85	4	15.38	5	19.23	8	30.77	2	7.69	2	7.69	26
怀柔区	2	11.11	2	11.11	1	5.56	3	16.67	5	27.78	4	22.22	1	5.56	18
密云县	3	10.00	3	10.00	4	13.33	3	10.00	7	23.33	5	16.67	5	16.67	30
延庆县	0	0.00	0	0.00	3	15.79	2	10.53	5	26.32	5	26.32	4	21.05	19
农村小计	15	7.43	15	7.43	20	9.90	27	13.37	57	28.22	42	20.79	26	12.87	202
合　　计	23	6.99	33	10.03	35	10.64	43	13.07	80	24.32	68	20.67	47	14.28	329

附表 D-14 2004 年北京市抽样调查 0～6 岁残疾儿童的年龄组和性别分布情况

年龄组	调查儿童总人数				残疾儿童人数 残疾				儿童现患率（‰）		
	合 计	男	女	男女性别比(女＝100)	合计	男	女	男女性别比(女＝100)	合计	男	女
0	2551	1313	1238	106.06	23	15	8	187.50	9.02	11.42	6.46
1	4280	2179	2101	103.71	33	20	13	153.85	7.71	9.18	6.19
2	4186	2163	2023	106.92	35	13	22	59.09	8.36	6.01	10.87
3	4648	2440	2208	110.51	43	32	11	290.91	9.25	13.11	4.98
4	4949	2532	2417	104.76	80	50	30	166.67	16.16	19.75	12.41
5	4389	2316	2073	111.72	68	37	31	119.35	15.49	15.98	14.95
6	3735	1955	1780	109.83	47	30	17	176.47	12.58	15.35	9.55
合 计	28738	14898	13840	107.64	329	197	132	149.24	11.45	13.22	9.54

附表 D-15 2004 年北京市抽样调查 0～6 岁残疾儿童不同年龄组各类残疾现患率

年龄组	视力专业			听力专业			智力专业			肢体专业			精神专业		
	调查儿童数	确诊数	现患率‰	调查儿童数	确诊数	现患率‰	调查儿童数	确诊数	现患率‰	调查儿童数	确诊数	现患率‰	调查儿童数	确诊数	现患率‰
0	2550	0	0.00	2545	4	1.57	2548	17	6.67	2548	2	0.78	—	—	—
1	4276	1	0.23	4277	1	0.23	4270	26	6.09	4279	9	2.10	—	—	—
2	4178	1	0.24	4184	2	0.48	4179	28	6.70	4184	9	2.15	4163	3	0.72
3	4642	5	1.08	4640	1	0.22	4638	38	8.19	4643	10	2.15	4644	1	0.22
4	4945	8	1.62	4945	6	1.21	4936	67	13.57	4941	10	2.02	4944	4	0.81
5	4385	1	0.23	4385	9	2.05	4380	52	11.87	4385	13	2.96	4381	3	0.68
6	3727	5	1.34	3733	3	0.80	3731	39	10.45	3727	8	2.15	3734	5	1.34
合 计	28703	21	0.73	28709	26	0.91	28682	267	9.31	28707	61	2.12	21866	16	0.73

附表 D-16　2004 年北京市抽样调查 0～6 岁残疾儿童民族分布情况

地区别	残疾儿童总数	汉族		少数民族			
				回族		满族	
		残疾儿童数	构成比 %	残疾儿童数	构成比 %	残疾儿童数	构成比 %
西城区	18	18	100.00	0	0.00	0	0.00
崇文区	6	6	100.00	0	0.00	0	0.00
宣武区	13	13	100.00	0	0.00	0	0.00
朝阳区	30	23	76.67	3	10.00	4	13.33
海淀区	30	29	96.67	1	3.33	0	0.00
丰台区	21	20	95.24	0	0.00	1	4.76
石景山区	9	9	100.00	0	0.00	0	0.00
城市小计	127	118	92.91	4	3.15	5	3.94
门头沟区	6	6	100.00	0	0.00	0	0.00
房山区	39	36	92.31	0	0.00	3	7.69
大兴区	18	18	100.00	0	0.00	0	0.00
通州区	20	18	90.00	2	10.00	0	0.00
顺义区	10	10	100.00	0	0.00	0	0.00
昌平区	16	16	100.00	0	0.00	0	0.00
平谷区	26	26	100.00	0	0.00	0	0.00
怀柔区	18	15	83.33	0	0.00	3	16.67
密云县	30	24	80.00	0	0.00	6	20.00
延庆县	19	18	94.74	0	0.00	1	5.26
农村小计	202	187	92.57	2	0.99	13	6.44
合　　计	329	305	92.71	6	1.82	18	5.47

附表 D-17　2004 年北京市抽样调查 0～6 岁残疾儿童父亲文化程度分布情况

地区别	大专及以上		高中中专		初中		小学		文盲半文盲		合计
	人数	构成比 %	人数	构成比 %	人数	构成比 %	人数	构成比 %	人数	构成比 %	
西城区	11	61.11	3	16.67	3	16.67	1	5.56	0	0.00	18
崇文区	1	16.67	2	33.33	3	50.00	0	0.00	0	0.00	6
宣武区	6	46.15	6	46.15	1	7.69	0	0.00	0	0.00	13
朝阳区	13	43.33	13	43.33	4	13.33	0	0.00	0	0.00	30
海淀区	17	56.67	6	20.00	6	20.00	1	3.33	0	0.00	30
丰台区	5	26.32	7	36.84	5	26.32	2	10.53	0	0.00	19
石景山区	3	33.33	2	22.22	3	33.33	0	0.00	1	11.11	9
城市小计	56	44.80	39	31.20	25	20.00	4	3.20	1	0.80	125
门头沟区	1	16.67	0	0.00	3	50.00	2	33.33	0	0.00	6
房山区	1	2.56	4	10.26	27	69.23	5	12.82	2	5.13	39
大兴区	0	0.00	4	22.22	12	66.67	2	11.1	0	0.00	18
通州区	0	0.00	6	30.00	11	55.00	3	15.00	0	0.00	20
顺义区	0	0.00	1	10.00	9	90.00	0	0.00	0	0.00	10
昌平区	0	0.00	4	25.00	8	50.00	3	18.75	1	6.25	16
平谷区	0	0.00	2	7.69	22	84.62	2	7.69	0	0.00	26
怀柔区	1	5.56	2	11.11	14	77.78	0	0.00	1	5.56	18
密云县	1	3.45	6	20.69	18	62.07	4	13.79	0	0.00	29
延庆县	0	0.00	1	5.26	15	78.95	3	15.79	0	0.00	19
农村小计	4	1.99	30	14.93	139	69.15	24	11.94	4	1.99	201
合　　计	60	18.40	69	21.17	164	50.31	28	8.59	5	1.53	326

附表 D-18　2004 年北京市抽样调查 0～6 岁残疾儿童母亲文化程度分布情况

地区别	大专及以上		高中中专		初中		小学		文盲半文盲		合计
	人数	构成比 %	人数	构成比 %	人数	构成比 %	人数	构成比 %	人数	构成比 %	
西城区	11	61.11	4	22.22	2	11.11	1	5.56	0	0.00	18
崇文区	0	0.00	2	33.33	2	33.33	2	33.33	0	0.00	6
宣武区	4	30.77	5	38.46	4	30.77	0	0.00	0	0.00	13
朝阳区	12	40.00	14	46.67	4	13.33	0	0.00	0	0.00	30
海淀区	14	46.67	8	26.67	6	20.00	1	3.33	1	3.33	30
丰台区	4	21.05	3	15.79	12	63.16	0	0.00	0	0.00	19
石景山区	3	33.33	4	44.44	2	22.22	0	0.00	0	0.00	9
城市小计	48	38.40	40	32.00	32	25.60	4	3.20	1	0.80	125
门头沟区	1	16.67	1	16.67	3	50.00	1	16.67	0	0.00	6
房山区	0	0.00	3	7.69	28	71.79	6	15.38	2	5.13	39
大兴区	0	0.00	1	5.56	13	72.22	2	11.11	2	11.11	18
通州区	0	0.00	7	35.00	10	50.00	1	5.00	2	10.00	20
顺义区	0	0.00	3	33.33	4	44.44	1	11.11	1	11.11	9
昌平区	0	0.00	5	31.25	9	56.25	1	6.25	1	6.25	16
平谷区	0	0.00	2	7.69	20	76.92	3	11.54	1	3.85	26
怀柔区	0	0.00	2	11.11	12	66.67	3	16.67	1	5.56	18
密云县	1	3.33	6	20.00	21	70.00	1	3.33	1	3.33	30
延庆县	0	0.00	0	0.00	12	63.16	5	26.32	2	10.53	19
农村小计	2	1.00	30	14.93	132	65.67	24	11.94	13	6.47	201
合　　计	50	15.34	70	21.47	164	50.31	28	8.59	14	4.29	326

附表 D-19　2004 年北京市抽样调查 0～6 岁残疾儿童父亲职业分布情况

地区别	1		2		3		4		5		6		7		8		9		合计
	调查儿童数	构成比%	调查儿童数	构成比%	调查儿童数	构成比%	调查儿童数	构成比%	调查儿童数	构成比%	调查儿童数	构成比%	调查儿童数	构成比%	调查儿童数	构成比%	调查儿童数	构成比%	
西城区	3	16.67	2	11.11	2	11.11	5	27.78	0	0.00	4	22.22	0	0.00	1	5.56	1	5.56	18
崇文区	0	0.00	0	0.00	0	0.00	1	16.67	0	0.00	4	66.67	0	0.00	0	0.00	1	16.67	6
宣武区	0	0.00	3	23.08	3	23.08	3	23.08	1	7.69	3	23.08	0	0.00	0	0.00	0	0.00	13
朝阳区	1	3.33	4	13.33	8	26.67	4	13.33	0	0.00	10	33.33	3	10.00	0	0.00	0	0.00	30
海淀区	2	6.67	9	30.00	3	10.00	5	16.67	0	0.00	8	26.67	1	3.33	1	3.33	1	3.33	30
丰台区	0	0.00	1	5.26	2	10.53	3	15.79	3	15.79	6	31.58	2	10.53	1	5.26	1	5.26	19
石景山区	0	0.00	1	11.11	1	11.11	1	11.11	0	0.00	5	55.56	0	0.00	1	11.11	0	0.00	9
城市小计	6	4.80	20	16.00	19	15.20	22	17.60	4	3.20	40	32.00	6	4.80	4	3.20	4	3.20	125
门头沟区	1	16.67	0	0.00	0	0.00	1	16.67	2	33.33	2	33.33	0	0.00	0	0.00	0	0.00	6
房山区	0	0.00	2	5.13	1	2.56	1	2.56	19	48.72	15	38.46	0	0.00	1	2.56	0	0.00	39
大兴区	0	0.00	0	0.00	0	0.00	1	5.56	15	83.33	1	5.56	0	0.00	0	0.00	1	5.56	18
通州区	0	0.00	1	5.00	0	0.00	1	5.00	4	20.00	14	70.00	0	0.00	0	0.00	0	0.00	20
顺义区	0	0.00	1	10.00	0	0.00	1	10.00	6	60.00	2	20.00	0	0.00	0	0.00	0	0.00	10
昌平区	0	0.00	0	0.00	1	6.25	0	0.00	6	37.50	8	50.00	0	0.00	1	6.25	0	0.00	16
平谷区	0	0.00	2	7.69	2	7.69	0	0.00	19	73.08	3	11.54	0	0.00	0	0.00	0	0.00	26
怀柔区	1	5.56	0	0.00	0	0.00	0	0.00	8	44.44	9	50.00	0	0.00	0	0.00	0	0.00	18
密云县	0	0.00	3	10.34	0	0.00	1	3.45	9	31.03	16	55.17	0	0.00	0	0.00	0	0.00	29
延庆县	0	0.00	0	0.00	0	0.00	1	5.26	15	78.95	2	10.53	0	0.00	0	0.00	1	5.26	19
农村小计	2	1.00	9	4.48	4	1.99	7	3.48	103	51.24	72	35.82	0	0.00	2	1.00	2	1.00	201
合　计	8	2.45	29	8.90	23	7.06	29	8.90	107	32.82	112	34.36	6	1.84	6	1.84	6	1.84	326

备　注:
1）国家机关党群组织、企事业单位负责人
2）各类专业技术人员
3）办事人员和有关人员
4）商业、服务业人员
5）农、林、牧、渔、水利业生产人员
6）生产、运输、设备操作人员及有关人员
7）军人
8）不便分类的其它劳动者"
9）不在业

附表 D-20　2004 年北京市抽样调查 0～6 岁残疾儿童母亲职业分布情况

地区别	1		2		3		4		5		6		7		8		9		合计
	调查儿童数	构成比 %	调查儿童数	构成比 %	调查儿童数	构成比 %	调查儿童数	构成比 %	调查儿童数	构成比 %	调查儿童数	构成比 %	调查儿童数	构成比 %	调查儿童数	构成比 %	调查儿童数	构成比 %	
西城区	3	16.67	1	5.56	1	5.56	7	38.89	0	0.00	0	0.00	0	0.00	1	5.56	5	27.78	18
崇文区	0	0.00	0	0.00	0	0.00	2	33.33	1	16.67	2	33.33	0	0.00	0	0.00	1	16.67	6
宣武区	0	0.00	1	7.69	3	23.08	6	46.15	0	0.00	2	15.38	0	0.00	0	0.00	1	7.69	13
朝阳区	0	0.00	6	20.00	6	20.00	13	43.33	1	3.33	3	10.00	0	0.00	0	0.00	1	3.33	30
海淀区	0	0.00	10	33.33	6	20.00	2	6.67	0	0.00	5	16.67	0	0.00	2	6.67	5	16.67	30
丰台区	2	10.53	2	10.53	1	5.26	6	31.58	1	5.26	4	21.05	0	0.00	2	10.53	1	5.26	19
石景山区	0	0.00	1	11.11	2	22.22	1	11.11	0	0.00	4	44.44	0	0.00	1	11.11	0	0.00	9
城市小计	5	4.00	21	16.80	19	15.20	37	29.60	3	2.40	20	16.00	0	0.00	6	4.80	14	11.20	125
门头沟区	1	16.67	0	0.00	0	0.00	1	16.67	3	50.00	1	16.67	0	0.00	0	0.00	0	0.00	6
房山区	1	2.56	1	2.56	0	0.00	1	2.56	30	76.92	4	10.26	0	0.00	0	0.00	2	5.13	39
大兴区	0	0.00	0	0.00	0	0.00	1	5.56	15	83.33	1	5.56	0	0.00	0	0.00	1	5.56	18
通州区	0	0.00	0	0.00	0	0.00	3	15.00	12	60.00	4	20.00	0	0.00	0	0.00	1	5.00	20
顺义区	0	0.00	0	0.00	0	0.00	2	20.00	8	80.00	0	0.00	0	0.00	0	0.00	0	0.00	10
昌平区	0	0.00	0	0.00	0	0.00	3	18.75	10	62.50	2	12.50	0	0.00	1	6.25	0	0.00	16
平谷区	0	0.00	0	0.00	0	0.00	0	0.00	26	100.00	0	0.00	0	0.00	0	0.00	0	0.00	26
怀柔区	0	0.00	0	0.00	0	0.00	3	16.67	13	72.22	1	5.56	0	0.00	0	0.00	1	5.56	18
密云县	0	0.00	1	3.33	0	0.00	0	0.00	14	46.67	13	43.33	0	0.00	2	6.67	0	0.00	30
延庆县	0	0.00	0	0.00	0	0.00	0	0.00	18	94.74	0	0.00	0	0.00	0	0.00	1	5.26	19
农村小计	2	0.99	2	0.99	0	0.00	14	6.93	149	73.76	26	12.87	0	0.00	3	1.49	6	2.97	202
合　计	7	2.14	23	7.03	19	5.81	51	15.60	152	46.48	46	14.07	0	0.00	9	2.75	20	6.12	327

备　注:
1）国家机关党群组织、企事业单位负责人"
2）各类专业技术人员
3）办事人员和有关人员
4）商业、服务业人员
5）农、林、牧、渔、水利业生产人员
6）生产、运输、设备操作人员及有关人员
7）军人
8）不便分类的其它劳动者
9）不在业

附表 D-21　2004 年北京市抽样调查 0～6 岁残疾儿童家庭类型

地区别	亲生父母型		单方亲生父母型		再婚家庭型		外祖父母型		其他（抱养型）		合 计
	人数	构成比 %	人数	构成比 %	人数	构成比 %	人数	构成比 %	人数	构成比 %	
西城区	17	100.00	0	0.00	0	0.00	0	0.00	0	0.00	17
崇文区	5	83.33	1	16.67	0	0.00	0	0.00	0	0.00	6
宣武区	13	100.00	0	0.00	0	0.00	0	0.00	0	0.00	13
朝阳区	28	96.55	1	3.45	0	0.00	0	0.00	0	0.00	29
海淀区	28	93.33	1	3.33	0	0.00	1	3.33	0	0.00	30
丰台区	20	100.00	0	0.00	0	0.00	0	0.00	0	0.00	20
石景山区	9	100.00	0	0.00	0	0.00	0	0.00	0	0.00	9
城市小计	120	96.77	3	2.42	0	0.00	1	0.81	0	0.00	124
门头沟区	6	100.00	0	0.00	0	0.00	0	0.00	0	0.00	6
房山区	37	94.87	2	5.13	0	0.00	0	0.00	0	0.00	39
大兴区	18	100.00	0	0.00	0	0.00	0	0.00	0	0.00	18
通州区	19	95.00	0	0.00	0	0.00	0	0.00	1	5.00	20
顺义区	9	90.00	1	10.00	0	0.00	0	0.00	0	0.00	10
昌平区	14	93.33	1	6.67	0	0.00	0	0.00	0	0.00	15
平谷区	21	80.77	2	7.69	2	7.69	0	0.00	1	3.85	26
怀柔区	18	100.00	0	0.00	0	0.00	0	0.00	0	0.00	18
密云县	28	93.33	1	3.33	1	3.33	0	0.00	0	0.00	30
延庆县	19	100.00	0	0.00	0	0.00	0	0.00	0	0.00	19
农村小计	189	94.03	7	3.48	3	1.49	0	0.00	2	1.00	201
合　计	309	95.08	10	3.08	3	0.92	1	0.31	2	0.62	325

附表 D-22　2004 年北京市抽样调查 0～6 岁残疾儿童母亲婚姻状况

地区别	未婚		初婚		再婚		离婚		丧偶		其他		合计
	人数	构成比 %	人数	构成比 %	人数	构成比 %	人数	构成比 %	人数	构成比 %	人数	构成比 %	
西城区	0	0.00	18	100.00	0	0.00	0	0.00	0	0.00	0	0.00	18
崇文区	0	0.00	6	100.00	0	0.00	0	0.00	0	0.00	0	0.00	6
宣武区	0	0.00	13	100.00	0	0.00	0	0.00	0	0.00	0	0.00	13
朝阳区	0	0.00	27	93.10	1	3.45	1	3.45	0	0.00	0	0.00	29
海淀区	0	0.00	29	96.67	0	0.00	1	3.33	0	0.00	0	0.00	30
丰台区	0	0.00	20	100.00	0	0.00	0	0.00	0	0.00	0	0.00	20
石景山区	0	0.00	9	100.00	0	0.00	0	0.00	0	0.00	0	0.00	9
城市小计	0	0.00	122	97.60	1	0.80	2	1.60	0	0.00	0	0.00	125
门头沟区	0	0.00	6	100.00	0	0.00	0	0.00	0	0.00	0	0.00	6
房山区	0	0.00	36	92.31	2	5.13	1	2.56	0	0.00	0	0.00	39
大兴区	0	0.00	18	100.00	0	0.00	0	0.00	0	0.00	0	0.00	18
通州区	0	0.00	20	100.00	0	0.00	0	0.00	0	0.00	0	0.00	20
顺义区	0	0.00	9	100.00	0	0.00	0	0.00	0	0.00	0	0.00	9
昌平区	0	0.00	13	86.67	2	13.33	0	0.00	0	0.00	0	0.00	15
平谷区	0	0.00	22	88.00	2	8.00	1	4.00	0	0.00	0	0.00	25
怀柔区	0	0.00	18	100.00	0	0.00	0	0.00	0	0.00	0	0.00	18
密云县	0	0.00	27	90.00	3	10.00	0	0.00	0	0.00	0	0.00	30
延庆县	0	0.00	18	94.74	1	5.26	0	0.00	0	0.00	0	0.00	19
农村小计	0	0.00	187	93.97	10	5.03	2	1.01	0	0.00	0	0.00	199
合　　计	0	0.00	309	95.37	11	3.40	4	1.23	0	0.00	0	0.00	324

附表 D-23　2004 年北京市抽样调查 0～6 岁残疾儿童家庭人口数

地区别	2 人		3 人		4~5 人		6-10 人		10 人以上		合计
	人数	构成比 %	人数	构成比 %	人数	构成比 %	人数	构成比 %	人数	构成比 %	
西城区	0	0.00	9	50.00	5	27.78	1	5.56	3	16.67	18
崇文区	1	16.67	4	66.67	1	16.67	0	0.00	0	0.00	6
宣武区	0	0.00	13	100.00	0	0.00	0	0.00	0	0.00	13
朝阳区	0	0.00	15	50.00	5	16.67	6	20.00	4	13.33	30
海淀区	0	0.00	15	50.00	5	16.67	7	23.33	3	10.00	30
丰台区	0	0.00	16	80.00	2	10.00	2	10.00	0	0.00	20
石景山区	0	0.00	9	100.00	0	0.00	0	0.00	0	0.00	9
城市小计	1	0.79	81	64.29	18	14.29	16	12.70	10	7.94	126
门头沟区	0	0.00	5	83.33	1	16.67	0	0.00	0	0.00	6
房山区	0	0.00	24	61.54	8	20.51	5	12.82	2	5.13	39
大兴区	0	0.00	4	22.22	3	16.67	10	55.56	1	5.56	18
通州区	0	0.00	8	40.00	4	20.00	5	25.00	3	15.00	20
顺义区	0	0.00	7	70.00	1	10.00	2	20.00	0	0.00	10
昌平区	0	0.00	6	40.00	4	26.67	5	33.33	0	0.00	15
平谷区	0	0.00	9	34.62	8	30.77	5	19.23	4	15.38	26
怀柔区	0	0.00	6	33.33	4	22.22	6	33.33	2	11.11	18
密云县	1	3.33	14	46.67	3	10.00	8	26.67	4	13.33	30
延庆县	0	0.00	4	21.05	9	47.37	3	15.79	3	15.79	19
农村小计	1	0.50	87	43.28	45	22.39	49	24.38	19	9.45	201
合　　计	2	0.61	168	51.38	63	19.27	65	19.88	29	8.87	327

附表 D-24　2004 年北京市抽样调查 0～6 岁残疾儿童家庭子女数

地区别	1 个		2 个		3 个及以上		合　计
	人数	构成比 %	人数	构成比 %	人数	构成比 %	
西城区	13	72.22	3	16.67	2	11.11	18
崇文区	6	100.00	0	0.00	0	0.00	6
宣武区	13	100.00	0	0.00	0	0.00	13
朝阳区	25	86.21	4	13.79	0	0.00	29
海淀区	26	86.67	4	13.33	0	0.00	30
丰台区	18	90.00	2	10.00	0	0.00	20
石景山区	9	100.00	0	0.00	0	0.00	9
城市小计	110	88.00	13	10.40	2	1.60	125
门头沟区	5	83.33	1	16.67	0	0.00	6
房山区	29	74.36	10	25.64	0	0.00	39
大兴区	12	66.67	5	27.78	1	5.56	18
通州区	18	90.00	2	10.00	0	0.00	20
顺义区	9	90.00	1	10.00	0	0.00	10
昌平区	14	93.33	1	6.67	0	0.00	15
平谷区	20	76.92	5	19.23	1	3.85	26
怀柔区	11	61.11	7	38.89	0	0.00	18
密云县	23	76.67	7	23.33	0	0.00	30
延庆县	5	26.32	11	57.89	3	15.79	19
农村小计	146	72.64	50	24.88	5	2.49	201
合　计	256	78.53	63	19.33	7	2.15	326

附表 D-25　2004 年北京市抽样调查 0～6 岁残疾儿童家庭人均月收入

地区别	<400 元		400～999 元		1000～1999 元		≥ 2000 元		合　计
	人数	构成比 %	人数	构成比 %	人数	构成比 %	人数	构成比 %	
西城区	4	22.22	3	16.67	3	16.67	8	44.44	18
崇文区	4	66.67	2	33.33	0	0.00	0	0.00	6
宣武区	6	46.15	1	7.69	3	23.08	3	23.08	13
朝阳区	1	3.45	12	41.38	12	41.38	4	13.79	29
海淀区	4	13.79	6	20.69	11	37.93	8	27.59	29
丰台区	5	26.32	9	47.37	4	21.05	1	5.26	19
石景山区	2	22.22	1	11.11	4	44.44	2	22.22	9
城市小计	26	21.14	34	27.64	37	30.08	26	21.14	123
门头沟区	4	66.67	1	16.67	0	0.00	1	16.67	6
房山区	35	89.74	4	10.26	0	0.00	0	0.00	39
大兴区	11	61.11	4	22.22	3	16.67	0	0.00	18
通州区	11	55.00	6	30.00	3	15.00	0	0.00	20
顺义区	7	70.00	3	30.00	0	0.00	0	0.00	10
昌平区	11	73.33	2	13.33	1	6.67	1	6.67	15
平谷区	16	61.54	9	34.62	1	3.85	0	0.00	26
怀柔区	14	77.78	2	11.11	2	11.11	0	0.00	18
密云县	24	80.00	5	16.67	1	3.33	0	0.00	30
延庆县	18	94.74	1	5.26	0	0.00	0	0.00	19
农村小计	151	75.12	37	18.41	11	5.47	2	1.00	201
合　计	177	54.63	71	21.91	48	14.81	28	8.64	324

附表 D-26 2004 年 北京市抽样调查 0～6 岁残疾儿童父亲生育年龄

地区别	≤ 24 岁		25～34 岁		≥ 35 岁		合 计
	残疾儿童数	构成比 %	残疾儿童数	构成比 %	残疾儿童数	构成比 %	
西城区	1	5.56	11	61.11	6	33.33	18
崇文区	0	0.00	2	33.33	4	66.67	6
宣武区	0	0.00	8	66.67	4	33.33	12
朝阳区	0	0.00	24	82.76	5	17.24	29
海淀区	1	3.33	19	63.33	10	33.33	30
丰台区	0	0.00	16	84.21	3	15.79	19
石景山区	0	0.00	7	77.78	2	22.22	9
城市小计	2	1.63	87	70.73	34	27.64	123
门头沟区	1	16.67	5	83.33	0	0.00	6
房山区	14	35.90	23	58.97	2	5.13	39
大兴区	7	38.89	9	50.00	2	11.11	18
通州区	5	25.00	15	75.00	0	0.00	20
顺义区	4	40.00	4	40.00	2	20.00	10
昌平区	0	0.00	13	86.67	2	13.33	15
平谷区	9	34.62	15	57.69	2	7.69	26
怀柔区	4	22.22	13	72.22	1	5.56	18
密云县	8	26.67	19	63.33	3	10.00	30
延庆县	1	5.26	11	57.89	7	36.84	19
农村小计	53	26.37	127	63.18	21	10.45	201
合 计	55	16.98	214	66.05	55	16.98	324

附表 D-27　2004 年北京市抽样调查 0～6 岁残疾儿童母亲生育年龄

	≤ 24 岁		25～29 岁		30～34 岁		≥ 35 岁		合计
	残疾儿童数	构成比 %	残疾儿童数	构成比 %	残疾儿童数	构成比 %	残疾儿童数	构成比 %	
西城区	0	0.00	12	66.67	4	22.22	2	11.11	18
崇文区	0	0.00	3	50.00	2	33.33	1	16.67	6
宣武区	3	25.00	4	33.33	4	33.33	1	8.33	12
朝阳区	4	13.33	15	50.00	8	26.67	3	10.00	30
海淀区	5	16.67	17	56.67	6	20.00	2	6.67	30
丰台区	2	10.53	15	78.95	0	0.00	2	10.53	19
石景山区	1	11.11	4	44.44	3	33.33	1	11.11	9
城市小计	15	12.10	70	56.45	27	21.77	12	9.68	124
门头沟区	0	0.00	4	66.67	2	33.33	0	0.00	6
房山区	18	46.15	14	35.90	5	12.82	2	5.13	39
大兴区	8	44.44	3	16.67	7	38.89	0	0.00	18
通州区	11	55.00	7	35.00	0	0.00	2	10.00	20
顺义区	5	50.00	3	30.00	2	20.00	0	0.00	10
昌平区	4	26.67	7	46.67	4	26.67	0	0.00	15
平谷区	11	42.31	8	30.77	6	23.08	1	3.85	26
怀柔区	7	38.89	7	38.89	4	22.22	0	0.00	18
密云县	15	50.00	7	23.33	6	20.00	2	6.67	30
延庆县	3	15.79	5	26.32	8	42.11	3	15.79	19
农村小计	82	40.80	65	32.34	44	21.89	10	4.98	201
合　　计	97	29.85	135	41.54	71	21.85	22	6.77	325

附表 D-28 2004 年北京市抽样调查 0～6 岁残疾儿童不同专业的主要致残相关因素（含综合残疾）

地区别	视力专业（人数）					听力专业（人数）					智力专业（人数）					肢体专业（人数）					精神专业（人数）					全部（人次数）				
	产前	产时	产后	不详	小计	产前	产时	产后	不详	小计	产前	产时	产后	不详	小计	产前	产时	产后	不详	小计	产前	产时	产后	不详	小计	产前	产时	产后	不详	小计
西城区	1	0	0	0	1	0	0	1	0	1	4	1	4	5	14	2	1	0	0	3	0	0	0	0	0	7	2	5	5	19
崇文区	0	0	0	0	0	0	0	0	0	0	0	1	2	2	5	1	0	0	0	1	1	0	0	0	1	2	1	2	2	7
宣武区	1	1	0	0	2	0	0	2	0	2	1	2	1	4	8	4	1	0	0	5	1	0	0	1	2	7	4	3	5	19
朝阳区	1	0	0	0	1	2	0	0	1	3	4	6	2	14	26	0	1	0	1	2	0	0	0	1	1	7	7	2	17	33
海淀区	3	1	1	0	5	1	1	1	1	4	7	3	9	3	22	2	1	0	1	4	2	1	0	2	5	15	7	11	7	40
丰台区	1	0	0	0	1	1	0	1	2	4	4	2	2	7	15	4	2	0	1	7	0	0	1	0	1	10	4	4	10	28
石景山区	0	0	1	0	1	0	0	0	0	0	6	1	2	0	9	0	0	1	0	1	0	0	0	0	0	6	1	4	0	11
城市小计	7	2	2	0	11	4	1	5	4	14	26	16	22	35	99	13	6	1	3	23	4	1	1	4	10	54	26	31	46	157
门头沟区	0	0	0	0	0	0	0	0	0	0	3	0	0	2	5	1	0	0	1	2	0	0	0	0	0	4	0	0	3	7
房山区	1	0	0	0	1	0	0	0	0	0	6	2	3	22	33	3	1	3	3	10	0	1	0	0	1	10	4	6	25	45
大兴区	0	0	0	0	0	1	0	0	0	1	3	3	3	5	14	2	2	1	0	5	0	0	0	0	0	6	5	4	5	20
通州区	1	0	0	0	1	0	0	0	0	0	4	1	7	6	18	0	0	0	0	0	1	0	0	1	2	6	1	7	7	21
顺义区	0	0	0	0	0	0	0	0	1	1	4	1	2	1	8	1	0	0	0	1	0	0	0	1	1	5	1	2	3	11
昌平区	1	0	0	1	2	0	0	0	2	2	5	2	3	2	12	1	1	0	0	2	0	0	0	0	0	7	3	3	5	18
平谷区	3	1	0	0	4	1	1	0	2	4	7	1	5	8	21	2	0	1	0	3	0	0	0	0	0	13	3	6	10	32
怀柔区	1	0	0	0	1	0	0	0	0	0	7	0	4	5	16	3	0	1	0	4	0	0	0	0	0	11	0	5	5	21
密云县	1	0	0	0	1	0	1	1	0	2	4	4	4	12	24	2	2	1	3	8	0	2	0	0	2	7	9	6	15	37
延庆县	0	0	0	0	0	2	0	0	0	2	4	1	10	2	17	2	0	0	1	3	0	0	0	0	0	8	1	10	3	22
农村小计	8	1	0	1	10	4	2	1	5	12	47	15	41	65	168	17	6	7	8	38	1	3	0	2	6	77	27	49	81	234
合　计	15	3	2	1	21	8	3	6	9	26	73	31	63	100	267	30	12	8	11	61	5	4	1	6	16	131	53	80	127	391

附表 D-29　2004 年北京市抽样调查 0～6 岁视力残疾儿童治疗康复形式现状与需求

地区别	治疗康复形式现状							治疗康复形式需求					
	无	医院治疗	康复机构训练	家庭训练	普幼普小	其它	合计	医院治疗	康复机构训练	家庭训练	普幼普小	其它	合 计
西城区	0	1	0	0	0	0	1	0	1	0	0	0	1
崇文区	–	–	–	–	–	–	–	–	–	–	–	–	–
宣武区	2	0	0	0	0	0	2	0	2	0	0	0	2
朝阳区	1	0	0	0	0	0	1	0	1	0	0	0	1
海淀区	3	1	0	0	0	1	5	2	3	0	0	0	5
丰台区	1	0	0	0	0	0	1	0	1	0	0	0	1
石景山区	0	0	1	0	0	0	1	0	1	0	0	0	1
城市小计	7	2	1	0	0	1	11	2	9	0	0	0	11
门头沟区	–	–	–	–	–	–	–	–	–	–	–	–	–
房山区	1	0	0	0	0	0	1	0	1	0	0	0	1
大兴区	–	–	–	–	–	–	–	–	–	–	–	–	–
通州区	1	0	0	0	0	0	1	0	1	0	0	0	1
顺义区	–	–	–	–	–	–	–	–	–	–	–	–	–
昌平区	2	0	0	0	0	0	2	1	1	0	0	0	2
平谷区	4	0	0	0	0	0	4	2	2	0	0	0	4
怀柔区	1	0	0	0	0	0	1	0	1	0	0	0	1
密云县	0	0	0	1	0	0	1	0	1	0	0	0	1
延庆县	–	–	–	–	–	–	–	–	–	–	–	–	–
农村小计	9	0	0	1	0	0	10	3	7	0	0	0	10
合　　计	16	2	1	1	0	1	21	5	16	0	0	0	21

附表 D-30　2004 年北京市抽样调查 0～6 岁听力残疾儿童治疗康复形式现状与需求

地区别	治疗康复形式现状							治疗康复形式需求					
	无	医院治疗	康复机构训练	家庭训练	普幼普小	其它	合计	医院治疗	康复机构训练	家庭训练	普幼普小	其它	合计
西城区	1	0	0	0	0	0	1	0	0	1	0	0	1
崇文区	—	—	—	—	—	—	—	0	0	0	0	0	0
宣武区	1	1	0	0	0	0	2	0	2	0	0	0	2
朝阳区	1	0	1	1	0	0	3	0	2	1	0	0	3
海淀区	1	1	2	0	0	0	4	0	3	1	0	0	4
丰台区	1	0	1	0	2	0	4	0	2	0	2	0	4
石景山区	—	—	—	—	—	—	—	—	—	—	—	—	—
城市小计	5	2	4	1	2	0	14	0	9	3	2	0	14
门头沟区	—	—	—	—	—	—	—	—	—	—	—	—	—
房山区	—	—	—	—	—	—	—	—	—	—	—	—	—
大兴区	1	0	0	0	0	0	1	0	1	0	0	0	1
通州区	—	—	—	—	—	—	—	—	—	—	—	—	—
顺义区	1	0	0	0	0	0	1	0	0	1	0	0	1
昌平区	0	0	2	0	0	0	2	0	1	1	0	0	2
平谷区	2	0	2	0	0	0	4	1	2	1	0	0	4
怀柔区	—	—	—	—	—	—	—	—	—	—	—	—	—
密云县	1	0	0	1	0	0	2	0	1	1	0	0	2
延庆县	1	0	1	0	0	0	2	1	1	0	0	0	2
农村小计	6	0	5	1	0	0	12	2	6	4	0	0	12
合　计	11	2	9	2	2	0	26	2	15	7	2	0	26

附表 D-31 2004 年北京市抽样调查 0～6 岁智力残疾儿童治疗康复形式现状与需求

地区别	治疗康复形式现状							治疗康复形式需求					
	无	医院治疗	康复机构训练	家庭训练	普幼普小	其它	合 计	医院治疗	康复机构训练	家庭训练	普幼普小	其它	合 计
西城区	9	3	0	2	0	0	14	5	0	9	0	0	14
崇文区	4	0	0	1	0	0	5	0	2	2	1	0	5
宣武区	7	0	1	0	0	0	8	0	3	5	0	0	8
朝阳区	21	1	2	2	0	0	26	3	4	19	0	0	26
海淀区	12	0	6	0	4	0	22	0	12	8	2	0	22
丰台区	12	1	1	1	0	0	15	0	4	9	2	0	15
石景山区	6	1	1	1	0	0	9	4	3	1	1	0	9
城市小计	71	6	11	7	4	0	99	12	28	53	6	0	99
门头沟区	3	1	1	0	0	0	5	4	1	0	0	0	5
房山区	30	0	1	2	0	0	33	6	1	19	7	0	33
大兴区	13	0	0	1	0	0	14	0	8	5	1	0	14
通州区	15	0	0	1	0	0	16	1	5	10	2	0	18
顺义区	7	1	0	0	0	0	8	1	3	2	1	1	8
昌平区	11	0	0	1	0	0	12	2	2	6	2	0	12
平谷区	19	0	1	1	0	0	21	1	8	12	0	0	21
怀柔区	15	0	0	1	0	0	16	0	7	7	2	0	16
密云县	20	0	0	3	0	0	23	1	8	14	1	0	24
延庆县	14	0	0	0	3	0	17	0	1	10	6	0	17
农村小计	147	2	3	10	3	0	165	16	44	85	22	1	168
合 计	218	8	14	17	7	0	264 *	28	72	138	28	1	267

* 智力专业只有 264 名残疾儿童提供了“现有治疗康复形式”的状况

附表 D-32　2004 年北京市抽样调查 0～6 岁肢体残疾儿童治疗康复形式现状与需求

地区别	治疗康复形式现状							治疗康复形式需求					
	无	医院治疗	康复机构训练	家庭训练	普幼普小	其它	合　计	医院治疗	康复机构训练	家庭训练	普幼普小	其它	合　计
西城区	0	1	0	2	0	0	3	1	2	0	0	0	3
崇文区	1	0	0	0	0	0	1	1	0	0	0	0	1
宣武区	1	2	2	0	0	0	5	3	2	0	0	0	5
朝阳区	0	0	1	1	0	0	2	1	1	0	0	0	2
海淀区	0	3	0	1	0	0	4	2	1	1	0	0	4
丰台区	3	2	1	1	0	0	7	4	3	0	0	0	7
石景山区	0	0	1	0	0	0	1	0	1	0	0	0	1
城市小计	5	8	5	5	0	0	23	12	10	1	0	0	23
门头沟区	0	1	0	0	0	1	2	2	0	0	0	0	2
房山区	7	2	1	0	0	0	10	6	3	1	0	0	10
大兴区	4	1	0	0	0	0	5	4	1	0	0	0	5
通州区	—	—	—	—	—	—	—	—	—	—	—	—	—
顺义区	0	1	0	0	0	0	1	1	0	0	0	0	1
昌平区	1	1	0	0	0	0	2	1	1	0	0	0	2
平谷区	2	0	0	1	0	0	3	1	2	0	0	0	3
怀柔区	3	0	0	1	0	0	4	2	1	1	0	0	4
密云县	6	1	0	1	0	0	8	2	3	1	0	2	8
延庆县	1	2	0	0	0	0	3	1	1	1	0	0	3
农村小计	24	9	1	3	0	1	38	20	12	4	0	2	38
合　计	29	17	6	8	0	1	61	32	22	5	0	2	61

附表 D-33　2004 年北京市抽样调查 0～6 岁精神残疾儿童治疗康复形式现状与需求

地区别	治疗康复形式现状							治疗康复形式需求					
	无	医院治疗	康复机构训练	家庭训练	普幼普小	其它	合计	医院治疗	康复机构训练	家庭训练	普幼普小	其它	合计
西城区	—	—	—	—	—	—	—	—	—	—	—	—	—
崇文区	1	0	0	0	0	0	1	0	0	1	0	0	1
宣武区	1	1	0	0	0	0	2	1	0	0	1	0	2
朝阳区	1	0	0	0	0	0	1	0	1	0	0	0	1
海淀区	2	0	1	0	1	0	4	0	3	1	1	0	5
丰台区	1	0	0	0	0	0	1	0	0	1	0	0	1
石景山区	—	—	—	—	—	—	—	—	—	—	—	—	—
城市小计	6	1	1	0	1	0	9	1	4	3	2	0	10
门头沟区	—	—	—	—	—	—	—	—	—	—	—	—	—
房山区	1	0	0	0	0	0	1	1	0	0	0	0	1
大兴区	—	—	—	—	—	—	—	—	—	—	—	—	—
通州区	2	0	0	0	0	0	2	1	1	0	0	0	2
顺义区	1	0	0	0	0	0	1	1	0	0	0	0	1
昌平区	—	—	—	—	—	—	—	—	—	—	—	—	—
平谷区	—	—	—	—	—	—	—	—	—	—	—	—	—
怀柔区	—	—	—	—	—	—	—	—	—	—	—	—	—
密云县	2	0	0	0	0	0	2	0	1	1	0	0	2
延庆县	—	—	—	—	—	—	—	—	—	—	—	—	—
农村小计	6	0	0	0	0	0	6	3	2	1	0	0	6
合计	12	1	1	0	1	0	15*	4	6	4	2	0	16

* 精神专业只有 15 名残疾儿童提供了“现有治疗康复形式”的状况

附表 D-34　2004 年北京市抽样调查 0～6 岁各类残疾儿童治疗总体康复形式现状与需求

地区别	治疗康复形式现状							治疗康复形式需求					
	无	医院治疗	康复机构训练	家庭训练	普幼普小	其它	合　计	医院治疗	康复机构训练	家庭训练	普幼普小	其它	合　计
西城区	10	5	0	4	0	0	19	6	3	10	0	0	19
崇文区	6	0	0	1	0	0	7	1	2	3	1	0	7
宣武区	12	4	3	0	0	0	19	4	9	5	1	0	19
朝阳区	24	1	4	4	0	0	33	4	9	20	0	0	33
海淀区	18	5	9	1	5	1	39	4	22	11	3	0	40
丰台区	18	3	3	2	2	0	28	4	10	10	4	0	28
石景山区	6	1	3	1	0	0	11	4	5	1	1	0	11
城市小计	94	19	22	13	7	1	156	27	60	60	10	0	157
门头沟区	3	2	1	0	0	1	7	6	1	0	0	0	7
房 山 区	39	2	2	2	0	0	45	13	5	20	7	0	45
大 兴 区	18	1	0	1	0	0	20	4	10	5	1	0	20
通 州 区	18	0	0	1	0	0	19	2	7	10	2	0	21
顺 义 区	9	2	0	0	0	0	11	3	3	3	1	1	11
昌 平 区	14	1	2	1	0	0	18	4	5	7	2	0	18
平 谷 区	27	0	3	2	0	0	32	5	14	13	0	0	32
怀 柔 区	19	0	0	2	0	0	21	2	9	8	2	0	21
密 云 县	29	1	0	6	0	0	36	3	14	17	1	2	37
延 庆 县	16	2	1	0	3	0	22	2	3	11	6	0	22
农村小计	192	11	9	15	3	1	231	44	71	94	22	3	234
合　计	286	30	31	28	10	2	387 *	71	131	154	32	3	391

* 由于智力、精神专业分别有 3 和 1 人次未提供“现有治疗康复形式”的数据，因此合计人次数只有 387。

附表 D-35　2004 年北京市抽样调查 0～6 岁视力专业残疾儿童治疗康复器具现状与需求

地区别	康复器具现状					康复器具需求				
	无	助视器	导盲器	其它	合计	暂不需要	助视器	导盲器	其它	合 计
西城区	1	0	0	0	1	1	0	0	0	1
崇文区	–	–	–	–	–	–	–	–	–	–
宣武区	2	0	0	0	2	2	0	0	0	2
朝阳区	1	0	0	0	1	1	0	0	0	1
海淀区	5	0	0	0	5	4	1	0	0	5
丰台区	1	0	0	0	1	1	0	0	0	1
石景山区	1	0	0	0	1	1	0	0	0	1
城市小计	11	0	0	0	11	10	1	0	0	11
门头沟区	–	–	–	–	–	–	–	–	–	–
房山区	1	0	0	0	1	1	0	0	0	1
大兴区	–	–	–	–	–	–	–	–	–	–
通州区	1	0	0	0	1	0	1	0	0	1
顺义区	–	–	–	–	–	–	–	–	–	–
昌平区	2	0	0	0	2	1	1	0	0	2
平谷区	3	0	1	0	4	4	0	0	0	4
怀柔区	1	0	0	0	1	1	0	0	0	1
密云县	1	0	0	0	1	0	1	0	0	1
延庆县	–	–	–	–	–	–	–	–	–	–
农村小计	9	0	1	0	10	7	3	0	0	10
合　计	20	0	1	0	21	17	4	0	0	21

附表 D-36 2004 年北京市抽样调查 0～6 岁听力专业残疾儿童治疗康复器具现状与需求

地区别	康复器具现状					康复器具需求		
	无	助听器	人工耳蜗	其它	合计	助听器	人工耳蜗	合　计
西城区	1	0	0	0	1	1	0	1
崇文区	–	–	–	–	–	–	–	–
宣武区	2	0	0	0	2	2	0	2
朝阳区	2	0	1	0	3	2	1	3
海淀区	2	1	1	0	4	3	1	4
丰台区	1	2	1	0	4	2	2	4
石景山区	–	–	–	–	–	–	–	–
城市小计	8	3	3	0	14	10	4	14
门头沟区	–	–	–	–	–	–	–	–
房山区	–	–	–	–	–	–	–	–
大兴区	0	1	0	0	1	0	1	1
通州区	–	–	–	–	–	–	–	–
顺义区	1	0	0	0	1	1	0	1
昌平区	0	2	0	0	2	1	1	2
平谷区	2	2	0	0	4	2	2	4
怀柔区	–	–	–	–	–	–	–	–
密云县	1	1	0	0	2	2	0	2
延庆县	1	1	0	0	2	2	0	2
农村小计	5	7	0	0	12	8	4	12
合　计	13	10	3	0	26	18	8	26

附表 D-37 2004 年北京市抽样调查 0～6 岁肢体专业残疾儿童治疗康复器具现状与需求

地区别	康复器具现状							康复器具需求					
	无	假肢	自助器	矫形器	手术	其它	合计	假肢	自助器	矫形器	手术	其它	合　计
西城区	3	0	0	0	0	0	3	0	0	3	0	0	3
崇文区	1	0	0	0	0	0	1	1	0	0	0	0	1
宣武区	5	0	0	0	0	0	5	0	0	3	2	0	5
朝阳区	1	0	0	0	0	1	2	0	1	1	0	0	2
海淀区	4	0	0	0	0	0	4	0	0	3	1	0	4
丰台区	7	0	0	0	0	0	7	0	0	5	2	0	7
石景山区	1	0	0	0	0	0	1	0	0	1	0	0	1
城市小计	22	0	0	0	0	1	23	1	1	16	5	0	23
门头沟区	2	0	0	0	0	0	2	0	0	1	1	0	2
房山区	9	0	0	0	1	0	10	1	0	3	6	0	10
大兴区	5	0	0	0	0	0	5	0	0	2	3	0	5
通州区	–	–	–	–	–	–	–	–	–	–	–	–	–
顺义区	0	0	0	1	0	0	1	0	0	0	1	0	1
昌平区	2	0	0	0	0	0	2	0	0	1	0	1	2
平谷区	3	0	0	0	0	0	3	0	0	1	2	0	3
怀柔区	4	0	0	0	0	0	4	0	0	1	2	1	4
密云县	7	0	0	1	0	0	8	0	2	3	1	2	8
延庆县	2	0	0	0	1	0	3	0	0	0	3	0	3
农村小计	34	0	0	2	2	0	38	1	2	12	19	4	38
合　　计	56	0	0	2	2	1	61	2	3	28	24	4	61

第四章 附录

附录一

总体方案

一、立题依据与背景

按照1981年国际残疾人年的估计，全世界残疾人的总数为4.5～5亿，约1/3为儿童，即全世界约有残疾儿童1.5亿，其中五分之四生活在发展中国家[1]。第五次全国人口普查公报显示2000年我国0～14岁儿童的人口为28979万人，按1987年我国首次残疾人抽样调查的0～14岁儿童残疾现患率2.66%计算[2]，2000年我国约有770万儿童处于残疾之中，这些儿童以及他们的家庭成为了社会中一个有着特殊需要的群体。儿童的残疾不仅会影响他们正常地、健康地生长发育，而且也必将给他们的生活、学习和参与社会活动带来严重困难。

残疾发生广泛，后果严重，控制残疾显得尤为重要。1976年世界卫生组织指出，利用现有的技术可以使至少50%的残疾得以控制或使其延后发生。1981年世界残疾预防会议拟定的《里兹堡宣言》指出“大多数残疾的损害是可以预防的”[3]。除此以外，即便残疾已经发生，也不是完全不可康复的。文献资料显示，在我国0～14岁残疾儿童中轻度残疾儿童多于重度，也就意味着大多数残疾儿童是可以通过康复治疗使功能得到部分或全部恢复的。国内外专家认为7岁以前是最佳康复年龄段，抓紧在这个年龄段治疗，可以增强康复效果，降低康复难度[4]。特别是近些年一门年轻的学科——“儿童早期干预”在西方国家迅速发展，也为低年龄残疾儿童的康复提供了科学方法。“儿童早期干预”是一门研究如何为发育易感和残疾儿童提供综合性服务的新型学科，它的主要对象是以婴幼儿童为主，它的理论基础是：儿童早期的经验不仅直接影响其当时的生长发育、健康状况，还会影响到成人后乃至一辈子的生活质量。若在这个可塑性强、对各种刺激高度敏感的时期，针对影响其生长发育的现存残疾进行干预，则可起到事半功倍的促进健康的效果[5]。

北京市自1987年全国残疾人抽样调查后没有开展过大规模的儿童残疾现状调查。在经济和科技发展如此迅速的时期，北京市儿童的残疾状况会在一定程度上有所变化，因此在北京市进行儿童残疾现状调查工作是十分必要的。特别是0～6岁是残疾儿童康复的最佳时期，了解这个年龄段的儿童残疾现状、致残原因以及康复需求等内容就显得更为至关重要，它可以为政府制定进一步减少和预防残疾发生，加强残疾儿童康复服务工作的策略提供基础数据和理论依据。

二、研究目的

通过对北京市0～6岁儿童进行抽样调查，了解北京市0～6岁儿童5类残疾（听力、视力、肢体、智力、精神残疾）的残疾现患率，分析主要致残原因，了解该人群儿童的康复现状和康复需求，从而达到为政府制定进一步减少和预防残疾发生，加强残疾儿童康复工作的策略提供基础数据和理论依据的目的。

具体目标为：

1. 了解北京市0～6岁儿童5类残疾的现患情况，以及在地区、性别、年龄等方面的分布情况。

2. 分析北京市0～6岁儿童5类残疾的主要致残相关因素，为进一步查找致残因素提供线索。

3. 分析家长对儿童残疾，特别是轻度儿童残疾的认识状况，为今后在该领域开展健康教育提供方向。

4. 了解北京市0～6岁5类残疾儿童的康复现状和康复需求情况，分析康复现状与需求间的差距。

5. 以上述数据为基础，为今后政府及有关部门制定有关残疾儿童的预防、监测、康复、教育等方面的法规、政策和工作规划提供科学的依据。

三、研究方案

（一）现况调查

1.调查标准时间：2004年6月1日零时。

2.调查涉及区县：北京市18个区县。

3.调查对象：具有北京市户口（其中父母一方是北京市户口的儿童也包括在内）的0～6岁儿童，0～6岁儿童指1997年6月1日零时以后到2004年6月1日零时之前出生的儿童。对于那些尚未上报户口的儿童，只要其满足上报北京市户口的条件也属于本次调查的对象。

4.样本量确定：总人群为：416545人（2002年数据）；设计效能为3；α =0.05。

表4-1-1

预期现患率	绝对误差	抽样人数
1.0%	0.20%	27885

5.抽样方法：概率比例、二阶段分层整群抽样。

（1）原则：

①以街道（乡镇）为最小抽样单位；

②18个区县全部参与抽样，每个区县应调查儿童数按实际各区县儿童数所占比例计算；

③街道（乡镇）的抽取采用整群随机抽样方法。本方案仅显示按平均水平计算的街道个数情况，实际操作时在满足儿童总数在30000以上，农村和城市地区抽样的儿童数基本均等，即各占50%左右的基本原则基础上，根据地理地域状况(具体详见表4-1-2)、结合应调查的儿童数进行适当调整；

表4-1-2 北京市各区县地理状况分布

分类	区县	分类依据（数据来自各区县政府网站）
山区	门头沟	山区98.5%
	怀柔	山区88.7%
	密云	山区80%
	延庆	山区72.8%
半山区	平谷	山区59%，
	房山	山区66.7%
	昌平	山区60%
平原	通州	全部为平原
	大兴	全部为平原
	顺义	山区3%

④城市地区只抽取街道；农村地区不考虑街道，以镇为主，乡的个数在1～2个为宜。根据2001年北京统计年鉴，农村地区县共有137个镇，16个乡，见表4-1-3。因此，考虑目前北京农村地区以镇为主的状况，本次农村地区应以镇为主进行抽样，乡的个数不多于2个。

表4-1-3 北京市农村地区乡镇分布

	区县名称	镇个数	乡个数
农村地区	房山	14	6
	门头沟	9	0
	顺义	19	0
	昌平	16	0
	通州	10	1
	大兴	14	0
	怀柔	12	2
	密云	17	1
	延庆	11	4
	平谷	15	2
	小计	**137**	**16**

（2）地区划分：

将北京市18个区县根据常规划分为城市地区和农村地区，结果如下：

①城市地区：东城、西城、宣武、崇文、朝阳、海淀、丰台、石景山；

②农村地区：房山、门头沟、顺义、昌平、通州、大兴、怀柔、密云、延庆、平谷。

（3）确定街道（乡、镇）个数：

抽样单位的确定和数量见表4-1-4、表4-1-5。

表4-1-4　各区县抽样单位数量

城市地区		农村地区		
区县	街道数	区县	镇个数	乡个数
东城	1	房山	1	1
西城	1	门头沟	1	0
宣武	1	顺义	2	0
崇文	1	昌平	1	0
朝阳	3	通州	1	0
海淀	2	大兴	1	0
丰台	1	怀柔	1	0
石景山	1	密云	1	0
		延庆	0	1
		平谷	2	0
小计	11	小计	11	2

6.搜集资料的方法：制作调查底册（当地）==>现场调查（当地）==>诊断性检查（指定的医疗机构）

（1）制作调查底册：

①登记造册：由街道办事处或乡、镇政府组织人员在调查前对本地区符合条件的全体儿童进行登记造册；内容主要包括：个人编号、儿童姓名、性别、详细住址、出生日期、家庭联系电话；

②落实调查：由街道（乡、镇）以及居委会（村委会）定时定量在册儿童接受调查；被调查儿童应由熟悉儿童情况的知情人（父母或其他抚养人）带领。

（2）现场调查：主要包括5项残疾筛查及诊断两项内容。

① 现场环境要求：被调查的街道（乡、镇）要准备调查使用的房间若干间，每个房间有足够的桌椅，各检查项目分开，环境相对安静，并在门口注明检查项目；

②筛查及诊断标准、工具和方法：使用北京市0～6岁儿童残疾抽样调查专家

表 4-1-5 调查样本量与抽样单位的选定

区县		实际儿童数	街道数	镇数	乡数	总街道（乡、镇）数	平均每个街道（乡、镇）儿童数	各区县儿童数的构成数量比（%）	按要求应调查的儿童数（理论值）	估算的实际调查的街道（乡镇）个数	估算的实际调查儿童数
		(1)	(2)	(3)	(4)	(5)	(6)	(7)	(8)	(9)	(10)
城市地区	东城	14439	10	0	0	10	1444	3.47	968	1	1444
	西城	16687	10	0	0	10	1669	4.01	1118	1	1669
	宣武	9945	8	0	0	8	1243	2.39	667	1	1243
	崇文	10561	7	0	0	7	1509	2.54	708	1	1509
	朝阳	57834	22	0	24	46	1257	13.88	3870	3	3771
	海淀	59500	22	2	5	29	2050	14.28	3982	2	4104
	丰台	32920	16	2	3	21	1568	7.90	2203	1	1568
	石景山	11582	10	0	0	10	1158	2.78	775	1	1158
	小计	213468	105	4	32	141	1514	51.25	14291	11	16456
农村地区	房山	36948	6	14	6	26	1421	8.87	2474	2	2842
	门头沟	10175	4	9	0	13	783	2.44	680	1	783
	顺义	20603	3	19	0	22	937	4.95	1380	2	1874
	昌平	20073	1	16	0	17	1181	4.82	1344	1	1181
	通州	23804	4	10	1	15	1587	5.71	1592	1	1587
	大兴	24625	3	14	0	17	1449	5.91	1648	1	1449
	怀柔	12230	2	12	2	16	764	2.94	820	1	764
	密云	22166	0	17	1	18	1231	5.32	1484	1	1231
	延庆	13332	0	11	4	15	889	3.20	892	1	889
	平谷	19121	2	15	2	19	1006	4.59	1280	2	2012
	小计	203077	25	137	16	178	1141	48.75	13594	13	14612
合计		416545	130	141	48	319	1306	100.00	27885	24	31068

注：(1) 为 2001 年儿童管理报表的数据；“(2)” ～ “(5)” 为 2001 年年鉴数据；“(6)” 为根据 “(5)” 和 “(1)” 中的数据估算出的平均数值；(8) 为按 (7) 中的比例计算出各区县应调查的儿童数（理论值）；“(9)” 中的数字是在整群抽样的原则下结合 “(6)” 的数字估算出的各区县实际调查的街道（乡镇）数；“(10)” = “(9)” ＊ “(6)”；由于不同区县街道（乡、镇）儿童数的平均值可能差距较大，所以实际操作时应以整群抽样为原则，再做进一步调整；考虑到调查经费、人力及物力等多种因素，总调查人数应控制在 28738 人。

组编写的《专业方案》中的标准、工具和方法（详见附录三）。

③ 工作流程：所有调查对象均应在现场依次参加5项残疾的筛查，初筛阳性者在现场继续进行诊断性检查，部分在现场无法诊断的初筛阳性儿童将由当地政府统一安排接送到指定的医疗机构进行诊断；现场具体安排参见图4-1-1；每天测查结束后，应整理资料，对当天未来者及时搞清原因，安排次日补测；

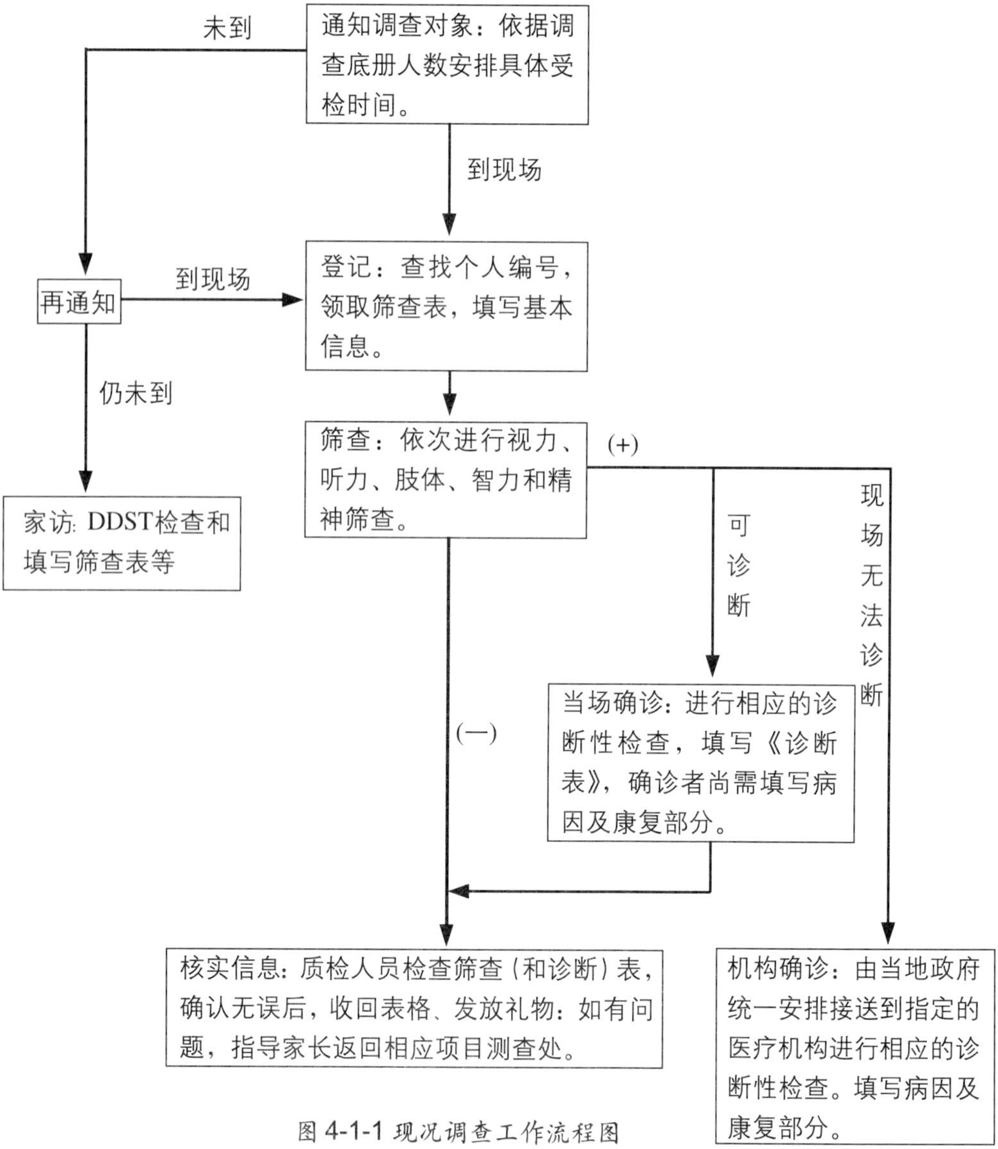

图4-1-1 现况调查工作流程图

④ 扫尾调查：对于部分属于应查（即底册上包括的儿童），但两次以上通知仍不能到现场的儿童应进行家访；操作方式：在现场工作结束前2～3天，由区县负责人统一安排，居委会人员带领智力筛查人员进行家访（填写筛查表和DDST测查），家访时间应主要在非工作时间（傍晚和周末），对于筛查人员认为有问题的儿童应通知相应专业的诊断人员进行诊断（现场或家访），并完成相应的表格和和致残因素问卷的填写。

（3）诊断性检查（指定的医疗机构）：在现场无法诊断的初筛阳性儿童（主要包括：听力、精神全部筛查阳性和部分肢体、视力筛查阳性的儿童）均应按照要求到指定的医疗机构进行诊断，日期由市抽样办统一安排，各区县负责儿童及家长的接送工作。诊断医生应为接受检查的儿童填写诊断表，对于诊断阳性者尚需填写《××残疾诊断表》（附录五之表二～表六）。

（4）现场原则：①无论在本次调查前是否已接受过专业机构的某类或某几类残疾的诊断，所有到场儿童都需接受全部项目的筛查；②对于筛查为阳性，现场又可以直接诊断（如智力、部分视力、部分肢体）的项目，该儿童必须在现场完成诊断；③对于需要到诊断中心确诊的儿童，如果家长认为儿童已接受过诊断，并坚持不再进行诊断，该专业的现场工作人员可以根据家长提供的较为明确的儿童诊断医院名称和残疾的分级、以及病因等有关资料，填写诊断表和致残因素调查表，并在诊断表右上角注明诊断医院名称。

（二）病例对照研究（1：2配比）

1.调查对象选择

（1）病例选择：全部在本次调查中确诊为任意一个专业的残疾的儿童均为病例。

（2）对照选择原则：1：2配比，选择同地区（即同一区县）、同性别、同年龄（要求出生月份前后相差不能超过6个月，如：对于2000年2月1日出生的病例儿童来说，对照组儿童的出生日期应在1999年8月1日至2000年8月1日之间）的非病例（即本次调查中未被任一专业确诊为残疾）儿童作为对照。

2.搜集资料的方法：现场调查问卷。

（1）致残因素问卷内容：共4部分，27道大题，每道大题中含若干小问，主要内容：①儿童父母职业接触与吸烟饮酒状况；②母亲妊娠情况；③儿童家族残疾情况；④儿童本人情况。

（2）填写方式：由问卷调查人员询问家长，根据家长的叙述填写。

四、研究内容

1. 北京市0～6岁儿童5类残疾的现患情况以及在不同地区（农村、城市）、性别和年龄的分布情况：总的残疾现患率、各类残疾现患率、不同性别残疾现患率、不同性别残疾构成比、不同地区残疾现患率、不同地区残疾构成比、不同年龄组残疾现患率、不同年龄组残疾构成比。

2. 北京市0～6岁5类残疾儿童的主要致残原因和可能的致残因素：各类原因构成比、致残原因顺位等。

3. 北京市0～6岁5类残疾儿童的康复现状和康复需求情况：接受康复率、接受正确康复率、康复好转率、各种康复手段使用构成比；总的康复需求率、各种康复手段的需求率及构成比、各类残疾对康复手段的不同需求率、各种康复手段需求与使用的差距。

4. 家长对儿童残疾，特别是轻度儿童残疾的认识状况：儿童残疾家长自知率（=家长已发现并确诊的残疾儿童数/总的残疾儿童数×100%）

5. 与1987年全国残疾人调查数据及2001年全国0～6岁残疾儿童调查的结果相比，各类残疾变化幅度。

五、资料分析方法

1. 以EPIDATA建立多个数据库，分别将抽样调查底册、筛查表、诊断表、致残因素问卷录入于数据库。

2. 使用SPSS软件完成描述性及分析性统计分析，并与1987年和2001年的全国资料进行对比。

3. 质控结束后，根据假阴性率情况，对现患率等相关指标进行校正。

六、质量控制

1. 设计过程中

（1）编写工作手册：将抽样及实施方案详细内容，编制统一工作手册，保证参与工作人员人手一册，使得工作细节均有据可依。

（2）各种调查表（问卷）：简单、明了，没有模糊问题，并均有详细注解。

2. 培训工作：每一位调查人员均在调查前接受统一培训，经过一致性测验或考核，合格者方可开展调查工作。

3. 现场调查：调查人员认真填写表格，应保证项目齐全、准确。每个现场设立1～2名审表人员，所有检查项目结束，由审表人员核查相应表格后，儿童方可离去。

4. 复查：现场调查过程中，各专业随机抽取5%的筛查阴性儿童，由专家组成员重新筛查，以计算假阴性率。

5. 专家监督：在每一个现场调查期间，应有专家到调查现场进行检查指导。

6. 为了保证样本量，要求各抽样单位中受检儿童不得小于应检儿童的90%。

7. 对于现场无法确诊的儿童均送到指定的医疗机构，由固定的专业医师进行诊断，保证诊断的准确性。

8. 数据录入：数据录入为双录入，同时通过CHECK文件进行逻辑检错。

七、研究进度

表4-1-6 抽样调查工作时间进度表

月份	1	2	3	4	5	6	7	8	9	10	11	12
准备阶段：成立调查组、方案设计、研讨、完善：撰写工作手册	√	√	√	√								
预调查（1个区县）					√							
修改并印刷手册表格					√							
统一培训（一级培训）					√							
正式现场调查和质控						√	√					
数据录入、分析								√	√	√		
撰写报告											√	√

参考文献

1.约翰·威尔逊爵士主编.残疾预防-全球性的挑战，第一版，北京：华夏出版社，1992；扉页、4。

2.中华人民共和国民政部编.中国残疾人抽样调查系列资料-残疾儿童资料，第一版，北京：中国社会出版社，1991；136～143。

3.卓大宏 主编. 中国残疾预防学，第一版，北京：华夏出版社，1998；3～5、14～15、46～55、144。

4.中国残疾人联合会编.中国残疾人事业年鉴（1949～1993），第一版，北京：华夏出版社，1996；696～697。

5.陈建华.美国儿童早期干预的研究和实践.国外医学社会医学分册，1996；13（3）：1～5。

附录二

工作方案

一、组织结构

本次抽样调查工作组织结构见图4-2-1。

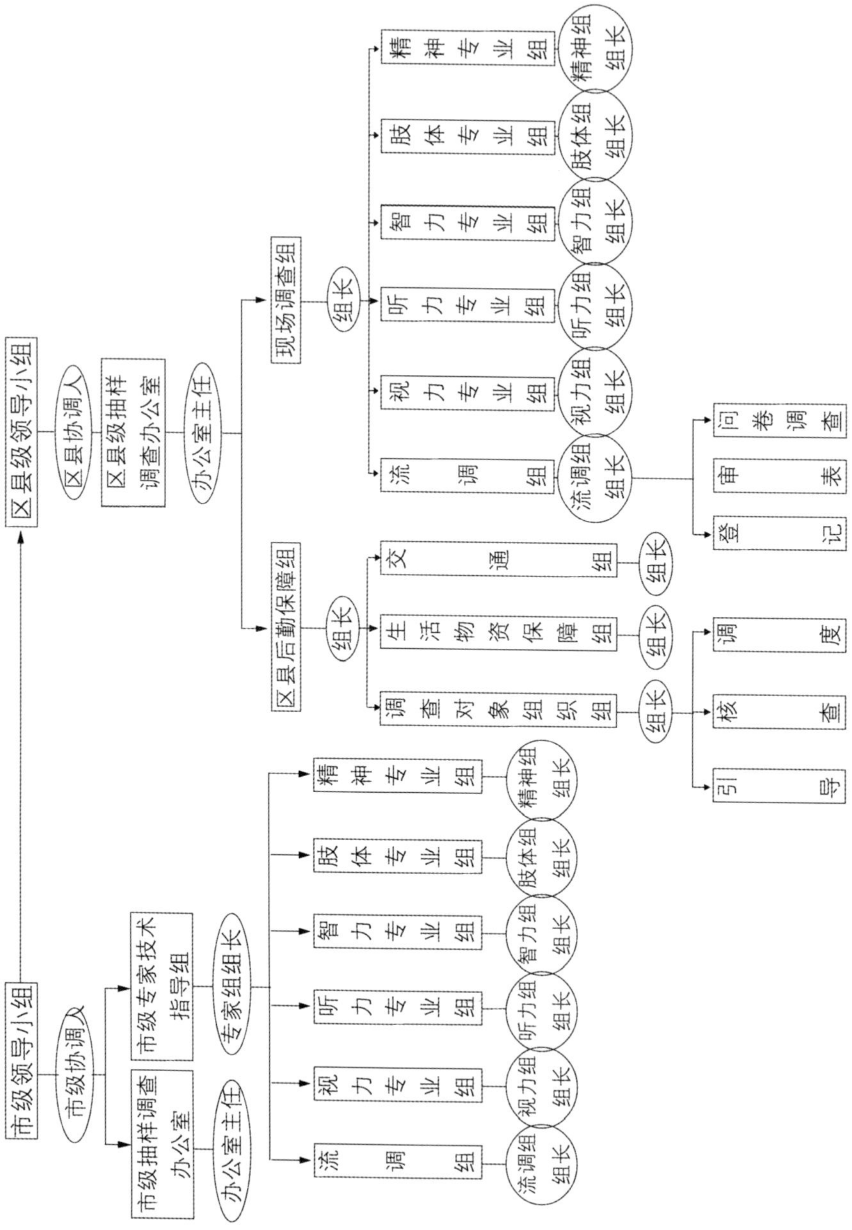

- 市级领导小组 → 区县级领导小组
  - 市级协调人
    - 市级抽样调查办公室 — 办公室主任
    - 市级专家技术指导组 — 专家组组长
      - 流调组 — 流调组组长
      - 视力专业组 — 视力组组长
      - 听力专业组 — 听力组组长
      - 智力专业组 — 智力组组长
      - 肢体专业组 — 肢体组组长
      - 精神专业组 — 精神组组长
- 区县级领导小组
  - 区县协调人
    - 区县级抽样调查办公室 — 办公室主任
      - 区县后勤保障组 — 组长
        - 调查对象组织组 — 组长
          - 引导
          - 核查
          - 调度
        - 生活物资保障组 — 组长
        - 交通组 — 组长
      - 现场调查组 — 组长
        - 流调组 — 流调组组长
          - 登记
          - 审表
          - 问卷调查
        - 视力专业组 — 视力组组长
        - 听力专业组 — 听力组组长
        - 智力专业组 — 智力组组长
        - 肢体专业组 — 肢体组组长
        - 精神专业组 — 精神组组长

图4-2-1 抽样调查工作组织结构

二、现场流程

现场工作流程见图 4-2-2

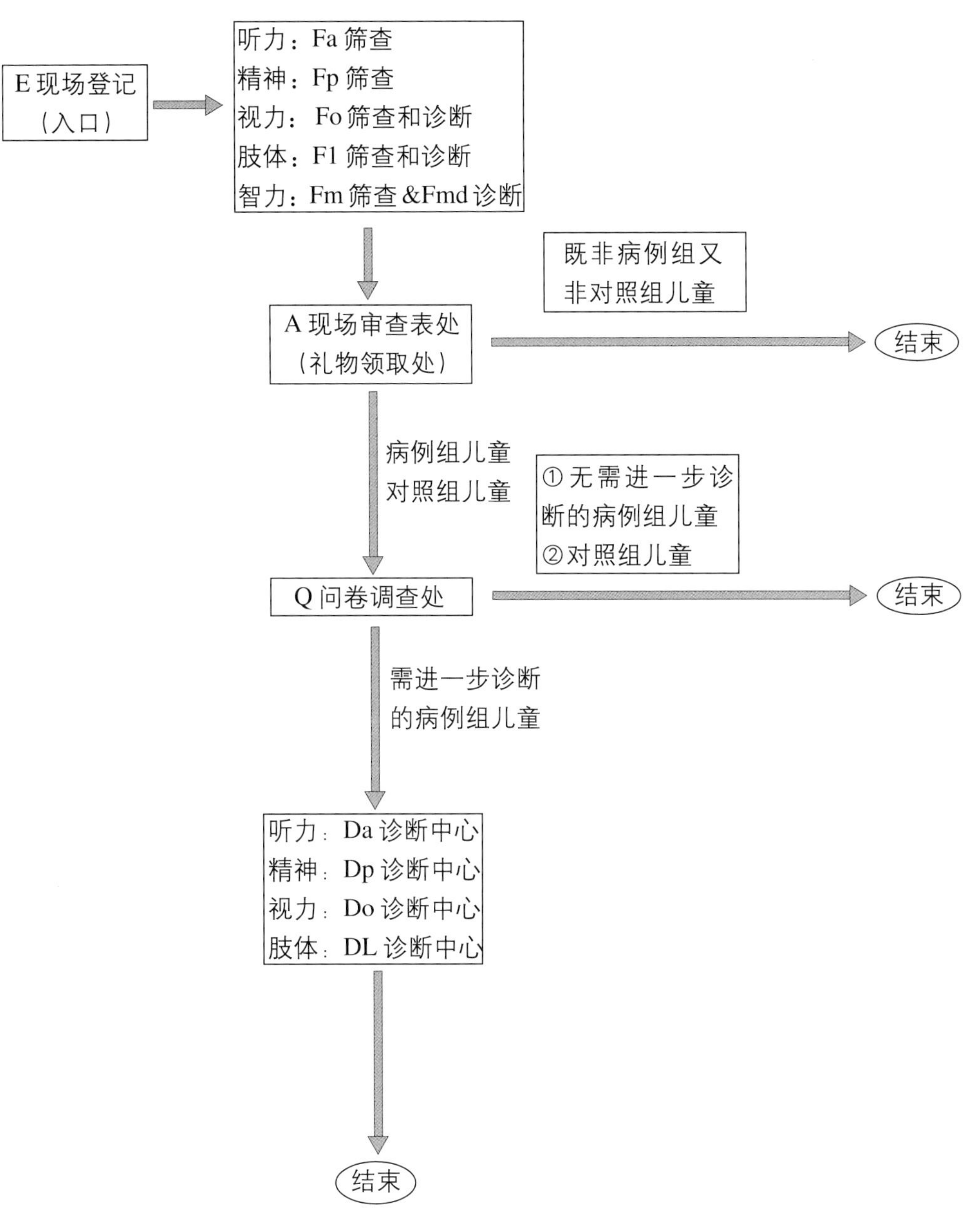

图 4-2-2　调查现场工作流程

三、岗位职责

（一）岗位设置（见表4-2-1）

表4-2-1　调查工作岗位设置

<table>
<tr><th colspan="3">岗　　位</th><th>人数</th><th>责 任 单 位</th></tr>
<tr><td colspan="3">总 协 调 人</td><td>1</td><td>区县残联</td></tr>
<tr><td rowspan="9">区县
现场调查组</td><td colspan="2">1.组 长</td><td>1</td><td></td></tr>
<tr><td rowspan="3">2.流调组</td><td>登　记</td><td>2</td><td rowspan="8">区县卫生局</td></tr>
<tr><td>问卷调查</td><td>1</td></tr>
<tr><td>审　表</td><td>1～2</td></tr>
<tr><td colspan="2">3.视力专业组</td><td>2</td></tr>
<tr><td colspan="2">4.听力专业组</td><td>6</td></tr>
<tr><td colspan="2">5.智力专业组</td><td>6</td></tr>
<tr><td colspan="2">6.肢体专业组</td><td>1</td></tr>
<tr><td colspan="2">7.精神专业组</td><td>2</td></tr>
<tr><td rowspan="5">区县
后勤保障组</td><td rowspan="3">1.调查对象
组织组</td><td>调度</td><td>1～2</td><td>街道办事处或乡（镇）政府</td></tr>
<tr><td>引导</td><td>2～4</td><td>街道办事处或乡（镇）政府</td></tr>
<tr><td>核查</td><td>1</td><td>街道办事处或乡（镇）政府</td></tr>
<tr><td colspan="2">2.生活、物资保障组</td><td>1～2</td><td>区县残联，街道办事处或乡（镇）政府</td></tr>
<tr><td colspan="2">3.交通组</td><td></td><td>区县卫生局、区县残联</td></tr>
</table>

（二）具体职责

1.总协调人

（1）掌握调查进度（每天儿童的组织数量，儿童的组织工作方案）；

（2）协调现场调查组和后勤保障组，处理各种突发事件。

2.区县现场调查组

（1）调查组组长

①指挥、协调现场调查工作，组织每日工作小结；

②对调查人员及儿童家长的疑问进行解释；

③ 必要时安排调查组成员家访；

④负责组织各类表格及问卷的收集和保管以及上交工作。

（2）流调组

① R 登记处

a.根据调查底册查找到场儿童的个人编号；

b.为每一位到场儿童填写筛查表前四部分；

c.指导家长按顺序测查；

d.配合“问卷调查处”人员选择对照组；

e.每日结束后与审表处人员核对儿童到场情况。

② Q 问卷调查处

a.选择对照组儿童；

b.完成病例组和对照组儿童的致残因素问卷的填写；

c.对儿童家长的疑问进行解释。

③ A 审表处

a.帮助家长判断是否已完成所有程序，向需要转诊的家长确认转诊事宜；

b.审核家长交来表格（种类是否齐全、项目是否填写完整）

——筛查全部阴性、听力或精神筛查阳性：筛查表、DDST 量表、克氏量表（≥ 2 岁组）

——智力筛查阳性：筛查表、DDST 量表、克氏量表（≥ 2 岁组）、智力诊断表、GESELL 量表

——视力 / 肢体筛查阳性：筛查表、DDST 量表、克氏量表（≥ 2 岁组）、视力诊断表 / 肢体诊断表（其中尚需进一步诊断儿童无诊断表）

c.向“问卷调查处”人员提供病例组儿童，并配合其选择对照组；

d.发放礼物；

e.填写《调查组每日总结表》、《筛查阳性情况一览表》。

（3）视力专业组

① Fo 现场筛查和诊断

a.筛查：完成每一个儿童的视力筛查；填写筛查表的视力部分筛查结果；

b.诊断：为视力筛查阳性、可以现场诊断的儿童进行现场诊断；填写视力诊断表；

c.转诊：为视力筛查阳性、无法现场诊断的儿童填写转诊单，指导家长进一步检查或诊断。

② Do 诊断中心

诊断：完成被转诊儿童的视力诊断；填写视力诊断表。

(4) 听力专业组

① Fa 现场筛查

a.筛查：完成每一个儿童的听力筛查；填写筛查表的听力部分筛查结果；

b.转诊：为听力筛查阳性儿童填写转诊单，指导家长进一步诊断。

② Da 诊断中心

诊断：完成被转诊儿童的听力诊断；填写听力诊断表。

(5) 智力专业组

① Fm 现场筛查

a.筛查：完成每一个儿童的智力筛查；填写筛查表的智力部分筛查结果；

b.转诊：指导筛查阳性的儿童到智力诊断室进行诊断测查；

c.家访：必要时，由调查组组长安排入户家访（DDST 测查和填写筛查表）。

② Fmd 现场诊断

a.诊断：完成智力诊断；填写智力诊断表；

b.指导：指导需要进一步干预或康复的儿童家长前往相应机构。

(6) 肢体专业组

① Fl 现场筛查诊断

a.筛查：完成每一个儿童的肢体专业筛查；填写筛查表的肢体部分筛查结果；

b.诊断：为肢体筛查阳性、可以现场诊断的儿童进行现场诊断；填写肢体诊断表；

c.转诊：为肢体筛查阳性、无法现场诊断的儿童填写转诊单，指导家长进一步检查或诊断。

② Dl 诊断中心

诊断：完成被转诊儿童的肢体诊断；填写肢体诊断表。

(7) 精神专业组

① Fp 现场筛查

a.筛查：完成每一个儿童的精神专业筛查；填写筛查表的精神部分筛查结果；

b.转诊：为精神筛查阳性儿童，填写转诊单，指导家长进一步诊断。

② Dp 诊断中心

诊断：完成被转诊儿童的精神诊断；填写精神诊断表。

3.区县后勤保障组

(1）调查对象组织组

①调度

联系各居委会，根据每天预定的工作进度，安排相应数量的儿童。

②引导

a.引导家长和儿童按序接受检查；

b.维持现场秩序。

③核查

a.核查：每天到场儿童与通知儿童的差异；

b.反馈：将应到而未到的儿童名单及时反馈到各居（村）委会，了解未到原因，进行第二次通知；

c.沟通：对第二次通知而未到的儿童，问明情况，报告调查组组长，由调查组安排入户家访。

(2）生活物资保障组

①按要求准备测查房间和必需用品（桌椅及办公用品等）；

②为现场工作人员准备午餐及饮用水。

(3）交通组

①当测查地点较为偏远时，接送工作人员；

②在转换测查地点时，运输测查相关物品；

③接送部分筛查阳性儿童到相应的医疗机构进一步确诊。

四、工作要点

(一）现场组织工作要点

1.发挥各区县残疾儿童抽样调查工作领导小组的作用

建立由区县残联领导总负责，卫生局、街道、相关医疗机构参加的调查工作组。相关部门在开展调查期间，每天下班之前要有工作例会，通报调查进度，协商处理当天工作中的问题，研究解决问题的办法。区县总协调人由主管理事长担任，职责是全面协调调查工作，掌握调查进度（每天儿童的组织数量，儿童的组织工作方案），协调处理各种突发事件。

2.明确分工，各负其职

(1）调查队负责人：由卫生局领导（或防保科科长）担任，组建调查队伍，协助开展前期培训，协助落实检查工具，解决调查队工作人员的交通，监督、检查调查队员在调查期间的工作态度、纪律；配合社区居（村）委会，通知辖区保健机构在册儿童前来接受检查；对不能前来检查的儿童进行入户家访。

（2）后勤保障组负责人：由街道（乡、镇）主管领导担任，组织街道（乡、镇）和各社区居（村）委会有关人员，为调查队提供生活和物资保障，了解本辖区儿童基本情况，制作底册，做好家长的宣传动员工作，定时定量向检查点输送儿童，及时追访没有参加健康检查儿童，向调查队反馈信息。

3.具体工作细节

（1）现场后勤保障：布置调查现场环境（检查用房、必要的桌椅、宣传板、横幅、路线引导图），提供工作人员的午餐、饮水、必要工作用具等。

①测查室配备要求

a.检查地点交通方便，便于儿童及家长前来接受检查；

b.需要准备至少7个单独的房间（4大，3小），呈流水线排列；9间（4大，5小）更佳；

c. 各检查用房需相对安静（远离马路、学校、市场等喧闹场所）、光线好且能通风。最好就近有流动水；

d.各房间需配一定数量的桌子和椅子，如7间房，需至少准备2个屏风分隔房间；

e.肢体检查室需配备检查床、褥子、床单、一次性垫子（约40Cm × 60Cm）若干；

f.各房间门口应标注检查项目，具体包括：

登记处、听力筛查室（1、2、3）、智力筛查室（1、2）、智力诊断室、精神筛查室（分2岁、2岁以上）、肢体筛查室、视力筛查室、礼品发放处（审表处）。

②现场准备要求

现场应有如下物品：

a.入口处：挂有“××街道（乡、镇）0～6岁儿童健康检查”的横幅和路线指引图；

b.饮用热水（一定要放在儿童无法够到的位置）；

c. 工作人员的午餐；

d. 日常用品：肥皂、毛巾、卫生纸等；

e. 常用办公用品（如：曲别针、订书机、长尺、档案袋若干；1号电池4节，5号电池8节等）；

f.儿童奖励物品如儿童贴纸等。

（2）儿童的组织输送工作

①街道（乡、镇）

a.底册：通过计生、公安、妇幼保健等部门，登记辖区儿童，由各社区居（村）委会入户家访，掌握在册儿童的人户分离情况，同时增补人在户不在的北京籍儿童；

b.调度：根据掌握的儿童底数，制定儿童的组织检查进度表，每天的进度安排表应以每30分钟（或1小时）为一时间单位，保证每天接受检查的儿童数不低于100人，不高于150人（每小时安排15人左右）；

c.引导：安排专人引导家长(儿童)接受检查，维持现场秩序，检查点入口、登记处、检查现场均需相应的引导人员；

d.核查：安排专人核查每天受检儿童与通知儿童的差异，将应到而未到的儿童名单及时反馈到各居（村）委会，了解未到原因，进行第二次通知，对第二次通知而没到的儿童，问明情况，报调查组组长，由调查组安排入户家访。

②居（村）委会

通过发放“致家长的一封信、健康检查通知（盖卫生局或妇幼保健院章)”，将检查的时间与地点告知辖区每一位适龄儿童的家长。组织儿童及家长定点、定时到检查点接受健康检查。

a.明确检查对象：居住在辖区的所有北京籍适龄儿童（1997年6月1日～2004年6月1日间出生)，包括以下两种情况：人在户在、人在户不在。其中，居住在该社区时间不满半年或离开该社区时间超过半年的的儿童不列为调查对象；

b.掌握底数，了解情况：工作人员在现场开始前应与儿童的监护人取得直接联系，掌握儿童监护人年龄、工作时间、儿童平时的生活地点（在家、幼儿园或住在外地区)、能否按时到检查点接受检查等情况，居住在本地区的家庭，一定要入户；户在人不在的家庭，要尽可能地通知到儿童的监护人；

c.根据具体情况安排适当的检查时间：家中有老人照顾孩子的可以正常安排；家中无老人、孩子家长是双职工，且不能请假的，可以安排在周六、周日；按儿童年龄安排检查时间，如：婴幼儿尽量安排在上午10点或下午3点左右；

d.儿童接受检查期间，各社区主任应到现场进行组织、引导；清点辖区儿童到检查点接受检查的人数；对通知人数与受检人数进行核实；对应到而未到的儿童，要进行入户家访，了解情况，安排下一次检查时间；对无法到检查点接受检查的儿童，应及时向街道（乡、镇）报告，说明原因，以便调查组采取对策。

4.注意事项

（1）0～6岁儿童：是指1997年6月1日～2004年6月1日间出生的儿童。

（2）各调查点开展调查的第一天，安排1岁以下的婴幼儿接受检查。（请协调地段保健科出面通知）

（3）通知书：统一印发，盖各区县卫生局或妇幼保健院（所）的章，由居（村）委会下发至各户。

（4）转诊：

视力和肢体专业：城8区转指定医院（各专业培训时具体说明），10个郊区县转区(县)医院的眼科、骨科。眼科主要是对部分孩子的眼病进行诊断；骨科主要是对部分孩子进行拍片。具体方式是，由检查医生出示转诊单，注明检查项目，孩子家长持转诊单到医院，不用挂号，直接接受项目检查，转诊单和检查结果留医院，各区县凭转诊单和检查结果与医院结帐。

精神和听力专业：由各区（县）将筛查阳性儿童集中送至北京市残疾人康复服务指导中心和中国聋儿康复研究中心诊断。具体转诊时间根据各单位的启动时间而定。

（二）现场调查

1.总原则

（1）团队工作

本次调查是多部门合作的工作（北京市残联和北京市卫生局联合组织），需要每一位参与者有良好的团队精神，服从指挥、互相谦让、齐心协力共同完成好工作。

（2）调查工作

本次调查工作并非一般的医疗行为，我们的工作需要得到家长的配合才能完成。因此在整个调查期间，我们要充分考虑到家长和儿童的需要和心理。

（3）注意点

①时间：本次调查虽安排了上下班和中午休息时间，但我们从调查的角度出发应保证儿童随到随查，即使是中午吃饭时间，如果有儿童到场，调查组也应立即为其测查；遇到到场儿童过多的情况，调查组应延后下班或休息时间。

②态度：调查组的全部成员对待儿童（家长）态度应和蔼、动作应轻柔，尽量鼓励儿童配合本次调查。在特殊情况下，如果无法和家长沟通，应及时通报调查组组长，由组长负责协调和解释。

③着装：考虑到部分儿童对医生的惧怕心理，工作人员在现场均穿便装，不

得穿白大褂 。为了家长更容易识别，全部工作人员在现场均应佩戴胸卡。

④安全：现场的全过程均应把“安全第一”作为首要宗旨，尽早清除安全隐患，保障儿童和家长的各方面安全。

（4）宣传口径

尽管本次调查实质是“儿童残疾”调查，但为了取得家长的配合，各位工作人员在与家长交谈时均应指出本次是“儿童健康”调查。特别是基层负责通知家长的工作人员在通知时应尤为注意。

2.现况调查

（1）既往已有某项残疾诊断的儿童：

无论在本次调查前是否已接受过专业机构的某类或某几类残疾的诊断，所有到场儿童都需接受全部项目的筛查。对于筛查为阳性，现场又可以直接诊断（如智力、部分视力）的项目该儿童必须在现场完成诊断。对于需要到诊断中心确诊的儿童，如果家长认为儿童过去已接受过诊断，并坚持不再进行诊断，该专业的现场工作人员可以根据家长提供的较为明确的儿童就诊医院名称和残疾的分级、以及病因等有关资料，填写诊断表和致残因素调查表，并在诊断表右上角注明诊断医院名称。

（2）多项筛查阳性儿童：

应特别注意合理安排“多项筛查阳性儿童”的“进一步诊断”过程，避免时间的冲突。

（3）各种原因未能按时到现场的儿童：

工作人员应进一步了解每个儿童未到场原因，尽量动员家长带儿童前往测查现场；如果遇到某儿童的确长期居住在本地区，几经动员却仍不肯到现场的情况，必要时调查队应派工作人员家访。对于所有在册却终未能接受检查的儿童，工作人员均应在调查底册备注处注明原因。

（4）向家长解释结果：

由于本次调查的方法、设备和人员的限制，各位工作人员（包括筛查和诊断）不能直接将我们的调查结论（某方面残疾）告诉家长，只能提示家长，该儿童可能在某些方面有问题，建议家长进一步就诊或康复。

（5）每日总结：

每日测查工作结束后应由现场调查组组长召集组员开会，重点在于核对调查底册清点人数，填写《调查组每日总结表》、《筛查阳性情况一览表》。

3.病例对照研究

（1）调查对象选择

①病例选择：

在本次调查中确诊为任意一个专业的残疾的儿童均为病例。

②对照选择：

按1：2配比，选择与病例组儿童同地区（即同一区县）、同性别、同年龄（要求出生月份前后相差不能超过6个月，如：对于2000年2月1日出生的病例儿童来说，对照组儿童的出生日期应在1999年8月1日至2000年8月1日之间）的非病例（即本次调查中未被任一专业确诊为残疾的儿童）儿童做为对照。

③特殊说明：

由于本次筛查阳性的儿童有一部分无法现场确诊，需进一步转诊到诊断中心诊断，为了避免“现场结束后寻找病例组和对照组”的困难，暂定对所有“现场已确诊残疾”和“现场筛查阳性，需进一步确诊”的儿童都要按前述原则选择对照组儿童（1：2）进行匹配，即对这些对照组儿童均进行致残因素问卷的调查(见图4-2-2)。

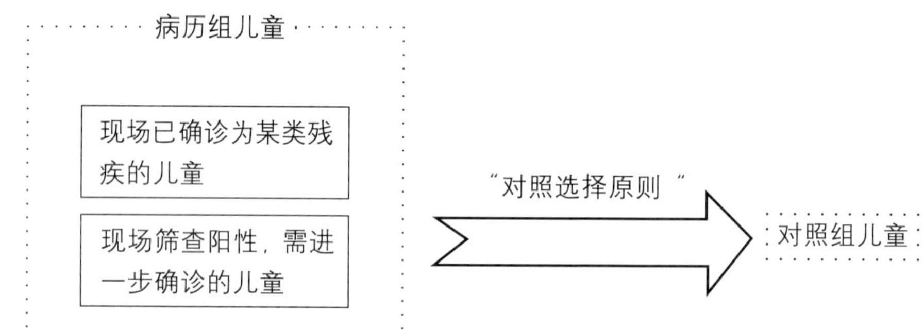

图4-2-2　病例对照调查流程图

（2）实际操作

①病例组的确定：

审表处人员确定病例组，通知问卷调查处人员。

②对照组确定：

问卷调查处人员根据病例组的情况，按照“对照组选择原则”在登记处或审表处人员的帮助下寻找可以匹配的对照组儿童，由问卷调查处人员询问家长填写调查问卷。

③致残因素问卷的填写：

由问卷调查处人员根据病例组和对照组儿童家长提供的信息，填写问卷。

（3）注意事项

①为了避免信息偏倚，问卷调查人员在询问病例组和对照组时应同样认真；

② 问卷调查人员态度应温和，在询问家长时尽量避免诱导式、紧逼式、强迫式提问，尽可能使被调查者能如实反映情况；

③问卷调查人员应替被调查者保密。询问调查者的过程最好在一个单独的房间进行，如条件不容许，也应尽量避免过多围观人群，最好是调查员和家长一对一交流。

五、质量控制

现场调查工作质量控制的核心是调查结果的真实性，故此要求全体工作人员严格遵守《工作手册》中各项规定和要求，如遇特殊情况须及时与区县或市级工抽样组联系，不得随意改变调查方案，在向上级单位递交资料时随时注意核实该资料是否如实反映现场的真实情况。

（一）控制无应答在10%以下

虽然本调查的性质是在全市范围内的分层整群抽样调查，但对抽样点的街道、乡、镇，其性质应视为普查，因此凡属本街道（乡、镇）的应查对象均应尽量动员到达筛查现场，凡未到场者，均应入户家访或注明理由，其中特别注明儿童健康状况，考虑到北京市居民“人户分离”及短期流动的具体情况，本调查对抽样单位的无应答率要求控制在10%以下。

（二）可靠性是真实性的基础

可靠性指采用同一方法对同一对象测查结果的一致性，影响不一致的因素可来源于测查对象、测查工具及测查人员。现场调查时要求测查对象（儿童或监护人）在测查过程中始终处于“心平气和”状态；无论对“病例”或“对照”调查时态度均应同样认真；凡使用仪器设备者应注意随时校准，虽然本调查使用的各类问卷及量表已经信度、效度的修定，但要求本调查中对问卷或量表仍应进行项目分析，发现问题及时调整。特别注意对测查人员之间的一致性评价，要求各专业组提供每位测查人员至少30例以上包括20%阳性测查对象的一致性检验数据，测查人员之间的一致性达不到95%以上者不得参加现场调查。

（三）专家诊断结果是“金标准”

本调查各专业组均由一位权威专家进行最终诊断，其他专家的诊断结果必须与该专家保持一致，凡由多位专家诊断的“病例”，依据专业不同应提供“专家”与“权威”之间10～30例包括20%轻型病例的一致性检验数据。

（四）重视假阴性率

判断真实性的重要指标之一是特异度(真阴性)，调查结果的最终数据须经特异度进行调整，因此需要各专业组提供5%筛查结果阴性者经专家诊断是否为真阴性的数据，预计重复测查的筛查阴性者人数一般为1500人。

附录三

专业方案

一、视力残疾（PO）

（一）定义及分级标准

1.定义：盲＋低视力＝视力残疾

2.分级标准：

（1）世界卫生组织制定的盲及低视力诊断标准（见表4-3-1）

表4-3-1 世界卫生组织盲及低视力诊断标准

类别	级别	最佳矫正视力（双眼中好眼）	
		最佳矫正视力低于	最佳矫正视力等于或优于
低视力	1	0.3	0.1
	2	0.1	0.05（3米指数）
盲	3	0.05	0.02（1米指数）
	4	0.02	光感
	5	无光感	

（2）我国盲及低视力标准 （1987年）（见表4-3-2）

表4-3-2 我国盲及低视力标准

类别	级别	最佳矫正视力(双眼中好值)
盲	一级盲	<0.02~光感，或视野半径<5度
	二级盲	<0.05~0.02，或视野半径<10度
低视力	一级低视力	<0.1~0.05
	二级低视力	<0.3~0.1

（3）要点：

①盲及低视力均指双眼，且以视力较好眼为准；

②如仅有一眼为盲或低视力，而另一眼的视力达到0.3或以上，则不属于视力残疾；

③最佳矫正视力是指以适当镜片矫正后，所能达到的最好视力，或以针孔镜所测得的视力；

④特殊说明：本次视力筛查不作盲及低视力的等级的划分，仅对3岁及以上，视力在0.3以下，可疑有问题的儿童做出盲或低视力及病因学的诊断。

（二）筛查的设备及方法

1.筛查用具：

儿童图形视力卡，小孔镜，黑布（2米长，1米宽），手电筒，彩色小珠子数个（约直径1~3mm大小），白色小球2个（约0.95cm或0.62cm直径大小），视—运动条带，米尺一条。

2.主要筛查方法：小球滚动法。小球滚动法亦称Stycar实验，使用6个白色小球，它们的直径分别代表的视力如下表4-3-3所示：

表4-3-3　不同直径小球与视力表的关系

小球直径	等于E字表视力
1.9cm	0.1
1.3cm	0.16
0.95cm	0.25
0.62	0.3
0.42cm	0.5
0.32cm	0.6

3.不同年龄儿童视力筛查方法：

（1）0~<7个月：

方法：使用视—运动条带或手电筒（避免强光刺激）。

判定标准：出现有眼球震颤或小儿眼能追光，有防御性眨眼反射为正常。

（2）7~<12月（不满1周岁）：

方法：小球滚动法使用约0.95cm和0.62cm直径的小白球在黑色的布上滚动，测试时母亲可取坐位抱着小儿，检查者离小儿约3米（2.5~3m），小球滚动的方向与儿童平行，即总是保持与儿童距离3米。

判定标准：儿童眼球可追随约0.95cm小球视力为0.25，儿童眼球可追随约0.62cm小球视力为0.3，均为正常。

（3）12~<24月（不满2周岁）：

方法：同样使用以上小球滚动法，如儿童注意力分散不配合。可使用以下方法：在母亲或医生手中放上直径为1mm的彩色小珠子，距离约为1尺，如患儿能从母亲或医生手中取出小珠子，则估计其视力在0.3以上。1mm的彩色小珠子儿童看不到，改为3mm直径的彩色小珠子。

判定标准：患儿可取出则估计其视力在0.2以上（0.2以上均为正常视力）。

（4）2~<3岁（不满3周岁）：

方法：使用儿童图形视力卡或在母亲手中取出小珠子法。

判定标准：使用儿童图形视力卡，以卡上标明的视力为准；使用从母亲手中取出小珠子的方法，见前所述。

（5）3~<7 岁（不满 7 周岁）：

方法：统一使用儿童图形视力卡。

具体操作及判定标准：A 检查距离为 2.5 米，均从 0.6 一行查起，上边 6 个图形中儿童能正确说出 4 个图形，视力为 0.3 或以上。视力不足 0.3 的儿童使用小孔镜，小孔镜视力在 0.3 或以上视为“正常”，小孔镜视力仍小于 0.3 的可能为视力残疾。B 小孔镜仍小于 0.3 的儿童都需再进行一次视力检查，在 2.5 米处使用儿童图形视力卡 0.1 中的 3 个图形，儿童能正确说出 2 个或以上图形的儿童视力大于或等于 0.05，可能为低视力，仅能正确说出 1 个或以下图形的儿童视力可能为盲。

（三）诊断方法及设备

1.诊断方法：对视力在 0.3 以下的儿童（双眼中好眼的矫正视力），由眼科医生通过外眼、内眼的详细检查，病因明确的可以在现场直接进行诊断，对于在现场不能明确诊断或需要进行屈光检查的儿童需待验光结果后，由专家进一步会诊再做出诊断。对于现场需散瞳的儿童，但因年龄小或无法配合则到指定的医院检查确诊。

2.诊断仪器设备：儿童图形视力卡、小孔镜、裂隙灯、眼底镜、散瞳药。

说明：原则上对可疑有问题的儿童都应该做屈光检查，但对于使用小孔镜后能决定为视力残疾的儿童，则不必要再验光。

二、听力残疾（PA）

(一)定义及分级标准

1.定义

听力残疾是指由于各种原因导致双耳不同程度的听力丧失，听不到或听不清周围环境声及言语声。

听力残疾包括：听力完全丧失及有残留听力但辨音不清，不能进行听说交往两类。

2.分级标准（见表 4-3-4）

表 4-3-4　我国听力残疾分级标准

耳聋级别	平均听力损失(dB HL)
一级聋	＞90(好耳)
二级聋	71～90(好耳)
一级重听	56～70(好耳)
二级重听	41～55(好耳)

（二）筛查方法及设备

不同年龄的儿童有不同的标准（见表4-3-5）。

表4-3-5 不同年龄儿童的听力筛查方法及工具

筛查对象	筛查方法	筛查工具
≤6月婴儿	客观听力筛查方法 行为测听筛查方法	便携式耳声发射仪 TK2000听觉评估仪
>6月～6岁儿童	行为测听筛查方法	TK2000听觉评估仪

筛查阳性的标准（行为测听）（见表4-3-6）。

表4-3-6 不同年龄儿童的筛查阳性标准及表现

年龄组	分贝	主要观察指标
0～3个月	75～85dB	如在听到声音半秒至一秒钟后不出现以下任何一种反射：眼睑反射、觉醒反射、闭目反射、惊跳反射(Mom反射)、呼吸反射、哭叫反射、吸吮反射等，则为筛查阳性。
4～12月	55～65dB	主要观察指标为是否有听觉反应，依不同月龄婴幼儿的发育指标来判断受试者听力是否正常。听觉行为反应主要表现为眼球向声源方向转动，寻找声源、表情变化（惊奇、哭、笑等）、动作变化、语言行为变化等。
1～2岁	45～55dB	主要观察指标是否有听觉反应（除强度外其它同上表内容）
3～6岁	35～45dB	主要观察指标为纯音听阈值，能拨珠子或举手示意为通过

（三）诊断方法及设备

1. 诊断对象：全部筛查阳性儿童或可疑障碍者（0～6岁）。

2.诊断方法：到指定的机构由专业医师使用客观测听法，根据我国耳聋评定标准确定听力损失级别。

3.诊断工具："听觉脑干诱发电位仪"及"诊断性听力计（配有视觉强化及游戏测听功能）"。

三、智力残疾（PM）

(一)定义及分级标准

1.定义：

智力残疾是指人的智力明显低于一般人的水平，并显示适应行为障碍。智力残疾包括：在智力发育期间，由于各种原因导致的智力低下；智力发育成熟以后，由于各种原因引起的智力损伤和老年期的智力明显衰退导致的痴呆。

2.分级标准

根据世界卫生组织(WHO)和美国智力低下协会(AAMD)的智力残疾的分级标准，根据本次测查选用工具(Gesell 发展诊断量表)，按其发育商数(DQ)及社会适应行为来划分智力残疾的等级（见表 4-3-7）。

表 4-3-7　智力分级标准

智力水平	分级	DQ(发育商)范围 MF	适应行为水平
重度	一级	<25	极重度缺陷
	二级	25～39	重度缺陷
中度	三级	40～54	中度缺陷
轻度	四级	55～75	轻度缺陷

（二）筛查方法及工具

1. 筛查对象：全部儿童（0～6 岁）

2. 筛查方法：丹佛发育筛选测验（DDST）

3. 筛查工具：DDST 测查工具箱及量表

4. 筛查阳性的标准：除结果为“正常”的外均归属于“阳性”，包括：可疑、异常、无法确定、拒绝等。

（三）诊断方法及工具

1. 诊断对象：全部筛查阳性儿童（0～6 岁）

2. 诊断方法：盖塞尔发展诊断量表（Gesell）

3. 诊断工具：Gesell 测查工具箱及量表

四、肢体残疾（PL）

（一）定义及分级标准

1.定义

儿童肢体残疾是指儿童的躯体因先天性畸形、肿瘤、感染、创伤等原因所致的畸形、残缺，从而引起躯体运动功能障碍。

儿童肢体残疾的疾病包括：

（1）大脑性瘫痪症：四肢瘫，三肢瘫，二肢瘫，单肢瘫，偏瘫；

（2）小儿麻痹后遗症：肌肉瘫痪，肢体畸形；

（3）脊柱脊髓疾病：脊柱侧弯，脊柱裂，脊膜膨出，脊髓肿瘤；

（4）脊柱脊髓损伤：截瘫；

（5）头颈部畸形：先天性肌性斜颈，脑积水，脑膜膨出；

(6) 先天性上肢畸形：束带畸形，单肢畸形，尺桡骨融合，手指缺如，赘生指；

(7) 先天性下肢畸形：束带畸形，双下肢不等长，胫骨假关节，马蹄内翻足，赘生趾；

(8) 膝内翻，膝外翻；

(9) 发育性髋关节脱位：全脱位，半脱位，髋关节发育不良；

(10) 侏儒症：又称“干骺端发育不良”；

(11) 骨与关节感染：脊柱结核，化脓性髋关节感染，类风湿性关节炎等；

(12) 神经肌肉疾病和损伤：新生儿臂丛神经麻痹综合症，重症肌肉无力，进行性肌肉发育不良；

(13) 后天截肢：肿瘤，创伤等原因。

2.分类

暂时存在型：是指肢体的疾病通过自身的发育可能自行矫正。例如先天性肌性斜颈可以在1岁以内自行矫正；新生儿及婴儿的膝内翻和膝外翻，随着站立和运动的发育，可以在4~10岁间自动获得矫正。

持续存在型：是指肢体的疾病依靠自身的生长发育不能矫正，需要依靠手术、康复才能得到恢复。先天性马蹄内翻足，需要手法扳正，石膏矫形或手术治疗。

3.分级

生活自理型：肢体残疾所导致的功能障碍，通过自身的代偿，可以完成日常生活活动所需要的功能。

需要帮助型：肢体残疾所导致的功能障碍，通过自身的代偿，仍然不能完成日常生活活动所需要的功能，而需要借助康复器具或者他人的帮助。

日常生活活动分为八项：翻身、端坐、站立、行走、穿衣、洗漱、进餐、入厕。

（二）筛查方法

小儿骨骼、神经、肌肉系统的发育是否正常，检查步骤应由浅入深、由简单到复杂，有时甚至需要小儿父母的密切合作才能比较全面的对小儿的发育做出全面的评估。

筛查原则：在询问后对小儿进行肢体的全面检查，可通过望、触、动、量四个方面进行检查，以发现小儿残疾。

具体步骤如下：

1.问：询问监护人受检儿有无肢体短缺、畸形、运动功能障碍、运动功能发育落后及小儿姿势异常等肢体残疾情况。

2.望：通过观察小儿全身肢体发育状况，皮肤的色泽改变，精神状况，对外界刺激的反应，有无肢体的残缺、长短粗细的不同就可以发现许多先天性的疾病或遗传疾病。

3.触：通过检查者对小儿全身及肢体的触摸可以发现或证实许多残疾或功能障碍。例如：难产、产伤造成的臂丛神经损伤，可有一侧上肢软瘫无力，肌张力低下，感觉障碍。而脑缺氧等因素造成脑瘫可有肌张力增高，协调功能障碍，关节活动异常等表现。

4.动：通过检查者对小儿各关节被动活动，如伸、屈、收、展、旋转，能发现许多先天畸形。如先天性髋脱位，先天性桡尺融合症，关节挛缩症，假关节骨不连及一些代谢疾病。

5.量：对肢体短缩，肢体不等长的患儿可进行肢体测量。

（三）诊断方法

凡筛查阳性者，应由专业骨科医师根据“诊断标准”进一步确诊。骨科医生可借助辅助检查方法检查进行最终的诊断。例如：用皮尺、量角器等一些简单的工具对孩子的头围、肢体、脊柱以及胸腹的对比测量可以对小儿畸形的严重程度做出进一步评估。必要时到医院进行普通X光、CT，MRI，肌电图等方法协助诊断。

五、精神残疾（PP)

(一)定义分级标准

1.概念：

精神残疾是指精神病人患病持续一年以上未痊愈，同时导致其对家庭、社会应尽职能出现一定程度的障碍。最常见的精神疾病在成年人是反复发作或慢性衰退的精神分裂症，而在儿童除智力障碍以外就是孤独症、瓦解性精神病、Rett’S综合征及癫痫所致的精神病等。

2. 诊断标准（儿童孤独症）—DSM-IV诊断标准

(1) 包括下述①②③中的六项以上，至少有二项是①中的，②③中至少各一项。

①社会交往有质的缺损，表现为至少下列之二：

a.非言语性交流行为的应用有显著缺损，如眼神交流、面部表情、躯体姿态、社交手势等。

b. 与相似年龄儿童缺乏应有的同伴关系。

c.缺乏自发地寻求与分享乐趣或成绩的机会，如不会显示、携带、或指出感兴趣的物品或对象。

d.缺乏社交或感情的相互关系。

②言语交流有质的缺损，表现为至少下列之一：

a.口语发育延迟或缺如，并不伴有以其他交流方式来代替或补偿的企图，如手势或姿态。

b.虽有足够的言语能力，但不能与他人开始或维持一段交谈。

c.刻板地重复一些言语或言语奇怪。

d. 缺乏各种自发的儿童假扮游戏或社交性游戏活动。

③重复刻板的、有限的行为、兴趣和活动，表现为至少下列之一：

a.沉湎于某一种或几种刻板的有限的兴趣，而其注意集中的程度却异乎寻常。

b.固执于某些特殊的没有实际价值的常规行为或仪式动作。

c.刻板重复的装相行为，如手指扑动或扭转、复杂的全身动作等。

d.持久地沉湎于物体的部件。

（2）功能异常或延迟，表现在至少下列之一，而且出现在3岁之前。

①社会交往。

②社交语言的应用。

③象征性或想象性游戏。

（3）并非Rett病或儿童期瓦解性精神障碍。

3. 孤独症分级标准：根据儿童孤独症评定量表（CARS）总分和单个项目得分划分（见表4-3-8）。

表4-3-8　孤独症分级标准

分级	儿童孤独症评定量表（CAR′S）总分
轻度	总分≥30，且<36
中度	总分≥36分，但评分≥3分的单个项目不到5项
重度	总分≥36分，且评分≥3分的单个项目至少有5项

（二）筛查方法及工具

1. 筛查对象：2～6岁儿童（即0岁组和1岁组儿童本次不进行精神残疾的筛查）。

2. 筛查方法：克氏儿童行为量表筛查。

3. 筛查工具：克氏儿童行为量表（见表4-3-9）。

4. 筛查阳性的标准：克氏量表总分≥7分为阳性，需进一步诊断。

（三）诊断方法及工具

表4-3-9　克氏儿童行为量表

行为表现	评定	
	是（1分）	否（0分）
1. 该儿童不易与别人混在一起玩。		
2. 听而不闻，好像聋子		
3. 教他学什么，强烈反抗，如拒绝模仿、说话或做动作		
4. 行动活动不顾危险		
5. 不能接受日常生活习惯的变化		
6. 常以手势表达需要，而很少讲话		
7. 经常莫名其妙地笑		
8. 不喜欢被人拥抱		
9. 不停地动，坐不住		
10. 经常不看对方的脸，避免视线的接触		
11. 过度偏爱某些物品		
12. 特别喜欢旋转的东西		
13. 反复又反复地做些怪异的动作或玩耍		
14. 对周围漠不关心		
总　　分		

说明：本表用于2～6岁儿童，由医师询问监护人后填写，填写前请详细说明各项内容。然后选择“是”或“否”一种情况“√”，总分≥7分者需进一步诊断。儿童编号需与调查底册及筛查表上的编号一致。

1. 诊断对象：全部筛查阳性儿童（2～6岁）。

2. 诊断方法

（1）临床诊断：详细收集病史并仔细观察儿童的行为表现；

（2）CAR’S量表评定诊断。

3.诊断工具：儿童孤独症评定量表（CAR’S）。

（1）使用说明：

儿童孤独症评定量表（CAR‘S），由评定者使用，包括15个项目。每一项都有附加说明，指出检查要点，让评定者有统一的观察重点与操作方法。

本表是按1、2、3、4四级标准评分。每级评分意义依次为“与年龄相当的行为表现”、“轻度异常”、“中度异常”、“严重异常”。每一级评分又有具体的描述性说明，以期使不同评分者之间尽可能一致。

本量表最高分为60分，总分低于30分则评为非孤独症；总分等于或高于36分，并且至少有5项的评分高于3分，为重度孤独症；总分等于或高于36分，但不足5项的评分高于3分，为中度孤独症；总分在30～36分之间，为轻度孤独症。

（2）评定内容

——人际关系

1分　与年龄相当：与年龄相符的害羞、自卫及表示不同意。

2分　轻度异常：缺乏一些眼光接触，不愿意、回避、过分害羞，对检查者反应有轻度缺陷。

3分　中度异常：回避人，要使劲打扰他才能得到反应。

4分　重度异常：强烈地回避，儿童对检查者很少反应，只有强烈地打扰，他才能产生反应。

——模仿（词和动作）

1分　与年龄相当：与年龄相符的模仿。

2分　轻度异常：大部分时间都模仿，有时激动，有时延缓。

3分　中度异常：在检查者极大的要求下才有时模仿。

4分　重度异常：很少用语言或运动模仿别人。

——情感反应

1分　与年龄相当：与年龄、情境相适应的情感反应（愉快、不愉快）和兴趣，通过面部表情姿势的变化来表达。

2分　轻度异常：对不同的情感刺激有些缺乏相应的反应，情感可能受限或过分。

3分　中度异常：不适当的情感示意，反应相当受限或过分，或往往与刺激无关。

4分　重度异常：极刻板的情感反应，对检查者坚持改变的情境很少产生适当的反应。

——躯体运动能力

1分　与年龄相当：与年龄相适应的利用和意识。

2分　轻度异常：躯体运动方面有点特殊（某些刻板运动、笨拙、缺乏协调性）。

3分　中度异常：有中度特殊的手势或身体姿势功能失调的征象，摇动旋转，手指摆动，脚尖行走。

4分　重度异常：如上所述的情况严重而广泛地发生。

——与生命物体的关系

1分　与年龄相当：适合年龄的兴趣运用和探索。

2分　轻度异常：轻度的对东西缺乏兴趣或不适当地使用物体，象婴儿一样咬东西，猛敲东西，或者迷恋于物体发出的吱吱叫声或不停地开灯、关灯。

3分　中度异常：对多数物体缺乏兴趣或表现有些特别，如重复转动某些物体，反复用指尖捏起东西，旋转轮子或对某部分着迷。

4分　重度异常：严重地对物体的不适当的兴趣、使用和探究，如上边发生的情况频繁发生，很难使其分心。

——对环境变化的适应

1分　与年龄相当：对环境改变产生与年龄相适应的反应。

2分　轻度异常：对环境改变出现某些反应，倾向维持某一物体活动或坚持相同的反应形式。

3分　中度异常：对环境改变出现烦躁、沮丧的征象，当干扰他时很难被吸引过来。

4分　重度异常：对改变产生严重的反应，假如坚持把环境的变化强加给他，该儿童可能逃跑。

——视觉反应

1分　与年龄相当：适合年龄的视觉反应，可与其他感觉系统反应整合。

2分　轻度异常：有时必须提醒儿童去注意物体，有时全神贯注于“镜像”，有时回避眼光接触，有时凝视空间，有时着迷于灯光。

3分　中度异常：经常要提醒正在做什么，喜欢观看光亮的物体，即使强迫他，也只有很少地的眼光接触，盯着看人或凝视空间。

4分　重度异常：对物体和人存在广泛严重的视觉回避，着迷于使用“余光”。

——听觉反应

1分　与年龄相当：适合年龄的听觉反应。

2分　轻度异常：对听觉刺激或某些特殊声音缺乏一些反应，反应可能延迟，有时必须重复声音刺激，有时对大的声音敏感或对此声音分心。

3分　中度异常：对听觉不构成反应，或必须重复数次声音刺激才能产生反应，或对某些声音敏感（如很容易受惊、捂上耳朵等）。

4分　重度异常：对声音全面回避，对声音类型不加注意或极度敏感。

——近处感觉反应

1分　与年龄相当：对产生适当强度的反应，正常触觉和嗅觉。

2分　轻度异常：对疼痛或轻度对碰撞、气味、味道等有点缺乏适当的反应，有时出现一些婴儿吸吮物体的动作。

3分　中度异常：对疼痛或意外伤害缺乏反应，比较集中于触觉、味觉和嗅觉。

4分　重度异常：过度的集中于触觉的探究感觉，而不是功能的作用（吸吮、舔或摩擦），完全忽视疼痛或过分地做出反应。

——焦虑反应

1分　与年龄相当：对情境产生与年龄相适应的反应，并且反应无延长。

2分　轻度异常：轻度焦虑反应。

3分　中度异常：中度焦虑反应。

4分　重度异常：严重的焦虑反应，儿童在会见的一段时间内可能不能坐下，或很害怕，或退缩。

—— 语言交流

1分　与年龄相当：适合年龄的语言。

2分　轻度异常：语言迟钝，多数语言有意义，但有一点模仿语言。

3分　中度异常：缺乏语言，或有意义的语言与不适当的语言相混淆（模仿言语或莫名其妙的话）。

4分　重度异常：严重的不正常言语，实质上缺乏可理解的语言。

—— 非语言交流

1分　与年龄相当：与年龄相符的非语言交流。

2分　轻度异常：非语言交流迟钝，交往仅为简单或含糊的反应，如指出或取出他想要的东西。

3分　中度异常：缺乏非语言交往，不会利用语言交往，或不会对非语言交往，或不会对非语言交往做出反应。

4分　重度异常：特别古怪的和不可理解的非语言交往。

—— 活动水平

1分　与年龄相当：正常的活动水平，不多动亦不少动。

2分　轻度异常：轻度的不安静，或有轻度活动缓慢，但一般可控制 。

3分　中度异常：活动相当多，并且控制控制其活动有困难，或者相当不活动或运动缓慢，检查者很频繁地控制或以极大努力才能得到反应。

4分　重度异常：极不正常的活动水平，要么是不停，要么是冷淡的，对任何事件很难有反应，差不多不断地需要大人控制。

—— 智力功能

1分　与年龄相当：智力功能正常，无迟钝的证据。

2分　轻度异常：轻度智力低下，技能低下表现在各个领域。

3分　中度异常：中度智力低下，其他的接近年龄水平。

4分　重度异常：智力功能严重障碍，某些技能表现明显迟钝，另外一些在年龄水平以上或不寻常。

—— 总的印象

1分　与年龄相当：不是孤独症。

2分　轻度异常：轻微的或轻度的孤独症。

3分　中度异常：孤独症的中度征象。

4分　重度异常：非常多的孤独症征象。

附录四

培训教材

第一部分　视力专业

一、视力残疾的概念和分级

1．定义：盲＋低视力＝视力残疾

2．视力残疾的分级：

（1）世界卫生组织制定的盲及低视力诊断标准（见表 4-3-1）

（2）我国盲及低视力标准 （1987 年）（见表 4-3-2）

（3）要点：

①盲及低视力均指双眼，且以视力较好眼为准。

②如仅有一眼为盲或低视力，而另一眼的视力达到 0.3 或以上，则不属于视力残疾。

③最佳矫正视力是指以适当镜片矫正后，所能达到的最好视力，或以针孔镜所测得的视力。

④特殊说明：本次视力筛查不作盲及低视力的等级的划分，仅对3岁及以上，视力在 0.3 以下，可疑有问题的儿童做出盲或低视力及病因学的诊断。

二、检查用具

儿童图形视力卡，小孔镜，黑布（2 米长，1 米宽），手电筒，彩色小珠子数个（约直径 1~3mm 大小），白色小球 2 个（约 0.95cm 或 0.62cm 直径大小），视 - 运动条带，米尺一条。

三、说明

1.对两岁以下儿童的视力测量目前仍无很好的方法，因为这个年龄小儿注意力很易分散，任何方式的视力测量都很难得到儿童的较好配合。虽然“小球滚动法”已被国外专家认可是评估小儿视力的一种较可靠的测试方法，但我们仍不能认为它能提供非常可靠的科学数据。这除了与儿童的能力有关，还与测试距离并不十分严格有关。

2.检查时必需结合儿童的眼部和全身的情况及病史是非常重要的。如，儿童伴有上睑下垂、眼球比正常的小，眼球频繁的摆动，眼球中央为白色混浊等，及有无先天性遗传性眼病家族史，或有无听力障碍或智力低下等。

3.本次不查视野。

小孔镜仍小于0.3的儿童都需再进行一次视力检查，在 1.25 米处使用儿童图形视力卡 0.2 中的四个图形，儿童能正确说出 3 个或以上图形的视力大于或等于

0.05，可能为低视力，仅能正确说出2个或以下图形的儿童视力可能为盲。

4．三岁以下儿童疑为有问题的只确诊为视力残疾（不需标明低视力或盲），3~6岁的儿童疑为有问题的要根据视力情况确诊为低视力或盲。

四、不同年龄儿童视力检查方法

（先双眼查，当发现一眼异常时再查单眼）

介绍小球滚动法：

小球滚动法亦称Stycar实验

使用6个白色小球，他们的直径分别代表的视力

1.9cm=E字表视力0.1

1.3cm= E字表视力0.16

0.95cm= E字表视力0.25

0.62cm= E字表视力0.3

0.42cm= E字表视力0.5

0.32cm= E字表视力0.6

1．0~<7个月：使用视-运动条带或手电筒（避免强光刺激）。

出现有眼球震颤或小儿眼能追光，有防御性眨眼反射为正常。

2．7~<12月（不满1周岁）：小球滚动法使用约0.95cm和0.62cm直径的小白球在黑色的布上滚动，测试时母亲可取坐为抱着小儿，检查者离小儿约3米（2.5~3m），小球滚动的方向与儿童平行，即总是保持与儿童距离3米。

儿童眼球可追随约0.95cm小球视力为0.25,儿童眼球可追随约0.62cm小球视力为0.3，均为正常。

3．12~<24月（不满2周岁）：同样使用以上小球滚动法，如儿童注意力分散不配合。可使用以下方法：在母亲或医生手中放上直径为1mm的彩色小珠子，距离约为1尺。如患儿能从母亲或医生手中取出小珠子，则估计其视力在0.3以上。1mm的彩色小珠子儿童看不到，改为3mm直径的彩色小珠子，患儿可取出则估计其视力在0.2以上（以上均为正常视力）

4．2~<3岁（不满3周岁）：使用儿童图形视力卡或在母亲手中取出小珠子法：

使用儿童图形视力卡，以其上标明的视力为准。

或使用从母亲手中取出小珠子的方法，见前所述。

5．3~<7岁（不满7周岁）：统一使用儿童图形视力卡。

检查距离为2.5米，均从0.6一行查起，上边6个图形中儿童能正确说出4个图形，视力为0.3或以上。视力不足0.3的儿童使用小孔镜，小孔镜视力在0.3或以上视为“正常”，小孔镜视力仍小于0.3的可能为视力残疾。

6．对确诊儿童盲或低视力及病因有困难时，可请有关专家会诊。

第二部分　听力专业

一、听力障碍医学基础知识

（一）正常婴幼儿听觉发育

通常情况下，新生儿在安静的环境中，对70～80dB SPL刺激声可能出现听性反射，如在比较吵的环境中，对80 － 90dB SPL强度的声音刺激才有可能出现听性反射。随着日龄或月龄的增长，听敏度逐渐增强，4 ～ 7月时就可以对50～60dB（SPL）的刺激声有反应，对1岁左右只要给40～50dB SPL的声响就可引起婴幼儿的听性反应。 2岁时幼儿听觉神经发育基本接近成年人。

新生儿至四个月以内婴儿对适当音量的声音突然刺激,主要表现以闭眼(眼睑反射)或全身抖动(Moro反射)；也有部分婴儿在睡眠觉状态下，突然受到声音刺激，睁开双眼(觉醒反射)；或表现为一时性深呼吸(呼吸反射)，还可出现吸吮反射、哭叫反射等。这些反射均属于大脑皮层下中枢控制的非条件反射，因而反射是无意识的，反射区较为广泛。随着大脑的发育，皮层抑制作用增强，此种听觉反射逐渐消失。四个月以上的婴幼儿对声音主要表现为听觉反应。

（二）听力语言障碍：

人类靠五官的多种感觉来感知了解客观世界，其中听觉最具有特色，人类靠听觉感知和分辨自然界各种声音，包括自然界环境声和音乐声。靠听觉学习建立语言系统，靠语言进行社会交往和传授知识。“耳聪目明”表明了听觉是人类智慧的源泉之一。

1.听力和听觉

严格地说，听力和听觉是两个不同的概念，听力是指人耳对声音的收集、感知的能力。而听觉或称为听觉能力是指到的声音，进行理解、记忆、选择听取后形成听觉概念的综合能力。听力是先天具有的，是靠正常的听觉器官外耳、中耳、内耳来完成的，没有听力就不能习得获得听觉能力。听的越好听到的声音信息就越多，听觉能力的发育应当越快，相反，听力差，收集到的声音信息少，失真，特别是不能达到听清言语的水平。语言能力也会受到严重影响，常说“十聋九哑”就是这个道理。

物体振动引起周围空气振动而产生声波，经过外耳、中耳的收集、传导、放大传至内耳听神经末梢感受器，转换为生物电信号，并经过听神经及听觉传导路至大脑的听觉中枢进行分析和综合处理，最后形成声音的概念，这就是听觉的全过程。

2.听力损失和言语

听力损失也称耳聋。临床上以25分贝以上的听力损失为诊断界限，不同的听力损失会产生不同的听觉困难，到了一定程度会影响语言的发育或语言交往。26~40分贝听力损失为轻度聋，会稍感听声音困难。41~55分贝听力损失为中度聋（二级重听）会轻度听声音困难。56—70分贝听力损失为中重度聋（一级重听）会有明显的听言语声困难。71—90分贝听力损失为严重聋，会有严重听声困难和明显的言语障碍。

3.常见耳聋分类与原因

耳聋的分类方法很多，依据病变的性质，可分为器质性耳聋和功能性耳聋，前者有听觉系统的器质性病变，后者没有，依据病变损害部位可分为传导性聋和感音神经性耳聋，后者又可分为耳蜗性聋。神经性耳聋和中枢性耳聋，依据发病的时间又可分为先天性耳聋和后天性耳聋。引起耳聋的原因主要有遗传因素、感染和疾病因素、药物中毒因素三类：

为了简明下面以人耳聋发生时间加以说明：

（1）产前致聋原因：产前即小儿出生之前。这一时期，特别是妊娠的前十二周，是胎儿听觉器官发育的关键时期，对外界的不良刺激特别敏感，许多先天性聋，就产生于这一时期。其致聋的主要因素有以下几个方面：

①遗传性因素：据有关资料统计，遗传性聋患者占所有的耳聋病人的50%。但由于遗传方式比较复杂，有的表现为垂直传递，有的表现为水平传递；有的是连续发病，有的是隔代遗传；有的父母听力正常，但子女听力障碍，也有的父母耳聋，子女听力正常，因此遗传性聋的准确判断往往比较困难，有时会被其他症状所掩盖。此时家族史的追踪就显得十分重要。遗传因素所致的耳聋可以是听觉器官的结构异常，也可以是功能异常，既有传导性聋，也有感觉神经性聋。

②感染性因素：母亲怀孕期间，感染了某些病源微生物，如风疹病毒、麻疹病毒、单纯疱疹病毒、带状疱疹病毒、巨细胞病毒、流感杆菌、梅毒螺旋体等均可导致胎儿听觉器官的发育异常。其中侵袭力最强的是风疹病毒，有人统计，在妊娠的前三个月内，母体感染了风疹，新生儿出现耳聋的概率可达60%。

③医源性因素：由于孕妇使用了某些药物或接受了某些医学检查而导致了胎儿的听觉器官的损伤，从而引起听觉障碍。因为有些耳毒性药物例如链霉素、庆大霉素、卡那霉素、奎宁、水杨酸盐、抗肿瘤药等可以透过胎盘屏障进入胎儿体内，影响听觉器官的发育。另外放射线和同位素检查也可导致胎儿的器官发育异常，在妊娠期间应尽量避免接触。

④全身性因素：在妊娠期间，如果患有糖尿病、慢性肾炎、高血压、严重的贫血、甲状腺功能低下、CO 中毒、酒精中毒以及有重大精神创伤、严重营养不良等也可能造成胎儿听力障碍。

(2) 产期致聋：在胎儿娩出的过程中和娩出的刹那间，生活环境发生了剧烈的变化。这期间，有许多环节处理不党容易导致听力障碍。

①乏氧：因为发生学上的原因，人的内耳毛细胞对氧的依赖性极大，在供氧不足时，首先受到影响的是听觉器官，所以产程长短、催产药物的使用、羊水中有无胎粪、生后有无脐带绕颈、皮肤有无青紫、多长时间会哭叫等出生时的细节应被充分注意到。

②产伤：胎儿出生时不顺利，被迫使用了引产器械，如胎头吸引器、产钳等，或手法引产过于粗暴，也可损伤听觉器官或听觉中枢，导致耳聋。

③早产及低体重：妊娠不足37周产出的新生儿，称早产儿。早产儿容易出现听力障碍，已为大量的临床资料所证明，其原因不仅仅是因为器官发育不够完善，更重要的是早产儿对环境的适应能力差，更容易发生疾病造成的。另外，无论是否早产，只要出生时体重不足2500g，则称为低体重儿，体重不足1500g，则称为极低体重儿，低体重儿特别是极低体重儿更容易出现听力障碍，应引起充分注意。

④高胆红素血症：正常新生儿出生后2～3天，开始出现黄疸，10-14天后消退，称为生理性黄疸。如果黄疸出现过早或消退过晚成为病理性黄疸，是由于血液中的胆红素浓度过高造成的。这种病理状态如不及时纠正，会出现神经系统的损伤，如累及听觉神经，则可导致感觉神经性耳聋。

(3) 产后致聋的原因

出生后，机体直接面对复杂的环境，接触有害刺激的机会也相应增加，造成耳聋的原因也更加复杂。

①遗传性因素：遗传性聋并不一定都表现为先天性聋，有一部分遗传性聋出生后听力是正常的，只有到了一定的年龄才表现出耳聋的特征。例如家族性进行性感觉神经性感觉神经性聋，是一种常染色体显性遗传病，患儿出生后听力并无障碍，到了10岁左右，才开始出现症状，且逐年加重。耳硬化也是后天发病的遗传性聋的典型病例。

②感染性因素：经典的感染致聋的概念是指由传染病引起的耳聋。虽然近年来，随着医疗条件的改善，感染性聋的发病率已有大幅度下降。但是这种耳聋的程度一般都比较重，且难以治疗，仍应引起高度重视。常见的致聋性疾病有：流脑、流感、风疹、麻疹、带状疱疹、伤寒、斑疹伤寒、猩红热、白喉、流行性腮腺炎、病毒性肝炎、病毒性肺炎、脊髓灰质炎、梅毒、布鲁杆菌病、疟疾等。

③药物性因素：由于我国尚未制定禁止和限制使用耳毒性药物的法律法规，目前这类药物的使用十分普遍和随意，有些地区甚至达到了滥用的程度。特别是近年来，一些新的耳毒性药物相继问世，人们对它们的耳毒危害性估计不足，使得药物中毒性聋的发病率呈现上升趋势，这应引起有关部门的高度重视。现在临床上仍在使用的耳毒性药物有以下种类：

a.氨基糖甙类抗生素：链霉素、庆大霉素、卡那霉素、小诺霉素、新霉素、拖布霉素、洁霉素等。

b.非氨基糖甙类抗生素：氯霉素、紫霉素、红霉素、万古霉素、卷曲霉素、春雷霉素、里杜霉素、巴龙霉素、尼泰霉素、多粘菌素B等。

c.水杨酸盐：阿司匹林、非那西汀、APC、保泰松等。

d.利尿剂：速尿、利尿酸、贡撒利等。

e.抗肿瘤药：顺铂、氮芥、博来霉素、氨甲嘌呤等。

f.中药：乌头碱、重金属盐（贡、铅、砷等）。

g.其他：奎宁、氯奎、心得安、肼苯达嗪、胰岛素、碘酒、洗必泰等，上述药物应尽量避免使用，必须使用时，一定要在用前仔细询问家族史，以排除家族特异性；使用时要严格掌握剂量和方法，使用中要严密注意不良反应并定期测查听力，一旦出现耳鸣、耳聋、面部蚁行感时，应立即停药，并采取相应治疗措施。

（4）自身免疫缺陷性因素：这是近年来引起人们注意的一种感觉神经性聋。过去人们一直认为内耳与机体大环境之间有一生物屏障，不受自身变态反应的影响，属于免疫“豁免”器官。但随着基础和临床医学研究的进展，人们发现内耳同样受累于免疫缺陷因素。后来人们通过动物实验发现了附着在内耳组织中的抗原体复合物，从而证实了自身免疫性内耳病的存在。这种耳聋的主要特点是耳聋同时伴有风湿热、肾小球肾炎、扁桃体炎等变态反应性疾病，并出现明显的听力波动。免疫抑制剂治疗有效，实验室检查有助于诊断。

（5）变态反应性因素：主要是呼吸道和中耳粘膜的病理性改变，由于上述部位粘膜的水肿，致使咽鼓管狭窄阻塞，排泄不畅，中耳粘膜渗出增加。如病变未能及时去除，中耳腔内渗出液成分发生变化，终成粘膜，导致粘连性中耳炎发生。早期表现为传导性聋，后期也可出现混合性听力障碍。这种病变多见于儿童，因此对语言发育的影响较大，应给予充分注意。

（6）爆震和噪声：突然出现的高强度音响刺激以及长期暴露于噪声环境均可造成内耳毛细胞的伤害，导致暂时或永久性听力下降。

除此之外，头颅外伤、肿瘤、脑出血等也可引起耳聋的发生。

二、听力残疾筛查和诊断方法

（一）定义及分级标准

1. 听力残疾的定义

听力残疾是指由于各种原因导致双耳不同程度的听力丧失，听不到或听不清周围环境声及言语声。

听力残疾包括：听力完全丧失及有残留听力但辨音不清，不能进行听说交往两类。

2. 我国耳聋标准（见表 4-3-4）

（二）筛查方法及设备

1.原则

本次筛查对象为0—6岁儿童，对于0－6个月儿童主要使用耳声发射法测听。6个月以上儿童主要采用行为测听法。在筛查过程中除考虑不同年龄儿童听觉发育程度不同外，还要考虑到检查环境受噪声影响的因素(一般为≤45dB(A))。

2.具体检查方法及阳性标准：

(1) 便携式耳声发射仪：

① 瞬态诱发性耳声发射的技术标准（TEOAEs）

a. 刺激信号物理特性：

刺激声：短声（click）

脉宽：80 μS

给声速率：50次/秒或80次/秒

给声构型：三个等幅的正相波，其后连接一个三倍于前者波幅的负相波

刺激强度：79-84 dB pe SPL

扫描时间：12.5ms

信号延迟：2.5ms

信号叠加：50-260次

b.测试环境和时机：测试应在安静的房间内进行，环境噪声40-50dB(A)。新生儿生后24-48小时（或更长时间后），选择新生儿安静或睡眠状态下进行。

c.瞬态诱发性耳声发射（TEOAEs）的通过标准：取0.8、1.6、2.4、3. 2、4. 0kHz五个频率的信噪比进行分析，通过标准如下：

两套缓冲存储器中的信号再生率（reproduciblity）≥50%;

总反应能量（response）≥5dB SPL

三个以上分析频率的信噪比≥ 3dB\

②畸变产物耳声发射（DPOAEs）

a.刺激信号物理特性：频率比为f2/f1=1.22(其中f2取1.0、1.3、1.6、2.0、2.5、3.1、4.0及5.0kHz8个测试频率点)，刺激声强度为L1较L2高出10～15dB SPL,（建议采用L1=65dB SPL,L2=55dB SPL,或L1=65dB SPL,L2=50dB SPL）

b.检出标准：

f2=2.0kHz测试频率的信噪比(SNR)≥ 3dB；

f2=1.0、1.3、1.6kHz的三个测试频率中，2个以上的SNR ≥ 3dB

f2=3.1、4.0、5.0kHz的三个测试频率中，2个以上的SNR ≥ 3dB

（2）便携式听觉评估仪

【技术指标】

①声音种类：纯音、啭音、窄带噪音和滤波复合音

②频响范围：0.5、1.0、2.0、3.0、4.0 KHz

③声音强度：

a.插入耳机：25-110 dB HL

b.扬声器： 20-90 dB SPL

【测听环境】

在测听室或安静房间，本底噪声≤ 45 dB(A)。

【测听方法】

①测试方式选择：选择插入式耳机给声可选用纯音能分别测出左耳和右耳的听力；选择扬声器给声可选择啭音、窄带噪音或滤波复合音，测听结果表示好耳听力。

②测试体位：三个月以内的新生儿平卧于小床上，让其肢体放松。三个月以上受试儿置于舒适位或坐在妈妈腿上或站立抱起均可。将听觉评估仪置于测试耳规定测试距离，例如使用TK2000听觉评估仪应距耳10-15CM成90° 与耳水平位置。

③给声强度：能引出新生儿及婴幼儿听觉反应的测试音强度可依据受试儿的月龄不同而异。

a.0～3个月婴儿：主要观察听性反射，当小儿静卧，处于安静或处于浅睡眠状态时，测试者在规定距离（距耳呈90度角，约10-15CM），可选择1或2 kHz窄带噪音或啭音作为测试音，通过扬声器给75-85dB声强刺激，如能听到声音半

秒至一秒钟后出现眼睑反射、觉醒反射、闭目反射、惊跳反射(Mom反射)、呼吸反射、哭叫反射、吸允反射等，有一种反射即可通过筛查。

b.4～12月婴儿：主要观察指标为听觉反应，依不同月龄婴幼儿的发育指标来判断受试者听力是否正常。听觉行为反应主要表现为眼球向声源方向转动，寻找声源、表情变化（惊奇、哭、笑等）、动作变化、语言行为变化等。测试一般由两人配合完成，一人为主试者，另一人为测试者。主试者在受试者的正前方，观察受试者的听觉行为反应，同时利用玩具控制其注意力。测试者使用TK2000听觉评估仪与主试者要密切配合，如用扬声器给声，选择中频、高频滤波复合音（蛙鸣鸟鸣音）或1 kHz、4 kHz（中频或高频）窄带噪音或啭音进行测试，抓住幼儿在玩的过程中注意力不十分集中的情况下，在评估仪距测试耳规定位置，通过扬声器给55-65dB声强刺激，主试者可依其有无听觉反应及时做出判断。有一个频率出现听觉反应为通过。

c.1～2岁幼儿（1岁组和2岁组）：主要观察指标仍为听觉反应，测试方法与②相同。在被试儿童注意力不十分集中的情况下，在评估仪距测试耳规定位置，选择1000、2000、4000 Hz窄带噪音或啭音进行测试，或选择中频、高频滤波复合音测试。通过扬声器给45-55dB声强刺激，主试者可依椐有无听觉反应及时做出判断。三个频率均有听觉反应为通过。

d.3～6岁儿童（3、4、5、6岁组）：主要观察指标为纯音听阈值，爱游戏是幼儿的天性，幼儿随着年龄的增长，对一般的方法已不感兴趣，只有设计一些幼儿喜欢的游戏测听法，才能获得较为准确的测听结果。在与幼儿游戏过程中，完成测听的方法，称为游戏测听法，如听声移物等。给被试儿一侧耳戴好插入式耳机，在被试儿面前放置一串算盘珠式的玩具，或一盘塑料小球，示意让被试儿听到声音拨动一个珠子或拣出一个小球，分别测出受试儿两耳1000、2000、4000 Hz的纯音听阈值。每个频率35-45dB都能听到即通过测试。对易配合的儿童也可让其听声举手示意，能提高测试速度。

（三）诊断方法及设备

1.原则

对于不同年龄段筛查阳性或可疑障碍者应按照筛查医师的指导到指定的机构由专业医师使用“听觉脑干诱发电位仪”和诊断性听力计进行诊断。根据我国耳聋评定标准确定听力损失级别。

2.具体检查方法及阳性标准

（1）听觉脑干诱发电位测试(ABR)：

【操作规程】

① 先打开不间断稳压电源，待电源稳定后，开机试机检查机器工作情况。

② 患儿刚入睡时（前）进行脱酯（要一次脱干净，以免操作时极间电阻过大，而再脱酯时将患儿弄醒无法继续操作。），这样可观察患儿入睡情况。待患儿熟睡后开始测试操作。

③贴放电极：贴放电极时要注意准确到位和稳固，避免电极线交叉。

④配戴耳机：将耳机模片中心对准外耳道中心后收紧头带，避免漏声，且注意左右耳标志，不要戴错。

⑤ 开始测试：先从80dBnHL开始，无反应，逐渐增加到90或100dBnHL，一直到得出可靠的可重复结果。有反应，根据波形逐渐递减5-20dBnHL，一直到得出可靠的可重复的V波阈值为止。

【注意事项】

①受试小儿应给予镇静药物，待达到全身肌肉充分松弛后开始测试。②试参数要求同一实验室的测试参量应保持统一，根据需要建立自己的参考数据系统。③测试保证在安静的隔声室进行，室内背景噪声应小于30dB(A)。④测试设备要定期校准。注意听觉脑干诱发电位测试参量与其他临床测试参量的相关性和一致性。⑤在记录方面应注意电极放置是测试的重要环节。应使用95%的酒精进行脱脂。采用性能优良的导电膏，电极安放要牢固，极间阻抗一定要≤ 5K Ω。

【结果判定】

ABR阈值是以能分辨出V波的最低刺激强度作为ABR的反应阈值，正常值阈值为≤ 30dB nHL。

（2）用诊断听力计纯音测听：

【视觉强化测听法，VRA】

视觉强化测听是通过对幼儿声光刺激建立条件反射后，以视觉刺激物作为强化手段，观察幼儿对声音反应的一种听力测试方法。本方法适用于6月-3岁幼儿。

①测试准备

a.测听室：本底噪声≤ 30 dB(A)。墙壁及室内布置简洁明快，灯光强度略低，温度适宜，具有舒适感。建立标准声场。

b.测听设备：配套声场装置的纯音听力计及玩具灯箱。

c.建立声场：

* 45度角声场建立方法（听力级水平，HL）：首先将声级计放置参考测试点

(被试者的位置)，参考测试点与两扬声器同高并分别与左右扬声器成45度角。第二步将听力计调至声场校准位置，第三步依据规定校准参考值逐频校准，最后将校准值存储于听力计中完成。

表 4-2-1　声场校准参数（45 度角，听力级水平，dB HL）

KHz / dB	0.25	0.5	1	2	3	4
听力计读数	70	70	70	70	70	70
声级计读数	90	78	74	74	67	65.5

* 90度角声场建立方法（声压级水平，SPL）：首先将声级计放置参考测试点(被试者的位置)，参考测试点与两扬声器同高并分别与左右扬声器成90度角。第二步将听力计调至声场校准位置，第三步依据规定校准参考值逐频校准，最后将校准值存储于听力计中完成。

表 4-2-2　声场校准参数（90 度角，声压级水平，dB SPL）

KHz / dB	0.25	0.5	1	2	3	4
听力计读数	70	70	70	70	70	70
声级计读数	70	70	70	70	70	70

d.测试音选择：用扬声器给声可选啭音或窄带噪音；用耳机及骨导振子给声可选纯音。

e.测试人员要求：一般由主试者和测试者两名专业人员配合完成。

* 主试者：亦称诱导观察者，主要负责观察判断被试小儿的听力水平，在每次听觉反应结束后及时诱导小儿的注意力以便完成下一频率级别的测试，努力让受使者保持兴趣并依测试约定适时与测试者勾通。

* 测试者：负责给出刺激声，协助主试者观察小儿的听觉反应，一旦确定小儿有听觉反应后及时显示灯光和玩具进行视觉强化，记录测试结果。

②建立条件反射

视听条件反射的建立首先要求阈上20dB的刺激声和玩具灯光配对给出，使小儿得到声光的同时刺激。如此反复3-4次后，先给声音刺激，如小儿能主动寻找声源，测试者及时给玩具灯光强化，说明小儿的条件反射建立成功。

③正式测试

a.选择给声方式：可依小儿的配合程度及需要选择扬声器、耳机或骨导振子给声。通过扬声器给声测听结果只代表好耳听力；通过耳机给声可分别测出右耳和左耳听力；通过骨导振子给声可测出骨导听力。

b.测试方法：小儿坐在测试参考点位置上，年龄偏小或不易配合的小儿也可由家长抱坐于测试参考点位置上。主试者首先与小儿交流，使小儿精神放松、安静，注意力相对集中。在建立视听条件反射的基础上，测试者以能引起条件反射的刺激强度给声，当小儿转头或主试者指示小儿眼神表现出听觉反应时，及时进行视觉强化，以听到了减10 dB，听不到加5 dB的方法依次测出1000 Hz、2000 Hz、4000 Hz、1000 Hz、500 Hz、250 Hz的气导听阈值，或依次测出1000Hz、2000Hz 、4000Hz、500Hz、250Hz的骨导听阈值。

④结果判定: 用实际测得的小儿的反应阈值减20 dB为被试小儿的参考听阈值。

【游戏测听法, PA】

爱游戏是幼儿的天性，游戏测听是通过观察受试儿听声做游戏的方式，判断其听力水平的一种方法。游戏测听适用于3-6岁儿童。游戏的设计要简单有趣。

①测试的准备：与选择给声方式视觉强化相同，测听方法所不同的是以受试儿听到声音后自己动手做游戏的方式代替用灯光视觉强化的方式，例如当听到刺激音后自己按灯光玩具启动按钮或听到刺激音后穿珠子、插积木等游戏表示已听到声音了。

因为随着小儿年龄的增长，测听配合程度高，如受试儿已会听小声，测听结果可视为听阈值。

②结果判定：对于3个月以内的新生儿主要观察指标为听性反射。如突然听到声音表现为惊跳反射、闭目反射等，出现一种反射即可确认。对于3个月以上的婴幼儿主要观察指标为听觉反应，如听到声音延伸及面部表情的变化或表现为转头寻找声源即可确认。依次测出1000 Hz、2000 Hz、4000 Hz、1000 Hz、500 Hz、250 Hz的气导听阈值，或依次测出1000Hz、2000Hz 、4000Hz、500Hz、250 Hz的骨导听阈值。依据我国耳聋标准进行耳聋分级。

第三部分　智力专业

一、前言

智力残疾包括智力损伤发生在发育时期的智力低下和智力损伤发生在成人时期的痴呆。智力低下也称为智力落后、精神发育不全。智力低下是小儿神经疾病最常见症状，也是危害儿童健康最严重残疾之一。残疾是人类社会特殊的群体，而智力残疾是这个群体中最困难的群体。智力低下患病率约为1-2%。智力低下在学龄前期主要表现发育迟缓（中、重度），学龄期主要表现学业成绩差（轻度）。智力低下的诊断依赖心理测验和行为评定。智力低下的病因是由多方面因素引起的，预防工作也应从多方面入手。智力低下的康复应强调早期干预，干预越早越好。

二、智力低下的定义、分级

关于智力低下定义，是多种多样的，最早而直观智力低下描述是由杜尔（Doll）提出的，他认为智力低下有以下特征："社会无能、智力低常、发生在在发育时期、成熟以后定型、起源于身体原因、无法医治"。随着社会的进步，科学技术的发展，智力低下的定义越来越全面，统一，越来越被国际所公认。

直到20世纪后半期，较为全面的智力低下的定义是1973年美国智力低下协会（American Association on Mental Deficiency-AAMD）提出的，智力低下是指"在发育时期内，一般智力功能明显低于同龄水平，同时伴有适应行为的缺陷"。1977年又修订为三项标准：（1）智力明显低于平均水平，即智商（IQ）低于人群均值2个标准差。一般的说，IQ在70（或75）以下；（2）适应行为缺陷（Adaptive Behavior Deficiency-ABD）主要是指个人生活和履行社会职责有明显的缺陷；（3）表现在发育年龄，一般指18岁以下。世界卫生组织的国际疾病分类ICD-10（1993）和美国精神病学会的《精神病诊断和统计手册》（DSM，1994）中提出的智力低下的定义也与上述相似。1985年世界卫生组织（World Health Organization-WHO）在马尼拉召开了国际智力低下学术会议，在智力低下，"迎接挑战"一文中又对智力低下的定义作了进一步的说明："智力低下这个术语包括两个基本组成部分，第一，智力功能明显低于一般水平；第二，对社会环境日常要求的适应能力有明显的损害"。这就是目前各国公认而广泛应用智力低下的定义："智力功能明显低于一般水平和对社会环境日常要求的适应能力有明显的损害同时存在，而且发生在发育时期",也就是智力低下诊断的双重标准。

近年来，有些作者主张采用AAMD再次修订的智力低下定义（Lucksson，

1992)。这个新定义强调个体与社会环境之间的相互作用，重视个体在社会总的活动和行使职责的能力，而以往的定义只强调个体的特征及其功能障碍的程度。新定义和分型更注重对智力低下的服务系统按照个体的需要分为4级：①对服务系统间断的需要；②有限度的需要；③广泛的需要；④全面的需要。新定义还认为："适应社会能力"一词的涵义不够确切，应有具体的标准。认为适应行为是指个体与社会职能的满意程度，主要表现在10个方面：即语言发育、人际交往、生活自理、家居情况、社会交往技巧、社区参与、自律能力、保证健康和安全的能力、学业水平、就业（工作）情况。在以上10项适应行为中，至少有2项缺陷才认为有适应行为能力的缺陷。智力低下的服务系统是很复杂的工作，需要多学科的共同努力，关心患儿生活的各个方面如：教育、社会活动、体育和娱乐活动、行为治疗、心理治疗、遗传咨询、医疗服务和经济支持等。有了积极的服务和持续支持，智力低下儿童的生活能力才会有所进步，才会被社会所接受。其中轻度智力低下儿童将完全融入社会的主流，能与其他人一样享有相同的寿命。

1987年我国也参照以上的定义制定了残疾的标准，智力残疾的定义是指人智力明显低于一般人的水平，并显示出适应行为的障碍。包括在智力发育期间（18岁之前），由于各种有害因素导致的精神发育不全或智力迟缓；智力发育成熟以后，由于各种有害因素导致的智力损害或老年期的智力明显衰退。

智力低下的定义主要由两方面决定的，而智力低下的分级也要根据这两方面来划分。我们参照世界卫生组织和美国智力低下协会有关智力低下分级标准（见表4-3-1,表4-3-2），按其智力商数(Intelligence Quotient-IQ)及适应行为(Adaptive Behavior-AB)，将智力低下分为四个等级，即轻度、中度、重度、极重度。有时为了方便，将中度、重度、极重度统称为重度，一般认为轻度智力低下是可教育的，而中度智力低下是可训练的，重度和极重度终生需要监护。

三、智力低下流行病学

流行病学是研究人类疾病及其他卫生问题在人群的分布及其影响因素，制定预防和控制疾病及卫生问题的对策，评价预防对策或措施效果的一门科学。利用流行病学的方法研究智力低下在人群中的分布及其特征就是智力低下流行病学，其目的是通过对智力低下患病率及其影响因素的研究，了解智力低下在人群中现患情况及影响因素，为政府有关部门制定智力低下预防措施提供科学依据。智力低下患病率是研究智力低下流行强度的重要指标，无论是时点或是期间患病率，都表示智力低下在人群中存在和流行的频度。从各国智力低下患病率研究结果来看，患病率差别很大，主要受智力低下定义、研究方法、人群特征（性别、年龄、

表 4-3-1 智力低下的分级标准

美国临床分类 American Clinical Classification	教育分类 Educational Classification	AAMD 智力水平	IQ* 范围	智力年龄成年以后（岁）	AAMD 适应行为水平
边 缘 (Borderline retardation)	学习低下 (Slow Learner)	边 缘	69~84	13	
朦 胧	可教育的	轻 度	52~68	8~12	轻 度
(Moron) 愚 笨	(Educable) 可训练的	(mild) 中 度	36~51	3~7	中 度
(Imbecile) 白 痴	(Trainable) 全 护	(moderate) 重 度	20~35	0~3	重 度
(Idiot)	(Life Support)	(Severe) 极重度 (Profound)		<19	极重度

* 斯坦福－比奈智力量表

表 4-3-2 智力行为的分级标准

程度	学前(0～5 岁)	学龄(6～20 岁)	成人(21 岁及以上)
轻度（能教育）	能发展社会和往技能，在感觉运动方面有轻微的迟滞；不到更大一些年龄时，很难与正常儿童区别。	能接收六年级学校教育，可在指导下适应社会生活。	有通常的社会和职业的技能，以达到低等的自给，但如果处于非常的社会和经济压力时，需要有指导。
中度（能训练）	能谈话或学会交往，在自理能力上因训练有所改进，能用中等监护来管理。	在社会上和职业技能上，因训练而有所改进，不能超过 2 年级的教育水平；在熟练环境中可独自行走。	在保护的情况下可从事一点非技术性的或半技术的社会工作，在有社会或经济压力时，需要有监护或指导。
重度	运动能力发展得不好；可讲一些话，通常不能在自理上因训练有所改进；很少或没有交往技能。	能谈话或学习交往，能学会基本的卫生习惯；在系统的训练下有所改善。	在完全的监护下，生活半自理，在被控制的环境里，可发展自我保护技能。
极重度	全面迟滞；感觉运动方面对功能是很差的；要人护理。	某些方面可能得到一点发展；对在自理上的训练，可能有一点点反应。	有些运动和言语有发展，在自我照顾上可能有非常有限的改进，要人护理。

种族等)、地区特征（经济、文化、科学发展水平、自然环境及疾病流行情况）等。1988年我国开展了全国儿童智力低下流行学调查,这是一次有关智力低下儿童现状的抽样调查，调查结果：全国智力低下总患病率为1.2%（城市人口按30%；农村人口按70%加全），城市为0.70%，农村为1.41%。1996-1997年中瑞0-6岁智力残疾预防与康复合作项目，智力低下的患病率为1.1%。2001年全国0-6岁残疾儿童抽样调查，五种残疾总患病率为1.36%（未加全），其中智力低下的患病率为0.93%、肢体残疾0.42%、听力残疾0.15%、视力残疾0.11%、精神残疾0.10%。

四、智力残疾的诊断

智力低下的诊断是一个非常严肃而复杂的工作,不是一两次智力测验的问题,而首先要明确诊断的目的，是发育问题，还是学习困难，还是其他医学问题。从收集有关医学、心理行为、教育及社会等资料开始，而后由专用人员进行智力和适应行为测验，必要时，还要进行听力、视力、语言能力、运动能力、神经系统机能、人格测验，最后对智力低下作出客观而公正的结论，是否是智力低下，如果是，其智力低下的程度、病因如何，都要搞清楚，以便制定具体教育和训练方案，对智力低下儿童进行长期指导。

基于AAMD（1977年）智力低下的定义，智力低下的诊断标准应有三条，缺一不可：(1）智力明显低于平均水平，即智商（IQ）低于人群均值2个标准差。一般的说，IQ在70（或75）以下；(2）适应行为缺陷（Adaptive Behavior Deficiency-ABD）主要是指个人生活和履行社会职责有明显的缺陷；(3）表现在发育年龄，一般指18岁以下。在智力低下临床诊断中，除了严格执行智力低下诊断三条标准外，还要注意以下几个问题：(1）关于心理测验IQ切值70或75有两种含义，其一，70或75可以表示智力低下诊断的两种标准；其二，70或75也可以表示不同种类的心理测验的切值,如常用的心理测验斯坦福－比奈智力量表测验的IQ切值为68；韦克斯勒儿童智力量表测验IQ切值为70；盖塞尔智能量表测验的DQ切值为75等。(2）对每一种心理测验还要了解该测验的误差，只有这样，才能对心理测验做到较客观评价，例如韦克斯勒儿童智力量表的切值为70；误差为+/-3，如果一个儿童测验结果IQ=71，这个儿童真实的IQ的范围为68～74，这个儿童心理测验结果IQ值可能在切值70以下，也可能在70以上，这就需要结合适应行为评定及其他方面有关信息进行综合评估。智力低下的诊断步骤：(1）确立诊断；(2）寻找病因：①详细收集病史-了解伴发缺陷脑瘫（14%）、癫痫（20%）、视和/或听觉障碍（轻度-24%；重度-55%）、语言/言语缺陷、学习困难、交往障碍、注意力缺陷多动综合征、孤独症等；了解病程进展情况，进展性常见遗传代谢性疾病，而非进展性常见多种脑损害后遗症。②神经系统检查发现智力低下伴发体征。③选择适当实验室检查。(3) 确定康复方法。

表 4-3-3 智力低下可伴发的不典型体征

部位	体征	伴发的疾病
皮肤	咖啡牛奶斑	结节性硬化症、神经纤维瘤病、共济失调毛细血管扩张症 Bloom 综合征
	色素脱失斑	结节性硬化症
	皮肤毛发色浅	苯丙酮尿症、同型氨酸症、组氨酸血症、异戊酸血症 Chediak-Hartnup 综合征
	光敏性皮炎	色氨酸尿症、Hartnup 病、Cockayne 综合征、卟啉病、精氨基琥泊酸症、共济失调毛细血管扩张症
	血管角质瘤	Fabry 病、少年型岩藻糖甘病
毛发	毛囊角化	眼脑综合征伴毛囊角化
	面颊红	同型氨酸症
	鱼鳞病	Refsum 病、Sjogren-Larson 综合征
	纤细稀少	同型胱氨酸尿症、甲状腺功能低下
	脆而易折、结节状	Menkes 病、精氨基琥珀酸尿症
	片状白发	结节性硬化、蛋氨酸吸收不良综合征
	早生白发	共济失调毛细血管扩张、进行性大脑半球萎缩
	多毛	粘多糖病Ⅰ、Ⅱ、Ⅳ型、GM1 神经节苷脂病Ⅰ型
眼	白内障	Cockayne 综合症、克汀病、半乳糖血症、眼脑肾综合征 (Lowe)、假性甲状旁腺功能低下、宫内风疹感染同型胱氨酸尿症、Marinesco-Sjogren 综合征、强直性肌营养不良
	黄斑樱桃红点	GM1 神经节苷脂病、粘脂病、尼曼皮克病、GM2 神经节苷脂病Ⅰ型、异染性脑白质营养不良、Fabry 病
	角膜浑浊	粘多糖病Ⅰ、Ⅱ型、粘脂病、眼脑综合征伴毛囊角化、眼脑肾综合征(Lowe)、肝豆状核变性、高钙血症
	晶体半脱位	同型胱氨酸尿症、亚硫酸氧化酶缺乏
	先天性青光眼	Lowe 综合症、脑面血管瘤、眼脑综合征伴毛囊角化、粘多糖病Ⅰ型
	视网膜脉络膜炎	先天性风疹感染、巨细胞包涵体病、先天梅毒
	色素性视网膜炎	共济失调毛细血管扩张症、Cockayne 综合征、线粒体脑肌病、Hallervorde-spatz综合征、神经元蜡样质脂褐质沉积症、高六氢吡啶羧酸血症

部位	体征	伴发的疾病
	视神经萎缩	GM1神经节苷脂病、异染性脑白质营养不良、肾上腺脑白质营养不良、脑海绵状变性、粘多糖病Ⅰ、Ⅱ、Ⅲ型、Cockayne综合征、神经元蜡样质脂褐质沉积症
耳聋	感觉神经性聋	异染性脑白质营养不良、肾上腺脑白质营养不良、Menkes病、Cockayne综合征、着色性干皮病、家族性痉挛性截瘫、refsum病、Usher综合征、CHARGE综合征、甲状腺宫内低下、成骨不全
	传导性聋	粘多糖病Ⅰ、Ⅱ型
	听觉过敏	GM1神经节苷脂病、GM2神经节苷脂病Ⅰ型、亚硫酸氧化酶缺乏、球形脑白质营养不良
头颅异常	头大	GM2神经节苷脂病Ⅰ型、GM1神经节苷脂病、脑海绵状变性、粘多糖病Ⅰ、Ⅱ、Ⅳ、Ⅵ型、Alexander病
	头小	Rett综合征、Cockayne综合征、球形脑白质营养不良、神经元蜡样质脂褐质沉积症婴儿型
面容	粗犷	粘多糖病各型（除Ⅲ型外）、粘脂病Ⅱ型、天冬氨酸葡糖胺尿症、甘露醇苷病、岩藻糖苷病婴儿型、GM1和GM2神经节苷脂病、Lowe综合征、Menkes病、Cockayne综合征
	舌大	粘多糖病Ⅰ型、粘脂病Ⅱ型、糖原病Ⅱ型、先天性甲状腺功能低下
	口周发疹	多种羧化酶缺乏、生物素酶缺乏
心血管症状	心肌病或障碍	糖原病Ⅱ型、粘多糖病、Refsum病、脊髓小脑性共济失调
	冠状动脉病	Fabry病、Cockayne综合征、同型胱氨酸尿症
	脑血管病	高雪氏病婴儿型，Menkes病、Cockayne综合征、Fabry病、嗜苏丹脑白质营养不良
	肝脾肿大	果糖不耐症、半乳糖血症、精氨基琥珀酸尿症、GM1神经节苷脂病、高雪氏病糖原病Ⅰ、Ⅱ型、粘多糖病Ⅰ～Ⅲ型、尼曼皮克氏病、Wolman氏病、高六氢吡啶羧酸血症、神经元蜡样质脂褐质沉积症

五、智力测验和行为评定

1.智力和智力测验

（1）智力的概念

关于智力的定义，迄今为止，还没有一个较满意的解释，但智力简单的定义和范畴，我们认为我国已故的儿童心理学家朱智贤教授提出的较为全面，他认为

‘智力是一种综合的认识方面的心理特征’；它主要包括：(1) 感知记忆能力，特别是观察力；②抽象概括能力，抽象概括能力是智力的核心成分；③创造力则是智力的高级表现。简单的说，智力主要包括观察能力、记忆能力、思维能力、想象能力和实践活动能力。感知是感觉和知觉的总称，感觉是客观现实的个别特性，如声音、颜色、气味等的反映。从人类而言，感觉是认识的感性阶段，是人们一切知识的源泉。知觉是对客观事物和表面现象或外部联系的综合反应，比感觉较复杂、较完整，实际上是不同感觉相互联系和综合的结果，但还属于认识的感性阶段。感觉和知觉相互配合，为思维提供材料。记忆力是对经验过的事物，能够保持和再现的能力。观察力是指经过积极的思维，善于全面、深入而能正确地认知事物特点能力。抽象概括能力是指抽取同一或不同事物相同概念的能力。创造力是指首创前所未有事物的能力。

(2) 智力测验

智力既然是一种综合的认识方面的心理特征，是人类一种属性，那么智力是可以测量的。这种评价人的智力的方法，称为智力测验，它实际上是一种心理测验。从心理测验发展史来看，心理测验是由于社会发展需要而产生的，在20世纪以前，虽然有许多学者在心理测验领域中做出了很多贡献，但是法国心理学家比奈（Binet）是创建心理测验最早的人，1904 年受法国教育部的委托，和西蒙(Simon）一起编制了世界上第一个心理测验量表，用于鉴别心理缺陷儿童。1916年美国斯坦福大学托门教授（Terman）对此量表进行了修订，编制成为当今世界上广泛应用的斯坦福－比奈智力量表（Stanford-Binet Scale）。此后，在半个世纪里，世界各国制定了许多智力测验量表，据估计全世界大约有几千智力测验量表，但最常用的量表就那么 10 多种，如美国托门修订的斯坦福－比奈智力量表(Stanford-Binet Intelligence Scale － SBIS）；美国最著名心理学家韦克斯勒(Wechsler）编制了韦克斯勒成人智力量表（Wechsler Adult Intelligence Scale －WAIS）、韦克斯勒儿童智力量表（Wechsler Intelligence Scale for Chidren － WISC)韦克斯勒学前和学龄初期智力量表（Wechsler Preschool and Primary Scale of Intelligence － WPPSI），这三个量表已被世界各国所采用，我国已完成了中国标准化，并广泛应用到科研、医疗和教育各个部门。其他心理测验量表还有美国儿科和心理学家盖塞尔（Gesell）编制的盖塞尔发展量表（Gesell Developmental Scale），以后，为适应早期发现智力低下儿童的需要，由美国儿科医生弗兰肯堡

(Frankenburg)和道兹(Dodds)改编的筛查量表，称为丹佛发育筛选测验(Denver Developmental Screening Test-DDST)。应用DDST筛查智力低下儿童虽然可靠而省时，但在实际工作中，还嫌筛查工作量大，故又编制了丹佛发育筛查问卷(DPDQ)《1987年全国残疾人抽样调查》，首先由家长根据儿童智能发育进程，回答问卷中提出的问题，医生从回答的问题发现智力低下可疑儿童，再做DDST检查，这样可以大大减少工作量，适合智力低下儿童的日常监测工作和流行病学调查。

心理测验的分类方法很多，医学上一般按测验的功能分为三类：①能力测验：一般认为能力包括实际能力和潜在能力，实际上这两种能力很难区别。能力测验主要是测量实际能力，这种测验又分为普通能力和特殊能力测验，智力测验就是普通能力测验。②学绩测验：通过学绩测验，主要地了解学习成绩，被广泛应用于学校中学科测验。③人格测验：主要用于测量人的性格、气质、品德、情绪和信念等。常用于精神卫生学科个性心理特征的测量。目前国际上广泛应用，国内标准化的智力测验方法有：

①盖塞尔发展量表（Gesell Developmental Scale)：美国心理学和儿科学家盖塞尔是婴幼儿智能量表的创始人。盖塞尔和他的同事根据对婴幼儿发育全过程特点的系统观察，他发现婴幼儿的行为系统的建立是一个顺序发展的过程，它反映了小儿神经系统不断的完善和功能的成熟，可以把每个成熟阶段的行为模式作为智能诊断的依据，对婴幼儿智能发育作出评价。于1940年在耶鲁大学发表了盖塞尔婴幼儿发展量表，迄今，此量表仍为世界是公认经典著作。盖塞尔发展量表包括五大行为领域，包括适应、大运动、精细动作、语言、个人社会等行为领域。适用于4周至6岁的儿童。盖塞尔发展量表是一种诊断量表，智能发育水平应用发育商来表示，如果适应行为发育商（DQ）低于75应怀疑有智能发育落后，再结合其他临床指标作出最后诊断。此量表专业性比较强，具有较为可靠的诊断价值，它不但在国际上得到广泛的应用，而且是编制婴幼儿量表的楷模。在我国已由北京市儿童保健所等单位完成了城市标准化工作，并向全国推广。

②丹佛发育筛选测验（Denver Developmental Screening Test-DDST）和丹佛发育筛查问卷（DPDQ）：丹佛发育筛选测验是由美国儿科医生弗兰肯堡(Frankenburg)和道兹(Dodds)根据学龄前儿童尤其是婴幼儿智能监测的实际工作需要而改编的一种筛查量表，它是从十余种婴幼儿量表中选出240项，经过严

格的筛选，将105个项目分布在四个能区0至6岁范围内，用于学龄前儿童的智能的筛查。此量表是一种筛查量表，适用于0～6岁的儿童，其结果的判断分为正常、可疑、异常。可疑和异常者要进行诊断量表测验。此量表方便、省时、其效果与诊断量表有较高的一致性，因此被世界各国广泛应用。首先由北京儿童保健所和上海市第六人民医院等单位分别完成了北京和上海城市标准化工作，以后又由北京儿童保健所等单位完成了北方6省标准化工作，经标化后，改为小儿智能发育筛查法，可以在全国范围内使用，目前已广泛的应用于保健、医疗、科研工作中，并将此量表写入全国高等医药学教材儿科教科书。美国丹佛城医生们为了更大限度减少工作量，适合社区儿童智力发育监测的需要，又编制了丹佛发育筛查问卷。社区工作者根据被监测儿童的年龄，将问卷发给儿童家长，家长可根据自己所掌握的小儿发育情况，回答问卷中提出的所有问题，最后社区工作者可从问卷中发现迟缓儿童，再做DDST，如属于可疑和异常，还需要诊断方法确定诊断。

③绘人试验（Goodenough Draw Person Test）：绘人试验是1926年由美国明尼苏达大学的古德依纳夫（Goodenough）首先提出的，他认为绘人可以作为儿童智力测验的一种方法，并编制了绘人试验的评分标准。1963年美国的哈里斯又进行了较系统的研究，并发表了论文。绘人试验工具简单、指导语明确、能进行集体测验，是一种比较好的智力筛查方法。此种测验方法虽然受到不同程度文化背景的影响，但在不发达的地区，绘人试验与其他智力筛查方法相比，仍然是一种可靠的筛查方法。适用于5－12岁儿童智力筛查。我国在解放前就引进了绘人试验，近些年来，北京儿科研究所等单位进行了标准化工作，修订了评分标准，并规定5岁为绘人试验最小年龄。

④斯坦福－比奈智力量表（Stanford-Binet Intelligence Scale － SBIS）：斯坦福－比奈智力量表是1916年在比奈智力量表的基础上，由美国心理学家托门多次修订而成的儿童心理量表。1924年陆志韦教授首先引进量表，并修订为中国比奈－西蒙智力量表。近些年北京大学吴天敏教授再次修订。适用于2－18岁儿童，由于其他更优秀量表的出现，此量表在国内应用受到很大的限制。

⑤韦克斯勒成人智力量表（Wechsler Adult Intelligence Scale － WAIS）韦克斯勒儿童智力量表（Wechsler Intelligence Scale for Children － WISC）韦克斯勒学前和学龄初期智力量表（Wechsler Preschool and Primary Scale of Intelligence －

WPPSI)：：由于斯坦福－比奈智力量表只适用于儿童而不适用于成人，故美国韦克斯勒医生于1934年编制了世界上第一个成人智力量表。他认为"智力是个人有目的的行动，理智的思考以及有效的应付环境的整体或综合的能力"。所以他在他的量表中设计了11个分测验，如理解、算术、背数、类同、填图、词汇、常识、数字广度、图片、拼图和积木。这就是本量表最重要的特点，它较好的反映了智力的整体和各个侧面，能比较全面的评价人的智力的高低。另外一个特点就是采用了离差智商，解决了过去比例智商造成的各年龄组平均值不相等地问题。以后，韦克斯勒根据自己的经验，编制了儿童智力量表和学前和学龄初期智力量表。儿童智力量表增加了一个迷津测验，共12个分测验，并降低了整个测验的难度，每个儿童有10个分测验是必做的，言语量表中背数和操作量表中的迷津为替换测验。此量表适用于6～16岁儿童。1979年由北京师范大学等单位完成了中国标准化工作。学前和学龄初期智力量表包括11个分测验，其中8个分测验是原来编制的，3个分测验是新增加的。此量表适用于4～6.5岁儿童。1982年由湖南医科大学单位完成了韦氏成人、学前和学龄初期（幼儿量表）学龄智力量表标准化工作。

关于智力测验的评价：自从智力测验诞生以来，虽然各种智力测验确实也有许多不够完善的地方，不断地受到一些人的各种各样的指责，但是，智力测验被广泛应用于医学、教育等部门、是选拔人材及就业、教学和科研工作的评价、临床智力低下、精神病和脑功能障碍的诊断、尤其是早期儿童智力监测，早期发现和干预的重要工具。智力测验是研究心理学的有效方法，它不但推动了心理学理论的发展，而且也为社会各部门服务。目前所最常用智力测验仍有不足之处，这就需要加强智力测验方法的研究，以便适应社会多方面的需要。

关于智力测验几个有关概念：①实足年龄（Chronological Age-CA）：也称实际年龄，也就是从被测者的生日到测定日的实际年龄，如果天数不足15天可以不计，天数等于或超过15天可以增加一个月，例如一个出生为1993年6月26日儿童，1997年5月6日接收智力测验，那么这个儿童的实足年龄为3岁8个月，余10天可以省去。②智力年龄（Mental Age-MA）：智力年龄是通过智力测验所测得的智力相当一般儿童多高智力水平。如果实足年龄7岁儿童，能完成7岁组的应通过的项目，那么这个儿童的智力年龄年龄为7岁。③智力商数（I Q）：智商就是智力年龄与实足年龄的比，这种计算方法得出智商称为比率智商。比率智商由于有它本身的局限性，许多测验很少采用。

$$公式：\quad 智商（IQ）=\frac{智力年龄（MA）}{实足年龄（CA）}\times 100$$

④离差智商：离差智商就是将各年龄组不同的智商均值和标准差，标化均值为100和标准差为15的智力分数，这样就克服了比率智商只能与自己比较的缺点，而是与自己同年龄组的总体平均数相比较，适合各个年龄阶段的人。因而，离差智商被许多智力测验所采用。

公式：离差智商 = 100 + 15Z　　$Z=\frac{X-X1}{S}$　（X为均值，X1为测定的智商，S为标准差）

2.行为评定

适应行为（Adaptive Behavior-AB）又称社会生活能力，它是指人的适应外界环境赖以生存的能力，也就是说个体对其周围的自然环境和社会需要的对付和适应的能力。AAMD认为：适应行为是个体实现人所期待与其年龄和文化相适应的个人独立与社会职责的程度或功效。人的适应行为受着个体发展和环境要求两个因素的影响，人的发展又受着成熟程度和学习两个因素的制约，故人的不同发展阶段适应行为是不一样的，学龄前一般表现为感觉、运动协调、自理技能和语言成熟的程度；学龄期则表现为学习技能；成人期则表现为社会适应能力。文化环境对人的适应行为也有很大的影响，这是因为不同文化环境对人的适应行为有不同的要求和期望，在人的适应行为评定必须考虑年龄组和文化背景，不然就不能进行正确的评估，常模的制定也要考虑这两个因素。适应行为的评估主要遵循两个标准：(1) 个人独立的程度；(2) 满足个人和社会义务和要求的程度。适应行为评定方法同心理测验一样，种类繁多，以致使心理学家不能进行统一的管理。但得到世界公认而最常用的适应行为方法有：

① AAMD适应行为量表（Adaptive Behavior Scale-ABS）：1965年AAMD开始研制适应行为量表，经过多次修订，于1981年才修改成为现在被世界各国所采

用的适应行为量表。此量表包括两个部分，一个是个体在独立、个人与社会的责任等9个行为领域的能力；一个是个体不良适应行为。1994年，我国湖南医科大学完成了国内标准化工作，并在全国推广。

②文阑适应行为量表(Vineland Adaptive Behavior Scale － VABS)：1935年美国的杜尔为了协助诊断智力低下而编制了社会成熟量表，也经过反复修改，才成为现在被应用的文阑适应行为量表。量表适用于0－30岁的儿童、青年，但以儿童为主。全量表包括8个行为领域：一般、饮食、穿着、运动、作业、自我指导、社会化及实际能力。此量表测量行为领域比较多，年龄跨度比较大，非常适合对智力低下儿童施加各种干预措施的效果评估，国外利用VABS量表对极低出生体重儿行为发育进行较系统长期研究，从出生一直观察到8岁，所以VABS量表有较大临床实用价值。

③巴尔萨泽适应行为量表（Balthazar Adaptive Behavior Scale-BABS）：1971年，巴尔萨泽编制了适应行为量表，用于重度智力低下行为的评定。全量表包括两个部分，即自理生活能力和生活行为能力。

④婴儿－初中学生社会生活能力量表：此量表是日本心理－适应能力研究所等单位编制的，1987年，北京医科大学等单位完成了中国标准化工作。全量表共132项，包括6个行为领域：独立生活能力、运动能力、作业、交往、参加集体活动和自我管理。适用于6个月至14或15岁儿童。

在适应行为的评估中，采用了社会商数（Social Quotient-SQ）的概念，作为衡量适应行为的指标。

计算公式为：$SQ = \frac{SA}{CA} \times 100$ (SA为社会年龄,CA为生理年龄)

目前，临床智力低下儿童的诊断主要依靠智力测验和行为评定的结果，智力测验主要测验语言和推论能力，能最大限度了解儿童智力潜在能力，按标准化测验程序自我操作进行，在学龄期有较强的灵敏度，但是对7岁以下智残诊断和中度以下的分级实用价值较低。行为评定量表涉及了大量的日常生活最基本的内容，评定常常通过经常接触儿童人的访问、调查、能较客观地反映儿童适应行为的现有水平。通过访问和调查所获得的资料与智力测验灵敏度要小。我们希望通过心理学家的努力，能够编制出高效度的儿童神经心理量表，适应儿童，尤其是适用于学龄前期儿童早期智力监测和干预的需要，不断地提高干预效果。

目前，我国为了适应特殊残疾儿童需要编制了非文字智力测验，国外也编制了适合特殊发育残疾儿童、实际年龄为12～13岁而智龄小于7岁发育残疾儿童的神经心理和运动检查(Neuropsychological and Neuromotor Examination of Children with Developmental Disabilities or Mental Retardation)。但是，现在临床智力低下的诊断还要依靠智力测验和行为评定量表进行综合评估。

六、智力残疾的病因学

智力低下是多种原因引起的发育时期脑功能异常的一种症状，只有了解病因才能有效地进行预防。世界许多国家智残预防实践证明，根据智力低下的病因，采取多种预防措施即三级预防，将预防、治疗和服务紧密结合在一起，使智力低下患病率大大降低，最大限度发挥其内在潜力，使他们能够像正常儿童一样生活、学习，将来汇入社会人群主流，成为社会有用的人。

智力低下的病因由于当前医学发展水平所限，许多智力低下病因还不能明确，原因不明智力低下仍占有相当的比重，据国外报导：重度智力低下约20～30%原因不明，轻度智力低下约40～55%，一般认为重度智力低下多能找到病因，轻度智力低下因常无临床异常发现，常常找到病因。除了原因不明智力低下以外，智力低下的病因非常复杂，分类的种类也很多，，一般分为两大类：一类为生物医学因素，约占90%；一类为社会心理文化因素，约占10%。1988年我国儿童智力低下流行病学调查的病因分类，生物医学因素占89.6%；而社会心理文化因素占10.4%，后者在农村占的比例比城市稍高（11.3%）。如果按世界卫生组织（WHO）1985年分类方法，将智力低下的病因分为十大类：①感染、中毒；②脑机械损伤、缺氧；③代谢、营养、内分泌；④脑肉眼病变；⑤先天脑畸形、综合征；⑥染色体畸变；⑦围产期其他因素；⑧伴发于精神病；⑨社会心理因素；⑩特殊感官缺陷及其他因素。如果按病因的作用时间进行分类，可以分为出生前、产时和出生后三大类。根据1988年我国儿童智力低下流行病学调查，出生前的因素占43.7%，包括遗传性疾病、胎儿宫内发育迟缓、早产儿、多发畸形、宫内窒息、妊娠毒血症、各种中毒、宫内感染等；其中遗传性疾病占40.5%，主要的遗传性疾病有染色体畸变、先天代谢性疾病、遗传综合征等，染色体畸变主要DOWN综合征，先天代谢性疾病最常见的有甲状腺功能低下、苯丙酮尿症等；产时因素占14.1%，包括生后窒息、颅内出血、产伤，其中主要有窒息和颅内出血；出生后的因素占42.2%，包括脑炎、脑膜炎、脑病（28.2%）、惊后脑损伤（20.1%）、社会文化落后（21.6%）、心理损伤（3.1%）、特殊感官缺陷、脑变性病、脑血管病、营养不良、颅脑外伤、核黄疸、各种中毒等。以上病因分析是我国八省二市的儿童智力低下流行病学调查的结果，这个结果还不代表我国边缘地区、经济不发达地区和智力低下高发区的情况。这里必须指出我国是一个发展中的国家，人口众多，缺碘地区极广，碘缺乏对人类最大的危害是造成这里损伤，甚至智力低下。在缺碘地区的儿童智力普遍受到损伤，与非缺碘地区儿童平均智商相差11.96个智商值，在这些地区碘缺乏可能是影响儿童智力发育、智力低下的重要因素，当然在这些地区除了碘缺乏因素以外，还会有其他的因素如经济、文化、教育落后也是很重要的因素。因此开展不同地区、不同人群的智力低下病因的研究是非常重要的。

七、智力残疾的预防

近半个世纪以来，世界各国都在为降低智力低下患病率而努力，降低智力低下患病率最根本措施就是预防，1981年联合国儿童基金会提出了智力低下三级预防的概念，三级预防的中心是将预防、治疗和服务紧密结合起来。三级预防的主要内容是：①初级预防是消除智力低下的病因，预防疾病的发生，就是采取产前保健、婚前检查、避免近亲结婚、遗传咨询等措施以预防遗传性疾病；实行围产保健、提高产科技术等以预防产时脑损伤；加强卫生宣传教育，提高广大人民防病意识、预防接种、合理营养，在缺碘地区普遍食用碘盐，坚持特需人群补碘、预防中枢神经感染等以减少出生后的各种不良因素。加强和提高经济文化水平，避免心理挫伤，提高心理文化素质，努力促进生物医学模式向社会心理医学模式的转变，才能有效的预防智力低下。②二级预防是早期发现伴有智力低下的疾病，尽可能在症状尚未明显之前就作出诊断，以早期干预，使不发生脑损伤，这方面的措施有遗传病产前诊断、先天代谢病新生儿筛查、高危儿随访、出生缺陷监测、发育监测等。先天代谢病新生儿筛查工作在许多国家已经有20多年的历史，已经挽救了成千上万个患儿免遭智力损伤，实践证明先天代谢病新生儿筛查是一项行之有效的预防方法。目前我国许多地区已经开展了先天代谢病新生儿筛查，并取得了一定的成绩，但是筛查覆盖率很低，广大中小城市和农村还没有开展这项工作，致使许多患儿得不到早期诊断和治疗，几乎都有不同程度的智力残疾。③三级预防是已经有脑损伤以后应采取综合治疗措施，正确诊治脑部疾病，以预防发展为智力残疾。总之，智力低下的预防是我国提高出生人口素质一项十分艰巨的任务，首先这项工作应引起全社会普遍关注，国家要有统筹规划和一定财政投入，还要建立有关法律和法规，以确保各项措施的落实。

八、智力残疾的康复

智力低下是儿童各类残疾中，患病率最高，危害性最大的一种残疾。智残儿童康复就是综合地和协调地利用医学的、工程的、教育的、职业的、社会的和其他一切可能利用的措施，使智残儿童的功能和潜力尽可能达到最大限度，成年以后能够与健康人平等地参与社会生活。

智力低下的康复应根据智力残疾的程度、年龄及社区、家庭的条件，安排训练、确定教育的目标、制定长远和近期计划，有计划、有步骤的进行，就一定收到效果。学龄前儿童的康复应强调早期干预的重要性，因为儿童在5岁以前是大脑形态、结构和功能发育的关键时期，在这个时期实施营养、心理、医疗、教育等方面的康复措施，对儿童一生的智力发育将起决定性的作用，也为将来职业和社会康复打下良好的基础。干预措施包括训练和教育，训练的目标应达到知觉、动作、沟通和生活自理能力充分发展，满足生理基本需要和安全感及呵护。训练应遵循小儿正常的发育进程，在专业医生的指导下，制定训练计划，有目的、有步骤的进行训练。训练的方式可以为家庭、集体或集体和家庭相结合。学龄期轻度和部分中度智力低下儿童应尽早接受特殊教育，可以到普通学校、特殊学校或特殊班学习，教育的目标应达到生活中能够运用基本学科技能，运用思考、推理与判断来适应环境，并能参与集体活动。轻度智力低下可以通过小学的学习和职业训练，完全可以成为社会有用人才。

关于智力低下儿童的药物治疗的问题，到目前为止，除了为数不多一些能治原发病如先天甲状腺功能低下、苯丙酮尿症等疾病以外，还没有治疗智力低下的有效的药物，有一些药物对脑发育只有辅助的作用，所以不能过分依赖药物治疗，应坚持以训练和教育为主的原则，一定会收到良好的效果。

九、本次智力调查流程

1.组织安排：为保证测查质量和调查进度，应安排一名工作人员，主要负责维持秩序并及时为医生安排测查儿童。

2.测查环境及要求：

（1）筛查室与诊断室要分开。

（2）筛查医生最多两人一室，以免互相干扰。

（3）2岁以内的婴幼儿最好安排在上午测查，6个月以内的小婴儿要优先测查。3岁以上的儿童可安排在下午。

（4）医生测查时其他人请勿打扰，以免分散孩子的注意力，影响测查结果。

（5）智测前请先将儿童健康筛查表上的编号填写到DDST量表的右上角，需测查Gesell诊断法的也将编号填写到量表首页的右上角。

3.智力调查方法及要求：调查对象均采用DDST量表进行筛查。

（1）0－8个月的婴幼儿采用繁式方法测查，如结果正常填好健康筛查表即可。9个月及以上的儿童采用简式，即：首先测查各能区年龄线左侧邻近的三个项目，如无迟缓项目，评价正常，填好健康筛查表即可。如果简式筛查出现迟缓项目，则继续测查四个能区所有的压线项目，即：繁式，如结果正常填好健康筛查表即可。测查结束后请将健康筛查表与DDST量表订在一起交给家长，请家长转测其它科即可。

（2）如果测查结果为异常、可疑则填好健康筛查表后，转测Gesell。

（3）Gesell测查结果适应性能区DQ～75时，进行病因分析后填写智力残疾诊断表；Gesell测查结果适应性能区DQ在76～84时，要参考适应行为进行综合分析后才能确定。

（4）根据测查结果及病因分析指导家长，并提出进一步的诊断、治疗、康复的意见和建议。

（5）测查中如果发现可疑自闭症及听力、视力、肢体问题的儿童时，请将可疑问题在量表的右上角注明，如：自闭症？以提醒其他专业。

十、智力残疾儿童致残原因分析

智力低下的病因：由于当前医学发展水平所限，许多智力低下病因还不能明确，原因不明智力低下仍占有相当的比重，据国外报导：重度智力低下约20～30%原因不明，轻度智力低下约40～55%，一般认为重度智力低下多能找到病因，轻度智力低下因常无临床异常发现，常常找不到病因。除了原因不明智力低下以外，智力低下的病因非常复杂，分类的种类也很多。一般分为两大类：一类为生物医学因素，约占90%；一类为社会心理文化因素，约占10%。如果按病因的作用时间进行分类，可以分为出生前、产时和出生后三大类。

1. 出生前的因素：

（1）染色体畸变：

人体染色体异常包括染色体结构和数目异常。常见以下几种疾病。

常染色体异常：

① Down综合征：是最常见的一种染色体异常，活产婴儿的发病率为1/800，男女的比例是3 ：2，35岁以上母亲所生子女中，发病率随母亲年龄而增高，35岁为1/350，40岁为1/110，45岁为20岁的60倍。临床上表现为智力低下，大多数智商在45～55之间。多发畸形。染色体检查可以确定诊断。

② 18三体综合征：新生儿的发病率为1/4000，男女患儿之比为1:3，女性患儿较多，常在婴儿早期死亡。临床上表现为生长发育迟缓。耳位低、小下颌、手指弯曲、先天性心脏病等。染色体检查可以确定诊断。

③ 13三体综合征：新生儿的发病率为1/12000，60%患儿为女性，常在婴儿早期死亡。临床上表现为生长发育缺陷，无嗅觉，眼畸形（无眼、眼缺损）耳位低、唇裂、腭裂、先天性心脏病等。染色体检查可以确定诊断。

性染色体异常：

① Turner综合征：发病率为1/10000，临床表现在新生儿期可见短颈蹼、手足水肿、主动脉缩窄、三角脸。晚发症状有身体矮小、颈蹼、乳头距离宽等。大部分患儿智力正常。

②脆性X综合征：男性发病率为1/1000。脆性X综合征男性患者大多数有智力障碍、脸形长、大耳、大睾丸；女性患者约1/3有不同程度智力障碍，典型体

征较少见。目前DNA分析已应用于脆性X综合征产前和产后诊断。

（2）遗传代谢病：

是一组单基因疾病，大多数是常染色体隐性遗传。常见以下几种疾病。

①苯丙酮尿症是氨基酸代谢异常中最常见一种常染色体隐性遗传病，苯丙酮尿症是由于苯丙氨酸代谢途径中苯丙氨酸羟化酶缺陷所致。其发病率为1/6000-25000，我国发病率约为1/16500。临床上表现为3个月以后出现智力发育迟缓、癫痫发作；毛发、皮肤、虹膜色浅；湿疹和尿、汗液鼠尿味。通过新生儿筛查达到早期诊断，经过低苯丙氨酸饮食的治疗，智力可以不受影响。

②半乳糖血症是糖代谢异常最常见一种常染色体隐性遗传病，发病率为1/40000。临床表现白内障、进行性智力低下、震颤、共济失调。此病也可以进行新生儿筛查。确定诊断以后应立即给予无半乳糖的饮食及饮食监测。

（3）内分泌疾病：

甲状腺功能低下是引起儿童智力低下最常见内分泌疾病，散发性发病率为1/7000。它是由于先天性甲状腺发育不良或甲状腺激素合成途径中酶缺陷所造成。临床上主要表现特殊面容和体态、智力迟缓、生理功能低下。新生儿筛查可以早期发现，如能早期进行甲状腺素的终生治疗，可以避免智力低下。

（4）遗传综合征：

遗传综合征是符合孟德尔遗传规律一组综合征，神经皮肤综合征最为常见。

①结节性硬化症是常染色体显性遗传病。临床表现为惊厥发作、智力低下(50%)、皮脂腺瘤、皮肤色素脱失癍。早期诊断主要依赖临床症状和体征，目前还没有产前诊断方法。

②神经纤维瘤病也是常染色体显性遗传病。临床表现为智力低下（8%）、主要表现学习困难(40%)、神经纤维瘤、皮肤牛奶咖啡斑(6块以上，直径大于5cm)。目前本病诊断依赖临床症状和体征，无特殊治疗方法。

（5）妊娠中毒症：

主要表现呕吐、高血压和子痫或者孕母有高血压、心脏病、严重贫血、肾脏病、糖尿病、癫痫、严重感染以及多次堕胎等，均可引起胎儿宫内发育不良、早产、窒息等。

(6) 宫内感染:

母孕期感染以病毒最为多见，目前认为有5种病原体可直接侵犯胎儿，引起胎儿的发育异常或死胎。在妊娠头3个月损害最为严重，如风疹病毒、巨细胞病毒、单纯疱疹病毒感染。其他还有弓形体感染。

(7) 营养不良:

多发生在经济贫困的地区，有人报道新生儿体重不足2500克，常因孕母营养不良所致。孕母营养不良可使胎儿脑细胞总数发育受限和脑体积较小。

(8) 早产:

早产儿是指胎龄不足37周，胎儿体重不足2500克。早产是高危的主要原因，因而早产儿极易发生窒息、颅内出血等疾病而产生智力低下。

(9) 各种中毒:

包括毒物如铅、有机汞等，药物如水杨酸类、安定、利眠宁、苯妥英钠及抗肿瘤药物等。过度吸烟、酗酒及放射线对胎儿发育也有很大的影响。

(10) 宫内窒息:

胎儿和宫内窒息新生儿的脑细胞正处于快速分化的发育期，对缺氧特别敏感。宫内各种原因如脐带绕颈、骨盆狭窄、羊水早破等易引起宫内窒息。宫内窒息早期表现胎心增快、胎动增强，晚期可以胎心变慢，如不能及时发现即可发生脑损伤。这种窒息有时延续到出生时。

(11) 多发畸形:

畸形是指人体结构、形态的异常，有单发和多发畸形，多发畸形是两种以上畸形。其病因为遗传和环境因素，种类繁多。

2.出生时因素:

(1) 低血糖:

正常新生儿血糖低于30～40mg可定为低血糖。常见孕母糖尿病和宫内发育迟缓的婴儿，其他的原因有胰岛细胞增生、代谢病（半乳糖血症、糖原累积病）、窒息、感染等。临床症状多种多样，可有嗜睡、兴奋、食欲差和反流。严重时可有呼吸暂停和惊厥。严重呼吸暂停和惊厥的婴儿可有神经系统后遗症。

(2) 产伤:

因产妇骨盆狭窄、胎儿过大、胎位不正，经产道分娩时采取挤拉、吸产、产钳助产，而产生胎儿颅脑损伤或颅内出血。

（3）生后窒息：

生后窒息可以是宫内窒息的延续，也可以单独发生。如没有宫内窒息的征象，可以确定为生后窒息。

（4）颅内出血：

颅内出血常常是缺氧缺血性脑病严重发展的后果。根据病情严重情况分为4级，60%有不同程度的后遗症。

3. 出生后的因素

（1）核黄疸：

核黄疸主要是由于ABO血型不合、Rh血型不合而引起间接胆红素升高（>20mg/dl），通过血脑屏障，进入神经细胞导致死亡。临床表现嗜睡、拒乳、尖叫、肌张力增强、角弓反张、呼吸暂停和惊厥。存活者一般有智力低下、脑瘫、听力和眼球运动障碍、牙齿发育障碍。

（2）脑炎、脑膜炎、脑病：

中枢神经系统感染是儿科常见神经系统疾病，早期诊断和治疗十分重要，不然会遗留下后遗症。

（3）颅脑外伤：

一般指严重的颅脑外伤，常伴有意识障碍。可遗留下神经系统后遗症如智力低下、癫痫等。

（4）各种中毒：

小儿中毒并不少见，占小儿常见死亡原因第4位，2岁是中毒发病的高峰。常见的毒物有药品、增光剂、杀虫剂等。

（5）营养不良：

尤其是婴幼儿时期营养不良，对智力发育影响很大。这是因为婴幼儿神经元快速分化时期，需要丰富的营养供给，如果母乳不足、喂养不当、慢性腹泻或呕吐都会造成严重营养不良，影响智力的发育。

（6）脑血管病：

儿童时期脑血管病多因与感染有关脑血管内膜炎而引起的，临床上除了有运动障碍外，严重的还会有智力障碍。

（7）脑变性病：

小儿神经系统变性病十分罕见，临床上表现进行性智力低下、运动和视力障碍。较为常见有异染性脑白质营养不良、肾上腺脑白质营养不良、高雪氏病、亚急性硬化性全脑炎、多发性硬化症等。

（8）惊厥后脑损伤：

无论任何惊厥对发育中脑都有轻重不等的损伤，例如低钙惊厥、高热惊厥因发作不频繁，几乎对智力没有影响。但是癫痫频繁发作尤其是某些发作类型如婴儿痉挛症，其智力水平明显损伤。

（9）伴发精神病：

在儿童时期最常见是孤独症，孤独症和智力低下往往并存，而智力低下儿童并没有孤独症的特征。

（10）特殊感官缺陷：

指先天性视力、听力感官缺陷，自幼不能接受外界良好的刺激，不能与人交往和情感沟通，也缺乏模仿的机会，其智力和社会适应能力的发育也受到影响。

（11）社会文化落后：

可以造成假性智力低下，这是因为由于该地区经济、文化、教育落后，儿童自幼不能得到应有的文化和教育，其智力水平比发达地区低，甚至为轻度智力低下。如果改变其生活环境，他们的智力水平会有很大的提高。

（12）心理损伤：

当儿童精神受到压力时如父母冲突、离婚、重病、学校问题，引起多系统的症状和心理障碍，其学业及智力水平下降，甚至发展为智力低下。

第四部分　肢体专业

一、概论

（一）定义

儿童肢体残疾是指儿童的躯体因先天性畸形，肿瘤，感染，创伤等原因所致的畸形、残缺，从而引起躯体运动功能障碍。

儿童肢体残疾的致残疾病包括：

1.大脑性瘫痪症：四肢瘫、三肢瘫、二肢瘫、单肢瘫，偏瘫；

2.小儿麻痹后遗症：肌肉瘫痪，肢体畸形；

3.脊柱脊髓疾病：脊柱侧弯，脊柱裂，脊膜膨出，脊髓肿瘤；

4.脊柱脊髓损伤：截瘫；

5.头颈部畸形：先天性肌性斜颈，脑积水，脑膜膨出；

6.先天性上肢畸形：束带畸形，单肢畸形，尺桡骨融合，手指缺如，赘生指；

7.先天性下肢畸形：束带畸形，双下肢不等长，胫骨假关节，马蹄内翻足，赘生趾；

8.膝内翻，膝外翻；

9.发育性髋关节脱位：全脱位，半脱位，髋关节发育不良；

10.侏儒症：又称“干骺端发育不良”；

11.骨与关节感染：脊柱结核，化脓性髋关节感染，类风湿性关节炎等；

12.神经肌肉疾病和损伤：新生儿臂丛神经麻痹综合症，重症肌肉无力，进行性肌肉发育不良；

13.后天截肢：肿瘤，创伤等原因。

（二）分类及分级

1.肢体残疾的分类

（1）暂时存在型：是指肢体的疾病通过自身的发育可能自行矫正。例如先天性肌性斜颈可以在1岁以内自行矫正，新生儿及婴儿的膝内翻和膝外翻，随着站立和运动的发育，可以在4~10岁间自动获得矫正。

（2）持续存在型：是指肢体的疾病依靠自身的生长发育不能矫正，需要依靠手术、康复才能得到恢复。先天性马蹄内翻足，需要手法扳正，石膏矫形或手术治疗。

2.肢体残疾的分级

(1) 生活自理型：肢体残疾所导致的功能障碍，通过自身的代偿，可以完成日常生活活动所需要的功能。

(2) 需要帮助型：肢体残疾所导致的功能障碍，通过自身的代偿，仍然不能完成日常生活活动所需要的功能，而需要借助康复器具或者他人的帮助。

日常生活活动分为八项：翻身、端坐、站立、行走；穿衣、洗漱、进餐、入厕。

二、肢体残疾筛查方法

（一）查体

1.询问病史

(1) 病史 仔细询问病史是诊断的关键之一。不少误诊是因为病史不完整或不准确。询问婴幼儿的病史存在一些困难，首先，小儿不能正确描述自己的主观症状。小儿对过去的事情回忆能力有限，因此有时不得不靠家长介绍一些过去发病的情况，但是不要因此而忽视全面观察儿童。有时从儿童那里会得到很有启发性的线索。其次，小儿常不能合作，要求筛查人员耐心，态度友好。

从登记儿童姓名、年龄等一般统计资料开始，重点是记录主诉，其要点是肌肉骨骼的畸形、跛行，局部和全身的无力、肿胀，疼痛和关节强直。主诉中应说明发病情况和持续时间。病史内要写明症状的严重程度、影响症状加重和缓解的因素和过去治疗的情况。如有外伤史，应仔细询问外伤情况，了解外伤是否是真正的病因，还要进一步弄清发病时间和发展过程。

(2) 妊娠史 怀孕头3个月，形成胚胎和器官的进度最快。在此期间，任何意外均有临床重要性。应了解母亲有无因阴道出血而怀疑先兆流产，有无宫内或全身感染。妊娠第一个月母亲患风疹，与小儿生后患白内障、耳聋、先天性心脏病、脑发育不全等有关。母亲患梅毒、毒血症和糖尿病，其后代发生先天性畸形的百分率较高。母亲有无接受放射治疗或接触毒物史，有无腹部外伤史，有无出血和血压低下史。

妊娠第4～5月个月时应有胎动。如无，则可能与先天性多发性关节挛缩症或Werdnig-Hoffmann氏病有关。

(3) 生产史 应包括儿童生后身长，体重、产程和先露的具体情况。先天性髋脱位和斜颈常是臀先露。记录自然分娩或引产。最常遇到的问题为先天性畸形，首先要仔细询问亲属中有无类似或其他畸形。产前母亲是否接受特殊药物，产前何时用的药，产程中是否用过麻醉剂，如全身麻醉或局部麻醉。

(4) 既往史

①新生儿阶段：即生后4周内的情况应有所了解，有无脑外伤或难产，生后儿童皮肤颜色如何，生后过几分钟才有呼吸和哭声，有无窒息；有无发绀；是否经过急救。

此外，还要询问是否进行过换血，新生儿阶段有无抽搐情况，肌肉有无张力改变，如松弛或僵硬，有无斜视，是否用过暖箱，是否吸过氧，喂养情况如何，面部和肢体是否对称。

②生后三年内为婴幼儿阶段：家长对孩子的生长发育常有不必要的忧虑，病史常介绍得很详细，如孩子的各种姿势、活动、日常生活、语言发音、发育的情况。重点应问小儿何时会抬头、翻身、爬、坐、站、走、跑、上下楼梯和单腿跳等。此外，也应了解上肢功能，如小儿何时能拿玩具物品、穿脱衣服等。

对外界环境的反应也很重要。如2个月小儿对说话有哭的反应；4个月时听到声音可转头，并可以认出母亲；8个月时对否定有语气反应；10个月时会招手表示“再见”，并会叫爸爸、妈妈，这是学发音过程的开始。12个月时对图书画报开始有兴趣，并能认识家庭常见的物品；15个月时能说简单的单字；24个月可讲几个字的短句。

③学龄前（3～6岁）儿童阶段：此时儿童已能提供简单病史，如是否疼痛，什么部位疼痛等，但时间性很不准确，因此还要从家长处得到补充。相反，这个年龄组儿童外伤机会多，往往儿童和家长都不能描述外伤当时的情况，需要去分析。

④学龄(6～12岁)儿童阶段：叙述病史清楚，即使不愿意向家长和老师讲，也能告诉医生。此时叙述病史的真实性有时要超过成年人。

2.一般体格检查

肢体残疾的筛查不仅靠肢体方面的检查，更重要的是全身捡查。

儿童需脱去衣裤，进行如下检查：

(1) 站立姿势 从前、后、侧方全面观察；四肢和脊柱有无明显畸形脊柱曲线是超过正常还是减少，骨盆有无倾斜。从侧面观，肩部是否向前超过骨盆，头、肩胛，肩、臀、腘窝位置；髂嵴水平；躯干是否向一侧倾斜(枕后经第7颈椎延长的垂直线应通过臀中沟)；有无一侧臀部突出；如有脊柱侧弯，儿童弯腰后从后方观察其曲线突向哪一侧。同时观察椎体旋转和胸廓变形的情况。椎旁肌肉痉挛时会发生骨性活动受限，称拾物试验阳性。此外还要捡查脊柱前屈、后伸，侧方弯曲及旋转运动。

①川德伦堡(Trendelenburg)试验：让病人先用一侧下肢站立，再换另一下肢站立。正常情况下，一侧下肢站立，对侧髂嵴升高，表明同侧臀外展肌的功能良好。若对侧髂嵴低落(川德伦堡征阳性)，表明臀外展肌力弱。

②下肢力线判定：有无膝内（外）翻、足内(外)翻、足弓过高、扁平或正常下肢负重力线如何。正常情况下，身体重心从髂前上棘经髌骨中点向下达足部中心，即第二跖骨处。

儿童情况允许时，让儿童蹲下，然后起立，单腿站立，足跟站立，然后走、跑观察步态。

(2) 步态 人类最主要的运动目的是借助两足迈步，移动身体。走路的动作是有节律的不怎么费力的活动，但是要靠姿势、前庭功能和定位反射的完整。

向前迈步可分成两个阶段；站立阶段和游动阶段。站立阶段，足与地面接触，单下肢负重。从足跟着地到足趾落地。站立阶段又有三个组成部分：足跟着地、全足着地和足趾着地。游动阶段足不着地，体重由另一下肢负担，由足趾向前推动后离地开始到下肢向前游动到足跟落地以前为止，游动阶段也有三个组成部分：加速、游动和减速。

所谓步态就是身体重心从失去平衡到恢复平衡的移动。当用负重的下肢向前移动时，重心也向前移动，趋向于向前跌倒时，向前迈动的下肢立即停止，转变为站立阶段。另侧下肢再向前游动。反复交替形成步态。

成人身体重心在第二骶椎的前缘——相当在总体高的55%水平面上。正常人的步态，身体重心的起落为一规则的曲线，在垂直面L波动范围为4cm左右。曲线的最低点系足跟着地阶段，最高点为中立性全足着地阶段。行走时重心的水平面上有侧方偏移。两侧总移动距离大约也是4cm，朝向负重侧的肢体偏移。向侧方移动的最大限度是在中立性全足落地阶段。身体重心上下和左右活动是结合在一起的，可描出一“双正弦曲线”。

决定步态的因素：

①骨盆旋转：正常步态，骨盆有左右旋动．转动是朝向前进的一侧，即下肢向前游动时骨盆同时前旋。旋动的角度，从中心轴一侧约4°，总共旋动约3°。骨盆系一硬性结构，故实际旋转是在髋关节，即在站立阶段时髋关节有内外旋。

髋关节旋转受限时则影响步态。

②骨盆倾斜：正常迈步活动时骨盆也有向上的倾斜。骨盆处于水平位时，如负重的肢体对侧向下倾斜即为川德伦堡征阳性。作用于髋关节的倾斜角度，平均为5°。由于骨盆的倾斜，不负重侧的膝关节必须屈曲松弛。骨盆倾斜使身体重心降低，借助于重心下降和屈曲的膝关节的钟摆运动，走路时可节约能量消耗。

③骨盆向侧方移动：当体重从一侧负重下肢移到另一负重的下肢时，骨盆在水平位向侧方活动。如双侧下肢相互平行，双髋关节移动轴心距离中心点大约为7cm左右。胫骨和股骨的角度和髋关节的内收可减少侧方移动4cm左右．因此骨盆是垂直向前的移动。

④站立阶段的膝关节屈曲：站立阶段足跟落地时，膝关节完全伸直以支持体重。在此之后，膝关节立即开始屈曲，直到全是落地，此时膝关节约屈曲15°。中立性全足落地以后不久，膝关节又伸直，同时立即再度屈曲。这时足跟离地进入游动阶段。站立阶段开始时，膝关节伸直，以后放松屈曲，最后又伸直，故称“膝关节双重交锁”。膝关节屈曲减少重心的垂直移动，从而也减少能量消耗。

⑤膝关节的活动；足跟落地，踝关节背伸时，膝关节呈屈曲状．当向前迈进后踝关节再次抬高。足踝和膝关节运动结合在一起，如此踝之抬高在很大程度上为屈膝活动所削弱。

⑥足和踝的活动：足、踝和膝关节的活动与重心前移是密切相关的。一侧下肢足跟着地时，踝关节背伸、膝关节完全伸直，随即，足跖屈，推动身体重心向前移。足落平以后，足跟再抬起，向前推移，当足跟抬起时重心再向前移。

上述六种因素，某一项加大，可由另一些活动减少而代偿。六项因素的联合动作使身体重心向前平稳移动。

迈步时的肌肉活动：运动当然需要某种动力。下肢起动，加速和减速的动力借助肌肉。同时惯力和重心引力也是参与活动的附加因素。

经肌电图研究，显示迈步时的肌肉动力作用为时甚短，而长时间是借助于惯力向前。一般肌肉的作用只限于肢体的加速和减速．

正常迈步活动，肌肉动作只占游动阶段的10%(游动的减速阶段)，包括腘绳肌，背伸肌、胫前肌、髋内收肌和外展肌，再依次为臀大肌和股四头肌。所有这些肌肉活动达到高峰时，相当于足在站立阶段开始或结束前的10%时间。足跟落地后则减弱。只有小腿肌腹的动作不是在这个阶段。小腿肌腹作用在中立性全足落地和推进阶段。在此阶段它是唯一起作用的一组肌肉．站立阶段的最后10%，小腿肌腹作用下降，背伸肌，髋内收肌起大部作用。同时股四头肌和臀大肌也发挥作用。步态中的双足着地瞬间，体重由一肢体转向另一肢体。总之，活动的60%是站立阶段(全部或部分负重)，40% 属游动阶段(游动的肢体不负重)。

简而言之，在走路过程中，是由一侧肢体负重(站立阶段——足部落地)，而另一肢体负责向前活动(游动阶段——肢体移向另一新的地点)。正常步态全部过程表明为同侧足跟和足趾的交替负重并向前推移，即体重由迈步向前的足跟支持，以后是全足，直到足跟抬起，最终是前足负重。除骨盆、髋和膝的协调配合动作之外，还有上肢的摆动——当一侧下肢向前推移时，另侧上肢同时向前摆动。

步态异常有着特殊诊断价值。检查时需让小儿正常走路，再用足跟和足趾走和跑。有时还要让儿童上下楼梯。怀疑有肌肉神经系统疾病时，要让儿童定单线，即用一侧足置于另一足尖前的姿态沿一直线向前走路。还可要求儿童在睁眼和闭眼的情况下，向前和向后各走几步，还要向侧方横行和绕椅子走路，还有时让孩子快走和立即停步。

诊断神经系统疾病有时可从儿童走路的声音变化而得到线索。走路时擦地声常意味着足下垂，擦地声有时也是痉挛性步态的特点。打地声多为共济失调。观察和分析儿童的鞋子磨损部位也很重要。病人若用支具，拐架，要观察如何具体使用。

步态异常的原因：

①肌肉无力；系异常步态最常见的原因。肌肉无力的部位和程度决定跛行的类型。

臀中肌是髋关节的主要外展肌。正常情况下，单侧下肢站立，同侧臀中肌使对侧骨盆抬高，从而负重侧的髋关节和躯干保持平衡。臀中肌麻痹时，若以麻痹侧下肢负重站立，对侧骨盆则下垂(川德伦堡征阳性)，走路患侧负重时，麻痹的臀中肌不能稳定骨盆。病人走路的每个步态的站立阶段，躯干均向患侧倾斜，身体重心跨过臀中肌麻痹侧的股骨头以代偿外展肌的力弱。步态中的站立阶段，身体重心总是向麻痹侧倾斜。

臀大肌是髋关节的主要后伸肌。臀大肌麻痹的病人，患侧肢体负重时，躯干总是向后过伸，使身体重心移到髋关节轴线以后。这种代偿是防止髋关节的被动屈曲。

股四头肌是膝关节的主要伸肌。股四头肌对爬楼梯和稳定膝关节非常重要。股四头肌力弱的儿童平地走路时有时可近乎正常，不发生膝关节屈曲问题。这是因为正常情况下，膝部的负重中心是在关节的前方，从而膝关节在站立阶段仍能伸直。膝关节如有屈曲畸形，躯干不向前弯则不能保持膝部的伸直。这是用转移重心来平衡肌肉无力的另一例子。

股四头肌完全麻痹同时伴有膝关节屈曲畸形和臀肌力弱，则病人只能用手压住患侧大腿前方才能走路。

腓肠肌和比目鱼肌司步态站立阶段的最后(向前推进)的动作。腓肠肌和比目鱼肌麻痹时，病人呈足跟行走的步态。迈步向前推进力减小：胫骨在踞骨上后移。正常情况下，腓肠肌和比目鱼肌充分收缩后，可将足跟提起用足趾负重。连续提足跟动作十次以上，仍能充分伸屈踝关节，躯干也不向前倾。垂足步态系因足背伸肌麻痹。在步态的游动阶段，下肢向前移动时，足不能背伸。

由于不能对抗地心引力和对抗小腿三头肌群的作用，造成足下垂。病人洗脚时需用力屈膝和屈髋外旋并抬起下肢才成。垂足步态主要造成在游动阶段的运动障碍。

②骨与关节的结构性畸形：下肢短缩是否发生跛行取决其短缩的程度。下肢短缩2cm左右可借骨盆倾斜而不显跛行，但可看出患侧肩、髂嵴和髂前上棘低。另一种代偿的方式是患侧足下垂，或健侧较长的下肢屈髋或屈膝。下肢短缩引起的跛行，由于体重移向短缩一侧的下肢，故头、肩和骨盆发生倾斜。

下肢关节强直可造成病理步态。跛行的类型与该关节强直和强直在什么位置有关。髋关节强直时，走步的游动阶段骨盆主要借腰椎推动。膝关节僵硬时，借提高骨盆而使足部在游动阶段离地。这些是容易诊断的。

踝关节强直时，其步态不易与正常者鉴别。

所谓避痛性跛行是患肢骨关节疼痛，走步的站立阶段缩短，在负重时出现避痛性“快倒步”。

先天性髋关节脱位时，股骨头失去臼内的正常位置而脱于其上，使臀中肌的肌力减弱。儿童的步态为“臀中肌跛行”或称为川德伦堡步态。

③神经系统疾患，神经系疾患可产生各种不同的步态，有的是该病特有的，举例如下：

痉挛性步态，“痉挛”是指肌张力过高，腱反射亢进，肌牵拉反射增强，与对抗肌力失去平衡而出现的畸形。痉挛性麻痹或为单侧或为双侧，可引起典型跛行。儿童可出现足趾对足趾，足趾对足跟或平足步态。并发胫后肌强直的，则有足内翻，腓骨肌强直时则有足外翻。

痉挛性麻痹儿童出现剪刀步时，髋关节内收，内旋肌包括内侧_绳肌紧张，一侧膝关节交叉于另一膝关节之前，互相摩擦，同时可能出现川德伦堡步态。走路时儿童上肢也失去正常的游动。上肢的姿势呈肘关节屈曲，肩关节内收、内旋，前臂旋前，腕关节屈曲，拇指内收，其他手指向掌侧屈曲。后天性痉挛性麻痹儿童，肩关节也可能外展。胫前肌收缩力增强。肌力平衡和协调动作受损。轻型病例不能走单线，重症只能扶双拐走路。检查时应当注意有无相互矛盾的动作。仔细观察儿童爬动的方式。鞋子磨损部位可提示足趾走路情况。拖着脚走步的摩擦声音也是其特征。

不协调的步态，①脊髓共济失调步态，系脊髓或脑干固有通路障碍所致。小儿常见于周围神经炎或脑干病变：成人多系脊髓痨、侧索硬化症。引起失调步态系对体位失去感受和方向感。在睁眼走路时，儿童步态借助于视力的感受并不显示异常。但重症儿童则采双足分开的宽基底步态，先用足跟着地，然后用足趾负重，并出现磨地声响或双响步态。有时根据这种双响步态足以诊断脊髓性失调。仔细观察儿童在走路时是用眼盯住地面和自己的脚。如要求儿童闭眼走路，则不知向何处迈步，而无法走路。②小脑共济失调步态，无论睁眼和闭眼均呈现失调。这种失调系因小脑和其连接系统受损。儿童有宽基底的步态，不稳，不规则且不能沿单线走路。有全身性抖动和肌肉颤动。这种步态见于小脑疾患。若病变只限于一侧小脑半球，出现向患侧倾斜。

Fficdreich失调兼有脊髓性和小脑性失调的特点，原因系病变波及后束、脊髓小脑束，侧索和小脑，膝腱反射消失，Babinski氏征阳性，眼球震颤明显，以及其他肌肉骨骼异常。这些可协助诊断。

此外，尚有一种营养障碍性步态，多见于肌肉病变，如肌营养不良。儿童常因不能跑路或不能上楼梯而来就诊。在站立和走路时腰椎生理前突加大，要靠晃动髋关节走路，即加大骨盆倾斜和骨盆旋转用以代偿力弱的臀肌。上述过分使用躯干和上肢的步态称为“企鹅”步态，儿童从平卧起立十分困难，必须先翻身，然后用上肢支持跪起，再用手压住膝关节上方，两手交替压到髋关节前，才能逐渐站起，称Govef征。其机制是股四头肌和臀大肌无力，不用手压住大腿无法起立。上楼梯时也常需用同侧手协助下肢的动作。

（3）畸形 畸形的不同表现以及确切部位需予以测定；源于软组织、骨或关节；严重程度；属于固定性畸形，还是经自动或被动活动可得到-矫正；产生畸形的因素是什么；有无肌肉痉挛；有无局限性压疼以及活动时的疼痛；对成角畸形要测量它的角度，并象测量关节运动一样加以记录。有时还需作其他方面的客观测量，如膝外翻，把髌骨摆向前方，两膝相遇，伸直膝关节测量两侧内踝之间的距离称“踝间距”；相反，膝内翻儿童使两踝靠拢后测量“膝间距”。

有些特殊检查可表达畸形的程度。

①髋关节的固定畸形有时会由骨盆的动作所掩盖。因此，在检查髋关节的被动活动时应仔细观察骨盆。髋关节屈曲畸形在一定程度上会因骨盆前倾和腰椎生理前突加大而变得不明显。为了解决这问题需要作托马氏试验，即让病人平卧，将健侧下肢充分屈曲，大腿前方靠紧胸壁，从而使腰椎变直。如此骨盆则恢复正常体位。此时患肢股骨屈曲与床面所呈角度乃是畸形的真正角度。如脊柱强直，或在站立姿势下髋关节屈曲畸形已很明显，或二者同时存在，患侧膝关节必有一定程度的屈曲，只能足趾落地。这表现有明显的下肢短缩。

② Ober氏试验是用于测定髋关节外展挛缩的程度。令儿童侧卧，健侧在下，并使下面的膝髋高度屈以使腰椎变直。检查患侧下肢时，先屈膝关节90°，再屈曲髋关节90°，然后外展髋关节，最后使髋过度后伸和高度内收。在检查过程中膝关节始终保持90°屈曲。若大腿只能与检查台平行，则说明髋关节有外展挛缩。正常情况下，患侧大腿能达到水平线以下。

③肢体的短缩和延长：儿童直立，双侧足跟着地，双足靠拢，伸直膝关节。

下肢长度变化可对比腘窝和臀部横纹观察有无异常。其次，可用双手拇指置于儿童髂前上棘，对比两侧骨盆的高度。还可用不同厚度的木块放在短缩一侧下肢的足下，使骨盆两边高低一致。然后观察已知厚度的木块得出该侧下肢的短缩程度。但是此检查法可因骨盆有畸形而有误差，骨盆会有萎缩变形。

为了精确测量肢体的长度，还可让儿童平卧，用皮尺测量。首先，要把两下肢的位置摆成对称的体位。下肢“真正长度’的测量方法是从髂前上棘的下缘到内踝下缘或足跟的跖侧(要求踝关节保持中立位)。“外表长度”是下肢功能性长度。测量方法是从脐量至两内踝下缘。这种测量方法已把骨盆的倾斜考虑在内。髋关节内收会导致畸形一侧的下肢“外表长度”短缩。相反，髋关节外展畸形同侧下肢“外表长度”延长。

无论大腿或小腿的长度发现异常，均应分别测量。膝关节内侧关节间隙可用作测量起止点的标志。屈曲膝关节45° 时内侧关节间隙很容易摸到。

测量上肢全长的方法为，先将儿童肘腕手指放于中立0° 位置，从肩峰后方顶点到中指的顶端。上臂的长度是从肩峰后顶点到尺骨鹰嘴突尖端。前臂的长度是从尺骨鹰嘴量至尺骨或桡骨茎突。

小腿周径要在其最粗部测量。大腿周径要在两侧同等已知高度处测量，如髌骨上缘以上数厘米处或髂前上棘以下数厘米处。上肢全长，前臂和上臂的周径也要取指定的相同水平部位测量以供比较。

④成角或和内、外翻畸形：成角一词系指畸形以下的远端与近端的位置关系。内翻指肢体远端部分向内与身体的中线成角，而外翻指成角远离身体中线。例如，肘外翻即前臂肘关节远端向外偏离中线：肘内翻即向内朝向身体中线。髋外翻系股骨颈干角度大于正常(30° 左右)，即股骨干自股骨颈以下有远离中线的成角。髋内翻则相反，其股骨颈干角往往小于90° 。

(4) 关节活动范围 测量和记录关节活动范围的方法应该统一。以关节为活动的圆心，测其活动范围。统一规定关节伸直位为零度“起始点”，而不称为180° 。如肘关节伸直为0° ，屈曲到直角则为90° 屈曲。

测量关节的运动范围应包括主动活动和被动活动两方面。检查关节运动范围时动作要轻柔，否则会引起儿童疼痛。儿童肢体先放在舒适的位置，一般应该用量角器测量，有时可用目测估计。值得注意的是，用量角器测量也会因骨性标志不清或软组织肥胖、萎缩和测量时局部压力不同等缘故而有误差。

屈曲一般指关节折回的动作，即远离零度“起始点”的体位。伸展和过度伸展两个名词的界限应予明确。与屈曲相反的动作不一定都是正常范围以内的，如肘、膝关节的过伸。内收动作是指朝向身体轴心的活动。外展运动则是远离身体轴线的活动。此动作在腕关节则描写为尺偏和桡偏。旋后是指手掌转向身体前方或手掌向上，旋前是手掌转向身体后方或手掌向下。内翻一词系指关节向内侧翻转，如足的距下关节的内翻，即是抬高足内侧缘的动作。外翻为相反的动作。内旋和外旋则不言而喻。

典型的枢纽关节是指关节只能在一个平面上自由动作，如肘关节和膝关节即是。肘关节伸直时定为零度“起始点”。肘关节的正常活动范围为屈曲：0～150°；伸展：从150～0°；过伸：从0°起测量，一般为5~15°。过伸运动并非每人都有。肘关节活动受限可作如下表示：肘屈曲30～90°或肘30°屈曲畸形可屈曲至90°。

髋关节属球臼关节，有三个方向的动作，检查髋关节应注意骨盆有无旋转或倾斜。检查时要一手置于髂前上棘以了解骨盆在什么时候开始转动。让儿童平卧于硬板床上，先使对侧髋关节充分屈曲腰椎变直，再检查髋关节的屈曲挛缩。正常情况下，髋关节可从0°屈曲到150°。屈曲受限可用描写肘关节的方法表示：髋关节屈曲30～90°，或髋关节屈曲30°畸形，可进一步屈曲至90°。

其次，病人仍平卧，查髋关节在屈曲状态下旋转，髋和膝关节各屈曲90°。大腿前方要面对髂前上嵴，与检查台呈垂直的位置。测量内旋时，以大腿为轴，将小腿远离身体中线即髋内旋。外旋是以大腿为轴，将小腿向中线旋转。

第三，检查髋关节的内收和外展活动。测定髋关节外展时一定要注意髂前上棘的位置。一手按住骨盆，逐渐使髋关节外展以了解骨盆有无活动。从0°开始记录外展的度数，测内收时，需先将对侧下肢提起，以使患侧下肢能从其下通过。此外，还可以在下肢伸直位测量髋关节旋转动作。最好取儿童俯卧位检查。膝关节屈曲90°，小腿与两髂前上棘的连线垂直。此时，小腿向外落，系髋关节内旋，向内落系髋关节外旋。髋关节伸展运动也取俯卧位检查，或在儿童腹下置一薄枕垫，或将对侧下肢屈曲于检查台的尾端。伸直下肢或屈膝位时检查髋关节的伸展角度。检查髋关节伸展时脊柱下段也会有若干度的活动。

检查肩肱关节应先固定肩胛骨。肩肱关节和肩胸关节联合动作能外展90°，并上举上肢至180°。此时肩胛骨向上和向外旋转。

(5) 肌力测量 肌力可分为运动肌力和静止肌力两种。运动肌力指改换体位的力量；静止肌力系对抗外力的力量。运动肌力可借对抗检查力或地心引力的动作来检查。测定静止肌力可借检查者对抗儿童某一特定部位的指定动作查出。“力弱”一词系指肌力减弱，而“麻痹”则为肌力完全丧失。

肌肉力弱不仅表现在运动肌力和静止肌力两方面，而且还包括容易疲乏，运动速度慢、不规则、笨拙、颤抖、不协调和不能作细致的动作等。

对肌肉力弱还应进一步明确属于广泛的力弱还是局限性的力弱。广泛性(或全身性)的肌肉力弱多见于肌肉病变如肌营养不良、电解质紊乱、中毒、营养不良以及各种类型的肌炎和重症肌无力等。局限性肌肉力弱要进一步检查是哪个肌肉，是否为同一神经支配的肌肉，系脊髓神经某一节段所支配的肌肉或某一种动作的肌群力弱。严重者甚至发生某一个肢体无力，即丧失运动功能。某一肢体无力称为单肢麻痹，一侧肢体无力称“偏瘫”，双下肢无力称“截瘫”。此外还有“四肢麻痹”。

肌力弱还应测定其程度、特点和原因。具体地讲要测定肌无力是属于弛缓性还是痉挛性，是否合并知觉改变，反射有无改变，肌肉萎缩的程度，有无假性肌肥大，有无肌肉震颤，肌收缩一段时间，是否产生静止性挛缩。由于对抗组肌肉麻痹，肌肉静止性挛缩，即长期处于收缩状态，则不能恢复原有的长度。如脊髓灰质炎后遗肌肉挛缩可造成骨和关节的畸形。值得注意的是，这种畸形是否会进一步产生其他肌肉无力。另外，检查时留心被动或自动运动时是否引起疼痛。还应仔细检查运动受限或不能运动是否为麻痹的结果，有无自主或不自主的肌肉痉挛、关节肿胀及纤维性或骨性关节强直。最后，应酌定肌肉无力是可逆性的还是已经完全麻痹。同时，应该考虑肌腱转移手术能否改善其功能。

肌肉力弱的程度应客观地评定级别并加以记录，供日后进行比较。肌力可根据其能否运动关节、肢体以及对抗阻力和地心引力定为6级，如下：

0级　肌力完全消失，无收缩，肌电图检查无电位变化。

1级　肌肉收缩力微弱，仅有抖动，关节不能活动。

2级　肌肉可以活动关节，但不能对抗地心引力。

3级　肌肉收缩可以对抗地心引力，但不能对抗阻力。

4级　肌肉收缩可对抗一些阻力，比对侧差。

5级　肌肉可对抗阻力，与对侧相同。

检查婴幼儿的肌力比较困难。明显的肌肉无力可在其自主活动时和游戏时从旁观察。3~6个月的小婴儿还可给以诱发Moro反射来检查肌力。

3.神经系统检查

在诊断肌肉、骨骼系统疾患时，全面系统地检查神经系是十分重要的。在出现肌张力弱，运动共济失调和其他神经肌肉功能紊乱等情况下，神经系检查尤为必要。深、浅反射，感觉功能，颅神经，智力和情绪状态均应逐一了解。

新生儿和婴儿阶段有一些原始性反射，应常规进行检查。中枢神经系统控制神经肌肉功能的有两个部分，即大脑皮层和皮层下神经核。皮层下神经核较之皮层更为原始。皮层下神经核的成熟和对肌肉功能的控制均较大脑皮层为早。新生儿娩出后，大脑皮层尚不起作用。因此新生儿的动作主要为皮层下神经核所支配。有些功能终身以皮层下支配为主。

大脑皮层发育以后，可控制神经肌肉功能。同时对皮层下神经核起抑制作用。公开行为的成熟与大脑皮层的发育程度是一致的。皮层的成熟可通过某些动作受到抑制来表明，也可借肌肉神经活动的变化和完整性来说明。

新生儿的几种主要反射和反应：

（1）握持反射或称抓握反射　检查者将手指或铅笔、木棍，体温计筒从小儿手掌的尺侧送入，小儿屈指肌群的张力随之增加，当即屈指握拳，但拇指：不对掌。如试验前拇指伸直，试验时也屈曲。若将小儿握住的物品试行拉出时，上肢屈肌张力增加，甚至可借此拉起小儿的躯干。作此检查时，小儿应平卧，将头放正。此外，触动小儿手背，手指随之而张开，乃相反的一种反射。

新生儿时期已出现手握持反射，生后2～4个月时消失。检查此反射时应注意其强度；两侧是否对称和到时是否消失。较大儿童其手握持反射被椎体束和皮层运动区的功能控制；只有在发生大脑皮层功能障碍从而有“释放现象”时才出现。生后4个月的婴儿仍保留此反射则可能为痉挛性脑性瘫痪。痉挛性偏瘫可出现不对称的手握持反射。如生后手握持反射很强，以后一侧消失表明有弛缓性麻痹，如产伤性臂丛麻痹。

（2）屈趾反射 足部也有类似握持反射的屈趾反射。刺激跖底，特别是在足趾基底处加压，可出现足趾内收和屈曲。新生儿时出现，一岁时消失。但在产伤和脑发育不全时可持续存在。

（3）Moro 反射 Moro 于 1918 年描写了这个重要反射。儿童取平卧位，使其四肢完全伸直，任何刺激均可引出此反射。常用的刺激是突然后伸颈部，方法是将儿童头托在手上，稍抬起，突然使之跌落，或轻握起儿童双手向上，然后松开，颈椎骤然屈曲，或猛敲检查台或轻敲其腹部均可。反射的表现包括四肢外展和伸直、脊柱伸直。同时除拇指和手指末节外，其他手指均伸直并展开。紧跟上述的动作，有肢体内收和屈曲，故又称拥抱反射。反射出现的同时，儿童可有啼哭。

Moro 反射于生后 3 个月内出现，4～6 个月时由于髓鞘发育而逐渐消失。

以下情况Moro反射可出现异常，如外围神经损伤、产伤麻痹、锁骨骨折，肱骨骨折和痉挛性瘫痪时两侧反射不对称。若生后6个月仍有此反射，说明中枢神经系统成熟迟缓，如脑性瘫痪。严重的肌张力增强反而会使反射减弱，肌张力过强障碍了肢体活动。反射高潮时手不能张开或由于肢体强力屈曲而不能引出反射。

全身性肌肉力弱或肌肉张力增高，如先天性肌弛缓症等，Moro反射只部分引出甚至消失。早产儿由于肌肉力弱不能抗地心引力，在反射的内收阶段肢体倾向于下垂姿势。

（4）惊吓反射 不要与 Moro 反射混淆。惊吓反射可因噪音或敲打胸骨后出现，肘关节屈曲而手处于半握拳姿势，不象 Moro 反射的伸直肘关节。

（5）安放反应和迈步反射 为引出安放反应，将婴儿扶成直立位，使其胫骨远端或足背贴在检查台边。此时儿童可自动屈曲髋关节和屈曲膝关节，背伸踝关节，随即将足部放在台面上，然后伸直双下肢，使足底被动或自动落于台面上。上肢的安放反应是将尺骨背侧靠在台边而测出。婴儿的安放反应应与大儿童的类似动作相区别。正常情况下，足月新生儿均有这种安放反应，如不存在则说明有脑损伤。

为测定迈步反射或行走反射，扶婴儿直立，使其足落于台面或地面上。这个体位会引出双下肢相互交替的伸屈动作，类似走路。行走反射与成熟地独立走路动作的不同点是，行走反射既没有平衡动作也没有上肢的联合运动。行走反射只是在向前方推进时才能引出，向后倒退时则不存在。正常情况下这种反射于生后1～2个月即告消失。

（6）交叉伸直反射 将一侧下肢膝关节伸直，在足底加压或搔抓，对侧未被固定的下肢则屈曲、内收，然后伸直，并有足趾分开，交叉伸直反射似乎是表示婴儿欲排除外界刺激。刺激足底部使同侧下肢屈曲，远离刺激。对侧下肢伸直，趋向刺激物。刺激新生儿腹股沟也可引出交叉伸直反射，即同侧下肢屈曲，对侧髋关节、膝关节伸直。交叉伸直反射也称Philippson反射。正常情况下出生一个月后则不能引出。若持续存在则多为脊髓病变。

（7）后撤反射 针刺足底部引起踝关节背伸和髋关节，膝关节屈曲，后撤下肢远离恶性刺激。脊髓脊膜膨出和其他脊髓疾患引起的麻痹病患儿此反射消失或减弱。

（8）颈张力反射 去大脑皮层的动物，改变头的位置，立即出现肢体肌张力增高和体位变化。

颈张力反射有对称和不对称两种。检查不对称的颈张力反射时，让婴儿平卧，将头旋向一侧而不要向侧方倾斜。旋转5～10秒后再转向对侧。阳性反应是下颏指向的一侧上肢变僵、伸直；同侧的下肢也伸直。相反，婴儿枕侧指向的上下肢屈曲，在屈曲一侧的上肢极易引出握持反射。

正常情况下，出生4～6个月后不对称颈张力反射消失。但有些疾病，如严重的脑性瘫痪儿童此反射持续存在，甚至逐渐加强。

对称性颈张力反射即头颈伸展时，上肢伸直，下肢屈曲；相反，颈部屈曲时，上肢屈曲而下肢伸展。检查对称性颈张力反射时，儿童俯卧于检查者的膝部。在屈曲儿童头颈时，上肢屈曲或屈肌群张力增高。相反，儿童的下肢伸直，伸肌群张力增高。伸直头颈时，上肢伸直或伸肌张力增加，下肢屈曲或屈肌张力增强。对称性颈张力反射于生后6个月时。出现、消失的时间不定。

（9）“敞篷轿车”反射(1andau reflex) 小儿俯卧，检查者用手托起胸腹部，使小儿身体悬空并与地面平行。检查时注意儿童颈、脊柱和髋关节是在过伸还是软弱无力。反射阳性时，身体伸直时被动屈曲头部，躯干、上下肢均屈曲，当伸直头部时，四肢和躯干均呈伸直。正常情况下，此反射从生后6个月到2岁半均可引出。2岁半以后如仍存在，表示反射成熟延缓。

(10) 伸肌推进反应 下肢屈曲时，在足底部加压刺激，婴儿会突然伸直下肢。伸直后有时伴有屈曲动作。伸肌推进反应在生后两个月以内可见。持续存在表明有脑损伤和中枢神经系统成熟迟缓。

(11) 正直反射 是一种复杂的反射动作，可分作几种类型。

①颈正直反射：小儿平卧，头置正中位，四肢伸直。将头转向一侧十次。如出现颈部正直反射，则全身向头部所转动的方向转动。如不出现上述反射，则身体不转动。反射的输入冲动源于颈部的肌腱以及其他深部组织，由颈1～3神经及其节段扩散，先作用于头颈，然后波及全身。于生后出现到6个月。如生后1个月仍不出现，也表明反射成熟迟缓。

②身体正直反射：检查时儿童的体位和刺激方法与颈正直反射相同。但不只转动头部，而是从头端到尾端的全身转动。即先转头，后转肩，最后转动骨盆。此反射于生后6个月时出现。

③内耳正直反射；测此反射时，须将小儿双眼盖住以排除视力正直反射。首先让儿童俯卧，将其托起。出现反射时，头部后伸使面部与地面垂直。俯卧位的反射于生后1～2个月时出现，并持续终生。若生后2个月仍不出现，则可能为神经生理成熟迟缓。其次，蒙住小儿双眼，小儿平卧位托起。反射出现时为颈头后伸，使面部与地面垂直。生后6个月出现此反射，持续终生。最后托起小儿骨盆使之直立。左右倾斜时，但儿童的头部始终保持正直，使面部与地面平行。于生后6～8个月出现，持续终生。

④视力正直反射：儿童睁眼检查。试验体位和刺激方法与内耳正直反射相同。俯卧、平卧和直立左右倾斜。此反射出现时间也与上者相同。

(12)Galant反射(或躯干弯曲反射) 婴儿取俯卧位以手指刺激腹部侧面。如反射出现，躯干向刺激侧屈曲。刺激臀部外侧面时也可出现同样反应。

(13)口腔反射 包括以下的两种反射均在足月新生儿出现。若不出现则说明有严重的脑发育不全或明显早产。

①“吸吮反射”：可用奶头和手指放入口腔引出。

②“搜寻”或“寻找”反射；婴儿面颊一旦贴紧乳房，自己就可找到乳头。用手指轻触其口角时，其下唇则向刺激方向寻找，舌也向该侧转动。刺激的手指改变方向，婴儿头部也随之而转动。如轻微触动上唇中部，唇也向上动，舌也随之而向上，用手指沿鼻唇沟轻轻向上滑动，头也向后伸。若在下唇中部给以轻刺激，则唇随之而向下，舌也朝此方向动。手指滑向面颊，下颌后退，颈也屈曲。口腔反射在喂奶前，婴儿饥饿时最易引出。

(14)支持反应或下肢伸直反射 扶儿童直立，足底落在地面上或台面上数次。支持反应阳性时，落地的脚同侧的下肢和躯干呈伸直状态，随后双腿负重。此反应于生后4个月时出现，运动系统进一步发育后，此反射则消失。

(15) 倾斜反应 倾斜反应可用来测定平衡的成熟程度。各种体位重心不同。通过这个反应可观察保护性的适应反应。有以下几种测定方法：

①婴儿俯卧于平木板上，四肢完全伸直，然后将木板向一侧倾斜，倾斜反应阳性指木板抬高一侧的上下肢外展，伸直。头与胸部保持正直，同时在木板低的一侧上下肢出现保护性的反应。儿童仰卧位再以同样方法重新测定。俯卧位的倾斜反应于生后半年出现，两者终生存在。

②儿童坐于检查台或矮的椅子上，向两侧倾斜。反应阳性时，头、颈、躯干保持正直，抬高侧的上下肢伸直、外展。保护性反应出现在低落的一侧，阳性反应出现于生后7～9个月之间。所谓保护性反应是指拟用手或足支撑身体的动作。

③使儿童四肢向下，左右倾斜。阳性反应包括抬高侧上下肢外展和伸直，头颈后伸，低侧肢体呈现保护性反应。生后8个月时开始出现这种反应，到生后12个月时表达最好，终生存在。

④扶儿童腰部成直立姿势，尽可能使其双下肢负重。躯干两侧倾斜，然后作前后活动，儿童则用足趾动来维持其平衡。这种趾动反应于生后12～18个月出现。

(16) 降落伞反应或保护性上肢伸展反射 扶住儿童腰部，俯卧位托起，然后突然陡其头部朝地面冲下。阳性反应指小儿立即伸直上肢和腕关节去保护头部以免落地。降落伞反应于生后6个月时出现，且终生存在。

（三）常见致残疾病的诊断标准

1.先天性肌性斜颈

（1）定义：一侧胸锁乳突肌挛缩导致头颈歪斜。

（2）表现：出生后2~3周在胸锁乳突肌上出现肿块，2~6个月肿块逐渐减小、消失，患儿表现为头颈歪斜。

（3）检查：胸锁乳突肌比较健康侧紧张、短缩和增粗，头颈部向患侧歪斜，下颌转向对侧。

2.短颈畸形

（1）定义：颈椎有先天性融合畸形。

（2）表现：短颈、颈部活动受限和发际低三联征。

（3）检查：需要X线摄片或CT证实诊断。

3.先天性高肩胛症

（1）定义：一侧的肩胛骨的位置比正常高，同时伴有颈胸椎、肋骨畸形。

（2）表现：两侧肩胛骨不对称，患侧肩胛骨较小，位置高于健侧2~3个肋间，患侧上肢外展受限。

（3）检查：需要X线摄片证实诊断。

4.脊柱侧弯

（1）定义：脊柱侧弯是指脊柱在矢状面上偏离身体轴线的一种脊柱畸形，但脊柱侧弯常常合并椎体的旋转，实际上脊柱侧弯是三维结构的畸形。临床上比较常见的脊柱侧弯有先天性脊柱侧弯、特发性脊柱侧弯、神经纤维瘤病合并的脊柱侧弯、神经肌肉疾病合并的脊柱侧弯，如马凡氏综合征，先天性肌肉营养不良等等。

（2）表现：依据发生侧弯的位置不同，可表现有：双肩不等高，躯干向一侧倾斜，两侧胸背部不等高，一侧隆起，骨盆倾斜，双下肢不等长。

（3）检查：前弯试验是最简单有效的筛查方法，具体作法是：上肢平举，双手指并齐，伸肘下垂向前弯腰，注意胸腰部的隆起情况，两侧不对称即有可能存在脊柱侧弯。必要时进行X线摄片。

5.脑脊膜膨出

（1）定义：颅骨和脊柱发育缺陷，出现裂孔，形成脊柱裂获颅裂。脑膜（脊膜）从裂隙膨出形成囊性肿物，即为脑脊膜膨出。

（2）表现：脑脊膜膨出多位于背部中线，偶有偏离中线，常发生在腰部或腰骶部，一般向背部隆起。脑脊膜膨出常表现为横断性截瘫。

（3）检查：常常需要CT、MRI检查。

6.多指（趾）、并指（趾）畸形

（1）定义：手指或脚趾比正常多出一个为多指（趾）。两个或以上手指（脚趾）连在一起称为并指（趾）。

（2）表现：从外观即可做出诊断。

7.大脑性瘫痪症

（1）定义：因为早产、难产、先天性畸形、炎症、外伤引起的脑血肿、脑缺氧、缺血，新生儿黄疸等原因导致大脑功能失调，总称为大脑性瘫痪症。大脑性瘫痪症包括运动功能失调，感觉失调，语言和智力的障碍。

（2）分型：

按照神经运动分类

①痉挛型　表现为肌张力增高，屈肌突出，较硬，下肢成交叉状。智力多数正常。

②手足徐动型　不自主的，无意识的手足活动，但互不协调。

③强直型　全身肌张力增高，成强直状，活动消失。智力极差。

④共济失调型　平衡失调，肌感觉丧失，体位感觉丧失，平衡丧失，步态摇晃，常伴有眼球震颤，语音断续。

⑤混合型 常见于脑炎、结核性脑膜炎、化脓性脑膜炎之后，症状混合，无一定类型。

按照受损害的部位分类：

①截瘫　双下肢受累，常常属于痉挛型。

②偏瘫　同一侧上下肢瘫痪，几乎都是痉挛型的，偶见手足徐动型。

③三肢瘫　三个肢体瘫痪，常为双下肢和一上肢，常是痉挛型的。

④四肢瘫　四肢均受累，所有手足徐动型患儿均有四肢受累。

按照病情的严重程度分类：

①轻度 无语言障碍，能够生活自理，不需要借助器械而能自由行走，不需治疗。

②中度 不能完全自顾、走动或说话，需要用支具和自助器械。

③重度 受累程度已经严重到极难自顾、走动和说话。

（3）诊断：较大儿童诊断并不困难，有病因和临床表现。但婴儿诊断需要长期观察。

8.脊髓灰质炎后遗症

（1）定义：因脊髓灰质炎病毒侵犯脊髓前角细胞，产生迟缓性麻痹，又称为“小儿麻痹后遗症”。瘫痪的发生率仅为0.05%。

（2）表现：多种多样。

①下肢畸形：髋关节屈曲畸形，臀肌瘫痪，膝关节屈曲畸形，股四头肌瘫痪，膝反曲畸形，马蹄内翻足，外翻足，高弓足等。

②上肢畸形：三角肌瘫痪，肱二头肌瘫痪，腕伸肌、对掌肌瘫痪等。

③ 脊柱畸形：为麻痹性脊柱侧弯。

（3）诊断需要专业医生做出。

9.发育性髋关节脱位

（1）定义：发育性髋关节脱位，以前也称为先天性髋关节脱位，为小儿矫形外科常见病。发病原因尚不完全清楚，可能与遗传、性别（80%~90%为女孩发病）、种族、生活习惯、环境因素、胎位（臀位产发病率较高）等因素有关。

（2）表现：新生儿有患肢活动少，蹬踏无力，双下肢不等长的表现，儿童有跛行。

（3）检查：

①外观与皮纹：大腿皮纹不对称，患侧短或消失，臀部皮纹也不相称，患肢有外旋。

② Ortolani试验（外展试验）：屈髋90°时外展受限。当外展到一定程度突然弹跳，则外展可达90°，称为Ortolani阳性，此为髋关节脱位最可靠的体征。

③会走路的儿童表现为特有的“鸭步”步态。

10.膝内翻、膝外翻

（1）定义：内踝并拢，膝关节内侧之间不能靠拢，称为膝内翻。膝内侧并拢，内踝不能靠拢，称为膝外翻。

（2）表现：双侧下肢不直，膝内翻时，双侧下肢呈“O”型；膝外翻时，双侧下肢呈“X”型。

（3）检查：患儿仰卧位，双侧下肢伸直，调整髌骨向前方，测量膝关节内侧或内踝之间的距离。

11.先天性马蹄内翻足

（1）定义：畸形包括前足内收，踝关节马蹄，跟骨内翻和足的内旋，随着年龄的增长畸形日趋加重。

（2）表现：上述四联症。

（3）检查：从外观即可做出诊断。

12.先天性束带和截肢

（1）定义：系因母亲妊娠时，羊水过多，肢体被羊膜粘连或缠绕，在粘连和缠绕部位形成很深的皮肤沟，称为先天性束带。

（2）表现：临床表现呈多样性，束带浅者仅限于皮下组织，深者可压迫神经、血管、肌肉甚至骨骼，严重者可使肢体自行截肢形成先天性截肢。先天性束带常发生于下肢及手指，常合并手指缺如或并指。

（3）检查：X线摄片可以了解束带对骨骼的影响情况。

13.肢体不等长

（1）定义：肢体不等长是指单一或多个骨短缩或生长过度。

（2）表现：主要是行走跛行。

（3）检查：肢体测量可发现肢体不等长以及不等长的程度。

14.臂丛神经损伤

（1）定义：是由于生产过程当中臂丛神经因牵拉而引起的上肢瘫痪。现在有人主张称之为“新生儿臂丛神经损伤”。主要发生在难产、超体重儿以及臀位产的新生儿。

（2）表现：婴儿上肢下垂于身体两旁，不能自主活动。

（3）检查：肌电图检查有助于诊断。

15.骨折残余畸形

儿童骨折由于处于生长发育时期，成骨细胞丰富和活跃，血液循环旺盛，骨折愈合迅速，而且具有很强的塑型能力，所以很少留下畸形。但是严重的骨折或者骨折处置不当，也会留下残余畸形。例如肱骨髁上骨折可以发生缺血性挛缩，这是肱骨髁上骨折最严重的并发症，可造成终身残疾。肱骨髁上骨折还可能发生肘关节内翻畸形，正常情况下，肘关节存在10至15度的外翻角。

16.儿童意外伤害

随着交通事业的发达，随着医学水平的提高，造成儿童肢体残疾的原因也在发生着变化。在五、六十年代，先天性肢体畸形是儿童肢体残疾的主要原因，现在，意外伤害所占的比例逐渐增加。意外伤害包括交通事故，严重的烧伤、烫伤，有毒气体的中毒，食物中毒，药物中毒，坠落伤，枪击伤或刀伤等等。儿童意外伤害的表现不一，常常为复合伤害，包括有肢体的伤害，常常落下残疾。儿童意外伤害基本上都有医疗单位的就诊纪录和诊断证明，肢体残疾的筛查并不难。

17.类风湿性关节炎

（1）定义：为全身性疾病，关节炎只是其中的表现之一，为自身免疫性疾病。由于滑膜炎症，骨和软骨的破坏，关节可发生纤维化，导致关节强直，关节功能障碍。

（2）表现：分为三型

①少关节型在小儿最多见，它经常侵犯一个大关节，主要是膝关节。本病的关节外表现有：虹膜睫状体炎，Reiter's综合征（莱特尔氏综合征，即非淋病性关节炎、结膜炎、尿道炎）及肠炎。关节破坏很少见。

②多关节型占所有病例的三分之一。这是一种女性多发病，大小关节都会受到侵犯。与少关节型类风湿性关节炎相比，多关节型更容易受到进行性破坏，尤其是髋关节和膝关节。

③全身型类风湿性关节炎是最少见的一种，仅占20%。其特点是高热，每天2~3次，超过39.5℃，常伴有寒战。此外，本型还有明显的关节外症状，红白相间的斑状皮疹，最早出现在躯干，之后出现在手掌和足底等身体其他部位。肝脾肿大，胸膜炎和心脏周围炎也比较常见。全身型类风湿关节炎可逐渐加重，有四分之一的病人导致关节破坏。

（3）RF,ASO,CRP,HLA-B27实验室检查有一定的特异性。

三、现场筛查

（一）筛查步骤

1.初步筛查

（1）问：询问监护人受检儿有无肢体短缺、畸形、运动功能障碍、运动功能发育落后及小儿姿势异常等肢体残疾的既往病史。

（2）望：通过观察小儿全身肢体发育状况，皮肤的色泽改变，精神状况，对外界刺激的反应，有无肢体的残缺、长短粗细的不同就可以发现许多先天性的疾病或遗传疾病。

（3）触：通过检查者对小儿全身及肢体的触摸可以发现或证实许多残疾或功能障碍。例如：难产、产伤造成的臂丛神经损伤，可有一侧上肢软瘫无力，肌张力低下，感觉障碍。而脑缺氧等因素造成脑瘫可有肌张力增高，协调功能障碍，关节活动异常等表现。

（4）动：通过检查者对小儿各关节的被动活动，如伸、屈、收、展、旋转，能发现许多先天畸形。如先天性髋脱位，先天性桡尺融合症，关节挛缩症，假关节骨不连及一些代谢疾病。

（5）量：对肢体短缩，肢体不等长的患儿可进行肢体测量。

2.填写调查表

按照表格先后顺序，逐个如实填写，并签名或盖章。

3.阳性病例确诊

筛查阳性者中，可以现场诊断者，由测查人员直接诊断并填写诊断表；筛查阳性者中，无法现场诊断，需进一步X光检查者，由测查人员填写转诊单，区县残联人员安排儿童到指定医院进行辅助检查（城市地区指定医院为北京儿童医院；农村地区指定医院为各区(县)医院），残联人员将检查结果返回现场测查人员，根据结果诊断并填写诊断表；对于仍然无法诊断者，按照北京市统一安排，择期到诊断中心由本次肢体专业专家组为期诊断并填写表格。肢体残疾确证门诊设在北京儿童医院新门诊楼4楼。具体安排将根据情况由专家培训时通知。

第五部分　精神专业

一、精神残疾筛查和诊断方法

（一）前言

1.概念：精神残疾是由于神经精神疾病导致个体丧失社会功能的后果。最常见的精神疾病在成年人是反复发作或慢性衰退的精神分裂症等精神疾患，而在儿童除智力障碍以外就是孤独症、瓦解性精神病、Rett's综合征及癫痫所致的精神疾病所造成的残障。

2.致残原因

（1）严重的染色体畸变；

（2）某些先天性代谢性疾病；

（3）先天或后天所致严重脑损伤；

（4）难以控制的婴儿痉挛症；或癫痫症；

（5）病因未明的广泛性发育障碍如低功能孤独症（即合并智力残疾），Rett's综合征，瓦解性精神病等。

3.筛查和诊断的目的和意义

（1）目的

①通过短期培训使筛查员初步了解本次调查主要疾病的临床表现、病因及诊断步骤；

② 使参加调查的专业医师很好地了解诊断的步骤、诊断的标准及处理的原则和方法；

③通过培训基本调查为基层培养一批对儿童精神残疾有基本知识、初步掌握诊断方法和基本治疗方法的专业技术人员；

④本次调查拟初步摸清此种残疾的数量、年龄段、残疾程度和地区分布等情况，为国家和政府有关部门制定政策和开展各种康复、训练、安置等工作提供依据。

（2）意义

① 我们地处首都，但是缺乏儿童精神伤残的调查资料。这是与首都的国际地位、经济和社会发展状况不相称的。本次是我市第一次对幼儿的精神疾病和精神残疾进行调查。

② 幼儿精神疾病致残可能性较大，而早期发现、早期干预有可能较好地改善症状，提高他们的功能水平和健康水平，减少残疾和减轻残疾程度。

③精神残疾儿童由于其疾病的特点，对家庭和周围环境的干扰和妨碍较大。同时他们的康复和正常发展的需要也有自身的特点。本次筛查也可以基本了解这些特点。

④本次调查初步摸清此种残疾的数量、年龄段、残疾程度和地区分布等情况，为政府有关部门制定政策和开展各种康复、训练、安置等工作提供依据。

因此本次筛查无论是对社会还是对家庭都有十分重要的意义。

（二）筛查方法

克氏儿童行为量表作为本次调查的筛查工具，筛查阳性者应进入诊断程序。

（三）诊断方法

1. 临床诊断：详细收集病史并仔细观察儿童的行为表现；

2. 量表评定诊断

注：鉴于诊断量表CARS量表的使用亦要较资深的专业医师使用，结合本次我市调查的具体情况，决定由少数专业医生参加诊断，更好地达到诊断可靠性和一致性。故培训班不能介绍。

二、孤独症及相关发育障碍

孤独症及相关发育障碍又称广泛发育障碍。包括孤独症、不典型孤独症、阿斯伯格综合征（Asperger's），雷特综合征（Rett's）、童年互解性精神障碍（Heller's）和其它广泛发育障碍。他们的共同特点是社会人际交往和沟通模式的质的异常，个体在各种场合的多种功能活动，如社会技能、认知和/或交流能力等均具有广泛性发育迟缓和扭曲的早发性发育障碍，但程度上有所不同。多数起病于婴幼儿，少数例外，均在五岁以内就有明显异常。

孤独症

孤独症是一种由一系列发育和行为特征所组成的综合征。它的核心症状包括以下三个方面的缺损：

社会交往；沟通；行为，兴趣和活动模式（局限，重复和僵硬）。

1943年，Kanner在她的论文中首次描述了这些核心症状，提出11个具有“情感交流自闭样障碍”的儿童表现出一种独特的症状模式：与人群和环境的孤立；无法使用交流性语言；强迫性要求环境的稳定不变。

DSM-IV诊断系统（美国精神协会，1994）强调这些症状在一生中会改变，行为问题的严重程度从轻度到重度不等。

孤独症的病因

孤独症病因未明。儿童一出生就可能患有孤独症。一般在出生后30个月内症状变得明显，并影响终生。

历史

在二十世纪五十年代和六十年代早期，一些人（例如Bettelheim，1967）认为孤独症是一种与社会家庭的精神分裂样退缩和疏远，认为冷酷的父母导致了子女的自闭表现，社区计划被认为是治疗孤独症行为的一种方法。治疗包括对孤独症患儿的个体心理治疗，尝试改变父母的态度，使他们明白自己在子女发育过程中的作用。由于系统研究不能证明“心因性”理论，这一理论和相应的治疗方法已经过时了。

在二十世纪七十年代，研究发现基本认知缺陷和脑组织功能异常，从而提出了孤独症的自然病因学说。大量证据表明孤独症患儿的神经（脑）异常。

1977 年，Folstein 和 Rutter 对 21 对同性别的双胞胎进行研究，他们其一或两个都患有孤独症。他们这个研究指出了“脑损伤特别是在围产期的损伤的重要性，它们可能独自起作用，或者与语言相关的遗传易感性共同作用”。这一研究促使了孤独症发病中遗传因素的研究。但是遗传模式和遗传因素依然未知。

近期的脑研究

孤独症患者脑功能可能异常，但是它的神经病理的机制依然不清。

研究提示孤独症是一种涉及皮层下和皮层活动水平的障碍。异常的脑活动和听觉水平，对感觉输入反应的缺陷，脑事件相关电位的异常，左侧脑半球的损伤，颞叶和其他特殊结构的异常已经被发现。

目前的研究发现脑结构异常，例如小脑和边缘系统。孤独症患者的脑结构发育不全。一些研究报道脑容量和脑周径增大，但是这些异常并没有与临床表现，如严重程度和智商相关联。

神经递质如五羟色胺的异常也被发现，但这并不是孤独症所特有的。唯一肯定的发现是在 25% 的孤独症患者全血中五羟色胺水平升高。它的意义并不清楚，尽管可能提示脑的发育功能受到了影响。

目前的神经生物学理论假设在高级认知过程中有一个或多个基本缺陷,包括语言,社交理解和情感内省,还有最后通路中脑皮层的参与。

未来的研究需要确定:

孤独症临床症状的病理生理学;

导致临床症状的异常的脑结构和功能的发育病理生理学;

启动导致这些症状的脑发育异常的遗传机制。

近期遗传学研究

尽管遗传机制未明，遗传因素在孤独症的发病中起着关键性作用这一观点已得到人们的普遍认可。有证据表明，至少有三个或三个以上的基因相互作用导致发病。

孤独症的男女患病比率是 3～4 比 1。第一个孩子患孤独症的比率是 1：1000，但是第二个孩子的患病率就上升到 1：50，尤其对女孩而言。孤独症儿童的家庭中具有学习困难，言语延迟，孤僻和社交孤立，强迫行为和抑郁的个体的可能性更大。

人们期望分子遗传学的研究进展将有助于更深刻的理解孤独症发病种基因的作用，环境和遗传易感性的相互作用以及与孤独症相关的认知缺损的变异。

病因

过去40年的研究已经确认了一系列的致病因素。现在认为孤独症是一种神经发育疾病，包括基本的认知和信息加工过程缺损，情感，沟通和社交技能的缺损。但是，仍有许多问题未明，例如孤独症的神经病理，遗传方式。

相关的内科情况

孤独症常伴随有一些影响脑功能的内科疾病，例如：

结节硬化和先天性风疹；产前和围生期创伤，新生儿窒息；获得性脑病畸形；代谢性疾病，例如苯丙酮尿症，Lesch-Nyhan 综合症状；遗传性疾病和染色体异常，例如脆性X,结节硬化，De Lange 综合征，Joubert 综合征，Williams 综合征等；30%的孤独症患儿从儿童到成人早期有癫痫发作，大多数的孤独症儿童脑电图并无异常脑电活动。

一些影响智力的内科疾病例如 Down 综合征，脑瘫很少合并孤独症。

孤独症与这些内科疾病关联的本质需要进一步的研究。

孤独症的患病率

在过去 30 年里进行了一系列的患病率研究，从 1966 年到 1997 年有 23 个患病率研究报道，他们所采用的诊断标准，样本数量和类型均不尽相同。

近期采用最严格评判方法的研究得出了较一致的患病率，为万分之九。Gillberg (1997)对1985年以来全世界的大量研究进行了汇总，得出孤独症的患病率为万分之十到十二。最近，Fombonne(1998)对来自 10 个不同国家的 19 篇患病率研究综述得出平均值为万分之五。近年来孤独症的患病率增加，这可能与社会的关注和评估方法的改进有关。

如前所述，孤独症的男女患病比率是 3-4 比 1。

诊断

因为孤独症的病因未明，所以孤独症的诊断依赖于儿童的行为模式和诊断标准的发展。虽然孤独症的临床表现通常在婴儿早期就出现，但是它的诊断依然是困难的，直到两岁时言语技能表现得更明显。

1980 年，美国精神协会诊断和统计手册第三版（DSM-III）提出了“广泛发育障碍”诊断术语，它覆盖了一组发育性疾病，包括孤独症。它表现为社交，认知，情感和语言方面的异常和缺损，通常出现在生命早期。美国精神协会诊断和统计手册第四版中（DSM-IV）广泛发育障碍包括五个分类：孤独症，儿童分裂样障碍，Asperger 综合征,Rett 综合征和广泛发育障碍 - 未分类。

孤独症诊断标准（DSM-IV）

A. 在下列（1）、（2）、（3）三项中包括(1)项中的 2 小项，（2）、（3）项中的至少 1 小项：

（1）社会交往有质的损害，表现如下：

a. 非语言性交流行为的应用存在显著损害，例如：眼对眼的注视，面部表情，身体姿势及手势等。

b. 不能与同龄人交往。

c. 不能自发地与别人分享快乐、兴趣、成就等（例如对自己有兴趣的事物，不能带给或指给别人看）。

d. 在社交与情绪上不能与人发生相互作用。

（2）交流能力有质的损坏，表现如下：

a. 言语发育完全缺乏或延迟，而不伴有想用其他方式（例如手势或模仿动作）代偿的尝试。

b. 有一定说话能力者，在提出话题和维持谈话的能力方面也有明显损害。

c. 使用刻板的或重复的语言或特殊的、只有自己听得懂的语言。

d. 缺少与其年龄相应的自发的假扮游戏或模仿日常生活的游戏。

（3）行为、兴趣或活动方面的局限的、刻板的格式，表现如下：

a. 有一种或几种固定的、重复的、局限的兴趣，其程度和内容均属异常，且不易改变。

b. 固执地遵循某种特殊的、没有意义的常规或仪式。

c. 刻板重复的作态行为，如手指扑动或扭转、复杂的全身动作等。

d. 持续的注重事物的某些局部。

B. 三岁以前，在下列三方面中，至少有一方面已有发育迟延或功能异常：

（1）社交互相关系

（2）用于社交的言语

（3）象征性或想象性的游戏

C. 以上症状不能用 Rett's 儿童期瓦解性障碍（婴儿痴呆）来解释。

孤独症谱性疾病

孤独症谱性疾病目前仍然在使用，但是它的定义与广泛发育障碍相比缺乏国际性的统一。孤独症谱性疾病有时与广泛发育障碍相类似，代表一组孤独样疾病；有时又是单指孤独症，而严重程度不同，从一端程度严重的具有“Kanner 样孤独症”表现的智力发育延迟的儿童到另一端的程度轻的智力正常的Asperger综合征儿童。后者的一个问题是如何确定严重程度，是智力水平，语言能力，强迫行为还是社会缺损？Asperger综合征的儿童可能具有正常的智力，但是社会行为严重受损。因此，严重程度这个概念涉及到认知，社会和行为多个领域，任何应用到广泛发育障碍儿童的指标都有局限性。

目前国际上已经对孤独症的诊断形成了一个普遍认可，这在世界卫生组织的国际疾病分类手册第十版（ICD-10）和美国精神协会诊断和统计手册第四版中（DSM-IV）有具体描述。

评价

美国精神协会诊断和统计手册第四版中（DSM-IV）的诊断标准要求全面的，多方面的评估，至少包括：

发育和家族史；儿童行为和与其他人的相互作用的观察；内科检查，包括可能引起智力障碍和听力障碍疾病的检查；认知评估心理教育简表(PEP-R;Schopler et al,1990）和韦氏智力量表(WPPSI-R,Wechsler,1989)；结构性语言评估；结构性评估，例如孤独症诊断观察表，儿童孤独症分级量表，发育行为检查表。

作为干预和服务计划的第一步，要对父母和照顾者进行一个全面和细致的信息反馈

评估手段

过去40年里针对孤独症的诊断和相关的行为已经发展出了一些特异性的评估工具。因为孤独症的病因未明，所以诊断主要依靠行为学的描述，儿童行为模式和发育史的观察。因此评估工具用于孤独症的筛查，诊断的标准化和变化的测查。

孤独症的临床表现

（一）社会交往技能受损

孤独症的一个核心症状是人际关系异常，这包括对人的回应和兴趣减少，孤僻，与他人的交往能力局限或受损。

孤独症儿童常常缺乏正常的亲密姿态，如举起手寻求拥抱，常常不会寻求躯体上的舒适。但是，他们选择性的对基本的照看者表现出亲密。这不仅仅是孤独症儿童社会相关技巧没有发育的问题，而是社交关系质的异常。

孤独症儿童对他人反应的面部表情缺少变化，通常有不正常的眼部接触，社交亲密的表现例如挥手再见、亲吻、拥抱。

他们很少发育有与年龄相适应的移情，理解他人感情的能力。他们与他人做朋友的能力缺乏或受损，通常不能与其他儿童做交互性游戏。

所有的孤独症儿童表现有社交受损，但是这种受损的本质却有差异，并且随着年龄的增长而变化。例如，对他人的兴趣和一些社交技巧可能会增长，但是他

们通常以一种机械或僵硬的模式表现。

（二）沟通交流障碍

口语和非口语交流技能方面的缺陷通常是孤独症患儿家长首先关注并寻求帮助的原因。

孤独症患儿通常有显著的语言延迟或扭曲，有一半的患儿没有功能性对话。研究发现接近一半的孤独症患儿最终可以有效的交谈。孤独症患儿使用姿态和模仿的能力受损。

语言发育的孤独症患儿，其发育和使用模式显著扭曲。语调、语音怪异，声音机械化、缺乏变化，间断。一些儿童说话时声音很低或很高，一些重音异常。

他们对口语的理解字面化，望文生义，常常无法理解一些习语的含义或引申义。

单词和词组的异常使用是孤独症的一个常见表现。模仿语言（对他人言语的重复）是言语方面最常见的一个异常。可以是即时模仿，也可以是延迟模仿。一些儿童无明显的原因重复广告词或大段的对话。模仿语言可以有部分功能。

孤独症患儿常常代词误用。Kanner（1943）最先把这归因于模仿语言,但是最近的研究发现这个症状与孤独症患儿理解他人观点,自我和他人的概念化的缺陷有关。

一些儿童自造新词。

语言理解缺陷在孤独症中也是重要的。理解困难可能与社交困难与社交理解缺陷有关。无法用词语或姿态表达需要，与理解他人的口语反应相比使用词语的水平差异，是导致挫败感的一个原因，从而可能导致抑郁或行为异常。

即使口语技巧发育的孤独症儿童也表现出对语言的社交使用及语法的困难。他们发起一次谈话，与他人交流或维持谈话的能力受损。孤独症儿童谈话时更倾向于对你说话而不是和你谈话，偏离话题，过早的结束谈话。Howlin(1998)把 " 无法为了社交目的而进行交流 " 描述为孤独症的语言缺陷的最主要特征。

（三）兴趣与行为的局限及刻板重复

玩要和想象

孤独症儿童通常有僵硬和局限的游戏模式,伴随显著的想象力和创造力的缺失。他们可能将玩具排队，按颜色排序，收集各种各样的物品例如石头，某一固定颜色和形状的物品.孤独症儿童对这些物品有强烈的关注,如果它们被移走或给边模式将表现出抑郁。

年长一点的儿童可能发育有表面上看起来具有创造力的游戏,例如用玩具再现在学校的生活，表演所喜欢的剧情中的场景。对这种游戏方式的长时间的观察发现他们有公式化的场景，不能改变或被打断。

孤独症儿童极少在游戏中吸收其它的儿童加入，除非某些固定的角色需要这些儿童。

程序化、僵硬的兴趣或行为

程序化和强迫行为在孤独症儿童中是很常见，例如强迫接触或日常生活中的强迫和固定仪式。他们也常常抵制仪式或环境的变化，如果学校中发生了一种新仪式，家里的家具重排，给孩子穿新衣服都可能引起孤独症儿童的极度抑郁。

固定僵硬的手和手指的运动和复杂的重复性躯体运动在孤独症儿童中也很常见。关注于事物的细节例如桌子的边缘或轮胎上的字母排列顺序。许多儿童，尤其是儿童中期或后期的孤独症患儿，常常有不寻常的癖好，并排斥其他活动。这些癖好可能是对公共汽车时刻表或火车时刻表的沉溺，反复问一些需要特殊回答的问题。

（四）相关的特征

孤独症儿童中还可见一些异常，如饮食习惯的异常，睡眠障碍，情绪异常和自伤行为。感知觉异常，例如对疼痛无反应，对声音的过度敏感也很常见。这些特点并不是孤独症儿童特有的，在智力异常的儿童中也可发生。

（五）认知能力和智商

大多数孤独症儿童都有智力障碍。最近的文献综述表明在大多数的流行病学样本中50%的病例有严重的智力障碍，30%的病例有轻度到中度的智力障碍，20%病例智力正常。

智力低下与癫痫相关。三分之一的智力低下的孤独症儿童伴有癫痫，而智力正常的孤独症儿童只有二十分之一伴有癫痫。

孤独症儿童的智商在标准化的智力测验中常常表现出异常的模式。个体能力常常表现出一种广泛的散布，在口语顺序和概括能力方面有缺损，而背诵记忆则好一些。需要操作技能，视空间技能或即时记忆的任务表现则好一些。大约20%的孤独症儿童具备在正常范围内的全部认知技能，从而称之为“高功能”，但是通常也有一种相对广泛的能力散布。

认知缺陷与智力和语言一样是社会化的。Rutter(1983)认为这种认知缺陷是孤独症的症状基础，而不是继发症状。研究发现这种缺陷广泛存在于孤独症儿童中，是青少年期和成人早期生活功能的一个最有力的预测指标。

认知缺陷是孤独症能力缺陷的一个基本方面。

预后

孤独症的症状会随着患儿的年龄增长而发生形式和程度的改变，但是核心的社交，沟通和行为困难症状会持续。许多父母发现学龄前期的患儿最难管教，但是早期教育和干预会有改善。

随着教育和训练的干预，学龄期儿童的社交和沟通技能提高。自伤行为，应对变化的问题，强迫行为可能会增加。

青春期也可能导致许多症状的出现，例如违拗，攻击或强迫行为，焦虑，紧张或情绪障碍。抑郁也常见，可能是内分泌和中枢神经系统功能改变相结合导致的。

青春期发生痉挛的风险增加。估计有25-40%的孤独症患者在30岁之前有癫痫发作。男性风险更大。

长期预后

有关孤独症患者长期生活的随访或回顾性研究很少。Venter等(1992)对青春期和成人期的高功能患者进行研究以确定认知和行为因素在社会适应和教育程度方面的预测作用。研究发现早期口语技能是预测后期教育功能和适应行为最好的指标。Gillerg 和 Steffenburg（1987）随访了46个病例直到成人早期，发现60～75%的患者在社会适应方面表现较差。其中有一半的人长期住院。

在成人期，大部分孤独症患者需要社会支持。一个研究发现三分之二的个体需要日间或社区治疗服务。一少部分的患者可以工作，独立生活，发展一定的社会联系和友谊。而另少一部分的患者则症状恶化，需要高水平的护理。

通常，有高水平的认知和沟通技能的患者可以独立的工作生活，但是依然存在一定程度的社交困难。少部分的孤独症患者的行为、情感和社交问题将伴随终生，但是将有一定程度的好转，独立能力将提高。

虽然有上述研究，我们依然无法预测一个孤独症儿童的未来将如何。

孤独症儿童的其他情感和行为问题

青少年期的孤独症患者除了沟通障碍和社交相关问题外，还有严重的焦虑和情绪障碍，异常的行为，并持续整个时期。

* 反社会行为

孤独症儿童由于社会知识和技能的缺乏，很少发生说谎、偷窃、放火、逃学等反社会行为的。但是反社会行为可以发生在那些具有相对高智商的孤独症患者中。通常这种行为表现为自我兴奋或自我沉溺，而没有引起社会关注或理解的目的。例如，一个孤独症儿童周期性的点燃干草堆，从火焰燃烧的光亮，味道中获得快乐。

＊分裂行为

分裂行为，例如发怒，谩骂，攻击，自伤等，常常是导致住院、家庭和教师反感的原因。

分裂行为在学校中将直接导致学习时间的减少，不能适应正常学校的制度从而必须进入特殊学校。严重的分裂行为常常导致家长的负担加重并且是进入日间护理或社区护理的主要原因。

＊焦虑

孤独症患者常常有严重的焦虑，表现为害怕与家人分离，特殊的担心或恐惧(例如对特定的声音，气味，动物等)，拒绝改变，无原因的恐惧或抑郁等。这些表现可能导致教育失败，损害社会交流，导致管理困难等。

孤独症儿童中抑郁症状的确定将为管理提供一个机会。心理治疗和特殊的认知和行为训练都是有效的。药物治疗，如选择性五羟色胺再摄取抑制剂和三环类抗抑郁药可以减少焦虑。心理治疗需要不断的调整，药物治疗的有效性需要通过目标症状的基线和随访结果来确定.

＊抑郁

青年期的孤独症患者容易有抑郁和情绪障碍的表现，伴随有易激惹，睡眠和食欲障碍，强迫行为，精神运动性迟滞，自杀想法。这些情绪障碍将损害患者的教育表现，加重他们的社交困难，家庭生活质量恶化。

心理治疗对抑郁有效，如认知治疗，放松训练，愉快的事情。激励，家庭和学校中的减压将是有益的。抗抑郁药物对严重和顽固的抑郁也是必需的。

＊注意缺陷多动障碍

不安，冲动，缺乏计划，无组织行为，烦躁和多动在孤独症患者中多见，可能随着成长而减少。治疗需要一个广泛的计划，包括有计划，结构化的有时间限制的活动计划，减少环境刺激，交流计划，行为调整，放松，必要时药物治疗。

（六）治疗方法

孤独症缺乏有效的治疗措施。在过去的四十年里，有许多的治疗方法被报道，但是常常缺乏有效性的临床证据。许多方法是基于某种病因学假说。由于知识的不断更新，社会对残疾的理解和伦理学的改变，许多治疗方法已经不再使用。

目前对孤独症的治疗通常是一整套精心设计的，涉及多个学科的，结构化的治疗方案。它整合了早期干预，特殊教育，行为管理，社交和沟通技巧训练，精神营养治疗等多个方法。治疗必须是家庭／护理者和专业人士之间的合作。

1.行为治疗

在过去三十年里，行为治疗包括对孤独症患者的教育，治疗和管理被有效的使用。它可以减少困难行为，提高社交，沟通和认知技能。

传统的方法

传统的行为治疗控制环境以增加，减少或保持所研究的目的行为。这种方法被称为“ABC方案”。治疗中控制行为的条件或结果或者两者，通过一系列的措施来减少过量的行为或增加行为能力。下面列出了一些最常用的行为治疗的方法。

正性强化：这是强化某种行为时最常使用和最简单的方法。目标行为后伴随有一个愉快的事件，就可以提高这种行为再次发生的可能性。最关键的因素是发现哪些因素是孤独症患者真正感兴趣的。不能想当然的认为我们觉得有趣和奖励性的事情就是孤独症患者多感兴趣的。例如对常人而言，拥抱或接吻是愉快的，但是对孤独症患者来说就可能是不愉快地。

中断：这个方案用于减少孤独症患者中的不良行为。基本原理是大多数的人在一个行为发生后总是希望得到关注或其他一些正性反馈。如果一个行为发生后没有引起正性反馈，那么这个行为再次发生的可能性降低。儿童将被带到另一个房间或者是房间的其他部分，被冷落一段时间。这种方法实施的前提条件是儿童有能力将行为和被冷落这两个事件联系在一起。一些孤独症儿童认为，一个安静和空荡的空间可能就意味着奖赏，从而导致某些行为的增加以获得孤立。中断疗法作为一个“电路截断”对家长和儿童来说都是有效的。一个中断或孤立是避免矛盾升级所必需的。它给家长和儿童一个思考冷静的时间，家长有机会思考如何反应是最佳的。中断治疗和其他培养新的或替代性的行为方法一起使用最佳。

促进：这是一种培养完全没有的新行为的方法。有一系列的途径促进儿童的行为。物理促进从字面上理解就是“传递”动作以指导儿童的新行为。例如，如果我们要教育一个儿童用叉子而不是手吃东西，那么我们就把手放在儿童的手上，帮助儿童用叉子叉起食物，放入嘴中。口头促进是从口头上告诉儿童如何做。例如，“用叉子叉起食物”。口头促进必须十分的清楚和简单。仅仅说“用你的叉子”是不够的，它并没有告诉儿童如何用叉子。指点同样可以促进正确的反应。刚开始使用多种促进方法是合适的。渐渐的，促进将减少。例如，物理促进和口头促进相联合。随着行为的改善，物理促进将减少代之以指点和口头促进。一个年长的儿童，如果他已经学会了一个新的行为，只是需要一些小的线索或提示来提醒他如何去做时，精细的促进将是合适的。例如，在一个教室中，一个经常冲动的脱口而出的儿童已经学会了举起手等待老师点名回答问题，只需老师升起一个手指提示他。

2.早期干预

针对孤独症儿童有很多早期干预的方法，包括：家庭或学校为基础的方法，特殊的综合性孤独症环境，干预长度从每周4小时到40小时。多数的治疗可以在象征性游戏，语言和社会交流中获得。早期干预计划使用行为和特殊教育技术。专业教育支持对那些在家进行治疗计划的，有着迫切需要的家庭成员或护理者来说是至关重要的。

高强度的行为干预（每周超过40小时，两年以上）是否导致正常功能的恢复目前还存在着争议。行为干预可能会改善症状，尤其是智商测验的得分，但是这些改善是否能随着时间的推移而保持需要验证。需要进行长期评价，尤其是那些评价社会交流和互动，抽象能力，强迫或仪式性行为以及其他的情绪或行为问题的指标。

早期干预的特殊作用需要进一步的研究，尤其是那些不同的治疗导致的不同作用，不同的孤独症亚群，如高功能和低功能组中的不同反应。

3.特殊教育

针对孤独症儿童的特殊教育计划是老师根据每个儿童的特点而制定不同的问题解决方法来达到特殊的需要。这些计划的目的是提供可以控制的，连续的，高度有组织的教育环境。孤独症儿童的认知情况需要事前进行评估，例如对一个有良好的视觉-运动技能的孤独症儿童使用视觉仪器将比口语仪器效果更好。对教育的反应依赖于智力和语言的情况，但是大多数的儿童在进行一定的行为和特殊教育治疗后都有改善。

将孤独症儿童整合到一个正常教育的环境中是令人期待的。是在主流还是特殊教育学校主要依赖于儿童的智力水平。在正常的学校中一些孤独症儿童需要密切的监控和支持。如果没有合适的特殊教育和资源，孤独症儿童有可能会变得更加孤立，分裂和扭曲。

4.药物疗法

药物治疗只是全面治疗的一部分。全面治疗包括改善交流的训练，行为管理，教育，社交技能训练，日常活动的构建和父母的支持。

在与孤独症相关的不同行为，综合征和精神药理学障碍的药物治疗中，有不同的疗效。只有对症状进行评估和诊断后才可以采用药物治疗。在一定程度上，药物的使用是经验化的，因此在使用药物时必须记录目标症状的基线并进行随访。异常行为的基线评估有利于区分药物导致的行为。

必须经常询问可能的副反应。定期的随访可以改善治疗的依从性。

* 焦虑

三环类抗抑郁药，没有心脏病史或癫痫，因为该药物有潜在的心脏毒性。

SSRIs。副反应有兴奋，恶心，头痛。

安定类药物，低剂量，是最后的选择，因为有潜在的神经副作用（静坐不能，肌张力障碍，运动障碍），体重减轻，血液疾病。

丁螺环酮。

* 抑郁

SSRIs。

三环类抗抑郁药，适用于年长者。

* 强迫行为

SSRIs。

三环类抗抑郁药，尤其是氯丙咪嗪，丙咪嗪，但可能导致癫痫。

* 挫折，愤怒，攻击，分裂行为和退缩

神经阻滞剂（氟哌啶醇）。

纳曲酮可以减少自伤行为和多动。检测肝功能。

抗痉挛剂（例如丙戊酸盐，卡巴咪嗪），可以提高学习能力。检测肝功能。

* 反复的情感障碍

锂盐，要求定期检测血药浓度，肾功能。避免脱水。也可以减少自伤行为和攻击行为。

抗痉挛剂（例如丙戊酸盐，卡巴咪嗪）。

* 注意缺陷多动障碍

兴奋剂（例如右旋苯丙），副作用有易激惹，多动恶化，退缩和固执，失眠。

神经阻滞剂。

三环类抗抑郁药。

丁螺环酮。

纳曲酮。

阿斯伯格综合征（Asperger's）

临床表现及诊断：Asperger's综合征与孤独症儿童一样的社交能力损害，但其表现可以不回避、不退缩，甚至喜欢与人交往，但显得笨拙、愚蠢，热种单方面交往，不能建立自然、轻松融洽的关系。他们存在言语上的问题，但表面上可以显得喜欢谈话，谈话显得夸张、笨拙，停留于单调的话题。非言语交流也存在缺陷，面部表情和姿势语言受限，有时说话过少或表现出单调转换的异常。

雷特综合征（Rett's）

本征是一种迄今为止只见之于女童的渐进性脑病，以运动技能及智力进行性衰退为其临床特征。Rett（1966）在法国首先报告但直到1983年以后才得到广泛的注意。1984年在维也纳召开国际专题学术会并在会上制订了Rett's综合征的诊断标准。

据估计本症的患病率为1/10,000-15,000，可见于任何民族和国家的任何社会阶层,典型的表现是早期发育正常,但在7-24月时便丧失原来的获得的语言能力和手部精细运动操作技能。手部活动变得没有目的的刻板扭动如同“洗手”、“搓手”样动作为其特点，语言的表达和理解及运用能力明显受损，表现为严重的智力障碍。患儿常有过度换气发作，面部表情特别，常表露一种“社交性微笑”，注视或凝视他人。躯体和神经系症状和体征较突出，躯干活动常有共济失调，站立和行走时所占基底很宽，肌张力不正常，常见脊柱侧凸或后凸，约半数病例到青少年或成年时出现脊髓萎缩并伴有严重运动不能。上肢肌张力增高的患儿，重症患儿可成一种强直状态。多数病例伴有癫痫发作，有的病例在迅速的发育倒退时出现“孤独样症状”，失去对人和对周围环境的兴趣，对环境的刻板的反应，到新环境感到非常焦虑和恐惧，社会退缩及其有限的社交范围。

童年瓦解性精神病（Heller综合征）

一种发生在幼儿以智力和行为迅速倒退为特点的儿童精神障碍，本症又称婴儿痴呆或衰变性精神病。

起病前常有3-4年正常的发育阶段。发病数月内其既往所获得的多种功能迅速丧失。最突出的是语言能力的迅速倒退，无论表达语言的能力或者是对语言理解的能力均遭到损害，患儿开始表现为主动言语减少，对问话也很少产生反映，或需多次提问才回答，但句子变短，词汇变少。严重病例在几个月内完全丧失语言的功能。行为方面表现为活动多，刻板重复的动作，游戏内容单调，丧失对周围环境的兴趣，也失去与人交往的要求。独自活动，游戏的水平低，生活自助能力受到严重破坏．重者需要喂饭，大小便不能自理，情绪变化无常，无原因地烦躁、不安、发脾气、冲动。过了退化阶段病情可以稳定很多年，但行为仍然异常，活动过度，运动不止，孤独离群，语言功能恢复相当有限甚至不能有任何恢复，通常有相当好的运动能力。一般的躯体和神经系统检查无明显异常发现。所有这些患儿都有严重精神发育迟滞。大多数病例起病前未能发现患有明显的躯体病，少数病例患过麻疹、脑炎或其他有明确损害的中枢神经系统脑病。

附录五

工作用表

一、筛查表（ST）

儿童编号：（同调查底册一致）　　□□_□_□□__□□□

<table>
<tr><td rowspan="3">儿童情况</td><td colspan="3">1. 姓名：______________</td><td colspan="3">2. 性别：1)男　2)女</td></tr>
<tr><td colspan="3">3. 出生日期：_______ 年 ____ 月 _____ 日</td><td colspan="3">4. _________ 周岁</td></tr>
<tr><td colspan="3">5. 民族：1)汉　2)其他 ___________</td><td colspan="3"></td></tr>
<tr><td rowspan="12">儿童家庭情况</td><td colspan="6">6. 父母是否为近亲婚配：1）是 2）否</td></tr>
<tr><td colspan="3">7. 父亲出生于 ___________ 年；0 不详</td><td colspan="3">8. 母亲出生于 ___________ 年；0 不详</td></tr>
<tr><td colspan="6">9.家庭类型：1）亲生父母型 2）单方亲生父母型 3）再婚家庭型 4)(外)祖父母型
5）其他 __________</td></tr>
<tr><td colspan="6">10. 母亲婚姻状况：1）未婚 2）初婚 3）再婚 4）离婚 5）丧偶 6）其他 _________</td></tr>
<tr><td colspan="3">11. 父亲文化程度：_____________</td><td colspan="3">12. 母亲文化程度：_____________</td></tr>
<tr><td colspan="6">文化程度可供选项：1) 大学大专及以上　2) 高中中专　3) 初中　4) 小学　5)文盲半文盲</td></tr>
<tr><td colspan="3">13. 父亲职业：___________</td><td colspan="3">14. 母亲职业：___________</td></tr>
<tr><td colspan="6">职业可供选项：0）不在业，且从未参加工作者 1）国家机关党群组织、企事业单位负责人；2）各类专业技术人员；3）办事人员和有关人员；4）商业、服务业人员；</td></tr>
<tr><td colspan="6">5）农、林、牧、渔、水利业生产人员；6）生产、运输、设备操作人员及有关人；
7）军人 8）不便分类的其它劳动者（请注明具体职业）</td></tr>
<tr><td colspan="3">15. 家庭人口数：____ 人</td><td colspan="3">16. 家庭子女数：______ 人</td></tr>
<tr><td colspan="6">17. 家庭人均月收入：______________（元 / 人月）</td></tr>
<tr><td colspan="6"></td></tr>
<tr><td colspan="7">提供信息人：1)母亲　2）父亲　3）（外）祖父母　4）其他亲属 _________
5)其他人员 ___________</td></tr>
<tr><td colspan="7">筛查日期：2004 年 ______ 月 _____ 日　　填表人签字：______________</td></tr>
</table>

<table>
<tr><td rowspan="9">筛查结果</td><td rowspan="4">18. 听力</td><td>KHz</td><td>1</td><td>2</td><td>4</td><td>鸟鸣</td><td>OAE</td></tr>
<tr><td>右 dB HL/SPL (N/W)</td><td></td><td></td><td></td><td></td><td>右　1)通过　2）未通过</td></tr>
<tr><td>左 dB HL/SPL (N/W)</td><td></td><td></td><td></td><td></td><td>左　1)通过　2）未通过</td></tr>
<tr><td colspan="5">1）通过　2）可疑</td><td>检查者签字：</td></tr>
<tr><td>19. 视力</td><td colspan="5">1）通过　2）矫正后通过　3）可疑</td><td>检查者签字：</td></tr>
<tr><td>20. 智力</td><td colspan="5">1）通过　2）可疑　3）异常</td><td>检查者签字：</td></tr>
<tr><td>21. 肢体</td><td colspan="5">1）通过　2）可疑</td><td>检查者签字：</td></tr>
<tr><td>22. 精神 (≥ 2 岁)</td><td colspan="3">克氏筛查量表总分：_____</td><td colspan="2">1）通过　2）可疑</td><td>检查者签字：</td></tr>
</table>

筛查表(ST)填表说明

本表是此次调查的主要调查表之一，主要内容包括：儿童个人情况、儿童家庭情况和视力、听力、智力、肢体、精神等五类残疾的筛查结果。在现场调查时，登记处（入口）工作人员应首先向被调查儿童的父母或其它监护人询问儿童个人背景和家庭情况，并填写本表的前四部分（即除去“筛查结果”外的其它部分），然后儿童家长持该表按一定顺序依次进行五类残疾的筛查，各专业筛查人员在对儿童检查完毕后分别在相应部位填写筛查结果并署名。

填写该表的基本原则：

* 该筛查表所有项目均不能有空项；只有一种情况例外：对于0岁和1岁组儿童因不参加“精神残疾”的筛查因此无需填写“22.精神筛查结果”。

* 全部选择题项目均为单选；

* 填空题目直接将文字或数字写在横线上，要求字迹工整可辨读；选择题（除11－14外）直接将答案圈在选项上即可，选择题11－14题均需将答案的号码写在横线上。

具体填写要求如下：

一、儿童编号：

共有8位，应同调查底册一致，每格填写一位数。区县2位，街道1位，居委会2位，个人流水编号3位。具体区县统一编号见附录五表八中《调查底册填写说明》。

二、儿童情况：

1. 姓名：要填写儿童正式姓名，不能填写曾用名。如无正式姓名，可填写乳名或小名。如未起名的小婴儿可填写其母姓名，如某某之子或之女。

2. 性别：据情填写。

3. 出生日期：用阿拉伯数字填写。出生日期按公历填写，只知道农历，应换算为公历。本次调查的标准时间为2004年6月1日零时，该时点前出生的儿童需进行调查，该时点之后出生的儿童不进行调查。

4. 周岁：周岁是指从出生日期算起，到标准时间（2004年6月1日零时）的年龄，即周岁＝标准时间－出生日期，不满1周岁填写“0岁”。可填数字仅包括0、1、2、3、4、5、6。

5. 民族：根据儿童情况填写。如儿童尚未报户口，父母不是同一民族，应根据有关部门的规定，选填父亲或母亲一方的民族。如选“其他民族”，请注明民族名称。

三、儿童家庭情况：

6. 父母是否为近亲婚配：指被调查儿童的亲生父母是否存在三代以内的亲缘关系，如：堂兄妹、姑表兄妹、姨表兄妹等。

7. 父亲出生年份：填写生父出生年份情况，如不清楚可选择“不详”。年份应为四位数。

8. 母亲出生年份：填写生母出生年份情况，如不清楚可选择“不详”。年份应为四位数。

9. 家庭类型：指儿童在调查标准日期时的家庭类型，提问方式可以是“这孩子的监护人是谁”，然后调查处人员根据家长的答案做判断。

(1) 亲生父母型：指目前儿童的亲生父母是儿童的监护人，并且生活在一起。

(2) 单方亲生父母型：指目前儿童的亲生父和/或母是儿童监护人，但儿童只和其中一方生活在一起（包括亲生父母离异、另一方亡故、或者孩子的母/父属于未婚状况。）

(3) 再婚家庭型：指目前儿童只和亲生父母的一方生活，且这一方已经再婚。

(4)(外)祖父母型：指目前的监护人是(外)祖父母，儿童的亲生父母亡故或虽健在但已遗弃该儿童。

(5) 其他：无法归入前4种类型，请选择该选项，并注明具体状况。

10. 母亲的婚姻状况：指被调查儿童的生母在调查标准时间时的婚姻状况，如果儿童的生母已亡故或与儿童失去联系，不知道情况，请圈选“6 其它”。

(1) 未婚：指从未结过婚的人；

(2) 初婚：现有配偶，且第一次结婚者，包括未办理结婚登记手续而实际上已同居的人；

(3) 再婚：现有配偶，但是正经历第二次及以上婚姻的人；

(4) 离婚：指曾经结过婚，但到本次调查标准时间已办理了离婚手续且没有再婚的人；

(5) 丧偶：指配偶已去世，且到本次调查标准时间没有再婚的人；

(6) 其它：无法归入前5种类型，请选择该选项，并请注明具体状况

11. 父亲的文化程度：指截止到调查标准时间，调查儿童的父亲接受国内外教育所取得最高学历，或现有文化水平相当的学历：

(1) 大学大专及以上：指接受最高一级教育为大学本科（大专），硕士、博士研究生毕业、肄业及在校生。自学或函授并通过考试获得国家承认的大学本科（大专），也属此项。

(2) 高中中专：指最高一级的教育为高中（中专）程度毕业、肄业。技工学校相当于

高中（中专）也属此项。

(3) 初中：指最高一级的教育为初中程度毕业、肄业。技工学校也属此项。

(4) 小学：指最高一级的教育为小学毕业、肄业，也包括未上过学但识字1500以上，能阅读通俗书报，能写便条，达到扫盲标准《1500个字（乡村）、2000个字（城市和乡镇)》的人。

(5) 文盲半文盲：指不识字或识字不足1500个(2000个)，不能阅读通俗书报、不能写便条的人。

12. 母亲的文化程度：解释同“父亲的文化程度”。

13. 父亲的职业：据情选填职业分类。不在业者如从来未参加工作者填“0”，过去参加过工作，现在待业者按原来的职业选填对应的编码。选填“7)”者请在编码右侧注明具体职业。

(0) 不在业，且从未参加工作者；

(1) 国家机关党群组织、企事业单位负责人：具有工程师以上的专业技术人员，同时担任行政负责人的，应根据其技术职称归入各类专业技术人员，而不做为行政负责人。

(2) 各类专业技术人员：包括科学研究人员、科技管理和辅助人员、飞机和船舶技术人员、法律工作人员、经济管理专业人员、大中小学和其他学校老师、幼儿园教师、教学辅助人员、文艺、体育工作人员；

(3) 办事人员和有关人员：包括行政办事人员、政治、保卫工作人员、邮电工作人员、其他办事人员和有关人员，无专业职称也无大学或中专文化程度的经济管理专业人员；

(4) 商业、服务业人员：包括售货、采购、供销、收购和其他商业人员；服务员、售票员、幼儿保育员、厨师、导游员、生活日用品维修人员、其他服务性工作人员（如清理员、理发员、洗染织补人员等)。

(5) 农、林、牧、渔、水利业生产人员：包括从事农业、林业、牧业、渔业、水利业的生产人员；

(6) 生产、运输、设备操作及有关人员：工段长及各种生产工人、设备操作工人、司机、船员其他生产运输工人和有关人员。

(7) 军人：包括中国人民解放军和中国人民武装警察部队的现役军人；

(8) 不便分类的其他劳动者：指不能按以上职业分类的其他人员。

14. 母亲的职业：解释同“父亲的职业”

15. 家庭人口数：指儿童所在家庭的总人口数。家庭户是指吃住在一起的所有人，如果吃住不一致时，光吃不住在一起，光住不吃在一起，以吃在一起为一家庭户。保姆不应计算在内。

16. 家庭子女数：指含在“家庭人口数”中的儿童同胞总人数，包括同父异母，同母异父或领养的儿童。

17. 家庭人均月收入：指被调查户近一年来每月每人平均家庭收入。包括各种来源如从集体统一经营中得到的收入、从经济联合体得到的收入、家庭经营收入或其他非生产性的收入。在农村地区调查时，调查员可以询问全年收入，然后除以12月，除以“家庭人口数”来计算月收入。

四、提供信息人、筛查日期及填表人签字：

* 提供信息人：根据主要的被询问人与儿童的关系填写。选择“4)”或“5)”时请注明具体情况。

* 筛查日期：填写筛查日期。

* 填表人签字：基本情况（即“儿童情况”和“儿童家庭情况”）部分填表人应在此填写自己完整的姓名。

五、筛查结果：

每一位进行筛查操作的人员应根据筛查结果选圈适当选项，并在相应的“检查者签字”栏中签署自己的姓名。听力筛查人员需首先记录不同频率时的分贝值，然后根据标准圈填“通过”或“可疑”。该部分的具体填写方法在“听力专业培训”时讲解。精神筛查人员需首先记录克氏量表的总分，然后根据标准（≥7分为可疑）圈填“通过”或“可疑”。

二、视力残疾诊断表（DO）

儿童编号：（同调查底册及筛查表一致）　　□□—□—□□—□□□

<table>
<tr><td>一、确诊结论：</td><td colspan="3">1．正常　2．残疾</td></tr>
<tr><td>二、诊断依据：
视力检查</td><td colspan="3">左眼矫正视力 =＿＿＿＿＿；　右眼矫正视力 =＿＿＿＿＿</td></tr>
<tr><td>三、残疾程度</td><td colspan="2">0.<3 岁</td><td>≥ 3 岁 1．低视力　2．盲</td></tr>
<tr><td>四、发现视力问题的时间及途径</td><td>1．本次调查之前从未注意到该问题。</td><td>2．本次调查之前已经有所发现，但从未就诊。
发现时间＿＿＿岁＿＿＿月</td><td>3．本次调查之前已经有所发现，而且已就诊。
发现时间＿＿＿岁＿＿＿月</td></tr>
<tr><td rowspan="4">五、致残主要原因或可疑致残原因</td><td>1．先天性白内障</td><td>2．虹膜、脉络膜缺损</td><td>3．先天性小眼球小角膜</td></tr>
<tr><td>4．先天性青光眼</td><td>5．眼外伤</td><td>6．视网膜、视神经病变</td></tr>
<tr><td>7．先天性眼震</td><td>8．屈光不正 / 斜视</td><td>9．弱视</td></tr>
<tr><td>10．眼内肿瘤</td><td>11．其他＿＿＿＿＿</td><td>12．不详</td></tr>
<tr><td rowspan="2">六、治疗和康复现状</td><td colspan="2">现有治疗康复形式</td><td>现有治疗康复器具</td></tr>
<tr><td colspan="2">1．无
2．医院治疗
3．康复机构训练
4．家庭康复训练
5．普幼普小学习
6．其他＿＿＿＿＿</td><td>1．无
2．助视器
3．导盲器
4．其他＿＿＿＿＿</td></tr>
<tr><td rowspan="2">七、治疗和康复需要</td><td colspan="2">需要治疗康复形式</td><td>需要治疗康复器具</td></tr>
<tr><td colspan="2">1．不需要
2．医院治疗
3．康复机构训练
4．家庭康复训练
5．普幼普小学习
6．其他＿＿＿＿＿</td><td>1．无
2．助视器
3．导盲器
4．其他＿＿＿＿＿</td></tr>
<tr><td colspan="2">诊断日期：2004 年＿＿＿月＿＿＿日</td><td colspan="2">诊断人员签名：＿＿＿＿＿＿＿＿</td></tr>
</table>

视力残疾诊断表(DO)填表说明

本表是此次调查的五种残疾诊断表之一，所有视力筛查阳性儿童在进行视力残疾诊断时都要填写该表。该表与其他四类残疾诊断表共同项目部分的说明请参见工作手册中的《2004年北京市0-6岁儿童健康抽样调查儿童残疾诊断表共同项填表说明》，以下说明仅针对该表的特殊项目。

具体说明：

一、“二诊断依据”：将测得的矫正视力结果按左右眼分别填写在相应的横线上；

二、“三残疾程度”：根据视力残疾分级标准来划分，3岁以内儿童不需要分等级，直接在“0.<3岁”处划圈即可，3岁及以上儿童根据分级标准选择右侧框内的“1.低视力”或“2.盲”圈填。

三、“五致残主要原因或可疑致残原因”：根据收集有关病史、体格检查、专科检查和必要的特殊检查分析其可能的致残原因，选择最主要的一项原因圈填，如为“其他”请注明。

四、“六治疗和康复现状（现有治疗康复器具）”：根据家长叙述圈填相应的儿童已拥有的器具。

五、“七治疗和康复需求（需要治疗康复器具）”：该题首先询问家长，如果家长提出的选项，诊断人员认为合理的，按家长叙述圈填；如果诊断人员认为不合理的，由诊断人员评估儿童的实际情况选择合理选项圈填。

三、听力残疾诊断表（DA）

儿童编号：（同调查底册及筛查表一致）　　□□＿□—□□—□□□

<table>
<tr><td colspan="2">一、测听结果：</td><td colspan="8">1．通过　2．听力残疾</td></tr>
<tr><td colspan="2">二、诊断依据：</td><td colspan="5">①纯音测听　②视觉强化测听（VRA）结果</td><td colspan="3">客观测听结果</td></tr>
<tr><td colspan="2" rowspan="3">听力检查</td><td>KHz</td><td>0.5</td><td>1</td><td>2</td><td>4</td><td>ABR</td><td>声导抗</td><td></td></tr>
<tr><td>右耳 dB HL/ SPL</td><td></td><td></td><td></td><td></td><td></td><td></td><td></td></tr>
<tr><td>左耳 dB HL/ SPL</td><td></td><td></td><td></td><td></td><td></td><td></td><td></td></tr>
<tr><td colspan="2">三、耳聋分级</td><td colspan="8">1．一级聋　2．二级聋　3．一级重听　4．二级重听</td></tr>
<tr><td colspan="2">四、发现听力问题的时间及途径</td><td colspan="2">1．本次调查之前从未注意到该问题。</td><td colspan="3">2. 本次调查之前已经发现 但从未就诊。
发现时间　岁　月</td><td colspan="3">3. 本次调查之前已经发现 而且已就诊。
发现时间　岁　月</td></tr>
<tr><td rowspan="3">五、康复需要调查</td><td>现有治疗及康复形式</td><td colspan="8">① 无 ②医院治疗 ③康复机构训练 ④家庭康复训练 ⑤普幼普小学习
⑥其他 ＿＿＿＿＿＿</td></tr>
<tr><td>现有康复器具</td><td colspan="8">已经配戴助听器：①是　②否（原因是：
①经济困难 ②担心副作用 ③认为孩子的听力会好转 ④孩子太小
⑤其它 ＿＿＿＿＿＿　）
已做人工耳蜗：①是　②否（原因是：
①经济困难 ②担心副作用 ③认为孩子的听力会好转 ④孩子太小
⑤其它 ＿＿＿＿＿＿　）
到专业语训机构训练：①是　②否（原因：＿＿＿＿＿＿　）</td></tr>
<tr><td>康复意愿</td><td colspan="8">您是否愿意为孩子配戴助听器吗？①是 ②否（原因：＿＿＿＿＿＿ ）
您是否愿意为孩子做电子耳蜗手术？①是 ②否（原因：＿＿＿＿＿＿ ）
您是否打算将孩子送到专业机构训练？
①是　②否（原因：＿＿＿＿＿＿）
您是否需要连续的家庭康复指导？
①是　②否（原因：＿＿＿＿＿＿　）
孩子入普幼普小学习是否有困难？
①是（原因：＿＿＿＿＿＿　）②否</td></tr>
</table>

<table>
<tr><td>五、康复需要调查</td><td>康复支付能力及效果评价</td><td>相对于家庭收入而言，您认为专业机构康复的费用：
① 费用太高承受不了 ②费用比较高勉强能承受 ③完全可以承受与家庭社区康复相比，您认为专业机构康复的效果：
①非常好 ②比较好 ③一般 ④比较差 ⑤很差（与费用相比）在家庭社区康复和机构康复之间，您认为哪种康复形式更合理？
①家庭社区康复更合理 ②机构康复更合理 ③家庭社区康复与机构康复相结合更合理</td></tr>
<tr><td colspan="2">六、康复需要建议</td><td></td></tr>
<tr><td colspan="2">诊断日期：2004 年 ____ 月 _____ 日</td><td>诊断人员签名：__________________</td></tr>
</table>

听力残疾诊断表(DA)填表说明

本表是此次调查的五种残疾诊断表之一，所有听力筛查阳性儿童在进行听力残疾诊断时都要填写该表。该表与其他四类残疾诊断表共同项目部分的说明请参见工作手册中的《2004年北京市0-6岁儿童健康抽样调查儿童残疾诊断表共同项填表说明》，以下说明仅针对该表的特殊项目。

具体说明：

一、“诊断依据”：将不同频率下的听力损失分贝数填写在相应的格子中。客观测听包括脑干诱发电位反应（ABR）；耳声发射（OAE）；空格可填其他测试结果。

二、“耳聋分级”：根据我国耳聋分级标准来划分。

三、“康复需要调查”：现有治疗及康复形式和现有康复器具部分根据家长叙述圈填相应选项。康复意愿及支付能力部分根据家长叙述圈填相应选项。

四、“康复需要建议”：由专家填写。

四、智力残疾诊断表(DM)

儿童编号:（同调查底册及筛查表一致）　　□□—□—□□—□□□

<table>
<tr><td>一、确诊结论</td><td colspan="3">1. 正常　　2. 残疾</td></tr>
<tr><td>二、诊断依据
GESELL量表检查</td><td>DQ = ________ 分</td><td colspan="2">行为评定: ________</td></tr>
<tr><td>三、残疾程度</td><td colspan="3">1. 轻度　2. 中度　3. 重度　4. 极重度</td></tr>
<tr><td>四、发现智力问题的时间及途径</td><td>1. 本次调查之前从未注意到该问题。</td><td>2. 本次调查之前已经有所发现，但从未就诊。
发现时间 ______ 岁 _____ 月</td><td>3. 本次调查之前已经有所发现，而且已就诊。
发现时间 ______ 岁 _____ 月</td></tr>
<tr><td>五、致残主要原因或可疑致残原因</td><td colspan="3">分析致残原因并写编号:
致残原因 ________
编号: ________</td></tr>
<tr><td>六、治疗和康复现状（现有治疗和康复形式）</td><td colspan="3">1. 无
2. 医院治疗
3. 康复机构训练
4. 家庭康复训练
5. 普幼普小学习
6. 其他________</td></tr>
<tr><td>七、治疗和康复需要（需要治疗康复形式）</td><td colspan="3">1. 不需要
2. 医院治疗
3. 康复机构训练
4. 家庭康复训练
5. 普幼普小学习
6. 其他 ________</td></tr>
<tr><td colspan="2">诊断日期: 2004 年 ____ 月 _____ 日</td><td colspan="2">诊断人员签名: ________</td></tr>
</table>

智力残疾诊断表(DM)填表说明

本表是此次调查的五种残疾诊断表之一,所有智力筛查阳性儿童在进行智力残疾诊断时都要填写该表。该表与其他四类残疾诊断表共同项目部分的说明请参见本调查《工作手册》中的《儿童残疾诊断表共同项填表说明》,以下说明仅针对该表的特殊项目。

具体说明:

一、“诊断依据”:根据GESELL测查结果填写发育商(DQ)的数值,并进行行为评定。

二、“残疾程度”:根据GESELL量表所测的DQ值和“智力低下程度判定标准”判断智力残疾程度。

三、“致残主要原因或可疑致残原因”:根据收集有关病史、体格检查、专科检查和必要的特殊检查分析其可能的致残原因填写在横线上,并从下面的编号表中选择相应的编号填写,如为“其他”请注明何种疾病。原因不明的填写“99”。具体每种原因的详细说明参照《附录三》中的《智力专业培训教材》部分。

致残原因编号表

出生前	产时	出生后	原因不明
1. 染色体畸变	13. 低血糖	18. 核黄疸	99
2. 遗传代谢病	14. 产伤	19. 脑炎	
3. 内分泌疾病	15. 生后窒息	20. 脑膜炎	
4. 遗传综合征	16. 颅内出血	21. 脑病	
5. 妊娠中毒症	17. 其他	22. 颅脑外伤	
6. 宫内感染		23. 各种中毒	
7. 营养不良		24. 营养不良	
8. 早产		25. 脑血管疾病	
9. 各种中毒		26. 脑变性疾病	
10. 宫内窒息		27. 惊厥后脑损伤	
11. 多发畸形		28. 伴发精神病	
12. 其他		29. 特殊感官缺陷	
		30. 社会文化落后	
		31. 心理损伤	
		32. 其他	

五、肢体残疾诊断表（DL）

儿童编号:（同调查底册及筛查表一致）　　□□—□—□□—□□□

<table>
<tr><td>一、确诊结论:</td><td colspan="12">1．正常　　2．残疾</td></tr>
<tr><td>二、诊断依据:</td><td colspan="12">【文字描述】</td></tr>
<tr><td>三、残疾程度</td><td colspan="12">1．生活自理型　2．需要帮助型</td></tr>
<tr><td>四、残疾分类</td><td colspan="12">1．暂时存在型　2．持续存在型</td></tr>
<tr><td>五、发现肢体问题的时间及途径</td><td colspan="4">1．本次调查之前从未注意到该问题。</td><td colspan="4">2．本次调查之前已经有所发现，但从未就诊。
发现时间______岁_____月</td><td colspan="4">3.本次调查之前已经有所发现，而且已就诊。
发现时间______岁_____月</td></tr>
<tr><td rowspan="3">六、致残主要原因或可疑致残原因</td><td colspan="4">1．大脑性瘫痪后遗症</td><td colspan="4">2．小儿麻痹症后遗症</td><td colspan="4">3.脊柱脊髓疾病</td></tr>
<tr><td colspan="4">4．四肢先天性畸形</td><td colspan="4">5．头颈部畸形</td><td colspan="4">6．神经肌肉性疾病</td></tr>
<tr><td colspan="4">7．结缔组织疾病</td><td colspan="4">8．外伤致残</td><td colspan="4">9．其他__________</td></tr>
<tr><td rowspan="7">七、治疗和康复现状</td><td colspan="6">现有治疗康复形式</td><td colspan="6">现有治疗康复器具</td></tr>
<tr><td colspan="3">1．无</td><td colspan="3">2．医院治疗</td><td colspan="3">1．无</td><td colspan="3">2．假肢</td></tr>
<tr><td colspan="3">3..康复机构训练</td><td colspan="3">4.家庭康复训练</td><td colspan="3">3．自助器</td><td colspan="3">4．矫形器</td></tr>
<tr><td colspan="3">5．普幼普小学习</td><td colspan="3">6．其他_______</td><td colspan="3">5．轮椅</td><td colspan="3">6．拐杖</td></tr>
<tr><td colspan="3"></td><td colspan="3"></td><td colspan="3">7．手术</td><td colspan="3">8．针灸</td></tr>
<tr><td colspan="3"></td><td colspan="3"></td><td colspan="3">9．其他______</td><td colspan="3"></td></tr>
<tr><td colspan="3"></td><td colspan="3"></td><td colspan="3"></td><td colspan="3"></td></tr>
<tr><td rowspan="6">八、治疗和康复需要</td><td colspan="6">需要治疗康复形式</td><td colspan="6">需要治疗康复器具</td></tr>
<tr><td colspan="3">1．不需要</td><td colspan="3">2．医院治疗</td><td colspan="3">1．不需要</td><td colspan="3">2．假肢</td></tr>
<tr><td colspan="3">3．康复机构训练</td><td colspan="3">4.家庭康复训练</td><td colspan="3">3．自助器</td><td colspan="3">4．矫形器</td></tr>
<tr><td colspan="3">5．普幼普小学习</td><td colspan="3">6．其他_______</td><td colspan="3">5．轮椅</td><td colspan="3">6．拐杖</td></tr>
<tr><td colspan="3"></td><td colspan="3"></td><td colspan="3">7．手术</td><td colspan="3">8．针灸</td></tr>
<tr><td colspan="3"></td><td colspan="3"></td><td colspan="3">9．其他______</td><td colspan="3"></td></tr>
<tr><td colspan="7">诊断日期：2004 年____月_____日</td><td colspan="6">诊断人员签名：__________</td></tr>
</table>

肢体残疾诊断表(DL)填表说明

本表是此次调查的五种残疾诊断表之一,所有肢体筛查阳性儿童在进行肢体残疾诊断时都要填写该表。该表与其他四类残疾诊断表共同项目部分的说明请参见工作手册中的《2004年北京市0-6岁儿童健康抽样调查儿童残疾诊断表共同项填表说明》，以下说明仅针对该表的特殊项目。

具体说明：

一、“诊断依据”：根据测查情况用文字描述诊断依据。

二、“残疾程度”：根据肢体残疾分级标准来划分。

三、“残疾分类”：根据肢体残疾分类标准来划分。

四、“致残主要原因或可疑致残原因”：根据收集有关病史、体格检查、专科检查和必要的特殊检查分析其可能的致残原因，选择最主要的一项原因圈填，如为“其他”请注明。

五、“治疗和康复现状（现有治疗康复器具)”：根据家长叙述圈填相应的儿童已拥有的器具。

六、“需要何种治疗和康复（需要治疗康复器具)”：该题首先询问家长，如果家长提出的选项，诊断人员认为合理的，按家长叙述圈填；如果诊断人员认为不合理的，由诊断人员评估儿童的实际情况选择合理选项圈填。

六、精神残疾诊断表（DP）

儿童编号：（同调查底册及筛查表一致）　　□□—□—□□—□□□

<table>
<tr><td colspan="2">一、确诊结论：</td><td colspan="8">1．正常　2．残疾</td></tr>
<tr><td colspan="2" rowspan="4">二、诊断依据：</td><td colspan="8">1．下述 ABC 中 6 项以上</td></tr>
<tr><td rowspan="3">儿童孤独症评定量（CAR'S）得＿＿＿＿</td><td colspan="2">A（至少2项）</td><td colspan="2">B（至少1项）</td><td colspan="2">C（至少1项）</td><td rowspan="3">2．出现在 3 岁以前</td></tr>
<tr><td>①</td><td>②</td><td>①</td><td>②</td><td>①</td><td>②</td></tr>
<tr><td>③</td><td>④</td><td>③</td><td>④</td><td>③</td><td>④</td></tr>
<tr><td colspan="2">三、残疾程度</td><td colspan="8">1．轻度　2．中度　3．重度</td></tr>
<tr><td colspan="2">四、发现精神问题的时间及途径</td><td>1．本次调查之前从未注意到该问题。</td><td colspan="3">2．本次调查之前已经有所发现，但从未就诊。
发现时间＿＿岁＿＿月</td><td colspan="4">3．本次调查之前已经有所发现，而且已就诊。
发现时间＿＿岁＿＿月</td></tr>
<tr><td rowspan="3">五</td><td rowspan="2">致残主要疾病</td><td>1．孤独症</td><td colspan="2">2．不典型孤独症</td><td colspan="2">3．Rett 氏综合症</td><td colspan="3">4．瓦解性精神障碍</td></tr>
<tr><td>5．脑器质疾病</td><td colspan="2">6．癫痫</td><td colspan="2">7．其他＿＿＿＿</td><td colspan="3">8．不详</td></tr>
<tr><td>致残主要原因</td><td colspan="8">致残原因：＿＿＿＿＿＿＿＿　　编号：＿＿＿＿</td></tr>
<tr><td colspan="2">六、治疗和康复现状（现有治疗康复形式）</td><td colspan="8">1．无
2．医院治疗
3．康复机构训练
4．家庭康复训练
5．普幼普小
6．其他＿＿＿＿</td></tr>
<tr><td colspan="2">七、治疗和康复需要（需要治疗康复形式）</td><td colspan="8">1．不需要
2．医院治疗
3．康复机构训练
4．家庭康复训练
5．普幼普小
6．其他＿＿＿＿</td></tr>
<tr><td colspan="3">诊断日期：2004 年＿＿月＿＿日</td><td colspan="7">诊断人员签名：＿＿＿＿＿＿＿＿</td></tr>
</table>

精神残疾诊断表(DP)填表说明

本表是此次调查的五种残疾诊断表之一,所有精神筛查阳性儿童在进行精神残疾诊断时都要填写该表。该表与其他四类残疾诊断表共同项目部分的说明请参见工作手册中的《2004年北京市0-6岁儿童健康抽样调查儿童残疾诊断表共同项填表说明》,以下说明仅针对该表的特殊项目。

具体说明:

一、"诊断依据":在左侧填写CAR'S量表得分,在右侧根据诊断标准圈填相应选项。

二、"残疾程度":根据CAR'S量表得分,按照"分级判定标准"判断精神残疾程度。

三、"致残主要疾病":根据收集有关病史、体格检查、专科检查和必要的特殊检查分析其致残的疾病,选择最主要的一项原因圈填,如为"其他"请注明;

四、"致残主要原因":根据收集有关病史、体格检查、专科检查和必要的特殊检查分析其可能的致残原因填写在横线上,并从下面的编号表中选择相应的编号填写,如为"其他"请注明何种疾病。原因不明的填写"99"。具体每种原因的详细说明参照《附录三》中的《智力专业培训教材》部分。

致残原因编号表

出 生 前	产 时	出 生 后	原因不明
1. 染色体畸变	13. 低血糖	18. 核黄疸	99
2. 遗传代谢病	14. 产伤	19. 脑炎	
3. 内分泌疾病	15. 生后窒息	20. 脑膜炎	
4. 遗传综合征	16. 颅内出血	21. 脑病	
5. 妊娠中毒症	17. 其他	22. 颅脑外伤	
6. 宫内感染		23. 各种中毒	
7. 营养不良		24. 营养不良	
8. 早产		25. 脑血管疾病	
9. 各种中毒		26. 脑变性疾病	
10. 宫内窒息		27. 惊厥后脑损伤	
11. 多发畸形		28. 特殊感官缺陷	
12. 其他		29. 社会文化落后	
		30. 心理损伤	
		31. 其他	

儿童残疾诊断表共同项填表说明

该说明仅对本次调查中的五类残疾诊断表（共5张，包括DM、DL、DO、DA、DP表）的共同项进行解释和说明，各表的特殊项目的说明和填写规则请参见各诊断表背面的“特殊说明”。各类诊断表的主要内容包括：确诊结论、诊断依据、残疾程度、家长对儿童残疾的认识情况、儿童可能的致残原因、以及康复现状和康复需要等多项内容。

填写该表的基本原则：

* 所有筛查阳性儿童在进行进一步诊断性检查时都要填写该类别的诊断表。对于确诊结果为“正常”或“通过”的儿童，只需填写：“儿童编号”、“诊断日期”、“诊断人员名称”、“确诊结论”和“诊断依据”5个项目；确诊为“残疾”的儿童需填写该表的全部项目，不能有空项。

* 全部选择题项目均为单选；

* 填空题目直接将文字或数字写在横线上，要求字迹工整可辨读；选择题直接将答案圈在选项上即可，如果选择“其它”选项，应在后面的横线上注明具体内容。

共同项目的具体填写要求如下：

一、儿童编号：同调查底册及筛查表一致

二、主要内容填写

1.在各表的（一）项确诊结论：根据诊断结果选圈“正常”或“残疾”；

2.在各表的（四）项发现某类别问题的时间和途径（肢体专业为第五题）：根据家长的叙述选圈选项，如选圈2或3中的任意一项，尚需在横线处填写家长在儿童的哪个年龄发现该问题。如果1岁以内发现问题需填写至月份，如果1岁及以上发现只需填写至“岁”即可；

3.在各表的（六）项治疗和康复现状中的“现有治疗康复形式”（肢体专业为第七题；听力专业为第五题，而且与其他专业问法略不同）：根据家长叙述选择该患儿已使用的主要康复形式。

（1）无：截至到诊断日期该患儿从未接受过任何形式的康复；

（2）医院治疗：指残疾儿童需要或正在医院进行手术、药物、理疗等治疗；

（3）康复机构训练：指专门从事康复工作的康复中心、综合医院的康复科、社会福利院、肢体伤残康复中心、聋儿康复中心、语言障碍康复中心、弱者学校、盲校等；

4.家庭康复训练：指残疾儿童在家里进行某些功能训练，或有助于康复的其它辅助性治疗等；

5. 普幼普小学习：指在普通幼儿园、托儿所、小学、中学等机构接受康复训练和教育；

6. 其它：该儿童接受过的康复形式无法归属于2－5任何一种。

4.在各表的（七）项治疗和康复需要中的“需要治疗康复形式”（肢体专业为第八题；听力专业为第五题，而且与其他专业问法略不同）。该题首先询问家长，如果家长提出的选项，诊断人员认为合理的，按家长叙述填写；如果诊断人员认为不合理的，由诊断人员评估儿童的实际情况选择合理选项。

“1. 不需要”是指患儿家长和诊断人员均认为无需任何康复形式；

“2～6”是解释同“（六）康复现状”中的相应选项。

三、诊断日期和诊断人员名称

* 诊断日期：填写诊断日期；

* 诊断人员名称：诊断医师签名

七、致残因素问卷

卷首语：

家长您好，首先感谢您带孩子来参加本次调查。如果容许，希望您能继续配合我们完成一个问卷调查。这个问卷是为了进一步了解与儿童健康（智力、精神、视力、听力以及肢体）相关的一些因素而设计的。该问卷内容较多，但我们不会占用您太多时间，大约10分钟左右，谢谢您的参与。该问卷中涉及的所有问题都不会做为个案发布，我们只将其用于全人群的分析和讨论，不会向任何非本次调查分析人员泄漏您今天所提供的任何信息。再次表示感谢！

A 该儿童是　1）病例组儿童　2）对照组儿童

B1 病例组儿童编号　□□—□—□□—□□□
B2 对照组儿童编号　□□—□—□□—□□□

C 该儿童出生日期：_______ 年 ____ 月 ____ 日
D 性别：1）男　2）女
E 联系电话：____________________
F 提供信息人：1)母亲 2）父亲 3）（外）祖父母 4）其他亲属 ________
5）其他人员 __________

一、儿童父母职业接触与吸烟饮酒状况

1．职业接触：(定义：由于职业的原因造成的持续1月以上的接触才为本次调查的“职业接触)

1A 儿童父亲的职业接触

1A1 父亲在工作中接触下列因素吗？ 1）无 2）有 3）不详

(如选择“无”或“不详”，请跳至1B.儿童母亲的职业接触)

1A2 如接触过，属于哪一类？ 1)病原因素（细菌病毒等） 2）化学因素（铅、汞、苯、激素、二硫化碳、三氯乙烯、麻醉剂、甲醇等）3）物理因素（如从事X线放射、同位素检查、放射治疗工作及微波工作）

1A3 具体接触的因素：______________

1A4 接触的时间段：1）最后接触时间距本次怀孕开始1年以上 2）最后接触时间距本次怀孕开始不到1年 3）本次怀孕开始后才开始接触

1B 儿童母亲的职业接触

1B1 母亲工作中接触下列因素吗？ A 1）无 2）有 3）不详

(如选择“无”或“不详”，请跳至2.吸烟情况)

1B2 如接触过，属于哪一类？ 1)病原因素（细菌病毒等）2）化学因素（铅、汞、苯、激素、二硫化碳、三氯乙烯、麻醉剂、甲醇等）3）物理因素（如从事X线放射、同位素检查、放射治疗工作及微波工作）

1B3 具体接触的因素：______________

1B4 接触的时间段：1）最后接触时间距本次怀孕开始1年以上2）最后接触时间在本次怀孕开始前1年至分娩后6个月内 3）分娩6个月以后才开始接触

2．吸烟情况

2A 儿童父亲的吸烟情况

2A1 在妻子本次怀孕前1年至分娩期间儿童父亲是否吸烟 1）否 2）是（如选择“否”，请跳至2B 儿童母亲的吸烟情况）

2A2 若吸烟，一般每日吸多少： 1)<10 支 2）10 – 19 支 3)>19 支

2A3 何时吸过：1）只在妻子本次怀孕之前吸过；2）在妻子本次怀孕之后才开始吸；3）整个过程都在吸

2B 儿童母亲的吸烟情况

2B1 在本次怀孕前 1 年至分娩期间是否吸烟 1）否 2）是
（如选择“否”，请跳至 3.饮酒情况）
2B2 若吸烟一般每日吸多少：1)<10 支 2）10 － 19 支 3)>19 支
2B3 何时吸过：1）只在本次怀孕之前吸过；2）在本次怀孕之后才开始吸；3）整个过程都在吸

3．饮酒情况

3A 儿童父亲的饮酒情况

3A1 在妻子本次怀孕前 1 年内是否饮过酒 1）否 2）是
（如选择“否”，请跳至 3B 儿童母亲的饮酒情况）
3A2 若饮酒，以哪类为主？ 1）白酒 2）非白酒
3A3 饮酒频率(主要种类的酒)：1）偶尔，一共不到 10 次 2)每月 ≤ 3 次 3）每周 1 次 4）每周 ≥ 2 次 5）每天 1 次 6）每天 ≥ 2 次
3A4 饮酒量：1)<1 两 / 次；2）1 ~ 4 两 / 次；3)>4 两 / 次

3B 儿童母亲的饮酒情况

3B1 在本次怀孕前 1 年至分娩期间是否饮过酒 1）否 2）是
（如选择“否”，请跳至 4. 儿童母亲孕产史）
3B2 若饮酒，以哪类为主？ 1）白酒 2）非白酒
3B3 饮酒频率(主要种类的酒)：1）偶尔，一共不到 10 次 2)每月 ≤ 3 次 3）每周 1 次 4）每周 ≥ 2 次 5）每天 1 次 6）每天 ≥ 2 次
3B4 饮酒量：1)<1 两 / 次；2）1 ~ 4 两 / 次；3)>4 两 / 次
3B5 何时饮过：1）只在怀孕之前饮过；2）只在孕期饮过；3）整个过程都有饮过

（二）母亲妊娠情况

4.儿童母亲孕产史（包括截至 2004 年 6 月 1 日为止的所有孕产情况）：

4A 孕 ______ 次，4B 产 ________ 次，
4C 本次妊娠是第 ______ 次妊娠？（如填“1”，请跳至第 5 题 ）
4D 本次妊娠与上次妊娠间隔 ______ 年 ______ 月

5．本次怀孕期间是否与爱人或父母生活在一起？ 1）否 2）是

6．本次怀孕的精神方面状况：

6A 怀孕期间本人受过重大精神刺激吗？ 1）否 2）是（如选择“否”请跳至 7.X 射线照射情况）

6B 若受过，具体是哪些因素：

6B1 亲近的人患有严重疾病或发生意外事故 1) 否 2）是

6B2 亲近的人死亡；1) 否 2）是

6B3 与丈夫关系紧张；1) 否 2）是

6B4 本人或亲近的人受处分或法律制裁；1) 否 2）是

6B5 本人受迫害；1) 否 2）是

6B6 家庭经济拮据；1) 否 2）是

6B7 其它 ____________ 1) 否 2）是

7．X 射线照射情况

7A 母亲是否在本次孕期接受过 X 线照射 1）否 2）是（如选择“否”，请跳至 8. B 超照射情况）

7B 若接受过 X 线照射，是在哪个部位？ 1）腹部 2）非腹部的其它部位 ____________

3）腹部及其它部位 ____________

7C 照射种类：1）透视 2）照片 3）断层（CT）4）放射治疗

7D 照射次数：1）1-2 次 2）3 － 4 次 3）≥ 5 次

8. B 超测查情况

8A 母亲是否在本次孕期接受过 B 超检查 1）否 2）是（如选择“否”，请跳至 9.同位素情况）

8B 若接受过 B 超检查，一共有 ________ 次

8C 第一次照射在 1）孕早期：(<=12 周)；2）孕中期：（13 － 27 周）；3）孕晚期：(>= 28 周)（如选择“2）孕中期”或“3）孕晚期”，请跳至 9.同位素情况）

8C1 如第一次照射在孕早期，请填写具体在孕 __________ 周

9．同位素情况：本次怀孕期间是否接受过同位素检查或治疗？ 1）否 2）是

10．非意愿妊娠情况

10A 本次妊娠是否为非意愿妊娠？ 1）否 2）是（如选择“否”，请跳至 11.妊娠期疾病情况）

10B 妊娠中是否采用方法企图中止妊娠？ 1）否 2）是 （如选择“否”，请跳至 11. 妊娠期疾病情况）

10C 若采用过，方法是哪一种？ 1）药物 2）非药物方法 ________

3）药物和非药物方法都使用过（其中非药物方法是 ________）

11．本次妊娠期疾病情况

11A 本次妊娠期间患过下列疾病吗？ 1）否 2）是 （如选择“否”，请跳至 12.妊娠期合并症情况）

11B 若是，是哪种疾病？(可多选，需经过医院诊断)

1）甲状腺疾病 2）糖尿病 3）精神病 4）癫痫 5)心脏病 6）高血压病 7）急性肝炎 8）结核病

9）病毒性感冒（妊娠头三个月）10）风疹 11）慢性肾病 12）严重贫血 13）腹部外伤 14）煤气中毒 15）不明原因高热 16）其它疾病 ________

12．本次妊娠期合并症情况

12A 本次妊娠期间有下列合并症吗？ 1）否 2）是（如选择“否”，请跳至 13.妊娠期用药情况）

12B 若有，合并症种类如何？(可多选，需经过医院诊断)

1）严重妊娠呕吐 2）妊娠高血压综合征 3）妊娠期糖尿病 4）影响正常妊娠的外伤

5）产前产道感染 6）先兆流产 7）羊膜早破 8）产前大出血 9）胎盘异常 10）脐带异常 11）其它 ________

13．妊娠期用药情况

13A 妊娠期是否服过下列药物？ 1）否 2）是 （如选择“否”，请跳至 14.分娩时间）

13B 若是，何时使用过何种药物？(左侧若选择“是”，请在右侧填写开始使用药的孕周)

13B1a 镇静止吐药 1）否 2）是	13B1b 孕 ________ 周
13B2a 避孕药 1）否 2）是	13B2b 孕 ________ 周
13B3a 抗生素(链霉素 / 庆大霉素 / 卡那霉素 / 新霉素 / 红霉素等) 1）否 2）是	13B3b 孕 ________ 周
13B4a 黄体酮保胎药 1）否 2）是	13B4b 孕 ________ 周

13B5a 其它内分泌药 1）否 2）是	13B5b 孕 ______ 周
13B6a 抗癫痫药 1）否 2）是	13B6b 孕 ______ 周
13B7a 麻醉镇痛药 1）否 2）是	13B7b 孕 ______ 周
13B8a 抗癌药 1）否 2）是	13B8b 孕 ______ 周
13B9a 降压药 1）否 2）是	13B9b 孕 ______ 周
13B10a 退热药 1）否 2）是	13B10b 孕 ______ 周
13B11a 抗贫血药 1）否 2）是	13B11b 孕 ______ 周
13B12a 其它 ________1）否 2）是	13B12b 孕 ______ 周

14．分娩时间：1）足月产(≥ 37 周,<42 周)2）早产(≥ 28 周,<37 足周)3）过期产(≥ 42 周)

15．分娩方式：1）正常产（顺产）2）急产 3）滞产 4）器械产 5）手术产 6）其它 ________

16．既往生育情况（不包括本次生育）

16A 既往生育有无下列情况？ 1）无 2）有 （如选择“无”，请跳至 17.孕期与计算机使用）

16B 各种怀孕结果的次数：左侧若选择“有”，请在右侧填写左侧怀孕结果的次数(不包括本次生育)

16B1a 足月产 1）无 2）有	16B1b________________次
16B2a 过期产 1）无 2）有	16B2b________________次
16B3a 自然流产 1）无 2）有	16B3b________________次
16B4a 异位妊娠 1）无 2）有	16B4b________________次
16B5a 早产 1）无 2）有	16B5b________________次
16B6a 葡萄胎 1）无 2）有	16B6b________________次
16B7a 死胎、死产 1）无 2）有	16B7b________________次
16B8a 人工流产 1）无 2）有	16B8b________________次
16B9a 其它 __________ 1）无 2）有	16B9b________________次

17．孕期与计算机使用

17A 母亲孕期是否仍使用计算机？ 1）否 2）是（如选择“否”，请跳至 19.儿童家族残疾情况）

17B 如是，在哪个阶段使用：1）孕早期（≤ 12 周之前）2）孕中期（13-27 周）3）孕晚期（≥ 28 周） 4）孕早和孕中期 5）孕早和孕晚期 6）孕中和孕晚期 7）整个孕期

17C 请提供使用频率：1）偶而使用，平均每天不到 1 小时 2）经常使用，平均每天超过 1 小时，3）经常使用，平均每天超过 2 小时。

（三）儿童家族残疾情况）

18．儿童家族中父母两系（父母的父母亲，同胞及其子女和兄弟姐妹）残疾情况

18A 他们中是否有人有以下残疾：1）否 2）是（如选择“否”，请跳至19.出生体重）

18B 如有，请注明关系和残疾编号

与儿童的关系(如父亲、母亲等)	残疾的编号(如“1”或“1和2”)
18B1a ____________	18B1b ____________
18B2a ____________	18B2b ____________
18B3a ____________	18B3b ____________
18B4a ____________	18B4b ____________

编号包括：1）听力（语言）残疾 2）智力残疾 3）视力残疾 4）肢体残疾 5）精神残疾

（四）儿童本人情况

19．出生体重：1）≤1000克 2）1000～1499克 3）1500～1999克 4)2000～2499克 5）2500～3999克 6)≥4000克

20．出生时状况：

20A 儿童的哭声 1）响亮 2）一般 3）微弱 4)不详

20B 儿童皮肤颜色 1）红润 2）青紫 3）苍白 4)不详

21．新生儿期疾病情况

21A 在新生儿期是否曾住院治疗？ 1）否 2）是（如选择“否”，请跳至22.婴幼儿及以后疾病）

21B 若住过院，其疾病名称为（可多选）1）出生窒息 2）吸入性肺炎 3）颅内出血 4）高热惊厥 5）病理性黄疸 6）败血症 7）先天畸形 8）产伤 9）其它____________

22．婴幼儿及以后疾病史：（如果该儿童仍为新生儿，请跳至23.用药情况）

22A 该儿童在新生儿期后是否患过下列疾病 1)否 2）是（如选择“否”，请跳至23.用药情况）

22B 若是，疾病种类为（可多选） 1）癫痫 2）各种脑炎和脑膜炎 3）各种脑病 4）颅脑外伤 5）严重营养不良 6）佝偻病 7）各种传染病（风疹、麻疹、水痘、伤寒、斑疹伤寒、猩红热、白喉、流行性腮腺炎、病毒性肝炎、脊髓灰质炎、痢疾等）8）先天代谢病 9）煤气中毒 10）高热惊厥 11）其它__________

23 **用药情况**：

23A 儿童是否用过以下 2 类药物 1)否 2）是 （如选择“否”，请跳至 24.发育史）

23B 如果用过，请选择用过哪种？

23B1 抗生素类(可多选)：1)链霉素 2)庆大霉素 3)卡那霉素 4)新霉素 5)红霉素 6）小诺霉素 7)其他 ________

23B2 解热镇痛药(可多选)：1)阿司匹林 2)普热息痛 3)保泰松 4)其他 __________

24．发育史（您的孩子何时开始会……，如果该儿童未到应会年龄请填“99”，时间只填整数）

24A 向母亲微笑（逗笑）	____________ 月（提示：一般 1～1.5 月）
24B 自己主动伸手抓东西	____________ 月（提示：一般 7～10 月）
24C 独坐（坐好）	____________ 月（提示：一般 5～7 月）
24E 爬	0）从未经过该阶段；1）_________ 月（提示：一般 8 － 10 月）
24D 独走（走好）	____________ 月（提示：一般 12～18 月）
24F 有意识会叫爸爸妈妈	____________ 月（提示：一般 9.5～13 月）

25．喂养史

25A 0～4 个月喂养方式 1）母乳 2）混合 3）人工

25B 开始添加辅食时间 ________ 月（如果该儿童尚未开始添加辅食，请填“99”，时间只填整数）

26．亲子分离 （如果该儿童年龄<4 个月，请向家长致谢，结束该问卷）

26A 该儿童从出生到现在是否经历过和母亲分离超过 3 个月的情况（≥ 3 月）1)否 2）是

26B 若是，则孩子最早在 ____ 岁 ______ 月时与母亲分开的。

26B1 首次分开多长时间：________ 年 ____ 月

26B2 累积分开多长时间 ________ 年 ____ 月

（如果该儿童年龄<3 岁，请向家长致谢，结束该问卷）

27．学前教育情况（3～6 岁组）：1）有 2）无

（请向家长致谢，结束该问卷）

F 填写人签字：___________　　　　G 填写日期：2004 年 _____ 月 _____ 日

致残因素问卷填写说明

该问卷的编写旨在寻找与儿童致残相关的因素。本问卷一律由工作人员通过询问家长后填写。本问卷的询问对象包括病例和对照两部分儿童的家长，病例和对照儿童的选择方法和数量详见本手册《C实施方案》中的第四部分。

由于本问卷内容较多，考虑到1）调查人员为各级医师，均已具备孕产和儿科基本知识，2）设计人员已在个别定义不明处直接标注；因此本说明以介绍一般原则为主，不再对每一题的详细医学概念进行解释。

一、共同原则：

1. 填空题目直接将文字或数字写在横线上，要求字迹工整可辨读；选择题直接将答案圈在选项上即可；

2. 该问卷所有题目（除已标注可跳填的题目和年龄尚不足的题目外）均不能有空项；

3. 对于未在问题上标明“可多选”字样的选择题，只能单选，多选将视为无效。在选择“其它”时，均需在后面的横线上标明具体内容；

4. 对于本问卷提到的“本次怀孕”、本次妊娠”或“本次孕期”均指接受本次调查的儿童在母体内时的状况；

5. 每个调查员在开始本问卷的询问之前，一定严格按“卷首语”向家长说明情况，在家长同意的情况下方能开始调查。调查结束时需向家长表示感谢。对于对照组的家长由于某些原因坚决不合作的，可以换调查对象；对于病例组的家长，各位诊断人员应尽可能地劝说家长与我们合作。

二、问卷具体题目要求(题号基本与问卷一致)

A 该儿童是：选择该儿童是属于病例组还是对照组。

B1 病例组儿童编号：如果该问卷的被访对象为病例组儿童，则该编号应与此儿童调查底册和筛查表上的编号一致；如果该问卷的被访对象为对照组儿童，则此处应填写该儿童相应的病例组儿童的编号。

B2 对照组儿童编号：如果该问卷的被访对象为对照组儿童，则该编号应与此儿童调查底册和筛查表上的编号一致；如果该问卷的被访对象为病例组儿童，则该处无需填写。

C 该儿童出生日期：要求注明被访儿童出生日期，与筛查表一致。

D 性别：圈填儿童姓名

E联系电话：必填，十分重要。调查员应对家长说明主要目的是为了追访和核实问题。对于没有电话的家庭要求留亲戚或邻居的电话。

F提供信息人：根据主要的被询问人与儿童的关系填写。选择“4)”或“5)”时请注明具体情况。

三、儿童父母职业接触与吸烟饮酒状况

1.职业接触：该处的职业接触定为：由于职业的原因造成的持续1月以上的接触。

3A4 3B4 饮酒量：如饮用非白酒折合成白酒的两填写；换算关系如下：1两白酒大约折合200毫升红酒或600毫升啤酒。一般1瓶啤酒650毫升左右，1听啤酒355毫升左右，1瓶红酒700～800毫升左右。

四、母亲妊娠情况：

4D 本次妊娠与上次妊娠间隔：年和月均为整数，无需小数

6A怀孕期间本人受过重大精神刺激吗？该处的重大精神刺激主要指6B中涉及的一些内容，对于在6B中未提及的因素，只要儿童家长认为是“重大精神刺激”的事件即算“重大精神刺激”，把具体内容填在6B7的横线即可。

7B若接受过X线照射，是在哪个部位？本题若选2）或3）均需在后面的横线上注明具体部位。

7C照射种类：如果7B选“1)”或“2)”则根据实际情况选择，如果选择“3)”该题根据腹部照射情况填写。

7D照射次数：填写要求同“7C照射种类”、

10.非意愿妊娠情况：该处的“非意愿妊娠”指该儿童的家长原本并未打算在该阶段怀孕（如儿童父母正在采取各种避孕措施，包括安全期避孕），却由于避孕失败或其他原因意外怀孕。

11.本次妊娠期疾病情况：该疾病并非由于妊娠造成的，如怀孕前就有高血压，应归此类。

12.本次妊娠期合并症情况：该疾病是由于妊娠造成的，如怀孕前没有高血压，由于怀孕造成的妊高征应归此类。

五、儿童家族残疾情况

18.儿童家族中父母两系（父母的父母亲，同胞及其子女和兄弟姐妹）残疾情况。

18B如有，请注明关系和残疾编号：本问卷准备了4个格子，最多可以填4个亲属的情况，如果实际情况有更多的亲属有残疾，请调查员在空白处加填。

六、儿童本人情况

26.亲子分离：“是否经历过和母亲分离超过3个月”是指连续3个月的分别，包括：

长期出差、异地居住等情况。不包括母亲白天上班，晚上回家的情况。

27.学前教育情况（3～6岁组）：该问题仅询问3～6岁组儿童的家长。学前教育是指儿童入学前接受的教育，凡是3～6岁儿童在幼儿园、学前班学习过都算接受过学前教育。

G填写人签字：填表人签名。

H填写日期：填写问卷当天日期。

八、调查底册

______区（县）________街道（乡、镇）__________居委会（村）　　　　第____页　共__页

序号	儿童编号	儿童姓名	性别	出生日期	监护人姓名	电话	该户详地址	备注
1				____年___月___日				
2				____年___月___日				
3				____年___月___日				
4				____年___月___日				
5				____年___月___日				
6				____年___月___日				
7				____年___月___日				
8				____年___月___日				
9				____年___月___日				
10				____年___月___日				

2004年北京市0-6岁儿童健康抽样调查底册填写和使用说明

1. 填写人：该底册由各区（县）街道（乡、镇）负责底册登记的人员填写；

2. 份数：该底册一式三份，原件保留在各区县调查对象组织组负责核查的人员手中，复印件在每个测查现场开始之前一份交给现场登记处人员，另一份交给现场审表处人员。

3. 儿童编号：共8位，区县2位，街道1位，居委会2位，个人流水号3位。在各区县测查现场开始前该编号应已编好。各区县编号见下表：

城市地区		农村地区	
区县名称	区县编号	区县名称	区县编号
东城区	01	门头沟区	09
西城区	02	房山区	10
崇文区	03	通州区	11
宣武区	04	顺义区	12
朝阳区	05	昌平区	13
丰台区	07	大兴区	14
石景山区	08	怀柔区	15
海淀区	06	平谷区	16
		密云县	17
		延庆县	18

九、筛查阳性情况一览表

________区（县）________街道（乡、镇）　　填表人：________

序号	日期	儿童编号	联系电话	专业	去向	诊断结果/转诊内容	备注
1		□□—□—□□—□□□			1）现场诊断 2）转诊		
2		□□—□—□□—□□□			1）现场诊断 2）转诊		
3		□□—□—□□—□□□			1）现场诊断 2）转诊		
4		□□—□—□□—□□□			1）现场诊断 2）转诊		
5		□□—□—□□—□□□			1）现场诊断 2）转诊		
6		□□—□—□□—□□□			1）现场诊断 2）转诊		
7		□□—□—□□—□□□			1）现场诊断 2）转诊		
8		□□—□—□□—□□□			1）现场诊断 2）转诊		
9		□□—□—□□—□□□			1）现场诊断 2）转诊		
10		□□—□—□□—□□□			1）现场诊断 2）转诊		

《筛查阳性情况一览表》填写和使用说明

1. 填写人及用途：

* 各专业筛查人员：随时记录筛查阳性儿童的情况；

* 审表处人员：每日工作总结会中，审表处人员根据各筛查人员的该表汇总每日的情况。最终审表处人员在上交全部表格时（筛查表、诊断表等），每个抽样单位（即街道、乡、镇）应附有一份汇总后的该表。

2. 项目填写说明：

* 日期：填写筛查日期；

* 儿童编号：共8位，与儿童筛查表编号一致；

* 联系电话：对于筛查阳性的儿童，各位工作人员应特别询问或核实联系电话，以备追访；

* 专业：填写“视力、听力、智力、肢体、精神”中的一个；

* 去向：选择“现场诊断”或“转诊”中的一项圈填；

* 诊断结果/转诊内容：如果该患儿在现场诊断，则填写诊断结果（正常、残疾）；如患儿接受转诊，则填写具体内容（时间、地点、测查项目等），如“××月××日，县医院，拍X光片”等；

* 备注：有特殊情况，可在此注明。

十、调查组每日总结表

________区（县）________街道（乡、镇）　　填表人：________

日期	登记数	表回收数		视力	听力	智力	肢体	精神	备注
__月__日			筛查阳性						
			残　疾						
			转　诊						
__月__日			筛查阳性						
			残　疾						
			转　诊						
__月__日			筛查阳性						
			残　疾						
			转　诊						
__月__日			筛查阳性						
			残　疾						
			转　诊						
__月__日			筛查阳性						
			残　疾						
			转　诊						
__月__日			筛查阳性						
			残　疾						
			转　诊						
__月__日			筛查阳性						
			残　疾						
			转　诊						
__月__日			筛查阳性						
			残　疾						
			转　诊						
__月__日			筛查阳性						
			残　疾						
			转　诊						
__月__日			筛查阳性						
			残　疾						
			转　诊						

《调查组每日总结表》填写和使用说明

1．填写人及数据来源：

该表由审表处人员在每日工作结束时通过与登记处人员、各筛查、诊断人员核对后，参照各类回收表格情况填写。最终审表处人员在上交全部表格时（筛查表、诊断表等），每个抽样单位（即街道、乡、镇）应附有一份该表。

2．项目填写说明：

* 日期：筛查日期；

* 登记数：根据登记处人员记录情况填写每日在登记处领取筛查表的儿童数；

* 表回收数：该栏填写每日审表处回收到的筛查表的数量。如果该数与登记数不符，应查清不符的原因。在备注处注明。

* 各专业筛查阳性：填写每日不同专业发现的筛查阳性的个数，对于1个儿童有多项筛查阳性，记录人次数，如某日某现场只有1个儿童同时“智力”和“精神”专业筛查阳性，那么这两个专业的空格处应各记录“1”。

* 各专业残疾：填写每日不同专业确诊为残疾的个数；原则同“筛查阳性”的要求；

* 各专业转诊：填写每日不同专业转诊的个数，包括转诊到指定的区县医院做检查及到诊断中心做诊断两种情况。

* 备注：有特殊情况，在此填写。